Ferdinand Gregorovius

Geschichte der Stadt Athen im Mittelalter

Von der Zeit Justinian's bis zur türkischen Eroberung

Ferdinand Gregorovius

Geschichte der Stadt Athen im Mittelalter
Von der Zeit Justinian's bis zur türkischen Eroberung

ISBN/EAN: 9783742898944

Hergestellt in Europa, USA, Kanada, Australien, Japan

Cover: Foto ©ninafisch / pixelio.de

Manufactured and distributed by brebook publishing software
(www.brebook.com)

Ferdinand Gregorovius

Geschichte der Stadt Athen im Mittelalter

Geschichte

der

Stadt Athen

im Mittelalter.

Von der Zeit Justinian's bis zur türkischen Eroberung.

Von

Ferdinand Gregorovius.

Zweiter Band.

Dritte Auflage.

Stuttgart 1889.

Verlag der J. G. Cotta'schen Buchhandlung

Nachfolger.

Inhalt des zweiten Bandes.

Siebentes Capitel.

Achtes Capitel.

Viertes Buch.

Erstes Capitel.

Anhang.

Drittes Buch.

Erstes Capitel.

Walter von Brienne, Herzog von Athen. Mathilde von Hennegau. Zustände Thessalien's. Die Unternehmungen der catalanischen Companie. Theobald von Cepoy und Rocaforte. Die Companie in Thessalien. Sie tritt in den Dienst des Herzogs Walter. Dessen Krieg in Thessalien und Zerwürfnis mit der Companie. Sie lagert am Kopais-See. Testament Walter's. Untergang des Herzogs von Athen.

1. Nach dem Tode Guido's II. von Athen dauerte das Haus der La Roche in Griechenland zwar noch im Nebenzweige der Herren von Veligosti und Damala fort, doch es verlautet nicht, daß Renaud, der damalige Gebieter dieses Lehns, irgend Ansprüche auf die Nachfolge erhoben hat. Vielmehr wurde als nächster Erbe des verstorbenen Herzogs der Sohn seiner Muhme Isabella la Roche und des Hugo von Brienne anerkannt, nämlich Walter V., Graf von Brienne und Lecce.

Dieser ritterliche Mann hatte, nach dem Tode seines Vaters, für die Krone Neapel gegen das Haus Aragon in vielen Schlachten tapfer gekämpft. Im Frühjahr 1300 war er bei Gagliano in Sicilien von dem Catalanen Blasco de Alagona in einem Hinterhalt nach heroischer Gegenwehr gefangen worden, und erst der Friede zu Caltabellota hatte ihm die Freiheit zurückgegeben.[1] Im Jahre 1306 hatte sich

---

[1] Amari, Vespro cap. 17.

Walter in Frankreich mit Johanna von Chatillon vermält, der Tochter des Connetable Galcher von Saint Pol-Porcien, dessen Mutter, Isabeau de Villeharbouin, die Tochter des berühmten Marschalls der Champagne gewesen war.[1] Jetzt rief ihn der Tod Guido's auf den Herzogstron Athen's, und Anrechte von Nebenbulern hatte er kaum zu fürchten. Die französische Chronik von Morea berichtet freilich von einer Prätendentin, die ihre Ansprüche auf das Herzogtum vor dem Baronalhof Achaja's in Clarenza geltend zu machen suchte, aber damit abgewiesen wurde. Dies war Eschive, Dame von Baruth, die Tochter jener Alice de la Roche, welche sich mit Jean d'Jbelin vermält hatte.[2] Da diese von Geburt älter gewesen war, als ihre Schwester Jsabella, die Mutter Walter's von Brienne, so glaubte Eschive daraus ihr Vorrecht erweisen zu können.[3] Die Rechte eines andern Verwandten des Hauses La Roche waren mit Carlo Lago-nessa, dem Seneschall Sicilien's, erloschen. Dieser neapo-litanische Edle, ein Sohn des Filippo Lagonessa, welcher von 1280 bis 1282 Bail Morea's gewesen war, hatte sich mit Catharina vermält, der zweiten Schwester Alice's, aber er war schon im Jahre 1304, und bald nach ihm war auch sein Sohn Giovanni gestorben.[4]

---

[1] Anfelme, Hist. généalog. et chronolog. de la maison royale de France, p. 109.

[2] Lignages d'outremer, p. 449. Eschive verband sich mit Antfroy de Montfort.

[3] Et la dicha siniora de Barut dicia que su madre era mas primogenita que la madre del duche conte de Brenna .. Aragon. Chronik von Morea p. 118 ff.

[4] Fragmente einer Urkunde bei Minieri Riccio, Stud. stor. p. 54. Dazu Bozzo, Note stor. p. 272. Nach Hopf 1, 360 starb Carlo Lagonessa 1304; nach Minieri, Fasc. Angiov. p. 72 vor dem 13. Oct. 1304. Im

Walter von Brienne landete im Beginne des Sommers 1309 mit zwei Galeeren in Clarenza, mit sich bringend Briefe des Königs und Philipp's von Tarent, die dem Bail Morea's, Bertin Visconte, befahlen, ihn als Herrn Athen's anzuerkennen und in den Besitz dieses Landes zu setzen.[1] Ungehindert trat er die Regierung des Herzogtums an. Er fand die junge Wittwe seines Vorgängers als Verlobte eines ihr unbekannten neapolitanischen Prinzen, Carl's von Tarent, des ältesten Sohnes Philipp's. Zu dieser Verbindung hatten die Anjou Mathilde genötigt, um ihre Rechte auf Achaja an ihr eigenes Haus zu bringen. Das Verlöbniß war am 2. April 1309 durch den Erzbischof Heinrich von Athen feierlich in Theben vollzogen worden. Den abwesenden Prinzen hatte der Bail Achaja's vertreten, während die ersten Würdenträger des Fürstentums Morea, wie des Herzogtums Athen dem Act als Zeugen beiwohnten. Eine so glänzende Versammlung der fränkischen Aristokratie hatte die Stadt Theben selten gesehen. Niemand konnte damals ahnen, daß nur zwei Jahre später die blutigen Leichname mancher dieser stolzen Herren in den Sümpfen des Kephissos hingestreckt liegen würden.[2] Zur Vermälung

Reg. Ang. vol. 143 Carolus II. 1304—1305 F. fol. 145 bestätigt der König den Johes de Lagonessa als dessen Erben: Karolo de Lagonessa milite olim Regni nostri Sicilie Senescallo nuper humanis rebus abducto ... Dat. Averse die 23. Sept. III. Ind.

[1] Am 24. April 1309 war Walter noch in Brienne; Act in Bibl. de l'école des chartes vol. XXIII, 181. Am 11. Aug. 1309 empfahl ihm bereits der Doge den Venetianer Petrus, den Sohn des Kanzlers Tanto, als Domherrn in Theben; ebenso dem Patriarchen Nicolaus von Constantinopel (in Negroponte), dem Thomas von Salona, Marschall Achaja's, und dem Ritter Antonio Flamingo. Arch. Venedig, Lettere, fol. 91.

[2] Verlobungsact bei St. Génois a. a. O. p. CCXV. Unter

Mathilde's mit Carl kam es jedoch nicht. Der junge Prinz erschien nicht in Griechenland; sechs Jahre später fiel er, am 5. August 1315, in der berühmten Ghibellinenschlacht bei Montecatino.

Mit Philipp von Tarent verband den Herzog Walter eine alte Waffenbrüderschaft von Sicilien her. Wie sein Vorgänger Guido, scheint er sogar mit dem Amt des Bail Achaja's betraut worden zu sein, denn der Doge Pietro Gradenigo wandte sich einmal ausdrücklich an ihn, um die Freilassung und Entschädigung venetianischer Kaufleute zu erlangen, die in Clarenza, in Korfu und andern dem Fürstentum zugehörigen Orten waren beraubt und gefangen worden.[1] Schwierigkeiten machte dem neuen Herzog nur die von seinem Vorgänger übernommene Beziehung zu Thessalien. Aus diesem Lande, welches unter den letzten La Roche gleichsam eine Provinz Athen's geworden war, suchte der griechische Kaiser die Franken zu verdrängen. Schon dem Herzog Guido hatte die Kaiserin Irene, wie wir bemerkt haben, den Vorschlag gemacht, seine Stiefschwester Jeannette von Brienne mit ihrem Sohne Theodor zu vermälen, und mit ihr gemeinschaftlich für diesen Großwlachien zu erobern.[2]

Der junge, kränkliche Sebastokrator Johannes II. von

den Zeugen Lire (Enric), Erzbischof von Athen, Jacques, Bischof von Olenos, Thomas von Salona, Nicolaus von St. Omer, Boniface de Verona, Antoine und Jean de Flamenc, Renaut de la Roche von Damala.

[1] Brief an Walter 23. Oct. 8. Ind. (1310) Arch. Venedig, Lettere di Collegio (1308—1310) fol. 60; Abschrift davon in Miscell. V., Decreti e Documenti Veneti Class. XIV. Cod. XXI. p. 79 (Bibl. S. Marco).

[2] Nicephor. Gregor. VII, 5, p. 237. Die Prinzessin nennt er unrichtig eine Tochter des Herzogs von Athen. Dazu Hopf 1, 387.

Neopaträ war nach dem Tode seines Vormundes Guido
für selbständig erklärt worden, und der Kaiser Andronikos
hatte sich beeilt, den Ansprüchen des Herzogs von Athen
dadurch ein Ende zu machen, daß er jenen Fürsten mit
seiner natürlichen Tochter vermälte.[1] So entstanden Verwicklungen, welche den Herzog Walter mit der catalanischen
Companie in Verbindung brachten und endlich sein Verderben herbeiführten.

Dies „glückliche Heer der Franken in Romania" lagerte
damals noch in den Ruinen Cassandria's. Es stand dem
Namen und Recht nach unter dem Befehle des Theobald de
Cepoy, dem es für den Prinzen Carl von Valois gehuldigt
hatte, aber thatsächlich war General dieser Bande der Marschall Berengar de Rocaforte. Der kühne spanische Edel-
mann verfolgte hochfliegende Pläne, die zunächst auf die
Eroberung Thessalonich's gerichtet waren. Dort lebten damals
zwei griechische Kaiserinnen, Irene, die Gemalin des Andronikos II., und Maria, die Gemalin von dessen Sohne und
Mitkaiser Michael IX. Aber die Unternehmungen Rocaforte's scheiterten, was sein Ansehen minderte. Der Companie nicht nur als Mörder Entenza's, sondern überhaupt
durch seine gewaltsamen Ausschweifungen und seine tyrannische
Art verhaßt geworden, mit Cepoy tief verfeindet, fiel er
endlich als Opfer einer Verschwörung, welche der französische
Admiral mit den Unzufriedenen im Söldnerheer angezettelt
hatte. Durch die Ankunft von sechs Galeeren stark geworden, die ihm sein eigener Sohn aus Venedig zugeführt
hatte, nahm Cepoy eines Tages in einem Aufstande des

[1] Nicephor. Gregor. VII, 7, p. 249.

Lagers den Marschall und seinen Bruder gefangen, er ließ sie in ein Schiff setzen, und sofort nach Neapel hinweg= führen. Beide tapfre Männer starben auf den Befehl des Königs Robert den Hungertod im Kerker zu Averja. Dies war das Ende Berengar's be Rocaforte, eines der groß= artigsten Capitäne Spanien's, des letzten Führers der Com= panie aus der Heldenschar Roger's be Flor.

Cepoy, jetzt der unbestrittene Oberbefehlshaber der Catalanen für Carl von Valois, hatte demnach ein kriegs= tüchtiges Heer zu seiner Verfügung, mit dem er die Haupt= stadt Constantinopel ernstlich bedrohen konnte. Allein statt sich von Cassandria aus nordwärts nach dem Bosporus zu wenden, zwangen ihn die Verhältnisse die Richtung nach dem Süden zu nehmen. Die Verbindungen, die er mit den Venetianern auf Euböa, mit dem Herzoge von Athen, den Türken, selbst mit dem Könige von Armenien anzuknüpfen versuchte, führten zu keinem Ergebniß. Die ratlose, durch äußersten Mangel zur Verzweiflung gebrachte Soldbande verließ daher Cassandria und durchzog Macedonien, von den feindlichen Heeren der Griechen hart bedrängt, welche unter der Führung des kriegstüchtigen Generals Chandrenos jene mit Glück bekämpften und rastlos verfolgten.[1] Um ihr den Rückzug nach Thracien und den Weg zum Bosporus abzuschneiden, hatten die Griechen den Paß bei Christopolis vom Gebirge bis zum Meer durch eine Mauer abgesperrt. Daher sah sich die Companie in die Notwendigkeit versetzt, die Straße nach Thessalien einzuschlagen. Dort wollte sie sich zunächst in den reichen Ebenen erholen und dann ihr

---

[1] Nicephor. VII, 6, p. 246. Das Lob des Chandrenos von Theo= dulos in seinem Presbeutitos (Boissonade, Anecd. Graeca II, 188 ff.).

Glück weiter südwärts suchen. Sie war damals mit Fuß=
volk und Reiterei mehr als 8000 Mann stark, ein Gemisch
von Menschen aus mehren Nationen. Nachdem sie am
Peneus, zwischen dem Olymp und Ossa überwintert, und
ein Teil ihrer türkischen Verbündeten sich von ihr getrennt
hatte, rückte sie im Frühling 1309 in das südliche Thessa=
lien ein. Johannes Angelos, der schwache Fürst Groß=
wlachien's, der ehemalige Schützling des Herzogs Guido
von Athen, mußte notgedrungen mit dem räuberischen Kriegs=
volk einen Soldvertrag abschließen, wozu die Großen seines
eigenen Landes in ihrer Verlegenheit rieten, und dies Bünd=
niß bewog den General Chandrenos von der Verfolgung der
Bande abzustehen.[1]

Cepoy schickte von dort Boten an den Bail und die
Dreiherren Euböa's, um sie für ein freundliches Verhältniß
mit der Companie zu gewinnen; sie antworteten ihm aus=
weichend, daß sie abwarten wollten, was der Herzog von
Athen, der Dreiherr Georg Ghisi, und der Markgraf von
Bodonitza zu thun gedächten, welche bei diesen Angelegen=
heiten am meisten beteiligt seien. Sie meldeten davon dem
Dogen, und daß der Herzog in heimlicher Unterhandlung
mit der Companie und den Griechen sei. Venedig war da=
her um die Sicherheit Euböa's besorgt.[2]

---

[1] Theodulos p. 200.

[2] Pietro Gradenigo an den Bailo Negroponte's, Lettere di Collegio fol. 63 t. Intelleximus litteras vras nuper nobis missas inter
cetera continentes, qualiter dominus Gibaldus qui est in Vlachia
cum compagna misit suos nuncios ad vos et dominos de intus
requirendo pacem — Gibaldus kann nur Theobald de Cepoy sein,
aber das Datum des Briefs 29. Nov. VIII. Ind. (1310) stimmt nicht zu
den Ereignissen, weil damals Cepoy nicht mehr in Wlachien war. Seinen

Cepoy war unterdeß seines abenteuernden Lebens unter der verwilderten Companie überdrüssig geworden, welche trotz ihres Vertrages mit dem Landesfürsten Thessalien rücksicht= los ausraubte und brandschatzte. Auch konnte er für Carl von Valois im Orient nicht mehr thätig sein, weil dessen Gemalin, die Kaiserin Catharina von Courtenay, im Januar 1308 gestorben war, der Prinz aber seine Rechte an Philipp von Tarent abgetreten hatte. Der französische Admiral muß sich in einer verzweifelten Lage befunden haben, denn er verließ, wie ein Flüchtling, heimlich das Lager der Söld= ner, am 9. September 1309, schiffte sich auf seinen Ga= leeren in einem Hafen Thessalien's ein und kehrte nach Frankreich zurück.[1]

Der verräterische Fortgang des Generals, welchem sie ihren letzten großen Führer aufgeopfert hatte, versetzte die Bande der Catalanen in solche Wut, daß sie vierzehn Capi= täne ermordete, die sich am Aufstande gegen Berengar de Rocaforte ganz besonders beteiligt hatten. Da ihre alten Feldherren gefallen, oder wie Ximenes Arenos und Ramon Muntaner hinweggezogen waren, so befand sie sich in einem ähnlichen Zustande, wie einst die zehntausend griechischen Söldner des jüngeren Cyrus nach der verräterischen Ermor= dung ihrer Hauptleute. Sie veränderte jetzt ihre Verfassung;

Fortgang mußte man in Venedig wissen. Es ist daher Ind. VII (1309) zu schreiben.

[1] Muntaner c. 239. Das Datum der Flucht Cepoy's ist wichtig für die Chronologie dieser und der folgenden Ereignisse. Es ergibt sich aus der Rechnungsablage über die Kosten der Mission Cepoy's in Ro= manien, die vom Sept. 1306, wo er Paris verlassen hatte, bis zum 29. April 1310 dauerte, wo er wieder nach Mons zurückgekehrt war. Seine letzte Epoche umfaßt die Zeit vom 9. Sept. 1309 bis 29. April 1310. Du Cange, Hist. d. Cp. II. n. XXX.

sie setzte ein mehr demokratisches Regiment ein, indem sie aus ihrer Mitte zwei Cavaliere, einen Aldalid und einen Almugavaren zu ihrem Vorstande wählte, neben dem herge= brachten Rat der Zwölfmänner.[1] Dies aus Spaniern, Si= cilianern, Griechen und Türken zusammengesetzte Lager bil= dete fortan entschiedener als je zuvor eine unabhängige wandernde Militärrepublik, die neben der gewohnten Dis= ciplin von der Not zusammengehalten wurde. Sie nannte sich nach wie vor das glückliche Heer der Franken in Ro= manien, und führte in ihrem Siegel und Wappen das Bild des heiligen Ritters Georg, ihres Schutzpatrons. Die cata= lanische Companie wurde das Muster der in Italien ent= stehenden Soldbanden des Hawkwood, Landau, Albert Sterz und anderer Capitäne von Ruf.

Ein ganzes Jahr lang, so berichtet Nicephorus, blieb dieses furchtbare Kriegsvolk in Thessalien, da es hier Sold, reichliche Nahrung und Beute fand, die nach wie vor in den geplünderten offenen Landschaften gemacht wurde. End= lich gelang es doch dem verzweifelten Sebastokrator die Catalanen zum Abzuge aus seinem Gebiet zu bewegen, in= dem er ihre Hauptleute mit Geschenken gewann und ihnen Führer mitzugeben versprach, um sie „nach Achaja und Böotien" sicher zu geleiten. Die Companie brach im Frühjahr 1310 auf, schlug sich mit vieler Not durch Wlachien durch, das stärkste Land der Welt, wie es Muntaner ge= nannt hat, von einem Volk bewohnt, dessen unzähmbare Wildheit schon Benjamin von Tudela bemerkt hatte.[2] So=

---

[1] Addellili, ein arabisches Wort, bezeichnet Führer. So hießen die Hauptleute der Almugavaren. Amari, Vespro I, 235.

[2] Er nennt das Land Walachia und sagt, daß seine Grenze bei Zeitun sei.

dann wandte sie sich weiter nach den Ländern Lokris und
Phokis. Wenn eine erst im 18. Jahrhundert verfaßte
Chronik berichtet, daß der Kaiser Andronikos die Mann=
schaften von Naupaktos, Galaxidi und Liboriki aufbot, die
Catalanen zu bekämpfen, daß diesen indeß die Uneinigkeit
der Griechen die Eroberung Salona's möglich machte, so
können sich solche Angaben nur auf eine spätere Zeit
beziehen.[1]

2. Der Zug der Soldbande nach Lokris war nicht durch=
aus die Folge ihres Abkommens mit dem thessalischen
Fürsten, sondern er geschah mit dem Willen und sogar im
Dienste des Herzogs von Athen. Walter von Brienne machte
Rechte auf Teile der Phtiotis und Thessalien's geltend, um
so mehr als der dortige Dynast kinderlos war und mit
seinem Tode die Linie der Angeli Neopatra's erlöschen
mußte. Aber der Kaiser Andronikos, sein Schwiegersohn
Johannes und die Fürstin Anna von Epirus waren
solchen Ansprüchen bereits entgegengetreten. Es ist wahr=
scheinlich, daß diese Verbündeten nach dem Tode Guido's
die ehemals von den La Roche gewonnenen thessalischen
Orte besetzt hatten. So in Krieg mit den Griechen ver=
wickelt, war Walter auf den ihm nahe liegenden Gedanken
gekommen, die herrenlose Companie in seinen Sold zu
nehmen, mit welcher überdies schon sein Vorgänger Unter=
handlungen angeknüpft hatte.[2] Er selbst war, wie Ramon

---

[1] Chron. von Galaxidi, ed. Sathas p. 204.
[2] Muntaner spricht sogar von einem mit den Catalanen in Cas=
sandria abgeschlossenen Soldvertrage, was so ungenau ist, wie die Angabe
der Aragon. Chronik n. 536, welche dies Bündniß noch zwischen Guido
und Rocaforte abschließen läßt.

Muntaner erzählt, den Catalanen nicht unbekannt und sogar bei ihnen beliebt; er verstand ihre Sprache, da er mit ihnen verkehrt hatte, als er in seiner Kindheit als Geisel seines Vaters lange in der Burg Agosta in Sicilien hatte leben müssen. Das furchtbarste Kriegsvolk der Zeit, welches schon seit Jahren der Schrecken Griechenlands war, Städte bezwungen, feindliche Heere zersprengt, ganze Provinzen verwüstet, in wilden Lagertumulten seine Capitäne erschlagen hatte, stand dennoch unbesiegt und mächtig da, wie in den Tagen Roger's de Flor. Der Herzog Walter aber betrachtete dasselbe nur als einen Söldnerhaufen, der jedem neuen Brodherrn feil stand, seitdem das Verhältniß zu Carl von Valois durch die Flucht Cepoy's gelöst war.

Sein Unterhändler Roger Deslaur, ein Ritter aus Roussillon, der in seine oder schon in Guido's Dienste getreten war, schloß mit der Companie einen Vertrag, wonach sie für sechs Monate dem Herzog zu dienen hatte. Der ungewöhnlich hohe Sold, den sie forderte und erhielt, bewies sowol das stolze Bewußtsein ihres Werts als den Reichtum des Herzogs von Athen. Denn jeder schwere Reiter sollte monatlich 4 Goldunzen, jeder leichte Reiter 2, jeder Mann zu Fuß eine Unze erhalten. Wenn man die Stärke der Companie nur zu 7000 Mann berechnet, so betrug die monatliche Ausgabe Walter's 12 000 Unzen, oder 2 900 000 Francs.[1]

Es war nach dem Abschluß dieses Soldvertrages, daß die Companie sich mit den Truppen des Herzogs vereinigte. Wo dies geschah, wissen wir nicht. Muntaner spricht nur im Allgemeinen von der Ankunft der Catalanen im Herzog-

---

[1] Saissenay, Les Briennes p. 180.

tum Athen, wo sie Walter mit Freuden empfangen und
ihnen sofort den Sold für zwei Monate ausgezahlt habe.[1]
Viele Gründe sprechen dafür, daß der Herzog diesem zügel=
losen Kriegsvolk nicht gestattete, mitten in das Herz seines
Landes und in seine Hauptstadt Theben einzuziehen, sondern
daß er es für passend hielt, sich an den Nordgrenzen seines
Staates, in der Nähe des eigentlichen Kriegsschauplatzes,
mit ihm zu vereinigen. In demselben Frühjahr und Som=
mer 1310 begann er sodann den Krieg gegen den Kaiser
Andronikos und die mit ihm verbündeten Thessalier und
Epiroten. Im Monat Juni lag er vor Zeitun.[2]

Mit Hülfe der Companie eroberte er in der Phtiotis
mehr als dreißig feste Orte, so daß er sich zum Herrn der
pagasäischen Küsten machte.[3] Der Krieg muß sich tief nach
Thessalien hineingezogen haben und verheerend genug ge=
wesen sein, denn der Zeitgenosse Marin Sanudo bemerkte
später, daß Wlachien an Getreide und allen andern Be=
dürfnissen reich sei, und davon aus den Häfen Halmyros,
Demetrias und Lade genug ausführen könnte, wenn es
jenen Wolstand wieder erlangen würde, den es besaß, ehe

---

[1] Hopf I, 389 läßt sie durch die Thermopylen und Lokris nach
Böotien ziehen und vorläufig in Theben Quartier nehmen, was so un=
wahrscheinlich, wie unerweisbar ist.

[2] Nach einer Urkunde, datirt sotto la Gyrona, 6. Juni 1310,
VIII. Ind. schenkte er dem Venetianer Zuan Quirin Land im Wert von
1000 Hyperpern und verpfändete ihm dafür die Abtei Cochinta. Seine
Schenkung bestätigte später sein berühmter Sohn Walter als Titular=
herzog von Athen, Veneb. 5. Nov. 1336. Lunzi, Della condizione
politica delle isole Jonie sotto il dominio Veneto, Ven. 1858, p.
124. Hopf versteht unter Gyrona einfach Zeitun. Vielleicht ist im
Text Gytona zu lesen; denn die fränkische Form für Zitumi ist Giton
oder Gipton (Liv. de la Cq.).

[3] Muntaner c. 240.

derselbe vom Grafen von Brienne zerstört wurde, als er
die catalanische Bande in seinem Dienste hatte.[1]

Der siegreiche Feldzug Walter's dauerte sechs Monate
lang. Ein vorteilhafter Friede, wozu sich der Kaiser und
seine Verbündeten bequemen mußten, sicherte ihm alle seine
in Thessalien gemachten Eroberungen. Sobald nun der
Herzog von Athen, schneller und glücklicher, als er selbst es
erwarten konnte, den Zweck seines Vertrages mit den Catalanen erreicht hatte, suchte er die Companie auf byzantinische
Weise los zu werden. Den Sold für vier Monate blieb er
ihr schuldig. Er wähnte sich seiner Verpflichtungen zu entledigen, wenn er die tüchtigsten und angesehensten dieser
Krieger, zweihundert Panzerreiter und dreihundert Almugavaren aus der Mitte der Bande auswählte, sie bezahlte
und ihnen als Eigentum Landgüter anwies, um sie fortan
in seinem Dienste festzuhalten. Allen übrigen befahl er,
das Herzogtum zu verlassen.[2] Die mit so schmählichem Undank behandelte Companie weigerte sich, ihr gefahrvolles
Wanderleben fortzusetzen und sich von neuem mittellos und
aussichtlos nordwärts durch feindliche Länder hindurchzu-
schlagen. So kam es zum Bruch. Dies ist die Darstellung
Muntaner's. Allein ein so gewaltsames, rechtloses und zugleich unkluges Verfahren des Herzogs ist doch schwer begreiflich; darum verdient der Bericht der aragonischen Chronik
Glauben, welcher auf die erbitterte und übereilte Stimmung
Walter's ein Licht wirft. Die Companie nämlich hatte in

---

[1] Si ad statum reduceretur pristinum, eo quod ipsa consumta
fuit a comite Brenensi, dum societatis Catelanorum dominium ob-
tinebat. Secreta fidelium crucis lib. II, pars 4, 68 (ed. Bongars).

[2] Muntaner c. 240.

Südthessalien mehre von ihr eroberte Castelle besetzt, deren Auslieferung der Herzog verlangte, die Catalanen aber forderten diese Orte von ihm zu Lehn, um fortan als seine Dienstmannen im Lande zu bleiben, da sie sonst nicht wüßten, wohin sie sich wenden sollten. Weil es feststeht, daß Walter seiner Verpflichtung in Bezug auf den Sold nicht nachgekommen war, so konnte auch nichts natürlicher sein, als daß die Catalanen die von ihnen besetzten Castelle als Pfänder festhielten. Der Herzog schlug ihren Antrag entschieden ab, und drohte, sie mit Gewalt zu seinem Willen zu zwingen.[1]

Hierauf beschlossen die Spanier ihr Recht als freie Männer mit dem Schwert zu behaupten. Das verhängnißvolle Zerwürfniß ist demnach in der eroberten Phtiotis ausgebrochen. Denn schwerlich konnte der Herzog so unklug sein, dies gefährliche Kriegsvolk nach dem Friedensschluß mit dem Kaiser in sein eigenes Land zu führen, um sich erst hier seiner zu entledigen.[2]

Da er selbst augenblicklich nicht stark genug war, die Companie aus Thessalien zu vertreiben, so kehrte er zunächst nach Theben zurück, und beide Teile rüsteten sich im

---

[1] Aragon. Chronik von Morea n. 546. 547. Respondieron que non querian render los castiellos et las predas que avian ganado, por que no sabian do yr, mas ellos lo pregavan que éll los dexase estar en pas, et que ellos querian fer homenage de aquellos castiellos et iurarle de nunqua fer danayo en aquella terra ne en ninguna suya. Die Chronik verlegt freilich den Krieg irrig in die Zeit Guido's. Uebrigens weiß auch die griech. Chronik von Morea v. 5946, daß die Eroberung von Domokos durch die Catalanen den Grund des Bruchs mit dem Herzoge abgab.

[2] Ich verwerfe diese Ansicht Hopf's (I, 391).

Herbst und Winter des Jahres 1310 zum Kampfe mit einander. [1]

Walter von Brienne versammelte seinen Heerbann. Alle seine Lehnsträger, selbst euböotische Barone, sogar Feudal-herren Achaja's und kampflustige Ritter aus Neapel folgten bereitwillig seinem Ruf, da die Vernichtung der großen Com-panie als eine gemeinschaftliche Aufgabe des fränkischen Griechenlands erscheinen mußte. Auch der Republik Venedig konnte sie nur willkommen sein. Diese Signorie hatte ihre Verbindung mit den Catalanen ganz aufgegeben, und mit dem Kaiser Andronikos einen zwölfjährigen Waffenstillstand gemacht, da die geplante Unternehmung Carl's von Valois nicht zur Ausführung gekommen war. [2] Allen ihren Rec-toren und Untertanen hatte sie den Verkehr mit solchen griechischen Orten untersagt, in denen sich die Catalanen befanden.

Man darf annehmen, daß Walter von Philipp von Tarent, dem Gebieter Achaja's, die Einwilligung erhielt, die ritterlichen Vasallen auch dieses Landes zum Kriege mit der Companie aufzubieten, und zu den lehnspflichtigen Baronen des Fürstentums gehörten außer ihm selber, dem Herrn von Athen, der Herzog des Archipels, der Herzog von Leukadia, der Graf von Kephalonia, der Markgraf von Bodonitza, der

---

[1] Nicephorus Gregoras VII, 7, p. 252. Dieser Geschichtschreiber sagt nichts, weder von dem Soldvertrage der Catalanen mit dem Herzog, noch von dem siegreichen Kriege desselben mit dem Kaiser.

[2] Treugua, in den Blachernen 11. Nov. 1310. Thomas, Diplom. Veneto-Levant. n. 46. Der Tod hat meinen um die Erforschung der Beziehungen Venedig's zu Griechenland hochverdienten Freund Thomas verhindert, den Druck des 2. Bandes seines Diplomatars zu besorgen. Es ist dringend zu wünschen, daß die Gesellschaft vaterl. Geschichte Venedig's die ihr überlieferten Manuscripte bald herausgibt.

Herr von Salona, die Terzieri Negroponte's. Sieben=
hundert französische Ritter folgten der Fahne Walter's, und
sein Aufgebot von Franken und Griechen ergab im Ganzen
eine Truppenmasse von 6400 Reitern und mehr als 8000
Mann Fußvolks.[1] Mit diesem für jene Zeit gewaltigen Heer
bildete sich der stolze Brienne ein, nicht nur die Spanier
niederzuschlagen, sondern alles Land bis Constantinopel ein=
zunehmen.[2]

Die Companie war schwächer an streitbarem Kriegsvolk;
sie zählte etwa 8000 Mann zu Roß und zu Fuß, worunter
sich Thessalier und türkische Reiter befanden.[3] Ihren Kern
bildeten die in hundert Kämpfen gestählten Veteranen, die
Almugavaren, welche den taktischen Wert der Infanterie in
die Kriegskunst eingeführt hatten, mehr als hundert Jahre
vor den Schweizern. Während berühmte Ritter und Feudal=
herren im Heere Walter's glänzten, wird kein einziger Haupt=
mann mit Namen unter den Catalanen genannt, da sie alle
ihre großen Capitäne verloren hatten. Die Erfahrung er=
setzte den Verlust, und das Bewußtsein, daß sie siegen oder
sterben mußten, flößte ihnen den Mut der Verzweiflung ein.
Mit Freude begrüßten sie den Zuzug jener Fünfhundert,
welche der Herzog in seinem Dienst behalten hatte, jetzt aber
mit ritterlicher Geringschätzung fortziehen ließ, weil sie
voll edeln Sinnes sich weigerten, gegen ihre Brüder zu streiten.

---

[1] Nicephor. VII, 7, p. 252, 253. Muntaner c. 240 zählt 700
französische Ritter und sogar 24000 Mann Fußvolks.

[2] Nicephor. a. a. O. Theodulos p. 200.

[3] Nicephor. rechnet 3500 Reiter, 4000 Fußvolk. Er läßt die Türken
des Melik und Chalil sich schon in Macedonien von den Catalanen
trennen, aber ein Teil davon blieb bei ihnen, und sowol Muntaner als
Theodulos wissen, daß sie am Kephissos gefochten haben.

3. Statt den Heranzug ihrer Gegner zu erwarten, brach die Companie mit kühnem Entschluß aus ihren Lagern in der Phtiotis auf, und rückte durch Lokris feindlich in das Herzogtum ein, vielleicht nur um sich hier den Durchzug weiter nach dem Süden zu erkämpfen. Sie überschritt den Kephissos in der böotischen Kopais und stellte sich an dem rechten Ufer jenes Flusses auf. Nordwestlich von Theben liegt eine Tiefebene, wo sich im Winter und Frühling ein System von flachen Seen bildete, welches von dem alten Kopä (dem heutigen Topolia) dem Namen Kopaissee erhielt.[1] Der Kephissos führte ihm die Wasser von Doris und Phokis zu; der Melas und Wildbäche des Helikon ergossen sich dort. Lange natürliche Hölengänge im Kalkgebirge, die sogenannten Katabothren, gaben diesen Wasserbecken Abfluß zur Bucht von Larymna. Schon die alten Minyer von Orchomenos hatten der Ueberflutung durch Dämme und andere künstliche Werke Schranken zu setzen gesucht, und noch der macedonische Alexander ließ durch seinen Ingenieur Krates aus Chalkis die Katabothren reinigen. Sein Plan der Trockenlegung des Sees kam aber nicht zur Ausführung.

Zur Zeit Strabo's waren die fruchtbaren Ebenen von den Wassern überflutet, und von den alten berühmten Städten im Umkreise hatten nur Tanagra und Thespiä einige Bedeutung bewahrt; denn veröbet und in Ruinen lagen Orcho-

---

[1] Ueber das kopaische Böotien, Bursian, Geogr. I, 194. Forschhammer, Hellenika I, 159. Buchon, Grèce continentale. K. O. Müller, Orchomenos und die Minyer I, cap. 2 u. 3. Ulrichs, Reisen u. Forschungen I, 205. L. Roß, Königsreisen, Bd. I. E. Burnouf, Le Lac Copaïs, Archives d. miss. scient. I, 133 ff.

menos, Chäronea, Lebadea, Haliartus, Leuctra, Platää,
Orte, auf deren Ebenen mehrmals die Geschicke Griechen=
lands durch große Schlachten waren entschieden worden.
Böotien überhaupt erhob sich auch in der byzantinischen Zeit,
das eine Theben ausgenommen, nicht mehr zur Blüte. Mehr
scheinen die Frankenherzoge Athen's für das Land gethan
zu haben. Neuere Untersuchungen erwiesen, daß während
ihrer Herrschaft die Kopaisebene wasserfreier war, als später
und bis auf unsere Zeit. Noch dauert eine fränkische Brücke
von fünf Bogen über dem Kephissos, neben einer antiken,
welche zerstört ist. Ein mittelalterlicher Turm bei Tegyra,
ein Damm bei Topolia zeigen, daß zur Frankenzeit Ver=
kehrsstraßen durch das Seegebiet führten. Ein fränkisches
Castell (Gla genannt), aus großen Steinblöcken mit Kalk
aufgemauert, steht noch oberhalb Topolia.[1]

Die Herzoge Athen's oder ihre Vasallen benutzten nicht
mehr die Akropolis von Orchomenos beim heutigen Skripu,
wo das prachtvolle von Pausanias bewunderte Schatzhaus
des Minyas längst verfallen war.[2] Doch ein Baron des
Hauses La Roche gebot in dem festen Lebadea, und in dem
neugriechischen Karditza, auf den Ruinen des alten Akrephia,
saß als Lehnsmann des Herzogs von Athen der Ritter An=
tonio de Flamenc. Heute hat die kopaische Landschaft ihren
historischen Charakter für immer eingebüßt; denn im Juni
1886 ist der berühmte See nach einer Dauer von Jahr=
tausenden bis auf wenige Reste verschwunden. Eine Gesell=

---

[1] Ulrichs, Reis. u. Forsch. 1, 205 ff.

[2] Ueber den Zustand von Orchomenos, Schliemann, Exploration
of the Boeotian Orchomenos, Journal of Hellenic studies, vol. II,
1881, und deutsch, Leipzig 1881.

schaft von französischen Capitalisten hat den Plan Alexander's des Großen wieder aufgenommen und die Kopaisgewässer durch einen Abzugscanal bei Karditza in den Landsee von Hylike und durch ihn in das euböotische Meer fortgeleitet, und so 25 000 Hektaren Landes für den Ackerbau ge= wonnen.[1]

Mit großem Geschick nahmen die Catalanen eine solche Aufstellung am Kephissos, daß der Fluß und die Nähe des Sees sie vor einer Umgehung sicherten. Das Schlachtfeld selbst wird nirgend nach diesem See benannt, sondern nach dem Kephissos, oder „nach einer schönen Ebene bei Theben", oder nach dem Ort Almyro.[2]

Da die Companie, deren wesentliche Stärke im Fuß= volk der Almugavaren bestand, ganz besonders die schwere

---

[1] Rottmann's Gemälde des Kopaissees in der Münchener Pina= kothek hat jetzt eine historisch=monumentale Bedeutung.

[2] Nicephorus: διαβάντες . . . τὸν Κηφισσὸν κατεστρατοπέδευσαν περὶ τὴν Βοιωτίαν οὐ πόῤῥω τοῦ ποταμοῦ. Muntaner: en un bel pla prop Estives. Sanudo, Brief an Louis von Bourbon von 1334, bei Kunstmann, Studien über M. Sanudo p. 810, und Secreta fidel. p. 68 schreibt Almiro, und in Istor. di Romania p. 117: Salmiro. Griech. Chron. von Morea v. 5934: εἰς τὴν Ἁλμυρόν. Liv. d. l. Cq. p. 474: en la Ramiro. Arag. Chron. n. 549: à un Inguar, que se clama el Almiro. An das südthessalische Halmyros am Golf von Volo, welches Innocenz III. Ep. 15, 69 Armiro, quae Valestino dicitur, und Henry de Valenciennes p. 663 Amiro nennen, ist hier nicht zu denken. Zwar heißen Quellen bei Talanti am Meeresufer Armyrä (Ulrichs, Reisen u. Forsch. I, 198, 207), aber Talanti konnte nicht das Schlachtfeld sein. Es muß demnach damals einen Ort Almiro am Kephissos gegeben haben. Daß der Fluß selbst, wie Hopf will, im Volksmunde so hieß, ist unerwiesen. Finlay, H. of Greece IV, 144 verlegt das Schlachtfeld bei Skripu, und ihm folgte Hertzberg. Allein Skripu liegt auf der linken Seite des Kephissos, den doch die Cata= lanen überschritten hatten. Daher muß das Schlachtfeld rechts, etwa in der Richtung auf Livadia zu suchen sein.

Reiterei des Feindes zu fürchten hatte, suchte sie sich gegen dieselbe durch die sumpfige Beschaffenheit des Ortes zu decken. Außerdem lockerte sie die Ebene auf, leitete Gräben aus dem Kephissos ab und stellte so eine unwegbare Fläche dar, deren verräterische Moore das Frühlingsgrün ver= schleierte.[1]

Der Herzog von Athen lagerte unterdeß bei Zeitun. Obwol er von stolzem Selbstgefühl erfüllt war, wußte er doch sehr wol, daß er mit einem furchtbaren Feinde zu kämpfen hatte. Der Tod auf dem Schlachtfelde war das tragische Los und das ehrenvolle Privilegium des Hauses der Brienne, und so etwas wie Todesahnung scheint auch den tapfern Walter ergriffen zu haben. Denn er machte in Voraussicht der nahen Schlacht sein Testament. Er ent= ledigte sich aller seiner Verpflichtungen gegen seine nahen Verwandten, die Herzogin Mathilde, die Wittwe seines Stief= bruders und Vorgängers Guido, gegen seine eigene Schwester Jeannette, und viele Personen seines Hofs, die ihm aus Frankreich nach Hellas gefolgt waren. Er vermachte der Parthenonkirche (Notre=Dame) und den Minoren in Athen, der Notre=Dame in Theben und in Negroponte, den großen Kirchen in Korinth und Argos je 200 Hyperpern, und je 100 dem heiligen Georg in Lebadea, wie den Kirchen in Davalia und Bodonitza.[2] Seiner Gemalin Jeanne de Cha= tillon trug er auf, dem S. Leonard in Lecce zu seinem und seiner Ahnen Seelenheil eine Kirche zu stiften. Er ernannte sie zur Vormünderin seiner Kinder Isabella und Gautier

---

[1] Nicephorus VII, 7, p. 252.
[2] Der Herausgeber des Testaments liest irrig Escines, was er für Egine hält, statt Estives (Theben).

in allen seinen griechischen, apulischen und französischen Be=
sitzungen. Er übertrug ihr neben andern Vertrauenspersonen,
worunter auch der Bischof von Davalia war, die Vollziehung
des Testaments. In der Abtei zu Daphni bei Athen, der
Familiengruft seiner Vorgänger vom Hause La Roche, sollte
seine Leiche beigesetzt werden.[1] Zeugen des Acts waren der
Bail von Achaja Gille de la Planche, und die euböotischen
Barone Jean de Maisy und Bonifazio von Verona.[2] Die
Urkunde ist fünf Tage vor der Schlacht, am Mittwoch den
10. März 1311 in Zeitun ausgestellt.[3] Demnach war Walter
mit seinem Heer von Theben dort hingerückt, um die Cata=
lanen zu treffen. Da er sie nicht mehr in Thessalien fand,
brach er südwärts zu ihrer Verfolgung auf. Trotz des Sper=
chius und der Ausläufer des Oeta, die er zu überschreiten
hatte, konnte er die Entfernung von Zeitun bis zum Kopais=
see sehr gut in wenigen Tagen zurücklegen. Die Schlacht

---

[1] Après nous élisons nostre sepulture aux Daufenins.

[2] Der erstgenannte ist bezeichnet als bail de la princé d'Achaye.
Er fehlt im Katalog Hopf's, welcher als Bail Morea's für Philipp II.
von Tarent von 1309—1313 aufführt Thomas von Marzano (Chron.
Gréco-Rom. p. 471). Et nous Gilles de la Plainche dessusdiz,
Jehanz de Maisy et Bonifaces de Varonne dessus dit avons mis
nous séauls pandanz en ce présent testemant avec lou sien et à
sa requeste. So erklären die Genannten im Testament.

[3] Das Tagesdatum ist richtig; nur im J. 1311 fiel der 10. März
auf den Mittwoch. Das Original des Testaments auf Pergament (in
Troyes) hat noch zwei hängende Siegel in Wachs, von denen das eine
die Legende trägt sigillum Bonifacii de Verona. Es beginnt: L'an
de grâce mil trois cenz et once, lou macredi à dis jourz de mars,
nous Gautiers, dux d'Atheinnes, cuens de Brienne et de Liche . . .
und schließt: donné et fait au Gitom l'an et lou jours dessus dit.
Abgedr. von H. d'Arbois de Jubainville, Voyage paléogr. dans le
département de l'Aube, Troyes et Paris 1855, p. 332 ff.

am Kephissos aber fand am Montag, den 15. März 1311 statt.[1]

Die Almugavaren erwarteten in fester Ordnung das anrückende feindliche Heer, aber ihre türkischen Bundesgenossen stellten sich voll Mißtrauen in einiger Entfernung auf, weil sie, wie Muntaner sagt, argwöhnten, daß der Kampf zwischen dem Herzog und der Companie nur ein Schein, und es auf ihre eigene Vernichtung abgesehen sei. Sie wiederholten hier dasselbe listige Verfahren, welches sie in der Schlacht bei Apros beobachtet hatten. Voll Ungeduld stürzte sich der Herzog an der Spitze von 200 auserlesenen Rittern mit goldenen Sporen auf die spanische Phalanx. Aber die gepanzerten Rosse sinken alsbald in den moorigen Grund; vergebens strengen sich die Ritter an, sie emporzureißen: wie Statuen bleiben manche, so erzählt Nicephorus, auf den Pferden sitzen. Der Knäul von Menschen und Thieren wird von den Wurfgeschossen der Spanier überschüttet; das Löwenbanner der Brienne sinkt; der Herzog stürzt. Die nachdringenden Heerhaufen verwickeln sich in dasselbe Labyrint; jetzt vollenden auch die Türken die Blutarbeit der Catalanen. Panischer Schrecken erfaßt die Reihen des schönsten Heeres, welches das fränkische Hellas jemals gesehen hat. Was dem Gemetzel entrinnen kann, flieht auf der Straße nach Theben fort.

An den Ufern des Kephissos wiederholte sich das Schicksal des mithridatischen Heeres, welches Sulla dort in die

---

[1] Tag und Monat verzeichnen nur die griech. u. franz. Chron. von Morea (v. 5957; p. 474). Ihr Jahresdatum ist unrichtig. Der Montag fällt nur i. J. 1311 auf den 15. März. Dies Datum für die Schlacht hat Hopf I, 391 überzeugend festgestellt.

Sümpfe geworfen hatte.[1] In denselben Sümpfen versank das burgundische Herzogtum Athen, mit dem stolzen Herzog selbst, der durch seine eigene Schuld erschlagen ward.[2] Sein Haupt trugen die Spanier im Triumf auf einer Lanze umher. Mit vollem Recht darf man die Schlacht am Kopaissee das Azincourt der Franzosen in Hellas nennen. Denn an diesem einen Tage wurde die Blüte des lateinischen Adels in Griechenland, die Nachkommenschaft der großen Conquistadoren niedergemacht, und die furchtbare Vernichtung der Franken durch Franken erfüllte die erstaunten Griechen mit Genugthuung.[3]

Nach dem Bericht Muntaner's blieben von den 700 Rittern im Heere Walter's, wie durch ein Wunder, nur zwei am Leben, Roger Deslaur und Bonifazio von Verona. Beide waren bei den Catalanen beliebt; sie wurden daher geschont, zwar zu Gefangenen gemacht, aber ehrenvoll behandelt. Die Angaben Muntaner's sind indeß ungenau,

---

[1] Plutarch, Sulla XXI. Noch zu seiner Zeit fand man dort Waffen und Schädel aus der Schlacht von Orchomenos. Im J. 1840 entdeckte man in der Burg Negroponte viele Rüstungen, welche Buchon für solche der am Kopais Gefallenen und, wie er annahm, von Bonifazio von Verona in Negroponte bestatteten Ritter erklärte (Grèce contin. p. 134 ff. und Sur les armures trouvées à Negrop.) Man hat diese Rüstungen i. J. 1886 in einem Magazin des Patisia=Museums wieder entdeckt und im Museum der histor. Gesellschaft zu Athen aufgestellt.

[2] Et là fu occis par sa coulpe. Liv. d. l. Cq.

[3] τὴν καλλίστην καὶ θαυμαστὴν ἐκείνην κατὰ τῶν προςχώρων Ἰταλῶν ἀνεῖλοντο νίκην, sagt Theodulos p. 201, behauptend, daß alle erschlagen wurden, so daß nicht ein Feueranzünder (πυρφόρος) übrig blieb. Nach der Schlacht bei Zorndorf schrieb Friedrich d. Große an Voltaire, sie sei einer jener Schaudertragödien ähnlich gewesen, wo keiner am Leben bleibe als der Lampenputzer. Muntaner sagt, alle Ritter seien erschlagen und etwa 20000 Mann Fußvolks.

denn unter den Lebenden befand sich auch Nicolaus Sanudo,
der Sohn des Herzogs Guglielmo I. von Naxos.[1] Man
darf sogar annehmen, daß auch andere große Herren deshalb
geschont wurden, weil sie reich genug waren, um ihre Frei=
heit mit beträchtlichen Summen zu erkaufen. Getödtet waren
Alberto Pallavicini, der Markgraf von Bodonitza und Sechs=
herr auf Negroponte; Georg Ghisi, durch seine Vermälung
mit Alice dalle Carceri Terziere auf derselben Insel und
Herr von Tinos und Mykonos; Thomas, Herr von Salona
und Marschall Achaja's.[2] Da Rainald de la Roche, der
Sohn Jacob's von Damala und Veligosti, fortan aus der
Geschichte verschwand, so mochte auch er am Kephissos ge=
fallen sein. Mit ihm aber erlosch die Manneslinie des
griechischen Hauses der La Roche, denn er hinterließ nur eine
Tochter Jacqueline, die sich später mit Martino Zaccaria,
dem Gebieter von Chios und Phokäa, vermälte.

Giovanni Villani, der Zeitgenosse dieser erstaunlichen
Katastrophe, in welcher das Würfelspiel des Glücks auf einem
einzigen Schlachtfelde einer verzweifelten Söldnerbande ein
Reich mit dem unsterblichen Namen Athen vor die Füße

---

[1] Arch. Ven., Commemor. II, 38.

[2] Dies geht hervor aus einer Liste von Dynasten mit der Auf=
schrift De Romania (Arch. Ven., Pacta lib. III, fol. 79 t.): Albertus
Palavicinus comes Bondenice et dns. sexterii Nigropontis (decessit).
Georgius Gisi tercie partis ins. Nigropontis, Tynarum et Michol-
larum dominator fedelis (decessit). Thomas de la Sola dns. Salone
et principatus Achaye marescalchus (mortuus). Am Ende steht
Antonius Flamengo miles, ohne diesen Zusatz, weshalb es fraglich ist,
ob auch er in der Schlacht fiel. Die Liste ist vor 1311 geschrieben;
das decessit und mortuus nach 1311 zugesetzt. Hopf (Chron. Graec.-
Rom. Einl. p. XXIV) entnahm diese Notiz der Copie des Bandes
Patti in Wien: ich schrieb sie vom Originalbande in Venedig ab.

warf, bemerkte dazu: „so wurden durch das zügellose Volk
der Catalanen jene Wonnen der Lateiner zerstört, in deren
Genuß einst die Franzosen gekommen waren, und diese hatten
dort in größerem Wolstand und Luxus gelebt, als in jedem
andern Lande der Welt."[1]

---

[1] E cosi le delizie de' Latini acquistate anticamente per gli
Franceschi . . . furono distrutte. VIII, 51. Die Schlacht hat Villani
nicht nach ihrem Ort benannt.

Zweites Capitel.

Rückblick auf die Verhältnisse und die Verfassung des französischen Her=
zogtums Athen. Feudale und städtische Zustände. Die lateinische und
die griechische Kirche. Wissenschaft und Literatur. Scheidung der Grie=
chen und Franken. Rechtliche Verhältnisse. Theben und Athen. Bauten.
Das Schloß St. Omer auf der Kadmea. Bauwerke in Athen. Die
Abtei Daphni.

1. Wir haben keinen Grund, das Urteil des floren=
tinischen Chronisten für übertrieben zu halten, da es
vom Catalanen Ramon Muntaner durchaus bestätigt wird.
Von allen fränkischen Feudalstaaten Griechenlands war das
Herzogtum Athen in so günstiger Lage gewesen, daß es
unter ihnen ein hohes Ansehen genoß.[1] Das Haus seiner bur=
gundischen Herrscher erhielt sich ein volles Jahrhundert lang
im Besitze des schönen Landes, und alle Fürsten desselben
erscheinen, im Gegensatz zu den gewaltthätigen Villeharbouin,
als milde und friedliche Regenten, die sich nicht durch Ehr=
geiz zu abenteuerlichen Entwürfen der Vergrößerung ihrer
Macht verleiten ließen. Erst als der letzte ihres Stammes

---

[1] Finlay konnte zu seiner Zeit mit vollem Recht urteilen, daß es
einen höheren Rang in Europa einnahm, als das von den Mächten
wiederhergestellte Königreich Griechenland. Hist. of Greece IV, 143
(Orforder Edition 1877).

in die dynastischen Angelegenheiten Thessalien's verflochten
war, wurde diese Verbindung unter dem unbesonnenen Brienne
die Ursache des Unterganges.

Der athenische Frankenstaat besaß mehr innere Einheit,
als das Königreich Thessalonich, als die Insel Euböa, selbst
als das Fürstentum Achaja. Seine Begründer hatten dort
weder große Archontengeschlechter vorgefunden, noch bildete
sich in der folgenden Zeit in Attika, Böotien und Megara
ein mächtiger französischer Lehnsadel aus. Die einzige geschichtlich hervorragende Familie, neben den La Roche, war
jene der Barone von St. Omer, ihrer Vettern und aufrichtigen
Freunde, gleich den Lehnsherren von Salona und von Bo-
donița, die in den Feudalverband zu Athen gekommen waren.
In der letzten Zeit wurde nur noch das sonst unbekannte
Haus der Flamenc in Karditza angesehen. Die wichtigsten
Städte, Athen und Theben, dessen Hälfte freilich an die
St. Omer verliehen war, blieben Domänen des Landesherrn, gleich Argos und Nauplia, wo Mitglieder des herzoglichen Hauses als Vögte saßen, und auch Damala, das
alte Trözen, war im Besitz eines Zweiges desselben. Wenn
demnach irgendwo in Griechenland der fränkische Lehnstaat
fast die Züge einer monarchischen Verfassung annahm, so
war das im Staate der Familie La Roche der Fall.

Ein dauernder, oder doch selten gestörter Friede mußte
dessen natürliche Hülfsquellen vermehren. Weder Revolutionen im Innern noch auswärtige Unternehmungen be-
lasteten das Land mit drückenden Steuern.

Die friedfertigen Herzoge Athen's machten nicht einmal
den Versuch, eine Seemacht aufzustellen; sie besaßen keine
Kriegsschiffe weder im Piräus, noch in Nauplia und Liva-

dostro, aus welchen Häfen sie nur Corsaren auf Seeraub
auslaufen ließen. Schon die Eifersucht der Venetianer würde
die Erschaffung einer athenischen Marine so wenig geduldet
haben, wie sie eine solche der Fürsten Achaja's erlaubte.
Im Allgemeinen blieben die Franken selbst im Peloponnes,
trotz so vieler Küsten und Häfen, als echte Landbarone an
ihre Güter und Schlösser gebannt und dem Seewesen ab=
geneigt. Der Grund der Thatsache, daß die Franzosen
während des Mittelalters, selbst nicht einmal Marseille in
der Provence ausgenommen, nicht mit den Spaniern und
Portugiesen, mit den Normannen und Italienern in nauti=
schen Unternehmungen gewetteifert haben, darf in den geo=
graphischen Verhältnissen und auch im Feudalsystem Frank=
reichs gesucht werden.

Man kann den La Roche freilich den Vorwurf machen,
daß sie die Küstenlage ihres Staates nicht zu einem ein=
träglichen Seehandel benutzten; wenigstens sind uns keine
Kunden davon übermittelt, und nirgend haben wir athenische
Kaufleute und Factoreien in den Häfen der Levante entdeckt.
Den Piräus scheinen die La Roche für Handelsfahrzeuge ausge=
bessert zu haben. Im 14. Jahrhundert hieß derselbe Porto
Leone von dem dort am innern Ufer stehenden antiken
Marmorlöwen in dreimaliger Lebensgröße. Weil der Hafen
Athen's schon auf der im Jahre 1318 zu Venedig gefertig=
ten Seekarte des Genuesen Pietro Visconte so genannt
wird, hat man geglaubt, daß der Marmorlöwe vom Herzog
Guido II. dort aufgestellt worden sei.[1] Allein es ist mehr
als wahrscheinlich, daß dieser Coloß schon im Altertum er=

---

[1] Hopf I, 368.

richtet worden war, und immer auf seinem Platze stehen geblieben ist. [1]

Friedlich hatten sich die kirchlichen Verhältnisse im Herzogtum gestaltet, nachdem die Grenzmarken zwischen den geistlichen und weltlichen Besitzungen gezogen waren. Die lateinische Kirche blieb überall in Griechenland schwach und auf diesem fremden, ihr widerstrebenden Boden wie im Exil. Sie fand sich der großen festgeordneten griechischen Kirche mit ihrer reichen Literatur, ihren uralten Traditionen und Heiligtümern gegenüber, und die Versuche der Propaganda, welche sie machte, blieben daher ohne Erfolg. Hellas war kein Land für das Gedeihen der Mönchsorden des Occidents, aus welchem Schwärme armer und unwissender Geistlicher als Glücksjäger eingewandert waren, und diese gehörten nur in den wenigsten Fällen dem Adel Frankreichs an. Kein religiöser Enthusiasmus lebte unter den Franken Griechenlands; nie hat ein dortiger Fürst oder Baron aus Bußfertigkeit und mystischer Neigung die Kutte angelegt. Der weltliche und militärische Geist der Erobe=

---

[1] Bursian, Geogr. Griech. I, 265. Die Stelle des Löwen gibt Babin an (Brief an Pécoil): à l'extrémité du cote de la ville. Ebenso Spon, Voyage II, 231: sur le rivage au font du Port. Auf einer Karte des Piräus (Port Lion), welche französische Ingenieure i. J. 1685 gemacht hatten, ist die Löwenfigur eingezeichnet: Laborde, Athènes . . . p. 61. Morosini entführte bekanntlich im J. 1688 nach Venedig den Piräuslöwen, eine Löwin und ein drittes athenisches Löwenbild, das auf dem Wege unweit des Theseum aufgestellt war, wo es Spon gesehen hatte. Antonio Arrighi, De vita et reb. gest. F. Mauroceni, Patavii 1749. Im Uebrigen habe ich in venetian. Acten und Autoren des 14. und 15. Jahrh. den Namen Porto Leone nicht gefunden; im 17. Jahrh. kennt ihn Meletius (Geogr. antiqua et moderna II, 354) nebst dem zweiten Namen Porto Draco. So auch Coronelli, Mem. istoriograf. de' regni della Morea p. 195.

rung beherrschte die fränkische Gesellschaft ausschließlich.
Im Herzogtum Athen wird nichts von einem Einfluß des
Clerus auf den Staat gehört. Die Erzbischöfe von Theben
und Athen haben dort niemals Baronalrechte gehabt. In
keinem Feldzuge der Franken in Griechenland überhaupt
ist, wie in Syrien und in Europa, ein Bischof oder Abt
in Waffenrüstung an der Spitze seiner Mannen gesehen
worden.

Die griechische Kirche ihrer Seits hatte sich in ihre
Verluste fügen, ihre alten Diöcesen an die Lateiner abtreten müssen. Gleichwol bewahrte sie ihren Cultus, ihre
Verwaltung und einen starken Rest ihres Gutes. Nach der
endgültigen Einrichtung des athenischen Staats wurden dort
schwerlich noch ansehnliche griechische Kirchen gewaltsam geschlossen, wie in Constantinopel unter dem fanatischen Cardinal Pelagius. Selbst die Päpste schützten bisweilen die
Rechte oder die Güter der griechischen Geistlichkeit und ermahnten die nach ihnen begierigen Barone zur Mäßigung.
In Attika bestanden alte Klöster der Basilianer ungeschmä-
lert fort. Eine griechische Inschrift aus dem Jahre 1238
bekundet, daß ein Mönch Neophytos eine Straße nach dem
Hymettos angelegt hat.[1] Diese führte wahrscheinlich durch
das öde Gelände der Mesogäa zu den Abhängen jenes Gebirges, und sie stand wol mit dem Hymettoskloster Kaisariani in Verbindung, wo die griechischen Mönche fortdauernd die classische Bienenzucht betrieben.[2] Da solche

---

[1] Νεόφυτος τοὔνομα λάτρης χωρίου ... auf einer Stele in der
Nähe des Hymettos gefunden. C. J. Gr. IV, n. 8752.

[2] Noch unter der Herrschaft der Osmanen wurde der Harem des
Sultans von dort und aus dem Kloster Penteli mit Honig versorgt.

Basilianer die Anlage einer Landstraße ausführen konnten, mußten ihre Klöster immerhin noch wolhabend gewesen sein.

In den griechischen Abteien konnte sich trotz des Drucks der Fremdherrschaft, welcher den Nationalgeist lähmte, noch ein schwacher Rest hellenischer Wissenschaft erhalten haben. Allein wir wissen nichts weder von griechischen, noch von lateinischen Gelehrtenschulen in Theben und Athen. Der Doge Pietro Gradenigo ersuchte im Jahre 1309 den thebanischen Erzbischof Ysnard, den Venetianer Petrus, welcher in Theben eine Domherrnstelle erhalten hatte, diese genießen zu lassen, während er seine Studien (in Venedig) vollendete. Theben also bot ihm keine Gelegenheit dar, sie fortzusetzen. [1] Die Erinnerung an den wissenschaftlichen Ruhm der Stadt der Weisen, und an die Zeiten der platonischen Akademie hat keinen der Herzoge Athen's auf den Gedanken gebracht, dort eine Hochschule zu gründen und dadurch seinem Lande neuen Glanz zu verleihen. Selbst wenn der aufgeklärteste unter ihnen einer so frühreifen Idee fähig gewesen wäre, so hätte doch ihre Ausführung unmöglich sein müssen. Für eine Hochschule in Athen im 13. Jahrhundert würden sowol die Lehrer als die Schüler gefehlt haben. Außerdem hätte sie nur eine griechische Anstalt sein können, und als solche

---

Dieses hatte bis 5000 Bienenkörbe und schickte jährlich als Karasch 6000 Pf. Honig an die Sultanin. Spon II, 223. 310. Babin (Brief an Pécoil) sagt im J. 1674 von den Kräutern des Berges: d'où vient que le miel du mont Hymette passe encore pour le plus excellent qui soit au monde.

[1] Rogamus, quatenus . . . intuitu . . . spei fructus de sua scientia secuturi eidem licentiam contribuere dignemini, quod in dicto studio valeat permanere. Arch. Ven., Lettere di Collegio fol. 26ᵗ.

eine gefährliche Waffe in der Hand der unterdrückten helleni=
schen Nation und Kirche werden müssen.

Die lateinische Geistlichkeit in Griechenland machte ihrer
Seits schwerlich ihrem Stande durch Bildung Ehre; sie fand
sich dort außer dem Zusammenhange mit den Universitäten
und Klosterschulen des Abendlandes, wenn auch immer in
der Lage, etwas vom Sprachschatze der griechischen Literatur
aus den Quellen zu schöpfen.

Das Studium derselben hatte im Westen während des
13. Jahrhunderts nicht aufgehört. Unter den Franciscanern
und Dominicanern, die, wie wir bemerkt haben, auch in
Griechenland eigene Klöster besaßen, gab es einige eifrige
Helleniften. Bonaccursio glänzte als solcher in Bologna,
Roger Bacon in England, Michael Scotus am Hofe Fried=
rich's II., und Jean von Jandun commentirte später den
Aristoteles. Das Capitel der Dominicaner schickte öfters
Zöglinge nach Griechenland, um sie in der Sprache der
Hellenen auszubilden.[1] Solche Scholaften konnten immerhin
selbst nach Theben und Athen wandern, wenn ihnen auch
Thessalonich, der Athos, Patras und Korinth mehr Hülfs=
mittel darboten. In Korinth war der gelehrte Dominicaner
Wilhelm von Meerbeke in den Jahren 1280 und 1281 und
wol noch länger Erzbischof; hier vervollkommnete er sich im
Griechischen; er übersetzte Schriften des Hippokrates und
Galenus, des Aristoteles und Proklos in's Lateinische.[2]

---

[1] Hist. Littér. de la France T. XXI, p. 144. — Schon der
heil. Dominicus hatte seine Mönche ausgeschickt, um arab., griechisch
und hebräisch zu lernen: Litera magistri ordinis frat. Humberti,
Mediol. in capitulo a. 1255 (Martene, Thes. N. A. IV, 1708).

[2] Freilich hat Roger Bacon diese Uebersetzungen als fehlerhaft ge=

Für Athen lag die Zeit noch sehr ferne, wo französi=
sche Kapuziner am Denkmal des Lysikrates den Grund zur
topographischen Wissenschaft dieser Stadt legten. Nur dies
darf man behaupten, daß auch dort mit der griechischen
Sprache die Elemente antiker Bildung fortgedauert haben.

Man kann sich sehr gut denken, daß irgend einer der
athenischen, im Lande selbst erzogenen Herzoge griechische
Bücher neben französischen in seiner Bibliothek gehabt hat.
Die von uns bemerkte Phrase aus dem Herodot im Munde
Guido's II. wirft immerhin ein Streiflicht auf die dunkeln
Studien dieses Herzogs in der classischen Literatur. Freilich
wird auch der leselustigste La Roche seine geistige Nahrung
vorzugsweise aus den romans und contes und den chansons
de geste gezogen haben.

Die fränkischen Eroberer brachten ihre heimische Lieder=
kunst mit sich nach Hellas. Von manchen dieser ritterlichen
Helden, wie von Gottfried Villehardouin, Conon von Bethune,
Robert von Blois, Hugo von S. Quentin sind Chansons
erhalten.[1] Schon der Markgraf von Montferrat war von
einem namhaften Troubadour begleitet worden, und Min=
strels fanden sich an allen Höfen und Edelsitzen der Franken.
An dem Hof des Herzogs Guido II. von Athen sind sie bei
Gelegenheit seiner Unterhandlungen mit Theobald de Cepoy
bemerkt worden. Die Literatur der Troubadours, die Ritter=
epen des Robert Wace, des Chretiens von Troyes, das tro=
janische Epos des Benoit de S. More, die Sagenstoffe der
Alexandreis, Theseis und Thebais waren auch in Griechen=

---

tadelt. Ch. Gidel, Nouvelles Études sur la littér. grecque moderne,
Paris 1878, p. 265.

[1] Abgedr. von Buchon, Éclaircissem. p. 419 ff.

land die Unterhaltung der fränkischen Ritter. Nur fehlt jedes Zeugniß dafür, daß diese französische Dichtkunst im Lande der Hellenen eine neue Stätte ihrer Fortentwicklung gefunden hat, wie in dem von den Normannen eroberten sächsischen England, welches für lange Zeit geradezu der Sitz und schöpferische Heerd der altfranzösischen Dichtung geworden war. In Griechenland mangelten alle Bedingungen dafür. Die Höfe der Fürsten und Ritter waren klein, in einem fremden Volk isolirt, ohne große Verbindungen mit dem Auslande, ohne gewaltige Ereignisse und weltbewegende Ideen, und ohne den Glanz hervorragender Frauengestalten.

Die geringe Kenntniß der hellenischen Sprache hinderte ihrer Seits die fränkischen Eroberer daran, die einheimischen Dichtungen der Griechen kennen zu lernen. Der schwache Strom der byzantinischen Literatur mußte freilich unter dem Druck der Fremdherrschaft immer mehr versiegen; ein Epos, gleich dem Digenis Akritas, dessen Stoff noch dem 10. Jahrhundert angehört, und welches in unserer Zeit an's Licht gekommen ist, ist wol kaum im 13. Jahrhundert entstanden.[1]

Dagegen wurde die Einbildungskraft der Griechen von den romantischen Dichtungen des Abendlandes beeinflußt. Hellenische Dichter gaben den antikisirenden Stil und die Nachahmung der Sophisten= und Professorenromane des Jamblichus, Heliodor und Tatius auf, und nahmen französische Romanzen zum Muster. Selbst in den Sagenstoff des Achill drang fränkisches Wesen ein.[2] So entstanden

[1] Les exploits de Digénis Akritas, épopée byzantine du Xme siècle, Paris 1875, ebirt von Sathas und Legrand.
[2] Le Roman d'Achille, griech. Gedicht aus saec. 13, aufgefunden

in griechischer Vulgärsprache das dem Kreise der Arthur=
sage angehörige Epos „Der alte Ritter", der trojanische
Krieg, Flor und Blancheflore, Belthandros und Chrysantza,
Libystos und Rhodamne, und andere Dichtungen, mochten
sie aus wirklichen französischen Quellen geflossen sein, oder
nicht.[1] Sie sind der Niederschlag des fremden zur Herr=
schaft gelangten Ritterideals in einer sich neu bildenden
volkstümlichen Poesie der Hellenen, einer gasmulisch zu
nennenden Bastardliteratur aus der Zeit, wo die byzantini=
schen Herrscher durch die Frankendynastien, die Helden der
Ilias durch die Ritter der Tafelrunde verdrängt waren, wo
gothische Burgen auf antiken Akropolen standen, das grie=
chische Volk in Nikli, Andravida, Theben und Korinth und
vielleicht auch in Athen Turnieren zuschaute; kurz wo Faust
mit Helena sein Vermälungsfest beging.

Die Stätten solcher Verschmelzung der französischen
Romantik mit der neugriechischen Dichtung mögen eher in
Morea als im eigentlichen Hellas, und namentlich auf
Cypern und Rhodus zu suchen sein.[2] Was Athen betrifft,
so entzieht sich die Teilnahme dieser Stadt an jenem Lite=
raturprozeß unserer Kenntniß. Es ist auffallend, daß die=

von Sathas (Annuaire de l'assoc. des études gr. vol. XIII, 1879).
Achill kämpft sogar mit einem franz. Ritter.
[1] Ch. Gidel, Études sur la litt. gr. mod., Paris 1866, und Nouvelles études .. 1878. Siehe auch Ellissen, Anal. der mittel= und
neugr. Lit. B. V. Vieles dieser Art steckt noch in Bibliotheken, wie
Joh. Müller, Byz. Analekten, S. 12 im Jahre 1852 bemerkt hat. Aber
vieles ist seither an's Licht gezogen. Ich verweise auf die bekannten
Schriften und Sammlungen von W. Wagner, Legrand, Sathas, Zam=
pelios, Maurophrydes, Spir. Lambros u. s. w.
[2] Sp. Lambros, Collection de romans Grecs en langue vulgaire
et en vers, Paris 1880, Einl. p. XXXIII.

selbe in den griechischen Romanen nicht als Scene für Er=
lebnisse und Thaten der sagenhaften Helden dient.[1] Im
Abendlande lebte noch die Erinnerung an die Bedeutung
der Stadt aller Weisheit bei Dichtern fort; so wird im
Sagenkreise des Amadis erzählt, daß Agesilaos von Kolchos
in Athen seine Studien machte und die ritterlichen Künste
mit seinem Gefährten, einem Spanier, erlernte.[2]

Wenn nun auf einem neutral zu nennenden sehr klei=
nen Gebiet literarischen Phantasielebens eine Verbindung
der beiden Nationalgeister statt finden konnte, so blieb diese
doch aus der kirchlichen, staatlichen und bürgerlichen Sphäre
ausgeschlossen. Ramon Muntaner hat einmal bemerkt, daß
in dem fränkischen Griechenland ein so gutes Französisch
geredet wurde, wie in Paris; allein dies Urteil ist sicherlich
eine Uebertreibung des catalanischen Geschichtschreibers. Es
konnte auch niemals auf die eingeborenen Griechen, sondern nur
auf den Hof und die vornehme fränkische Gesellschaft bezogen
werden. Und selbst in dieser mußte mit der Zeit die französische
Sprache so verwildern, wie in dem normannisch gewordenen
England. Chaucer läßt in den Canterbury=Geschichten die
Priorin französisch sprechen, wie man es zu Stratford in
den Schulen lernte, aber „Französisch von Paris verstand
sie nicht".

Das hellenische Volk als solches hat niemals die Sprache
seiner Eroberer erlernt, mochten diese die Römer des Sulla und

---

[1] Die Handlung des Gedichtes Erotokritos spielt zum Teil am
Hofe des Königs Herakles von Athen; aber dieser weitverbreitete Roman
ist erst im 16. Jahrh. von dem Gräcovenetianer Vincent Kornaros in
Kreta verfaßt. (Gidel, Nouv. Études sur la littér. greeque moderne,
p. 477 ff.

[2] Florisell von Nichea, Sohn des Amadis von Griechenland.

Augustus, oder die Franken des Villehardouin und La Roche,
endlich die osmanischen Türken sein. Nur drangen immer
mehr französische und italienische Worte in den täglichen
Gebrauch der griechischen Vulgärsprache. Dagegen waren die
Lateiner in Hellas, wo sie fortdauernd in entschiedener
Minderzahl blieben, gezwungen, die Sprache ihrer Untertanen sich anzueignen. Schon unter den letzten La Roche,
zumal in Folge ihrer Verschwägerung mit dem Hause der
Angeli, gewann der Hellenismus immer mehr Einfluß. Der
Hof in Theben und Athen war sicher zweisprachig, wenn
auch die amtliche Sprache des Staats noch immer die französische blieb. Da die Kanzelei der Herzoge untergegangen
ist, so können wir nicht mehr darthun, daß schon in ihrer
Zeit Actenstücke auch griechisch abgefaßt wurden. Fränkische
Barone aber hielten es doch bereits für passend oder nötig,
ihre Bauwerke mit griechischen Inschriften zu versehen. So
that dies Anton le Flamenc, als er im Jahre 1311 zu
Karditza dem heiligen Georg eine Kirche erbaute. Ihre
griechische Inschrift läßt fränkische Orthographie erkennen.[1]

Die aus Burgund und der Champagne eingewanderten
Fremdlinge trennte im Allgemeinen eine unausfüllbare
Kluft der Religion, Cultur und Sitte von den Griechen.
Sie blieben eine eigenartige Colonie von Rittern, Kriegern
und Priestern, so unfähig sich der hellenischen Volksart an-
zupassen, als es diese war sich zu latinisiren. Die frag-
mentarische Geschichte des fränkischen Athen ist für uns
überhaupt nur diejenige seiner Fürsten, Ritter und hommes
d'armes. Sie erscheint vollkommen als eine Uebertragung

---

[1] Buchon, Note zu p. 409 des Livre d. l. C.

der altfranzösischen Romanzen, der chansons de geste aus
der Dichtung in die Wirklichkeit. Wie in diesen nur Könige,
Helden und Ritter, aber keine Bürger und kein Volk zu
finden sind, so lassen sich solche auch nicht in den histori=
schen Ueberlieferungen Athen's unter den Franken entdecken.
Während des vollen Jahrhunderts des burgundischen Regi=
ments schweigt für uns jede Kunde vom Leben der Hellenen
in Attika und Böotien; nirgend wird berichtet, daß es dort
noch ein nationales Bewußtsein gab, nirgend von einem
Versuch des Widerstandes oder der Erhebung der Griechen
gegen die Fremden berichtet. Das hellenische Volk ist aus
der Geschichte des attischen Landes so völlig verschwunden,
daß für uns weder Spuren seines Gemeindelebens in den
Städten, noch Denkmäler seiner fortlebenden Literatur sicht=
bar sind, noch auch nur der Name eines griechischen Bür=
gers in irgend einer angesehenen Stellung am Hof, im
Staat oder im Heer der Franken erscheint. Für den her=
zoglichen Heerbann wurden auch die Griechen aus den
Städten und vom Lande ausgehoben, aber nur zum Kriegs=
dienst als Masse. Auch wurde das Söldnerwesen selbst für
den athenischen Staat ein Bedürfniß; in dem Kriegszuge
Guido's gegen die Herrscherin von Epirus dienten unter
seinen Fahnen neben den Thessalioten auch Wlachen und
Bulgaren, und Walter von Brienne war schließlich genötigt,
die Catalanen in Sold zu nehmen.

Aus diesen Zuständen ist durchaus der Schluß zu ziehen,
daß jenes System der gewaltsamen Herabsetzung des griechi=
schen Volks in den Stand rechtloser Unterwürfigkeit, wie es
die Invasion mit sich gebracht hatte, trotz der mildernden
Zeit im Großen und Ganzen fortgesetzt wurde. Wie in

Cypern unter den Lusignan mußte auch in Hellas der ein=
heimische Adel und das größere Bürgertum verschwunden
oder in eine untergeordnete Stellung geraten sein. Paröken,
an die Scholle gebunden, zinspflichtige Colonen, Handwerker
und Kaufleute bildeten die große Mehrzahl des Griechen=
volks. Die volle persönliche Freiheit gab nur das Franken=
recht, und dieses erlangten wol mit der Zeit immer mehr
Griechen durch herzogliche Freibriefe. In einem Zeitalter
unentwickelter Volkswirtschaft konnten die Eingeborenen für
die Verdrängung aus dem Staatsleben nicht einmal durch
die Vorteile des Handels und der Industrie entschädigt
werden. Denn von Theben abgesehen, wo die Erzeugung
kostbarer Seidenstoffe immer von Griechen und Juden fort=
gesetzt wurde, haben wir von keiner Blüte der Kunstgewerbe
Kunde.

Das schon unter den Byzantinern verfallene griechische
Bürgertum ist auch nicht durch ein fränkisches hinreichend
ersetzt worden, weil die ritterliche und militärische Einwan=
derung aus dem Abendlande immer zahlreicher war, als
die der Kaufleute und Handwerker. Daher erklärt es sich
auch, daß die La Roche während ihrer hundertjährigen Herr=
schaft weder neue Städte gegründet, noch alte erneuert
haben, obwol sie die Ruinen so vieler Orte in Attika und
Böotien einladen konnten, Gemeinden von Bürgern und
Bauern anzusiedeln, und die vernachlässigte Bodencultur
neu zu beleben. Das Herzogtum Athen blieb immer ein
militärischer Feudalstaat, und sein beschränktes Princip er=
wies sich unfähig zur Colonisation. Belebend und schöpfe=
risch hat dasselbe, auch unter dem milden Regiment der
Burgunder, nicht auf Griechenland zu wirken vermocht.

2. Die beiden Hauptstädte Theben und Athen werden
unter der französischen Regierung manche Veränderung durch
Neubauten erfahren haben. Indeß die La Roche waren
nicht baulustige Fürsten, sei es weil sie überhaupt solche
Leidenschaft nicht besaßen, oder weil sie nicht reich genug
waren ihr zu huldigen. Die Villeharbouin und ihre Barone
in Achaja haben mehr Denkmäler ihrer Herrschaft zurückgelassen, als die La Roche, aber auch sie konnten in dem
fremden Lande nichts wahrhaft Großes und Schönes ausführen, nichts, was sich mit den Bauwerken der Normannen
und Hohenstaufen in Apulien und Sicilien vergleichen ließe.
Ihre unabläſſigen Kriege, die kurze Blüte ihres Hauses und
im Ganzen auch der Mangel an Mitteln erklären es hinreichend, daß diese Frankenfürsten auf dem Boden der claſ-
siſchen Schönheit nicht die Künſte Griechenlands wieder zum
Leben erweckten. Die Renaiſſance dieser fand erst in einem
späteren Zeitalter, und nicht mehr in dem abgestorbenen
Hellas, sondern in Italien statt.

In allen ihren griechischen Ländern war die eifrigste
Thätigkeit der lateinischen Barone auf die Erbauung von
Burgen gerichtet, für deren Architektur und Befestigung
wahrscheinlich die Frankenschlösser Palästina's zum Vorbilde
dienten. Die zahlreichen Ruinen dieser gothischen Burgen
sind nicht durch bauliche Schönheit ausgezeichnet; denn die
fränkischen Lehnsherren errichteten sie in Hast und nur zum
Zweck des Krieges, so daß es scheint, als seien sie sich der
Flüchtigkeit ihrer Herrschaft in Griechenland bewußt gewesen. [1]

[1] So urteilt ein französischer Forscher bei Gelegenheit der Burg

Im Herzogtum Athen wird nur ein einziges Franken=
schloß als Prachtbau genannt, nämlich jenes auf der Kad=
mea, welches der reiche Marschall Nicolaus von St. Omer
aufführen ließ. Da dasselbe zerstört ist, so haben wir von
seiner Architektur keine Vorstellung mehr. Ramon Mun=
taner, der es bei seinem Besuche des Infanten von Majorca
kennen lernte, hat nichts von ihm gesagt, nur die griechische
Chronik von Morea hat es mit ein paar Worten als eines
Kaisers würdig gerühmt. Frescogemälde, die ritterlichen
Thaten der Franken, vielleicht der Ahnen des St. Omer,
im heiligen Lande darstellend, scheinen dort die Säle ge=
schmückt zu haben.[1] Dies erinnert an die Burg des Helden
im griechischen Epos Digenis Akritas, der zum Andenken
an seine Kämpfe mit den Saracenen die Wände seines
Schlosses mit Mosaiken bedecken läßt, welche biblische Scenen,
aber auch die Thaten des Bellerophon und des romanhaften
Alexander abbildeten.[2]

Es ist freilich auffallend, daß der prachtliebende Nico=
laus von St. Omer für jene Fresken nicht Stoffe aus der

Misithra: Bertrand, Fragm. d'un voyage dans le Péloponnèse 1850
(Arch. d. miss. scient. III, 412). Die griech. Frankenburgen verdienen
aber doch wol eine Untersuchung in Bezug auf ihre militärische Anlage.
A. Bötticher hat sich mit Recht beklagt, daß sie von der Forschung bisher
ganz vernachlässigt sind. (Die fränk. Burgen in Morea, Allg. Zeit.
Beil. n. 21, 1885.) Auch in dem neuen wichtigen Werk von A. Köhler,
Die Entwicklung des Kriegswesens und der Kriegführung in der Ritter=
zeit, sind sie kaum berücksichtigt. Die franz. Karte Griechenlands (1854)
zählt deren als Paläokastra etwa 150 auf.

[1] καὶ ἐκατιστόρησαν τὸ [τὸ πῶς ἐκρογράεστησαν οἱ Φράγκοι τὴν
Συρίαν]. Griech. Chron. von Morea v. 6747. Der Liv. d. l. Cq. sagt
nichts davon, nur die italien. Bearbeitung der griech. Chronik hat deren
Notiz wiedergegeben.

[2] Sathas, Le Roman d'Achille p. 140.

Eroberung Griechenlands selber wählte. Das Muster für seinen Bau konnte er den Frankenburgen im Peloponnes oder auch in Syrien entlehnen, wo unter andern das hohe Schloß der Ibelin in Beirut über dem Meer mit Mosaik= fußböden, mit marmornem Getäfel und mit Deckengemälden versehen war, die auf azurblauem Grunde den Zephyr, das Jahr und die Monate versinnbildlichten.[1] Die Sitte der Byzantiner, ihre Paläste mit Malereien zu zieren, war sehr alt und sie erhielt sich Jahrhunderte lang. Justinian hatte in seinem neuen Kaiserschloß seine oder Belisar's Siege über die Vandalen und Gothen in figurenreichen Mosaiken darstellen lassen.[2] Und noch der prachtliebende Manuel Komnenus ließ die Säle, die er in den beiden Kaiserpalästen erbaute, mit Gemälden schmücken, die seine Thaten verherr= lichten.[3]

Athen selbst mußte sich unter der guten Regierung der Burgunder emporgehoben haben. Weil aber die La Roche häufiger in Theben residirten, als dort, so konnte das nicht ohne Folgen für die eigentliche, doch in Wirklichkeit zurück= gesetzte Hauptstadt des Herzogtums sein.[4] Weder auf den schattigen Abhängen des Hymettos, noch im wasserreichen Kephissia, wo einst Herodes Atticus wie in Marathon köst= liche Villen besessen hatte, haben die Herzoge Athen's Lust= schlösser gebaut. Sie setzten die antiken Marmorbrüche des Pentelikon nicht mehr in Betrieb, noch boten ihnen die schon

---

[1] Pruß, Culturgesch. der Kreuzzüge p. 418 ff.

[2] Procopius, De aedificiis I, 10.

[3] Nicetas, De Manuele Comneno lib. VII, p. 269.

[4] Es ist sehr übertrieben, was Fallmerayer (Welchen Einfluß ꝛc. S. 45) sagt: Die Stadt wurde groß, reich, üppig, mit schönen Gebäuden geschmückt (mit welchen?) und stark bevölkert.

im Altertum erschöpften oder verlassenen Silberminen Lau=
rion's Mittel für ihren Luxus dar.[1]

Die classischen Bauwerke Athen's, so viele deren sich
erhalten hatten, entgingen dem Schicksal der Zerstörung
schon deshalb, weil das Bedürfniß großer Neubauten nicht
vorhanden war. Selbst von Befestigungen der Akropolis
hat man keine Anzeichen entdeckt, die mit Sicherheit den
La Roche könnten zugeschrieben werden.[2] Dennoch müssen
dort und in der Unterstadt solche im Laufe eines Jahr=
hunderts entstanden sein. Sogar die Anlage des Franken=
turms auf dem Pyrgos des Niketempels kann der Zeit der
letzten burgundischen Herzoge angehört haben. Nichts hin=
dert uns ferner anzunehmen, daß schon diese Fürsten die
Gründer eines Palasts auf der Akropolis gewesen sind.
Glücklicher Weise kamen sie nicht auf den ungeheuerlichen
Gedanken, dort eine ganz neue Residenz aufzurichten, was
noch im Jahre 1836 Otto, der erste König der Hellenen,
nach Schinkel's Plan im Sinne hatte, aber nicht ausführte.
Es war minder beschwerlich und minder kostspielig, die leeren
Räume der Propyläen zu einer fürstlichen Wohnung einzu=
richten. Daß schon die La Roche dies gethan haben, und
die erste anspruchlose Anlage eines Propyläenpalasts ihnen
angehört, ist sehr wahrscheinlich, wenn auch durch keine Ur=
kunde zu erweisen.[3]

---

[1] Es gibt keine Spur von Betrieb der Minen dort während des
Mittelalters, doch muß es noch spät Bleiminen gegeben haben, da sich
Spon (Voyage II. 265) sagen ließ, daß sie aus Furcht vor den Türken
eingegangen seien.

[2] Burnouf, La ville et l'Acropole d'Athènes p. 56.

[3] Buchon (Grèce contin. p. 67, 115, 127) will in den Resten
des späteren Schlosses der Acciajoli noch Wappen der lateinisch=byzant.

Was die Kirchen Athen's betrifft, so ist keine mit Ge=
wißheit als ein Werk der Burgunder anzusehen, zumal bei
dem Wiederaufbau der Stadt nach der Befreiung Griechen=
lands von den Türken viele verwüstete Basiliken mit an=
dern Denkmälern der fränkischen Zeit abgetragen worden
sind. Die La Roche haben überhaupt keine prachtvollen
Kirchen und Klöster gebaut; denn zu solchem Aufwande
fehlte nicht nur das Geld, sondern auch das Bedürfniß
selbst. Die lateinische Geistlichkeit bildete im Herzogtum
Athen nur eine von der Masse des griechischen Volks feind=
lich getrennte Colonie; sie war weder reich noch mächtig;
sie begnügte sich mit den übrigens sehr zahlreichen griechi=
schen Kirchen, welche sie für den katholischen Cultus umge=
staltete. Die merkwürdigste der athenischen Kirchen byzan=
tinischen Stils ist das Katholikon, die Panagia Gorgopiko,
ein kleiner Kuppelbau aus weißem Marmor, auf Wänden
und Friesen aller vier Seiten mit byzantinischen Bildwerken
und vielerlei alten Sculpturfragmenten bedeckt, unter denen
der Festkalender über dem Hauptportal archäologische Be=
rühmtheit erlangt hat.[1] Kunstforscher behaupten, daß diese
Kirche entweder die fränkische Erneuerung eines altbyzan=
tinischen Baues, oder geradezu ein Neubau der französischen
Herzoge sei.[2] Allein der unbefangene Betrachter wird das

Kaiser, der Villehardouin und der La Roche gesehen haben, und dies
ist eine Täuschung. Die Hypothese des Surmelis (Katastas. synopt.
p. 36), daß sich die La Roche in der Unterstadt einen Palast erbaut
hatten, und zwar in der Nähe der neuen Metropolis, ist unerweisbar.

[1] Carl Bötticher, Athenischer Festkalender in Bildern, Philolog.
XXII (1865).

[2] Abbildung bei Buchon, Atlas des nouv. rech. hist. sur la
principauté franç. de Morée ... pl. 11; und J. Gailhabaud, Mon.
anciens et mod. vol. II. (Text von M. A. Lenoir). Aus vermeintlichen

Katholikon für eine der altbyzantinischen Kirchen Athen's
halten, welche die Zeit der Herzoge so gut überdauert hat,
wie die Kapnikarea, S. Theodoros und Tariarchos.

Selbst die berühmte Klosterkirche Daphni, in welcher
die La Roche ihre Gruftcapelle hatten, ist zwar von ihnen
teilweise umgestaltet und mit einem Glockenturm und Toren
gothischen Stils versehen worden, aber dies Kleinod christlicher Baukunst war ursprünglich eine byzantinische Anlage
der Basilianer.[1] Schon der erste La Roche hatte dort Cistercienser aus der Abtei Bellevaux in Burgund eingesetzt,
mit welcher auch seine Nachfolger in steter Verbindung
blieben, da sie dieselbe mit Privilegien von Athen aus be-
schenkten.[2] Die Colonie der Cistercienser in dem attischen Kloster
überdauerte alle anderen von Franken gestifteten Abteien
desselben Ordens in Romanien. Im Jahre 1276 war nur
noch sie in griechischen Landen erhalten; das Generalcapitel
der Cistercienser stellte dieselbe unter den Abt von Bellevaux.[3]

Daphni steht noch heute verlassen und halb zerfallen
wenig mehr als eine Stunde weit von Athen am heiligen
Wege, der nach Eleusis führt. Da diese Straße Attika mit

Wappenkreuzen der Villehardouin und anderen, die er dort zu sehen
glaubte, schloß Buchon (Grèce contin. p. 129), das Katholikon sei nach
1218 von Villehardouin erbaut als Denkmal des geschlichteten Streites
um die griech. Kirchengüter. Aber was hatte der Fürst von Achaja in
Athen zu bauen? J. W. Unger (Griech. Kunst, Ersch u. Gruber LXXXV,
p. 25) hat ohne Weiteres die Ansicht Buchon's angenommen. 	[1] C. Bötticher, Untersuchungen auf der Akropolis Athen's 1862
(p. 16) fällt das übertriebene Urteil, daß diese Klosterkirche eine Würde
und Pracht zeige, von der keine einzige Kathedrale Europa's außerhalb
Griechenlands ein wetteiferndes Beispiel zu geben hat. 	[2] Guillaume, Hist. des sires de Salins p. 66. 	[3] Martene und Durand, Thes. Nov. IV. 1453, n. 11. Einige Aebte
in der zweiten Hälfte des 13. Jahrhunderts weist Hopf nach (1, 296).

Böotien und Phokis, mit Megara und dem Peloponnes verband, so mußte sie auch zur Frankenzeit eine große Ver-
kehrsader sein. Sie lief vom alten thriasischen Tore, dem
Dipylon, aus, durchzog den äußeren Kerameikos, von herrlichen Grabmonumenten zu den Seiten begleitet, und ging
dann durch den Flecken Skiron und den breiten Gürtel des
Olivenhaines weiter. Hier traf sie den Demos Lakiades,
zog über die Brücke des Kephissos fort und stieg dann zu
den Abhängen des Korydallos auf, welcher die Ebene
Athen's von der eleusinischen trennt.[1] Sie erreichte daselbst
den Bergpaß, senkte sich abwärts, und führte an den
Rheiti oder Salzseen vorbei durch die thriasische Ebene nach
Eleusis. Jener Bergpaß war, wie noch heute Mauerreste
zeigen, im Altertum stark verschanzt. Dort stand als Grenz-
marke der Städte Athen und Eleusis das Pythion, ein kleiner
jonischer Apollotempel. Aus seinen Trümmern und denen
des nahen Heiligtums der Aphrodite erbauten in byzantinischer Zeit die Basilianer ein Kloster mit einer Kuppel-
kirche.[2] Sie gaben ihm den Namen Daphne, vielleicht weil
der Ort selbst so hieß, da er im Altertum dem Apollo geweiht gewesen war. Als Meergott hatte dieser in Gestalt

---

[1] Die Feststellung der Namen des Gebirges dort und seiner beiden
Gruppen (Korydallos, Aegaleos, Pöikile) ist streitig. L. Roß, Königsreisen II, 94 nennt das ganze Gebirge vom Fuß des Parnes bis zur
Meerenge von Salamis Aegaleos. Nach Fr. Lenormant, Voie Eleusinienne (Paris 1864) ist die Hauptmasse der Korydallos, südlich davon
der Aegaleos, nördlich Poikile.

[2] Nach Surmelis, Attika p. 149, errichteten schon Honorius und
Arcadius, als sie in Athen studirten, aus dem Apollotempel eine Kirche.
Doch das ist nicht zu erweisen. Marmorfragmente des kleinen Aphro-
ditetempels sahen noch Leake, Dodwell und Roß. Milchhöfer, Erläuternder
Text zu den Karten von Attika, Heft II, S. 47.

eines Delphins eine kretische Colonie nach Delphi geführt, und als Delphinios wurde er in Athen, Gnossus, Didyme und Massilia verehrt.[1]

Die Abtei war zum Schutz gegen die Meerpiraten schon in byzantinischer Zeit mit festen Mauern umgeben worden, so daß Daphni ein Castell bildete, ähnlich dem griechischen Kloster Grottaferrata im Albanergebirge bei Rom. Die Cistercienser fügten einige gothische Anbauten hinzu. Heute ist noch die byzantinische Kirche übrig geblieben, mit ihrer mosaicirten Kuppel, die auf vier Pfeilern ruht. In einem Vorbau des Klosters sieht man eine antike Säule eingemauert; drei andere hat Lord Elgin ausbrechen und entführen lassen.[2]

Wie den Villehardouin die Kirche S. Jaques zu Andravida als Familiengruft diente, so hatten die La Roche Daphni für sich dazu bestimmt. Der letzte ihres Hauses war daselbst am 6. October 1308 bestattet worden, und auch Walter von Brienne hatte dasselbe Kloster zu seinem Begräbnißort ausersehen. Bonifazio von Verona war Zeuge seines Testaments gewesen; demnach hat er unzweifelhaft die Bestimmung des Herzogs ausgeführt und seine Reste dort bestattet, was die Catalanen ihm aus Achtung seiner Person nicht versagen konnten. Das Haupt Walter's wurde

---

[1] Lenormant, Voie Eleusinienne p. 512. W. Vischer (Erinner. aus Griechenland, Basel 1857, S. 93) leitet den Namen des Klosters von dem Lorbeer Apollo's ab. Siehe auch Roß, Königsreisen II, 95. Durch Roß wurde Buchon darauf geführt, daß die in der Urkunde aus Mons vom 5. Oct. 1308 bezeichnete Gruftstätte der La Roche dans le Monastère de Dalfinète im Herzogtum Athen das Kloster Daphni sei. Im Testament Walter's von Brienne wird gesagt aux Daufenins.

[2] Pouqueville IV, 111. Pläne von Daphni bei Buchon, Atlas etc.

im Jahre 1347 durch seine Erben von der Companie aus=
gelöst, nach Lecce gebracht und dort in der Kathedrale be=
stattet. Später ließ daselbst Maria von Enghien, die Ge=
malin des Königs Ladislaus von Neapel, die von Jsabella,
der Tochter Walter's abstammte, ihrem unglücklichen Ahn
ein Marmordenkmal errichten, welches, wie ihr eigenes, beim
Umbau jener Kathedrale im Jahre 1544 zerstört worden ist.[1]

---

[1] Antonello Coniger (in Raccolta di varie chroniche apparte-
nenti alla storia di Napoli) berichtet die Ueberführung nach Lecce
zum J. 1347. — Antonius Galateus, De situ Japygiae. Basel 1558,
p. 92. Summonte, Storia di Napoli lib. III, 248.

Drittes Capitel.

Die Catalanen besetzen das Herzogtum Athen. Flucht der Herzogin-
Wittwe. Bonifazio von Verona lehnt die Führung der Companie ab;
Roger Deslaur übernimmt dieselbe. Die Catalanen verleihen ihm
Salona. Sie bieten Friedrich von Sicilien das Herzogtum Athen.
Vertrag zwischen dem Könige und der Companie. Erste Einrichtung
des catalanischen Herzogtums. Der Infant Manfred, Herzog von Athen.
Verengar Estañol, Generalvicar. Verfassung des Herzogtums.

1. Nach ihrem Siege am Kephissos betrachteten die
Catalanen das Herzogtum Athen mit demselben Recht als
terra di conquista, welches sich ehemals hier ihre französischen Vorgänger angemaßt hatten. Durch den Untergang
Walter's und seines Heers war das ganze Land wehrlos
geworden; es zeigte sich, daß die Herrschaft der Burgunder
trotz eines Jahrhunderts ihrer Dauer in der griechischen
Nation völlig wurzellos und ein Regiment von nur ge-
duldeten Fremden geblieben war.

Kein Widerstand hielt die Fortschritte der Sieger auf.
Aus Theben und andern Städten entflohen die Bürger
massenhaft nach dem benachbarten Negroponte.[1] Die Castelle Böotien's ergaben sich; nur in dem entfernten Peloponnes hielt Gautier von Foucherolles Argos und Nauplia

---

[1] Arag. Chronik v. Morea p. 121.

für das Haus Brienne. Um Gnade flehend zogen den Spa=
niern die erschreckten Bewohner der Flecken entgegen, und
sie empfingen im günstigsten Falle die Zusicherung ihres Le=
bens und Eigentums. Die feste Burg Livadia capitulirte,
nachdem die Companie den griechischen Einwohnern alle
Rechte der Franken zugesagt, und dies Privilegium urkund=
lich verbrieft hatte.[1]

Theben versuchte, wie es scheint, keine Gegenwehr,
wurde aber trotzdem sammt den Schätzen der Kadmea aus=
geplündert.[2] Das Schloß der St. Omer erlitt in der ersten
Furie der catalanischen Eroberung eine so vollständige Ver=
wüstung, und wahrscheinlich auch eine so gründliche Zerstö=
rung durch Feuer, daß es später in seiner alten Pracht nicht
mehr wiederherstellbar war.

Wo sich damals der Herr des Burgpalasts, der Marschall
Nicolaus von St. Omer, befand, sagt keine Kunde. Er
scheint an der Catalanenschlacht nicht persönlich teilgenommen

---

[1] Diese Thatsache beglaubigt ein späteres Patent des Königs Fried=
rich III. von Sicilien und Herzogs von Athen für den Livadesen Nico=
lachio de Mauro, worin gesagt wird: cum a tempore acquisitionis ...
castri ... Livadie acquisiti per fel. societ. Francorum ... cetereque
persone alie quae tunc in dicti castri forcilio morabantur et se
dicte societati spontaneo tradiderunt ac castrum ... assignaverunt
... in Francorum numero aggregati vigore scil. concessionis ...
sollemnis facte eis per principales societ. prefate sicut in patentib.
literis eorum sub sigillo b. Georgii quo tunc dicta soc. generaliter
utebatur exprimitur. Archiv Palermo, Reg. Cancell. 1364—65. n. 8,
fol. 27. 28.

[2] In einem Erlaß des venet. Senats vom 27. Jan. 1340 wird
dem Nicol. Tibertino das Bürgerrecht Venedig's erneuert, weil sein
Vater, ein Euböote, aber in Theben lebend, dasselbe verloren hatte,
quando per Catellanos dictus locus Thebarum captus extitit ...
vix cum persona aufugit. Misti XIX, fol. 22. — Die Plünderung
Theben's bemerkt Chalkokond. lib. I, p. 19.

zu haben, sondern in Achaja geblieben zu sein. Dort baute
er sich, in Elis, an den Ufern des Peneus zwischen Kalosfopi
und Andravida eine neue Burg, die er gleichfalls St. Omer
nannte. Noch heute dauern die Ruinen derselben unter dem
Namen Santameri fort.[1] Nicolaus III. starb am 30. Januar 1314, ohne von seiner Gemalin Guillerma, der Tochter
des Grafen Richard von Kephalonia, Erben zu hinterlassen.
So endete mit ihm das berühmte Geschlecht der St. Omer
in Griechenland.

Die Wittwe des erschlagenen Herzogs hatte mit ihren
beiden Kindern nicht in Theben, sondern in der Akropolis
Athen's ihre erste Zuflucht gesucht. Wenn dem vereinzelten
Bericht eines späteren Chronisten zu trauen ist, verteidigte sie
sich daselbst einige Zeit gegen die Stürme des Feindes, bis sie
am ferneren Widerstande verzweifelnd nach Achaja und weiter
nach Frankreich entfloh.[2] Man hat die Catalanen beschuldigt, die Stadt Athen verwüstet, unter anderm auch die
Olivenhaine am Kolonos zerstört zu haben; selbst die Vernichtung des Stadtviertels auf dem Südabhange der Burg
und der dort an Stelle des Asklepiostempels erbauten christlichen Kirche hat man ihrem Vandalismus zugeschrieben.[3]
Jedoch niemand weiß zu sagen, ob im Beginne des 14. Jahr-

---

[1] Moland a. a. O. p. 145.

[2] Alli si defendió por un tiempo; Aragon. Chronik Morea's
n. 552. 553. Allein die Flucht aus der belagerten Stadtburg wäre
doch zu schwierig gewesen; daher hat wol die Herzogin das Erscheinen
der Feinde nicht abgewartet.

[3] Ulrich Köhler, Mitteil. des Deutsch. Arch. Inst. in Athen, 1877,
p. 235. Die Sage von der Zerstörung des Olivenhains, bei Fallmerayer, Gesch. Morea's II, 182. Chalkokondylas, ein Athener, a. a. O.
nennt nur Theben geplündert und schweigt von Athen.

hunderts jener Abhang der Akropolis überhaupt noch bewohnt gewesen ist. Daß sonst die Catalanen in jedem von ihnen eroberten Lande die ärgsten Frevel verübt haben, pflegt man aus der Thatsache zu erweisen, daß noch heute das Wort Catilano in Athen, auf Euböa, in Tripolitza, selbst in Akarnanien als Schimpf= und Schreckwort gebraucht wird.[1] Solche Eindrücke hatte nicht nur die große Compagnie in ihren jahrelangen Wanderungen zurückgelassen, sondern sie sind auch den wiederholten Plünderungen der Küstenländer durch catalanische Seeräuber zuzuschreiben.

In kurzer Zeit war das ganze Herzogtum Athen in der Gewalt des glücklichen Heeres der Franken in Romania. Nach jahrelangem Umherschweifen unter beispiellosen Kämpfen und gleich schrecklichen Entbehrungen vertauschte die Soldbande das Wanderlager mit dem Besitz eines reichen Landes, in welchem sie zur Ruhe kam.[2] Ihr unverhofftes Glück war für diese Krieger selbst so überraschend, daß sie dadurch in Verlegenheit kamen. Sie konnten einen wolgeordneten Staat mit Waffengewalt erobern, aber ihn nicht wieder aufrichten und regieren, indem sie an die Stelle seiner zer-

---

[1] Epamin. Stamatiadis οἱ Καταλανοί p. 223. Eine patriotische Verteidigung der Catalanen versuchte Antonio Rubio y Lluch in seiner Schrift La expedicion y dominacion de los Catalanos en Oriente jusgadas por los Griegos (Memor. de la R. Acad. de buenas Letras de Barcelona T. IV, 1883). Niemand wird den Heldenmut dieser Krieger bezweifeln; aber die auf ihren langjährigen Kriegsfahrten in Griechenland von ihnen verübten Gräuel, welche die Zeitgenossen Pachymeres, Theodulos und Nicephorus Gregoras (Brief an den Philosophen Joseph, Boissonade, Anal. Gr. vol. II. 213) geschildert haben, lassen sich ebenso wenig beschönigen, als die Frevel der Spanier und Landsknechte im Sacco di Roma.

[2] τῆς τε μακρᾶς πλάνης ἀπήλλαξαν ἑαυτούς: Niceph. Gregoras.

störten Verfassung einfach die rohen Gebräuche ihres Sol=
datenlagers setzten. Ihre Feldherren und die angesehensten
Cavaliere von Abel waren im Kriege oder in Lagertumulten
umgekommen; und jetzt rächte sich die Ermordung Entenza's
und der Sturz Rocaforte's; denn lebte noch einer dieser
kühnen Männer, so würde er sich ohne Weiteres zum Her=
zog von Athen gemacht und seine Anerkennung als solcher
errungen haben. Da nun die Wahl irgend eines der namen=
losen Capitäne zu ihrem Oberhaupt unmöglich war, so be=
schloß die Companie dieses nicht in ihrer eigenen Mitte zu
suchen. Nichts beweist ihre Ratlosigkeit mehr, als die That=
sache, daß sie dem erlauchtesten ihrer Gefangenen aus der
Kephissosschlacht den Oberbefehl und die Regierung des
Herzogtums anbot. Allein Bonifazio von Verona war nicht
ehrgeizig genug, um sich an die Spitze einer Soldbande zu
stellen, die eben erst seinen Lehnsherrn und seine edeln
Freunde erschlagen hatte. Er lehnte mit dem Antrage die
gefährliche Aufgabe ab, sich durch Hülfe der Catalanen zum
Nachfolger Walter's von Brienne aufzuwerfen, und wo mög=
lich mit dem Herzogtum Athen auch Euböa zu vereinigen,
was nicht ohne heiße Kämpfe mit der Republik Venedig und
andern Mächten geschehen konnte. Roger Deslaur, an welchen
sich hierauf die Companie wandte, hegte nicht die ehrenhaften
Zweifel seines Unglücksgefährten: er übernahm die Führung
der Companie und die provisorische Regierung des Her=
zogtums.

Die Spanier richteten sich jetzt in dem eroberten Lande
ein. Sie überzogen dasselbe als ein buntgemischter Kriegs=
haufe, in welchem freilich die catalanische Nationalität die
vorherrschende blieb. Es war dies eine durchaus militärische

Invasion, aber doch zahlreicher und stärker, als jene erste
der Burgunder unter Otto la Roche. Wenn man die nicht
großen Verluste der Soldbande in der Kephissoschlacht mit
in Rechnung zieht, so mußten es immer mehr als 6000
Krieger sein, welche mit ihren Weibern, Kindern und ihrem
anderen Troß das Herzogtum Athen besetzten. Sie fanden
daselbst zwei nationale Bevölkerungsschichten vor, die ein=
heimischen Griechen, und die bisher herrschenden Franzosen.
Sie selbst warfen diese aus ihren Aemtern, Besitzungen und
Lehen. Kein französischer Adel, kein burgundisches Geschlecht
von Bedeutung wird seither im Herzogtum irgend mehr
sichtbar. Die früheren Gebieter waren todt, oder sie ver=
ließen Griechenland, oder sie verschwanden hier in Dunkelheit.

Die Sieger teilten unter sich die Schlösser und Güter,
und selbst die Frauen und Töchter der am Kephissos Er=
schlagenen.[1] Der Raub der Sabinerinnen fand in Attika
und Böotien sein Nachspiel, oder vielmehr die Catalanen
wiederholten das Verfahren der Normannen nach der Er=
oberung Englands, wo die Wittwen der bei Hastings ge=
fallenen sächsischen Edeln ihre Person und ihre Güter den
Siegern überliefern mußten.[2] Je nach dem Range des
Söldners wurde ihm ein Weib zugeteilt; mancher erhielt
ein solches von so hohem Adel, „daß er kaum würdig war,
ihm das Handwasser zu reichen". So gestaltete sich, sagt
Muntaner, die Companie ihr Leben auf's beste, und sie
konnte sich dort mit Ehren für immer behaupten, wenn sie
mit Klugheit zu Werke ging. Sie war aber doch nicht zahl=
reich genug, um das eroberte Land ganz auszufüllen; daher

---

[1] Theodulos a. a. O. p. 201. Muntaner c. 240.
[2] Thierry II. lib. IV, p. 18.

forderte sie sogar ihre Bundesgenossen, die Türken auf, sich
als Colonisten im Herzogtum anzusiedeln. Diese lehnten
das ab. Sie schieden, alle reich geworden, von den Spaniern in Freundschaft, um zu ihren Stammesgenossen nach
Kleinasien zurückzukehren, und bald darauf fanden sie durch
die Byzantiner und Genuesen ihren Untergang.[1]

Roger Deslaur zögerte nicht, als General der Companie, für sich selbst den möglich größesten Vorteil aus dem
Zusammensturz des Frankenstaats zu ziehen. Die Catalanen
gaben ihm, wie Muntaner ohne weitere Bemerkung berichtet,
die Wittwe des letzten Stromoncourt, der am Kephissos gefallen war, und mit ihr das große Lehn Salona in Phokis.
Wenn der ehrgeizige Ritter aus Roussillon nach einem noch
höheren Ziele strebte, so erreichte er das nicht. Denn trotz
ihrer ungeheuren Erfolge befand sich die Companie in einer
nicht minder schwierigen Lage, als zur Zeit des Entenza
und Rocaforte. Alle Staaten im Osten und Westen, der
Fürst von Achaja, welcher als solcher Oberlehnsherr des
Herzogtums Athen war, die Angeli in Thessalien und Epirus, der griechische Kaiser, die Könige von Frankreich und
Neapel, die im nahen Euböa gebietende Republik Venedig
konnten die Eroberer Theben's und Athen's nur als eine
Räuberbande ansehen, die außer dem Völkerrecht stand. An
den Hof der Anjou war die Wittwe des erschlagenen Brienne
entflohen, und sie forderte vom Könige Neapel's und vom
Papst, ihr zum Wiederbesitz des Herzogtums Athen, des
Erbes ihres Sohnes Walter, zu verhelfen. Ihr Vogt Foucherolles behauptete für diesen die Burgen Argos und Nauplia.

---

[1] Muntaner c. 231 spricht mit Achtung und Sympathie von ihnen.

2. Die Companie erkannte, daß sie ihre Eroberung nicht ohne den Schutz eines mächtigen Monarchen behaupten könne. Die Not zwang sie ihre alte Verbindung mit dem Hause Aragon wieder aufzunehmen, und sich unter die Autorität Friedrich's von Sicilien zu stellen, aus dessen Dienste sie ursprünglich nach der Levante ausgezogen war. Auch hatte sie schon einmal seine Oberhoheit anerkannt, und dann sich dieser nur in Folge des Trotzes Rocaforte's und einer Lagerrevolution entzogen. Freilich nahm dies an Unabhängigkeit Jahre lang gewöhnte Kriegsvolk nur mit Widerstreben das Joch eines Königs auf sich.[1] Boten der Companie segelten von Athen nach Messina, um Friedrich II. das eroberte hellenische Land anzutragen. Einem seiner Söhne wollte dieselbe als ihrem Befehlshaber und Herzoge huldigen und alle Festungen Attika's und Böotien's überliefern. Der König, welcher die Krone Sicilien's gegen das Haus Anjou und den Papst siegreich behauptet hatte, sah sich plötzlich in die Lage versetzt, die alten Pläne seiner normannischen Vorgänger in Griechenland zu verwirklichen. Dunkle Vorstellungen möglicher Vorteile, die er gefaßt hatte, als er vor neun Jahren Roger de Flor nach Byzanz ziehen ließ, nahmen jetzt die Gestalt von Thatsachen an.

Die Söldnerbande hatte schließlich für ihn selbst ein großes griechisches Land erobert, zu welchem er wie zu einer

---

[1] Marin Sanudo, Secret. fid. crucis Ep. 16, Jahr 1326, p. 305 sagt ausdrücklich: propter molestiam quam illi de Negropontis insula inferebant illis de compagna ducatus Athenarum acceperunt dominium regis Friderici, de quo nullam habebant voluntatem. Dazu F. Kunstmann, Studien über Marino Sanudo den Aelteren p. 46.

überseeischen Colonie in das Verhältniß des Oberherrn trat.
Dies Besitztum konnte augenblicklich das Ansehen, wenn auch
nicht gerade die Macht Sicilien's vermehren, da es voraus=
sichtlich starker Anstrengungen bedurfte, um dasselbe gegen
die Angriffe so vieler Feinde zu behaupten. Es konnte aber
immer als Grundlage für das beginnende Auftreten Sici=
lien's im Orient dem Hause Anjou gegenüber dienen, und
größere Handelsverbindungen mit der Levante herbeiführen.
Der König nahm mit Freuden den Antrag der Catalanen
an, welchen er sicher erwartete, da er ihn wol selbst durch
seine Agenten veranlaßt hatte.

Die Companie unterhandelte mit ihm durchaus als
eine politische Macht, als thatsächliche Besitzerin des Her=
zogtums durch das Recht der Eroberung. Sie sicherte sich
vorweg nicht nur diesen ihren Besitz, sondern auch ihren
Fortbestand als autonome, nach ihren eigenen Statuten sich
regierende Soldatenrepublik. Ihre Procuratoren schlossen
mit dem Könige einen rechtlichen Vertrag, welcher das Ver=
hältniß beider Teile zu einander regelte und die Grundzüge
der Verfassung des catalanisch=sicilischen Herzogtums Athen
feststellte.[1]

Friedrich II. wurde demnach als Oberhaupt der Com=
panie und zugleich als Landesherr des Herzogtums aner=
kannt. Er vereinigte fortan dieses mit seiner Krone als
Secundogenitur des sicilianischen Hauses Aragon, indem er

---

[1] Diese wichtige Urkunde fehlt leider im Archiv Palermo, welches
heute nur noch kümmerliche Reste von Acten bewahrt, die sich auf das
Herzogtum Athen beziehen. Sie gehören meist den letzten Decennien
der Herrschaft der sicilischen Aragonen an und betreffen die Verwaltung,
namentlich die Ernennung der Gouverneurs im Herzogtum. Das Archiv
Palermo bietet keine Actenstücke diplomatischer Natur für Athen dar.

die Hoheitsrechte einem Mitgliede desselben mit dem Titel Herzog übertrug. Er ernannte alle höchsten Stellen in der Verwaltung, wie im Heer. Seine Einkünfte flossen aus fiscalischen Renten, aus Abgaben der Städte und Orte (rendita regia in Sicilien), aus Lehnsgefällen (relevia) und den Domänen, die vor der Eroberung dem französischen Herzoge gehört hatten.[1] Der König duldete es nicht, daß sich catalanische Capitäne in den großen Städten Theben und Athen, oder in andern wichtigen Landesfestungen zu Feudalherren aufwarfen.

Im Allgemeinen wurde die gewaltsame Verteilung der alten Lehngüter des Herzogtums unter die Conquistadoren vom Könige bestätigt. Die catalanischen Besitzer traten des= halb als erblich gewordene Grundherren zu ihrem neuen Oberhaupt in dasselbe Feudalverhältniß, welches zuvor die bur= gundischen Edeln zu den La Roche gehabt hatten. Die Re= gelung dieser augenblicklich durch die spanische Invasion tumultuarisch gewordenen Besitzverhältnisse konnte nur durch ein neues Lehnsregister bewerkstelligt werden, und ein solches mußte daher früher oder später im Herzogtum Athen entworfen werden.[2]

---

[1] In Urkunden des Archivs Palermo wird von solchen Domänen geredet. Als Friedrich III. später dem Generalvicar des Herzogtums Matteo Moncada das noch zu erobernde Bodonitza schenkte, nahm er aus: civitates aut terrae, quae ad regiam et ducalem dignitatem sive demanium pertinent, illi nostro culmini reserventur. Proton. del Regno vol. I, a. 1349 63, fol. 109 t.

[2] Für Sicilien hat der König Friedrich neue Lehnscataster zu= sammentragen lassen. Gregorio Rosario, Consider. IV, 108 und Bibl. Sic. II, 464 ff. descriptio Feudorum sub rege Frederico II. um 1296. Andere Listen der Feuda vom Jahr 1343 (p. 470 ff.) und vom König Martin a. 1408 (p. 486 ff.). Nur aus der Zeit Pedro's IV.

Die Companie blieb die rechtmäßige Besitzerin des
Landes, und ihre militärische Verfassung die Grundlage des
neuen Staats. Sie nannte sich nach wie vor die Societät
des glücklichen Heeres der Franken in Romania, oder im
Herzogtum Athen, und auch von den Königen Sicilien's
wurde sie fortdauernd so genannt.[1] Sie übte ihre Rechte
als politische Körperschaft aus, beteiligte sich mit und neben
der herzoglichen Regierung an Staatshandlungen, faßte Be=
schlüsse in ihren Parlamenten, und erließ von ihren Mit=
gliedern gezeichnete Urkunden, die sie mit ihrem gewohnten
Siegel neben dem königlichen versah.[2] Auch ihre alte sol=
datische Einrichtung aus der Zeit des kriegerischen Wander=
lagers blieb bestehen. Die herkömmlichen vier Räte, der
Notar und Kanzler, Schreiber, Richter, Anwälte, Sindici
bildeten nach wie vor die civilen Bestandteile ihrer Genossen=
schaft. Das wichtige Amt des Kanzlers des Herzogtums
Athen wurde zwar vom Könige bestellt, aber er empfahl
diesen Officialen der Companie, die ihn auf die Evangelien
vereidigte. Alle civilen Aemter überhaupt wurden im Grunde
als Befugnisse der Companie angesehen, obgleich sie dem

haben wir eine flüchtige Baronalliste des Herzogtums, wovon weiter
unten.

[1] In Urkunden a. 1314 und noch viel später: Universitas
felicis Francorum exercitus in partibus imperii Romaniae existen-
tis; oder Societas fel. exercitus Francor. in Athenarum ducatu
morantium ... Noch a. 1367 nannte sie so Friedrich III. in einem
Privilegium (Arch. Palermo, Reg. Cancell. n. 13, a. 1371, fol. 123.

[2] Praesens publ. instrum. jussimus sigillari bullis nostris pen-
dentibus assuetis b. Georgii et regali (Act vom 26. März 1314,
wovon weiter unten). In Friedensinstrumenten mit Venedig unterhan=
deln der herzogliche Vicar, der Marschall des Herzogtums u. s. w. pro
se ipsis et tota compagna. In einer Urkunde von 1314 belehnt die
Companie allein den Dauphin Guy mit Thessalonich.

Könige oder Herzoge ihre Ernennung oder Bestätigung über=
tragen hatte.

Dasselbe Verhältnis sollte im Heere stattfinden, auf
welchem die Macht und Selbständigkeit der Genossenschaft,
wie die Behauptung des eroberten Landes beruhte. Die
höchsten militärischen Stellen wurden aus den Reihen der
Catalanen besetzt, aber der Herzog hatte auch hier das
Recht der Bestätigung, und bald der Ernennung überhaupt.
Das Amt des Marschalls des Herzogtums sollte die gesamte
militärische Kraft und zugleich die politischen Rechte der
Companie darstellen.¹ Obwol der Herzog dasselbe bestätigte,
so gestatteten doch die Catalanen nicht, daß er einen Frem=
den damit bekleide. Es wurde vielmehr in der Familie
der Rovelles erblich, einem der ältesten Capitanengeschlechter
der Soldbande. In der einflußreichen Stellung des Mar=
schalls lag demnach ein Keim des Dualismus zwischen der
Companie und der herzoglichen Regierung.

Diese selbst hatte der Herzog in Person zu führen oder,
wenn dies nicht möglich war, sein bevollmächtigter Vice=
könig, oder Generalvicar (vicarius generalis, viceregens),
welcher auf Zeit (nach beneplacitum) ernannt wurde.²

Vor seinem Abgange nach Griechenland sollte der Vicar
den Eid der Treue in die Hände des Herzogs ablegen, und
dann, sei es in Theben oder Athen, vor den versammelten

---

¹ Mariscalcus ducatus . . . mariscalcus exercitus ducatuum
(Athen und Neopaträ).

² Die Formel seiner Bestallung ist die aller anderen Beamten;
sie beginnt immer mit der Phrase: De strenuitate fide sufficientia et
virtutibus vestris plenarie confidentes vos in vicarium nostrum . . .
nominamus.

Sindici der Companie und den Abgeordneten der Städte
mit gleich feierlichem Eide geloben, ſein Amt gerecht und
gewiſſenhaft zu verwalten.[1] Als alter Ego des Herzogs
hatte er für dieſen die Hoheitsrechte, die oberſte Gewalt in
allen Zweigen der Verwaltung und Gerichtsbarkeit auszu=
üben, die Verteidigung des Landes zu ordnen, über alle
dazu nötigen Mittel, Steuern und Auflagen zu verfügen,
und eingezogene Güter zum Fiscus zu ſchlagen; über Krieg
und Frieden zu entſcheiden und ſogar Bündniſſe mit frem=
den Mächten abzuſchließen. Ein Hofſtaat mit einem Major=
domus ſollte ihm beigegeben ſein.[2]

Dies waren die Grundzüge des Vertrags, welcher
zwiſchen den Bevollmächtigten der Companie und Friedrich
von Sicilien entworfen und von beiden Teilen beſchworen
wurde. Sodann huldigten die catalaniſchen Voten dem
Könige für ſeinen zweitgeborenen Sohn Manfred, den er
zum Herzoge Athen's ernannt hatte. Er war ein Kind von
fünf Jahren. Wenn es auch die Folge zufälliger Verhält=
niſſe war, daß ſeither der Reihe nach unmündige Infanten
des ſiciliſchen Hauſes mit dem Herzogtum Athen beliehen

[1] Ita quod vos in manibus dicti Francisci pro parte nostri
culminis nec non sindicorum et nunciorum universitatum civitatum
terrarum et locorum ducatuum predictorum prestitis simile jura-
mentum.   Spätere Beſtallung für Luis Fabrique (Arch. Palermo, wovon
weiter unten).

[2] Am 11. Mai 1321 wird genannt Alvenus Dies majordomus
des Vicekönigs. Die Summe der Rechte des Vicars iſt allgemein in
der Formel ausgedrückt: cum omnibus juribus, rationibus, justiciis,
procurationibus, jurisdictionibus, dignitatibus, honoribus et pre-
rogativis ad ipsum offitium spectantibus. Seine Beſoldung wird
ebenſo allgemein ausgedrückt sub solitis salariis, provisionibus et
honorariis (Patente im Archiv Palermo).

wurden, so entsprach doch diese Thatsache durchaus den Ab=
sichten des Königs, welcher der wirkliche Regent des griechi=
schen Kronlandes blieb. Zum Generalvicar des Infanten
Manfred ernannte Friedrich einen ausgezeichneten Mann,
den Ritter Don Berengar Estañol von Ampurias.

3. Das Jahr, welches von der Eroberung Athen's bis
zur Ankunft dieses Vizekönigs verfloß, muß voll von Schrecken
wildester Anarchie gewesen sein. Wenn irgend die Herr=
schaft der Catalanen in Attika und Böotien ein Räuber=
regiment genannt werden durfte, so hat sie diesen Namen
nur damals verdient, wo alle bürgerlichen Ordnungen des
Landes plötzlich umgewälzt wurden, und von der Willkür
einer Soldbande die Gewalten des Staats, die Gesetze, die
Gerichte, die Verwaltung und die Kirche abhängig geworden
waren. Estañol landete im Jahre 1312 im Piräus mit
fünf Galeeren. Er empfing die Huldigung der Companie,
und Roger Deslaur legte sein provisorisches Amt nieder,
um sich in sein Besitztum Salona zurückzuziehen.

Die Aufgabe des ersten Vicekönigs im catalanischen
Herzogtum Athen war eine der schwierigsten, die sich denken
läßt. Er hatte ein zerstörtes Staatswesen aufzurichten, auf
dessen Trümmern eine verwilderte Soldbande lagerte, mit
der Beute der Eroberung beladen, das Kriegsschwert in der
Hand, um die Angriffe der nahen Feinde abzuwehren.
Sie aber war zugleich eine selbständig organisirte, vom
Könige Sicilien's anerkannte Militärrepublik, die man, ohne
die Uebertragung der Landeshoheit an diesen Monarchen,
mit dem Staat der Johanniter auf Rhodus vergleichen
konnte. Es galt jetzt, den trotzigen Geist der an Unab=

hängigkeit gewöhnten Krieger mit dem neuen Zustande der
Untertänigkeit auszusöhnen und ihre soldatische Verfassung
mit den Gesetzen der feudalen Monarchie in Einklang zu
bringen. Glücklicher Weise bot sich auch diesmal, wie zur
Zeit des ersten La Roche, als Mittel zu solchem Zweck das
Lehnswesen selber dar, denn dieses drang naturgemäß in
die ihm ursprünglich feindliche Demokratie der catalanischen
Bande mit dem Augenblick ein, als diese seßhaft wurde,
und ihre Capitäne sich in Grundbesitzer verwandelten. Das
soldatische Raubsystem, welches sich an die Stelle des burgundischen Lehnsadels gesetzt hatte, nahm dessen Züge an.
Die Transformation eines Söldnerlagers in eine feudale
Staatsgesellschaft, die der Grundbesitz conservativ machte,
vollzog sich auf demselben classischen Boden in ähnlicher
Weise, wie das bei der ersten Frankeninvasion geschehen
war. Die mit den eroberten Gütern ausgestatteten Capitäne wurden alsbald den ricos hombres oder barones in
Catalonien ähnlich. Ihr Besitz konnte eben nur durch
die Bestätigung des Herzogs die Rechtsgültigkeit erlangen,
dem sie je nach dem Maß ihrer Lehen zum Kriegsdienst
verpflichtet waren.

Die gesamte Verwaltung des Landes wurde nach
spanischem oder sicilianischem Muster eingerichtet. An die
Stelle der Assisen Romania's traten die Gewohnheiten Barcelona's, welche die Grundlage der Civilconstitution Catalonien's bildeten, und von der Companie im Herzogtum
Athen als öffentliches und Privatrecht eingeführt und stets
mit Eifersucht aufrecht gehalten wurden.[1] Die haute cour

---

[1] Ueber diese usages de Catalonia Capmany, Memor. historicas

der französischen Barone verwandelte sich in den Gerichtshof oder die Curie des Generalvicars unter der Leitung des Oberrichters, vielleicht eines Magister justiciarius für das Herzogtum, welcher seinen Sitz in Theben erhielt.[1] Die Lehnbesitzer, die Städte, die Geistlichen, die Burgvögte besaßen zugleich eine beschränkte Jurisdiction in ihren Kreisen, doch wurde von allen diesen Rechtssphären an die Magna Curia des Königs in Sicilien appellirt, da sich Friedrich II., als er das Herzogtum Athen übernahm, dies Kronrecht höchster Jurisdiction durchaus vorbehielt.[2] Der Herzog ernannte die Befehlshaber in den ansehnlichsten Städten, die Vicare, Capitäne und Castellane.[3]

Schon die Thatsache, daß der Vicekönig beim Antritt seiner Regierung von städtischen Vertretern vereidigt wurde, zeigt das Bestehen municipaler Körperschaften, welche die Catalanen im Herzogtum Athen vorfanden und achteten, da sie den Einrichtungen in ihrer eigenen Heimat entsprachen.

---

sobre la Marina de Barcelona II. App. n. IV. Schäfer, Gesch. von Spanien III, cap. 8., Gesetzgebung Catalonien's.

[1] Schon am 11. Mai 1321 findet sich Guillelmus de S. Stephano procurator generalis (Staatsanwalt) curie domini Alfonsi, des damaligen Generalvicars. In einer Urkunde (Arch. Palermo, Reg. Cancell. a. 1346, n. 4. fol. 127 t.) wird gesagt: vertente olim in curia civitatis Thebarum lite, und darunter ist eben der oberste Gerichtshof des Herzogtums zu verstehen.

[2] Als Friedrich III. dem Johann Bonaccolsi die Capitanie von Livadia übertrug, erklärte er: appellaciones vero faciendas per quoscumque litigantes coram te, a senteciis per te proferendis, quorum cognicionem et decisionem magnae nostrae curiae reservamus. Reg. Cancell. 1365. 1366, n. 9, fol. 19 t.

[3] Ich finde zuerst als castellanus et vicarius Athenarum genannt Guillelmus de Planis, als vicarius Thebarum Berengarius de Terabis, Urk. vom 11. Mai 1321.

Die Städte Catalonien's und Aragon's bildeten schon seit
lange selbständige Gemeinden mit einem Rat der Jurados.
Die Prohombres in Barcelona versammelten sich zu Parla=
menten. Dieser blühenden Handelsstadt hatte der König
Jayme im Jahre 1253 eine demokratische Verwaltung mit
einem Senat bewilligt, welcher jährlich von den Bürgern
erwählt wurde.[1] Gemäß der berühmten Constitution, die
Pedro III. der Große im Jahre 1282 in Barcelona er=
lassen hatte, besaßen die Städte und Flecken Sitz und
Stimme in den Cortes. Auch in Sicilien waren schon von
dem Hohenstaufenkaiser Friedrich II. Städteboten zu den
Parlamenten zugezogen worden, sodann hatte sich dort ge=
rade unter dem Könige Friedrich, dem ersten Herrscher des
Herzogtums Athen, das Municipalwesen als ein Bollwerk
gegen die feudale Aristokratie kräftiger entwickelt. Die Ge=
meinden wählten ihre bajuli, giurati und consiglieri, welche
die städtischen Güter verwalteten, und Sindici vertraten die
Communen bei den öffentlichen Versammlungen.[2] Dieselben
Einrichtungen hat der König auf das Herzogtum Athen
übertragen; denn spätere Urkunden weisen dort Sindici,
Richter, Räte und Bajuli der Städte auf, von denen frei=
lich keine einzige mit Palermo, Messina, Trapani und Ca=
tania an Bedeutung wetteifern konnte.[3] Wie die Vicare

---

[1] Capmany II, n. 25, p. 67 ff. E. A. Schmidt, Gesch. Aragonien's
im Mittelalter p. 387. H. Schäfer a. a. O., Gesetzgeb. Catalonien's.

[2] Gregorio, Consid. in den betreffenden Abschnitten.

[3] In Briefen griech. Städte betreffend finde ich die Formel:
scriptum est per patentes consilio, sindicis et universis hominibus
civitatis Thebarum fidelibus suis. Reg. Canc. a. 1365—1366, n. 9,
fol. 89 t. — Script. est sindicis probis hominibus consiliariis et uni-
versitati Thebar. (R. Canc. 1371, n. 13, fol. 124 t.) In einer Com=

hatten auch die Stadtgemeinden ihre Kanzler und Notare, welche durchaus von denen der herzoglichen Regierung zu trennen sind. Als moralische Körperschaften führten die Gemeinden ihr eigenes Siegel. Dasjenige Theben's war unter der spanischen Herrschaft das Bild des heiligen Georg, und dies erscheint als eine Bevorzugung Theben's vor allen anderen Städten des Herzogtums, weil sich die Companie der Catalanen desselben Wappens bediente.

Im Besitze der municipalen Rechte waren und blieben nur die Franken. Die spanischen Eroberer fanden in den Städten eine gemischte Bevölkerung vor, ein französisches, nach und nach eingewandertes Bürgertum, und das griechische, aus Handwerkern und Gewerbetreibenden bestehende, welches von jenem auf eine niedere Stufe des rechtlichen Daseins herabgedrückt worden war, aber doch unter der milden Regierung der La Roche und durch den Einfluß langer Verbindungen mit der herrschenden Classe sich wieder gehoben haben mußte. Nun aber vollzog sich dieselbe Revolution der städtischen Verhältnisse, wie bei der ersten Einwanderung der Franken; denn die Folge der catalanischen Besitznahme des Landes war die Verdrängung der Franzosen auch aus ihren bürgerlichen Stellungen, und die allmälige Hispanisirung der Gemeinden durch Nachzug aus Catalonien und Sicilien.

mission für den zum Generalvicar ernannten Roger de Lauria sagt der König Friedrich, daß er seine Ernennung angezeigt habe capitaneis, sive vigeriis, bajulis, judicibus, syndicis, procuratoribus et consilio, aliisque officialibus et personis civitatum terrarum et locorum ducatuum eorumdem fidelib. nostris (Gregorio a. a. O. App. p. 69). Giurati habe ich in diesen Formeln nicht entdeckt.

Das Gleiche fand in Bezug auf die Kirche und ihre
Güter statt, welche die Catalanen zum Teil in Besitz
nahmen. Die vom Papst eingeführte Ordnung der Diöcesen wurde freilich nicht angetastet, und die lateinischen
Erzbischöfe von Theben und Athen erlitten diesmal nicht
das Schicksal, welches ihre griechischen Vorgänger zur Zeit
Otto's de la Roche erfahren hatten. Erst in der Folge
wurden ihre Stüle durch Spanier besetzt. Das Recht der
Ernennung der Bischöfe im Herzogtum aber kam an den
König von Sicilien, welcher die erfolgte Wahl der betreffenden Gemeinde und dem Generalvicar in derselben
officiellen Weise kund gab, wie er das bei der Ernennung
von Civil- und Militärbeamten zu thun pflegte.[1] Was die
griechische Kirche betrifft, so blieb sie in ihrer tiefen Erniedrigung als geduldete Sekte von Schismatikern der
Gnade des Siegers überlassen, welchen nur der eigene Vorteil zur Schonung nötigte.

Das Verhältniß der jetzt herrschenden Spanier zu der
hellenischen Bevölkerung wurde um so schroffer, als sich die
Catalanen in ihren langen verzweifelten Kämpfen mit den
Griechen daran gewöhnt hatten, diese überhaupt nur als
ihre Todfeinde und als eine untergeordnete Menschenclasse
anzusehen. Gleich dem an die Scholle gebundenen Acker-
bauer war auch der in der Stadt wohnende griechische Eingesessene, der Kaufmann, Handwerker und Schreiber, vom
Frankenrecht, d. h. von der bürgerlichen Freiheit ausge-

---

[1] So zeigte später Friedrich III. der Gemeinde Theben die Ernennung Simon's zu ihrem Metropoliten an, in derselben Form wie er
sie dem Generalvicar kund that. Reg. Cancell. a. 1365. 1366, n. 9.
fol. 89 t.

schlossen. Selbst zu Ansehen und Wolstand gelangte grie=
chische Bürger befanden sich den Spaniern gegenüber in
derselben Lage, wie Leibeigene ähnlicher Stellung bis auf
unsre Zeit in Rußland. Kein Grieche durfte über sein Hab
und Gut nach seinem Gutdünken, zu Gunsten seiner Fa=
milie oder anderer Personen verfügen, noch im Herzogtum
Athen bewegliche oder unbewegliche Güter erwerben und ver=
kaufen, ohne ausdrücklich das Frankenrecht erlangt zu haben.[1]

Die Statuten der Companie untersagten ausdrücklich,
katholische Frauen mit Griechen zu verheiraten.[2] Das Ver=
bot gemischter Ehen war übrigens eine Schutzmaßregel,
welche auch die Venetianer auf Kreta anwendeten. Denn
dort durfte kein lateinischer Lehnsmann oder Bürger sich
mit einem Griechen verschwägern; that er dies, so verlor
er Lehn und Bürgerrecht und mußte die Insel verlassen.[3]
In den Städten Modon und Coron durfte kein griechischer
Bauer ohne Erlaubniß der Regierung seine Tochter mit
einem Franken verheiraten, und kein Grieche Grundbesitz
erwerben.[4]

---

[1] Friedrich III. bestätigte a. 1366 dem Notar Demetrius Rendi aus
Athen das Frankenprivilegium: quod idem D. ejusque heredes et
successores ... possint licite emere, vendere, donare, alienare et
permutare quascunque res et bona mobilia et stabilia tamquam
franci habitatores civitatis prefate ad ejus libitum voluntatis.
Arch. Palermo, Reg. Cancell. 1364. 1368, n. 8, fol. 29.

[2] Quod in capitulis editis per dict. societatem inter alia con-
tinentur, quod nulla de catholicis cristianis detur in uxorem alieni
greco. Reg. Cancell. 1364—1368, n. 8, fol. 28.

[3] Quod aliquis latinus Pheudatarius sive habens Burghesiam
non possit facere parentelam cum aliquo Greco. Libro d'oro II.
fol. 137; Beschluß des Maggior Consiglio vom 5. Mai 1293. (Bibl.
Marc. Class. XIV, Cod. latin. 283.)

[4] Sathas, Mon. Hist. Hell. IV, p. 20. 72. Um sich von den

Demnach folgten die Catalanen im Herzogtum Athen
nur dem Beispiele der Franken überhaupt, wenn sie sich
durch solche Verbote als gebietende Classe von den Hellenen
schieden, und die Gleichstellung dieser nur von dem Privi=
legium des Frankenrechts abhängig machten. Solche Frei=
briefe wurden sparsam erteilt, und nicht selten durch die
Willkür der Behörden wieder in Frage gestellt. So mußte
ein Bürger von Livadia, trotzdem daß die Bewohner dieser
Stadt in Folge ihrer Capitulation den Franken gleichgestellt
worden waren, noch 50 Jahre später diese Vergünstigung
geltend machen und sich das Recht bestätigen lassen, seine
Kinder mit Franken zu verheiraten.[1]

Im Allgemeinen blieben die Griechen im Herzogtum
Athen in demselben Zustande der bürgerlichen Rechtsun=
gleichheit, wie sie es dem Princip nach unter den La Roche
gewesen waren; oder dieser Druck wurde im Anfange noch
verstärkt.[2] Nur mit der fortschreitenden Zeit siegten das
Naturrecht und der Vorteil über diese engherzigen Gesetze.
Freibriefe milderten sie, und dem Verbot der gemischten
Ehe zum Trotz verbanden sich manche Catalanen mit grie=

Griechen zu unterscheiden, mußte sogar jeder venetianische Söldner sich
den Bart scheeren.

[1] Licitum sit ei pro se, filiis et filiabus suis quamcunque
voluerit uxorem francam ducere. Reg. Cancell. 1364. 1368, n. 8,
fol. 28. Dies Privilegium schloß auch das Recht ein, in der gemischten
Ehe bei der griechischen Religion zu bleiben. Ita quod unusquisque
contrahentium matrimonium ipsum in ea fede quam tenet per-
maneat. In Folge ihrer Ehe geschah es, daß Griechinnen katholisch
wurden; traten sie wieder zu ihrem alten Glauben zurück, so wur=
den sie ihrer Güter verlustig erklärt. Reg. Cancell. a. 1346, n. 4.
fol. 140 t.

[2] δουλοπάροικοι nennt sie Konstantinibis a. a. O. p. 426.

chischen Erbtöchtern, wovon wir bald mehre Beispiele sehen
werden.

Der jähe Wechsel der Herrschaft brachte zunächst den
Griechen Attika's und Böotien's alle Schrecken der Eroberung zurück. Der Colone und der Bürger sanken aus
einem durch Zeit und Gewohnheit erträglich gewordenen
Zustande in neues Elend herab, um so mehr als ihr neuer
Gebieter ein raubsüchtiger Soldat war, der seine Beute
nur durch Krieg behaupten konnte. Die unglücklichen Hellenen mußten denselben Prozeß fremder Einwanderung und
ihrer Folgen wiederholen, zu dem sie vor hundert Jahren
verdammt gewesen waren. Die feineren Sitten und Gebräuche der französischen Ritterschaft machten dem rohen
Wesen einer verwilderten Kriegerkaste Platz. Die französische
Sprache, mit der sich, wenn auch nicht das Volk, so doch
manche Griechen vertraut gemacht hatten, weil dieselbe, seit
der Aufrichtung der Kreuzfahrerstaaten in Syrien, dort und
überhaupt in der Levante zur internationalen Verkehrs-
sprache geworden war, wurde plötzlich durch die fremden
Accente der lengua catalana oder limosina verdrängt. Die
rauhe Sprache Jayme's I. von Aragon und Ramon's Muntaner hatte an sich damals nicht geringeren Wert als die
des Gottfried Villehardouin. Sie war übrigens kein der
hispanischen Sprachfamilie angehörender Dialekt, sondern
galloromanisch, ein Zweig des Provençalischen, und durch
die Troubadours auch als Dichtersprache geadelt. Man
sprach catalanisch in ganz Südfrankreich wie im östlichen
Spanien, am Königshofe Majorca's und auch Sicilien's.
Siebzig Jahre lang sollte man dieses Idiom der Troubadours und der Almugavaren auf der Akropolis Athen's,

der Kadmea Theben's, in Salona und selbst in Südthessalien reden hören.[1]

---

[1] Noch heute wird die lengua catalana gesprochen auf der Ostküste Spanien's, den Balearen, zu Alghero in Sardinien, in Cuba und der argentin. Republik. In Frankreich redet man sie in Roussillon, Cerdagne und anderen Strichen der Ostpyrenäen. — „Das Catalanische", von Alfr. Morel-Fatio (Grundriß der roman. Philol., herausgegeb. von G. Gröber, Straßb. I [1886—8⋆], p. 669 ff.)

Viertes Capitel.

Zustände Morea's. Philipp von Tarent und Catharina von Courtenay. Mathilde von Hennegau und Louis von Burgund. Der Infant von Majorca, Prätendent Achaja's. Sein Zug dorthin, sein Kampf mit Louis von Burgund und sein Untergang. Letzte Schicksale Mathilde's. Walter von Brienne, Titularherzog und Prätendent Athen's. Der Papst und die catalanische Companie. Die Regierung Estañol's. Don Alfonso Fabrique, Generalvicar. Euböa. Bonifazio von Verona. Krieg mit Venedig. Waffenstillstand.

1. In einer durchaus ähnlichen Lage, wie das Herzogtum Athen, befand sich zu jener Zeit das tief herabgekommene fränkische Morea. Denn auch dort führten Statthalter die Regierung im Namen eines fremden Herrscherhauses. Philipp von Tarent war Fürst Achaja's. Nachdem er sich von seiner epirotischen Gemalin Thamar geschieden hatte, vermälte er sich am 30. Juli 1313 mit der jungen Catharina, der Tochter Carl's von Valois und jener Kaiserin Catharina von Courtenay, die im Januar 1308 gestorben war. Diese Verbindung, durch welche die Ansprüche der Courtenay-Valois auf das byzantinische [Kaisertum an die Anjou Neapel's übergingen, geschah in Folge eines zu Paris im April 1313 geschlossenen Familienvertrages, wodurch, unter der Autorität des Königs von Frankreich und des Papsts Clemens V., Ehegelöbnisse und Länder vertauscht

und verhandelt wurden. Catharina von Valois war bereits als Kind mit dem Herzoge Hugo V. von Burgund
verlobt worden; dieser verzichtete jetzt, nach getroffener Uebereinkunft, auf die Hand der erst dreizehn Jahre alten Erbin
der griechischen Kaiserrechte zu Gunsten Philipp's von Tarent,
welcher seiner Seits dem Prinzen Louis, dem Bruder jenes
Herzogs, Achaja als Lehnsfürstentum abtrat, indem er ihm
zugleich die Hand Mathilde's von Hennegau zusagte.

Die jugendliche Wittwe Guido's II. von Athen besaß
die Baronie Kalamata als Familiensitz, aber sie lebte nach
ihrem Verlöbniß mit dem Prinzen Carl, dem Sohne Philipp's von Tarent, längere Zeit in Theben, von wo sie
wahrscheinlich erst durch den drohenden Einbruch der catalanischen Companie vertrieben wurde. Ihrer Mutter Isabella
hatte sie die von ihrem Vater Florenz ererbten flandrischen
Güter abgetreten, während sie ihre Erbrechte auf das Fürstentum Achaja behielt, mit Ausnahme der Baronie Karytena und
der Schlösser Beauvoir und Beauregard, die ihrer Stiefschwester Margarete, der Tochter Isabella's aus ihrer Ehe
mit Philipp von Savoyen, zugewiesen waren.[1] Nachdem
ihre Mutter, die berühmteste Frau jenes Zeitalters im
fränkischen Griechenland, auf ihren Besitzungen im Hennegau, im Jahre 1311 gestorben war, nahm sie den Titel
Fürstin von Achaja an. Als inhaltlose Erinnerung dauerte
derselbe Titel auch im Hause Savoyen bei den Nachkommen
Philipp's aus einer zweiten Ehe fort.[2]

---

[1] St. Genois a. a. O. p. 338, Accord zwischen Guillaume, Graf
von Hainault und Isabella, Fürstin von Morea, Valenciennes. jeudi
après la S. Marc. 1311.

[2] Philipp von Savoyen starb 1334. Seine Tochter Margareta

Mathilde blieb einige Zeit lang in Gesellschaft ihrer Tante Margarete auf ihren Gütern in Morea, wo sie den Schutz des ritterlichen Marschalls Nicolaus III., des letzten vom Hause St. Omer, genießen konnte. Dann begab sie sich nach Frankreich. Ihr einige Jahre zuvor mit dem jungen Prinzen Carl von Tarent geschlossenes Verlöbniß wurde aus Staatsgründen aufgehoben, und sie mußte darein willigen, sich mit Louis von Burgund zu verbinden, indem sie zugleich ihre Rechte auf Achaja dem Hause desselben abtrat und gelobte, im Falle sie Wittwe wurde, keine neue Ehe ohne die ausdrückliche Erlaubniß Philipp's von Tarent einzugehen.[1] Am 31. Juli 1313 fand zu Fontainebleau ihre Vermälung mit jenem Prinzen statt, welcher sich König von Thessalonich nannte, weil der Exkaiser Balduin seine Rechte auf dieses Land an Burgund verkauft hatte.

Durch diese Verträge war der ehemaligen Herzogin von Athen und ihrem zweiten Gemal der Lehnsbesitz Morea's zuerkannt worden, aber ein unerwarteter Prätendent machte ihnen das Fürstentum streitig. Dies war Ferdinand von Majorca, derselbe aragonische Infant, welcher Jahre zuvor seine persönlichen Schicksale mit denen der catalanischen Companie verflochten hatte. Nach seiner Befreiung aus der Haft in Neapel war der ruhelose Prinz in sein

---

(von Isabella) vermälte sich 1324 mit Rainaud, Graf von Forez, und starb kinderlos nach 1371.

[1] Am 6. April 1313 übertrug Philipp im Louvre seine Rechte auf Achaja an Mathilde in Gegenwart des Königs von Frankreich. Sie schenkte dann diese Rechte an ihren Verlobten Louis, welcher sie wiederum Philipp abtrat. Du Cange, Hist. de Cp. II, 162 und Recueil 364 ff. Buchon, Rech. p. 238 ff. Mas Latrie, Les Princes de Morée p. 14.

Vaterland zurückgekehrt, wo er den verbündeten Königen
von Aragon und Castilien im Maurenkriege gedient und
vor Almeria durch heroische Tapferkeit geglänzt hatte.[1] Von
Majorca, dessen Herrscher Sancho sein eigener Bruder war,
wandte er sich nochmals nach Sicilien, um seinem Vetter
Friedrich II. in dem neu ausgebrochenen Kriege mit Neapel
zu dienen. Der König belieh ihn mit der Stadt Catania,
und ließ ihn alsbald eine Verbindung eingehen, kraft deren
der Infant die Rechte des Hauses Villehardouin auf Achaja
den Anjou gegenüber beanspruchen konnte. Mit Staunen
vernahm Ferdinand, welch' grenzenloses Glück seinen ehemaligen Waffengefährten, den Catalanen, im Herzogtum
Athen zugefallen war, und dieses Land hatte Friedrich II.
an seine Krone gebracht. Ihm selbst aber bot sich eine un-
verhoffte Gelegenheit dar, zum zweiten Mal auf den griechischen Schauplatz, und zwar in Morea, zurückzukehren.

Dort lebte auf ihrem Besitztum Akova oder Matagrifon
Margarete, die zweite Tochter des letzten Villehardouin, die
Tante Mathilde's. Sie war erst mit Isnard von Sabran vermält gewesen, einem der großen Barone Neapel's, Herrn
von Ariano und Großjustiziar des Königreichs.[2] Seit 1297
verwittwet, hatte sie den alten Grafen Riccardo von Kephalonia geheiratet, und auch dieser Gemal war ihr im Jahre
1304 durch den Tod entrissen worden.[3]

---

[1] Muntaner c. 247.

[2] C. Minieri Riccio, Studj storici su' fascicoli angioini p. 43 ff.

[3] Riccardo war der Sohn des Maio Orsini, des ersten Herrn von
Kephalonia und Zante. Dies Haus der Pfalzgrafen Orsini stammte
aus Rom und war unter den Anjou mächtig geworden. Riccardo selbst
war Graf von Gravina und 1286—89 Generalcapitän in Korfu für den
König Robert.

Als ihre Schwester Isabella gestorben war, und sie selbst ihre väterlichen Rechte auf Achaja zur Geltung bringen wollte, setzte sie sich in Widerspruch zu den Absichten der Anjou und den Bestimmungen des Pariser Vertrages, denen gemäß jenes Fürstentum als ein Lehn Philipp's von Tarent an Louis von Burgund, den Gemal ihrer Nichte, gege= ben war.

Margarete wurde von ihren persönlichen Feinden in Morea heftig bedrängt, namentlich von ihrem Stiefsohn Johann von Kephalonia, mit dem sie wegen ihres seinem Vater Richard zugebrachten Vermögens in Streit lag.[1] Edel= mütig hatte sie bisher der Marschall Nicolaus III. von St. Omer geschützt. Nach dessen Tode knüpfte sie aus Haß gegen die Partei der Anjou Verbindungen mit dem sicilia= nischen Hofe an. Sie konnte mit Grund auf die Billigung und selbst auf die nachhaltige Unterstützung ihrer Absichten durch den König Friedrich II., den Gebieter Athen's, rech= nen, wenn sie seinem Vetter und Günstling, dem Infanten von Majorca, die Hand ihrer Tochter Isabella von Sabran darbot. Ihr Vorschlag wurde angenommen, und Margarete schiffte sich mit dem jungen Mädchen nach Messina ein.[2]

Der König Friedrich eilte, diese Verbindung zum Ab= schluß zu bringen, da sich aus ihr die Möglichkeit ergab, das Haus Anjou aus Morea zu verdrängen, und auch dieses Land, wie Athen für Aragon zu erwerben. Isabella war

---

[1] Livre d. l. Cq. p. 434 ff.

[2] Es ist möglich, daß sie den Infanten persönlich kennen gelernt hatte, als er im Jahre 1308 in der Mahmea gefangen saß; dies ver= mutet eine geistreiche Dame, Diane de Guldencrone, L'Achaïe féodale p. 252.

erst vierzehn Jahre alt, nach dem Urteil Muntaner's das
schönste Geschöpf, welches irgend Menschen gesehen hatten,
rosenrot und weiß, und über ihr Alter klug. Ihre Ver=
mälung mit dem Infanten fand im Februar 1314 statt.[1]
Margarete verbriefte ihrem Eidam als Mitgift seiner Gattin
die Baronie Akova nebst ihren Ansprüchen auf den fünften
Teil Achaja's, und Ferdinand von Majorca verpflichtete sich,
das Erbe der Villehardouin mit den Waffen zu erobern.
So sollte sich der große Kampf zwischen den Häusern Anjou
und Aragon auch nach dem Peloponnes hinüberziehen.

Die Kunde jener Verbindung versetzte die ganze fran=
zösische Partei Morea's in Bestürzung und Wut. Die dor=
tigen Barone anerkannten den Pariser Vertrag und die aus
ihm fließenden Rechte der Herzogin Mathilde und ihres
burgundischen Gemals; sie sahen jetzt sich und ihr Land von
Sicilien her durch die Kriegsrüstung eines tapfern aragoni=
schen Prinzen bedroht, während sich bereits die Catalanen
des Herzogtums Athen bemächtigt hatten und von dort
feindliche Einfälle nach Morea unternahmen. Als nun
Margarete es wagte, mit ihrem geringen Gefolge im Juni
1314 von Messina nach Morea zurückzukehren, wurde sie
von den Häuptern der angiovinischen Partei, ihrem Stief=
sohne Johann, dem Bischof Jacob von Olenos und Nicole
le Noir, dem Herrn Arkadia's, als Verräterin und Verbün=
dete der Catalanen mit Verwünschungen empfangen, ihrer
Güter beraubt und festgesetzt.

Nach Griechenland aufzubrechen, hinderten den Infan=
ten der gegen Sicilien gerichtete Angriff des Königs Robert

[1] Contrat de mariage, Buchon, Liv. d. l. Conq. p. 439 ff. und
Nouv. Rech. II, 390.

und der zwischen beiden Dynastien Anjou und Aragon mit
Erbitterung fortgesetzte Krieg. Erst als dieser im December
1314 durch einen Waffenstillstand beendigt war, konnte
Ferdinand Schiffe und Kriegsvolk zusammenbringen. Er
erfuhr unterdeß, daß seine Schwiegermutter drüben in Mo=
rea, von ihren Feinden unablässig gequält, im März 1315
in ihrem Schloß Akova gestorben war.[1] Dies verschwieg
er seiner Gemalin, die ihrer Entbindung entgegensah. Isa=
bella gebar am 5. April einen Sohn und starb zwei Tage
darauf, nachdem sie ihre Ansprüche auf Achaja diesem Kinde
testamentarisch zugesprochen hatte.

Der verzweifelte Infant übergab den kleinen Jayme
seinem alten Waffenbruder Ramon Muntaner, der zu ihm
nach Sicilien gekommen war, und trug ihm auf, denselben
nach Catalonien in Sicherheit zu bringen. Der berühmte
Geschichtschreiber der Catalanen hat selbst anziehend erzählt,
unter welchen Gefahren er sich seines Auftrages entledigte,
wie er dies Kind, den nachmaligen unglücklichen Jayme II.,
den letzten König von Majorca, über See fortbrachte und
endlich zu Perpignan in die Arme der alten Königin=Wittwe
Esclaramonde de Foir, der Mutter des Infanten, legte.

Nach demselben Griechenland, wo er einst als Leutnant
des Königs Friedrich die Führung der großen Companie
hatte übernehmen wollen und dann in der Kadmea gefangen
saß, riefen jetzt den Infanten solche Aufgaben und Pflichten,
wie sie nur je die romantische Phantasie eines Spaniers
und fahrenden Cavaliers erhitzen konnten. Der Schmerz
um den Verlust des jungen schönen Weibes vereinigte sich

---

[1] Muntaner c. 264.

mit der Begierde, den Tod seiner Schwiegermutter, der
letzten Villehardouin zu rächen, und das Erbe seines entfernten Kindes mit dem Schwert des Helden zu erstreiten.
Der König von Sicilien unterstützte ihn bereitwillig; er empfahl sein rechtmäßiges Unternehmen in einem Briefe an
den Dogen Giovanni Superanzo der Republik Venedig,
versichernd, daß sich der Infant eidlich verpflichtet habe, ihre
Besitzungen in keiner Weise zu beschädigen.[1]

Mit einem Kriegshaufen tapferer Sicilianer, Catalanen
und Aragonier landete Ferdinand im Juni 1315 kühn bei
Clarenza. Er eroberte diese berühmte Stadt und das Schloß
Belvedere, pflanzte seine Fahne auf andern Burgen auf,
und nötigte sogar die feindlichen Barone des ganz in An-
archie aufgelösten Fürstentums ihm persönlich zu huldigen.
Bei diesen glänzenden Erfolgen scheinen ihn die Catalanen
Athen's unterstützt zu haben.[2]

So gelang es einem Prinzen des kleinen handeltreiben-
den Eilands Majorca, sich zum Herrn des fränkischen Morea
aufzuwerfen. Trotz seines frischen Schmerzes um den Tod
der jungen, von ihm heiß geliebten Gattin, vermälte er sich
aus Politik schon im Herbst 1315 mit der Cousine des Königs
Heinrich II. von Cypern, der Tochter des Seneschalls Philipp aus dem berühmten Hause Ibelin. Auch sie hieß
Isabella, und auch sie war erst fünfzehn Jahre alt.[3]

Nun aber erschien von Venedig her, und durch diese

---

[1] 28. April XIII. Ind. Copie in Miscellanea T. IV. Decreti e
Docum. Veneti, Cod. lat. XL, Class. XIV, p. 19. Bibl. Marciana.
[2] Zurita, Annal. II, 25.
[3] Heiratsact durch Procura, 14. Oct. 1315 zu Nicosia, Du Cange,
II. de Cp. II, 371. Mas Latrie, Hist. de Chypre II, p. 1, 179.

Republik mit Schiffen versehen, im Frühjahr 1316 auch
Louis von Burgund auf dem griechischen Schauplatz, mit
starker Kriegsmacht und begleitet von seiner Gemalin Ma=
thilde.[1]   Der Kampf der beiden ritterlichen Prätendenten
um den Besitz Morea's ist eine wahrhaft tragische Episode
in der Geschichte des fränkischen Peloponnes. Beide waren
tapfre Abenteurer, die ihre Rechte aus ihrer Vermälung
mit jungen, einander blutsverwandten Frauen ableiteten.
Von ihnen war die eine, Isabella von Sabran, eben gestor=
ben, die andere, Mathilde von Athen, das Opfer des Hauses
Anjou, die gezwungene Gefährtin des Louis von Burgund.

Dieser rückte von Patras gegen Clarenza, und alsbald
erhob sich zu seinen Gunsten der Haß der angiovinischen
Partei. Die Gegner Aragon's eilten zu den Fahnen Bur=
gund's; sogar die Sanudo von Naxos hatten sich als Vasal=
len des Fürstentums Achaja ihnen angeschlossen. Die Truppen=
macht Ferdinand's war gering, da die von Majorca und
Sicilien erwartete Hülfe nicht erschien. Ein einziges Gefecht
entschied daher das Schicksal des Infanten, der sich mit
tollkühnem Mut den überlegenen Burgundern entgegenwarf,
und dann auf der Flucht von den wutentbrannten Feinden
ergriffen und niedergemacht wurde. Der Anblick seines ab=
geschlagenen Hauptes bewog den erschreckten Capitän Cla=
renza's, diese Stadt dem Prinzen Louis zu übergeben.[2]

---

[1] Nach der aragon. Chronik v. Morea p. 128 war Mathilde schon
vor ihrem Gemal Louis mit 1000 Burgundern in Porto Junco ge=
landet, dann in Kalamata mit Ehren empfangen, von wo sie die fran=
zösische Faction in Bewegung setzte. Erst später kam Louis von Kepha=
lonia her mit dem Grafen Nicolaus.

[2] Declaratio summaria super facto de morte D. infantis Fer=
randi de Majorca, Du Cange, Hist. de Const. II. 383 ff.

Einen Tag vor dieser Katastrophe waren die Catalanen aus dem Herzogtum Athen, welche Ferdinand zur Hülfe gerufen hatte, bis Vostiza vorgerückt. Als sie hier seinen Fall erfuhren, kehrten sie um.[1] So endete am 5. Juli 1316 der berühmte Infant von Majorca, einer der tapfersten Ritter Spanien's.[2]

Louis von Burgund war jetzt unbestrittner Herr Morea's; allein auch er starb, wie man argwöhnte, durch den Grafen von Kephalonia vergiftet, schon im Sommer desselben Jahres 1316. Seine Gemalin Mathilde, im Alter von 23 Jahren zum zweiten Male verwittwet, sah sich jetzt ohne Freunde neuen Verhängnissen schutzlos preisgegeben. Sie blieb zunächst in Andravida als Regentin des Fürstentums.

In der Geschichte des fränkischen Griechenlands, ja selbst jener Zeit überhaupt, gibt es nach Helena, der Wittwe des edeln Königs Manfred, keine Frauengestalt, deren tragische Schicksale eine gleich große Teilnahme einflößen können. Diese unselige Fürstin war seit ihrer Kindheit das Opfer der in ihrer Person verkörperten Rechte des Hauses Villehardouin, welche sie zum willenlosen Gegenstande fürstlicher Speculation und der Dynastenpolitik machten. Nachdem ihr Gemal Louis von Burgund gestorben war, wollte der König Robert diese Rechte für immer an das Haus Anjou bringen;

---

[1] Aragon. Chronik v. Morea p. 136.

[2] Vir magnanimus, armorum laudis et gloriae appetitor nennt ihn Nicol. Specialis, Hist. Sicula VI, c. 22. Seine zweite Gemalin Isabella von Cypern gebar kurz nach seinem Tode einen Sohn Ferdinand und vermälte sich später mit Hugo von Ibelin, Graf von Jaffa und Ascalon.

er befahl daher Mathilde sich nach Neapel zu begeben, wo er über ihre Hand verfügen wollte. Er schickte im Mai 1317 seine Bevollmächtigten mit Briefen an die Vasallen Morea's nach Androviba;[1] worauf sein Minister Spinula die Fürstin mit Gewalt von Clarenza nach Neapel brachte.[2]

Zum Gemal hatte ihr der König seinen Bruder Johann, den Grafen von Gravina bestimmt. Die Unterhandlungen, auch mit dem willigen Papst, wegen dieser Ehe waren schon vor der Ankunft Mathilde's in Neapel im Gange, da Robert am 19. Mai 1317 dem Ritter Ricardo de Menania eine jährliche Pension auswarf, um den Eifer zu belohnen, mit welchem er diese Angelegenheit betrieben hatte.[3] Johann XXII. erteilte den Dispens.[4] Mathilde wurde sodann dem Grafen von Gravina gewaltsam angetraut und gezwungen, ihm und dem Könige das Fürstentum Achaja abzutreten. Sie protestirte gegen diese Ehe, welche sie nie vollziehen wollte, bei der Signorie Venedig's und dem Papst.[5] Hierauf führte

---

[1] Nämlich Berengar Spinula von Genua und Poncius de Cabanel: cum pro reformatione regionis principatus Achayae, tum pro honore egregie mulieris Mathildis principisse dicti principatus. Reg. Ang. 1317. 1318 A. n. 214, fol. 127.

[2] Violenter cum quibusdam galeis duxerunt eam ad dictam civitatem Neapolitanam (Extrait d'un Mémoire ... a. 1316, bei Du Cange, II. de Cp. II, 375). Aragon. Chronik v. Morea p. 138. Im Dec. 1317 war sie noch nicht in Neapel. Reg. Ang. 1317—1318 A. n. 214, fol. 100.

[3] Reg. Ang. n. 208, 1316 B. fol. 56.

[4] Raynald a. 1318, n. 31, wo statt Isabella Mathilde zu lesen ist.

[5] Am 26. Oct. 1318 ermahnt sie der Papst, die Ehe zu vollziehen. Das Latrie, Les Princes de Morée p. 15. A. 1319 wird von einem Pactum zwischen ihr und dem Könige Robert geredet, Riccio, Studj stor. su fasc. ang. p. 1. In Folge dessen hatte sie ihre Rechte auf Achaja dem Könige abgetreten. Reg. Ang. n. 233, 1320. 21. A. fol. 140 t.;

sie Robert im Jahre 1322 nach Avignon vor das päpstliche Tribunal, und Mathilde erklärte dort, daß sie keine neue Ehe eingehen dürfe, weil sie bereits mit dem burgundischen Ritter Hugo de la Palisse heimlich vermält sei. Nichts konnte dem Könige willkommener sein, als das Geständniß einer solchen Verbindung, die ihm früheren Verträgen gemäß erlaubte, die Fürstin ihrer Rechte auf Achaja für verlustig zu erklären. Voll Arglist wurde sie sogar der Mitwissenschaft eines Mordplanes beschuldigt, welchen Palisse gegen den König Robert gefaßt haben sollte.[1] Dann brachte man sie von Avignon nach Neapel, wo sie im Castell dell' Ovo ihr tragisches Leben als Staatsgefangene jenes herzlosen Tyrannen beschließen mußte, welchen der eitle Petrarca mit einer falschen Glorie bekleidet hat. Die ehemalige Herzogin von Athen erlitt das Schicksal der Wittwe Manfred's, die im Kerker zu Nocera hatte sterben müssen, und der Kinder desselben Königs. Denn Manfred's Tochter Beatrice hatte in jenem Castell dell' Ovo bis zum Jahre 1289 geschmachtet, wo der siegreiche Seeheld Roger de Lauria ihre Auslieferung erzwang. Ihre Brüder aber waren nach langen Kerferqualen im Castell dell' Monte im Jahre 1299 nach derselben Burg Neapel's gebracht worden und hier im Elend gestorben.

Die Inselscholle, auf welcher dies berühmte Schloß stand, war damals größer als heute; sie enthielt sogar Lustgärten. Denn das Castell dell' Ovo diente nicht bloß zum

---

Erlaß seines Sohnes Carl, Capua 18. Juni 1321. Schon 18. März 1318 nannte sich Johannes princeps Achaye … Brief an den Dogen, Commem. vol. II. fol. 25.

[1] Giov. Villani IX, c. 173.

Kerker für Staatsgefangene hohen Ranges, sondern es war auch ein beliebter Sitz der Anjou. Als Isabella, die junge Erbtochter Villehardouin's, nach Neapel kam, um sich mit dem Prinzen Philipp zu verbinden, wurde ihr dort eine fürstliche Wohnung angewiesen. Eine elementare Revolution soll im Jahre 1343 den Umfang der Insel verringert haben.[1]

Die Fürstin Achaja's erhielt zu ihrem und ihrer Diene= rinnen Unterhalt die monatliche Summe von drei Unzen, welche unter den Anjou der gewöhnliche Betrag zur Ver= pflegung erlauchter Staatsgefangener war. Denn auch die Königin Helena hatte jährlich 40 Unzen erhalten.[2]

Für die Befreiung Mathilde's bemühten sich fruchtlos der Graf von Hennegau, ihr Verwandter, und der Cardinal Napoleon Orsini.[3] Da ihr nicht gestattet wurde, ihren Willen in einem gerichtlichen Testament niederzulegen, so erklärte sie mündlich vor mehren Personen, daß sie alle ihre Rechte in Griechenland auf den König Jayme von Majorca, den Sohn des Infanten Ferdinand übertrage. Sie

---

[1] Syllab. membr. ad. Reg. Sicl. pertin. Neapel 1832 I, p. 35. Die Inselscholle hieß im Altertum Megaris, im Mittelalter S. Sal= vator von einem Kloster. Ich besichtigte das Innere des Castells dell' Ovo im Frühjahr 1886 und fand ein Labyrint von finstern Gallerien und Kammern, unter denen sich eine Capelle wie eine Lästerung der Gottheit ausnimmt.

[2] Domne Mathilde de Agnonia (Haynaut) Principisse Achaie detentae de mandato regio in Castro Ovi un. tres per mensem pro expensis suis et familie sue. Reg. Ang. 1326 A. n. 262, fol. 245 (C. Minieri, Riccio, Stud. stor. sopra 84 registri Angioini, p. 31). Eine Unze ist gleich 5 Goldfloren.

[3] Procuration et promisse pour la délivrance de noble dame Mahaut de Hainaut, Princesse d'Achaye, Valenciennes a. 1323, Avignon a. 1321. St. Genois a. a. O. p. 340.

schien damit den Untergang sühnen zu wollen, welchen dieser
einst durch ihre und ihres Gemals Louis von Burgund
Waffen bei Clarenza gefunden hatte. Sie selbst war kinder=
los geblieben.[1] Sie starb im Castell dell' Ovo im Jahre
1331.[2] Es war nur ein Hohn, wenn sie der König feier=
lich im Dom Neapel's in der Capelle seiner Familie be=
statten ließ. Wir lesen noch die Rechnung der königlichen
Kammer über die Kosten dieser Exequien.[3]

2. Eine andere, vom Schicksal schwer getroffene Fürstin
aus dem fränkischen Hellas, die Wittwe Walter's von Brienne,
lebte unterdeß am Hofe des Königs Robert oder auf ihrem
Lehn in Lecce. Ihren Vater, den Connetable Gauthier de
Chatillon, hatte sie zum Vormunde ihrer beiden Kinder er=
nannt.[4] Sie wurde nicht müde, die Könige Frankreichs und
Neapel's und den Papst mit Aufforderungen zu bestürmen,

---

[1] Du Cange II, 376. Die Ansicht Buchon's (Einl. zum Liv. d. l.
Cq. p. XLI), daß Mathilde den Titel des Herzogs von Clarence ihrer
Verwandten Philippine de Hainault, der Mutter des englischen Prinzen
Lionel vermacht habe, widerlegt Leake, Peloponnesiaca p. 212. Nach
ihm erhielt Lionel den Titel a. 1362 als Erbe Gilbert's, des Earl von
Clare in Suffolk.

[2] Nicht in Aversa, wie Hopf glaubt; richtig gibt Bozzo (p. 435)
Neapel an. Daß sie im Castell dell' Ovo starb, sagt das Mémoire bei
Du Cange und geht auch aus den Exequien hervor.

[3] Einem Apotheker für 1503 Pfund Wachskerzen pro exequiis
quond. Mathilde de Annonia olim Principisse Achaie ac quond.
filie Despine Romanie neptis nostre, unc. 31. tar 7. gr. 16. Einem
Zimmermann für den hölzernen Katafalk 3 (?) tari. Für einen Marmor=
sarg 1 unc. tar. 12 (?). 4 Unzen für ein Tuch von Goldbrokat; für
das Läuten der Glocken 16 tari. C. M. Riccio wie oben p. 29.

[4] Neapel, 22. Nov. 1312 — ihr Bevollmächtigter war Humbert,
Erzbischof dieser Stadt. Du Chesne, Hist. de la maison de Chatillon,
Paris 1621, Preuves p. 212.

ihren Sohn Walter, den legitimen Herzog von Athen, durch
einen Kriegszug gegen die Catalanen in sein väterliches
Erbe wieder einzusetzen. Clemens V. zeigte eine gewisse
Zurückhaltung, welche seine eigenen Mißverhältnisse in Avignon begreiflich machten, wo Philipp von Frankreich ihn festhielt. Der König nahm von der Verdammung des Papstes
Bonifacius VIII. als Ketzer nur Abstand, um von Clemens die Verurteilung des Tempelordens zu erreichen,
was im März 1312 auf dem Concil zu Vienne geschah.
Die Schwächung des Hauses Anjou und die Stärkung
Aragon's konnte dem Papst augenblicklich nicht unwill-
kommen sein.

Er mußte freilich gegen die Catalanen auftreten. Den
Bitten der Herzogin-Wittwe und den dringenden Vorstellungen
Philipp's von Tarent entsprechend, forderte er am 2. Mai
1312 den Großmeister der Johanniter Fulco von Villaret
auf, sich mit dem Fürsten Achaja's zu vereinigen, um die
Usurpatoren aus dem Herzogtum Athen mit Kriegsgewalt
zu vertreiben.[1] Fulco befand sich gerade in einer Lage, die
jener der Companie in mancher Hinsicht vergleichbar war.
Denn der Orden der Johanniter, welcher, nachdem Ptole-
mais und ganz Syrien im Jahre 1291 unter die Gewalt
des Sultans Aegypten's gefallen waren, zu Limasol in Cypern ein vorläufiges Asyl gefunden, hatte seit 1309 Rhodus
den caramanischen Türken und den Byzantinern entrissen,

---

[1] S. Pauli Cod. Dipl. del S. Milit. Ord. Gerosol. II, 395. Die
Companie wird in diesem Breve genannt societas Cathalanorum com-
morantium in partibus Romaniae. Der Begriff morari oder com-
morari ist bezeichnend für das Wandern der Catalanen; er wurde
übrigens officiell auch von der Companie selbst und vom Könige Sicilien's gebraucht.'

und dort seinen Sitz genommen. Die herrliche Insel konnte unter dem Regiment dieser Ritterschaft der Schlüssel zu Aegypten und Syrien, zum Archipel und zu Griechenland werden. Aber die Einrichtung des neuen Ordensstaats und seine Unternehmungen zur Besitzergreifung anderer Inseln, wie Skarpanto, Kos, Nysiros, Kalymnos, und von Halykar= nassos an der Küste Asien's, mußten den Großmeister hindern, sich mit den Catalanen und dem Hause Aragon in Krieg zu verwickeln.

Da Friedrich von Sicilien die Companie nicht nur in der Herrschaft über das Land Athen anerkannt, sondern dasselbe sogar als Herzogtum mit seiner Krone verbunden hatte, so blieb dieser König allen Vorstellungen und Mah= nungen des Papsts wie andrer Mächte unzugänglich. Auch die Hoffnung der Anjou auf den in der Osterzeit 1313 ge= planten Kreuzzug des Königs Philipp des Schönen von Frankreich, der Könige Luis von Navarra und Eduard von England, als könne bei dieser Gelegenheit die cata= lanische Soldbande aus Attika verjagt werden, erwies sich als eitel.[1]

Der Papst wandte sich endlich, und auffallend spät, an den König Jayme von Aragon, den Bruder Friedrich's von Sicilien. In einem Breve vom 14. Januar 1314 schilderte er ihm die Frevelthaten der Catalanen, welche den Herzog Walter erschlagen, dessen Wittwe und Kinder ver= trieben, die Kirchen geplündert, die Güter der Geistlichkeit und des Adels an sich gerissen hatten und nicht aufhörten den Ducat Athen zu verwüsten. Als natürlicher Landesherr

[1] Zurita II, 16.

dieser seiner ehemaligen Untertanen möge der König jenen
Räubern gebieten, den rechtmäßigen Erben ihr Eigentum zurück=
zugeben und das Herzogtum zu verlassen.[1] An demselben
Tage schrieb der Papst an Nicolaus den lateinischen Patri=
archen Constantinopel's, welchem zum Unterhalt das Bistum
Negroponte übergeben war: von dem Capitän des Herzog=
tums, den der Connetable Frankreichs eingesetzt habe —
und dies war der in Argos befehlende Foucherolles — sei
er um Hülfe gegen die fortdauernde Bedrängniß durch die
Catalanen gebeten worden; deshalb solle der Patriarch die
Häupter der Companie unter Androhung des Bannes er=
mahnen, den Raub herauszugeben und das Herzogtum zu
räumen.[2]

Der König von Aragon hielt wie sein Bruder in Si=
cilien seine Blicke nach dem Orient gerichtet, da ihm Co=
stanza, die Wittwe des Kaisers Johannes Vatazes, ihre Rechte
auf Constantinopel übertragen hatte.[3] Er antwortete dem
Papst, daß er keine Macht über die catalanische Companie
besitze, daß es nicht wol angehe, siegreiche Eroberer der
Früchte ihrer Mühen zu berauben; der Herzog Walter von

---

[1] Dat. Montiliis Carpentorat. Dioc. XIX. Kal. Febr. Pont. a.
IX. Indices rer. ab Arag. regib. gestar. vol. III der Hisp. Ill. Frkf.
1606. Der Papst nennt den erschlagenen Walter tamquam Christi
verus Athleta et fidelis pugil Ecclesiae, eine Phrase, welche einer
seiner Vorgänger auch von Carl von Anjou gebraucht hatte.

[2] Ab olim clamor validus ... querelarum de partibus ducatuum Athenarum provenientes apostolicum pulsarunt auditum;
diese Klagen dauerten schon mehrere Jahre fort, jam pluribus annis
praeteritis continuata, was der Chronologie wegen zu bemerken ist.
Raynald, ad a. 1314, n. 9.

[3] Valenza, 16. Aug. 1306. Isidoro Carini, gli Archivi e le
Bibl. di Spagna, Palermo 1884, P. II, fasc. I, 189.

Brienne habe seinen Untergang durch eigene Treulosigkeit ver=
schuldet;[1] endlich seien die Catalanen katholische Christen,
welche der römischen Kirche im Kampf gegen die schisma=
tischen Griechen wesentliche Dienste leisten könnten.[2]

Nun starb Clemens V. am 20. April, und es blieb
seinem Nachfolger auf dem heiligen Stule überlassen, zu
Gunsten des jungen Prätendenten Walter die fruchtlosen
Bemühungen der Curie gegen die Eroberer Athen's fortzu=
setzen, welche der kraftvolle Herrscher Sicilien's schützte, der
König von Aragon begünstigte, und bald auch die Republik
Venedig anerkennen mußte, während sich der Frankenstaat
in Morea in kraftloser Zerrüttung befand. Dagegen lebte
in dem catalanischen Staat Athen der heldenhafte Sinn der
Companie fort, die sich nur durch dasselbe Mittel erhalten
konnte, mit dem sie das Herzogtum erobert hatte.

Es war ein Triumf für diese Catalanen, daß dem
Papst und den Anjou zum Trotz sogar ein Großer Frank=
reichs es wagte, ihnen seinen Degen anzubieten. Guy, Ba=
ron von Montauban, der dritte Sohn jenes Dauphin Hum=
bert I. von Vienne, mit welchem das Haus der Grafen La
Tour du Pin in der Dauphiné zur Herrschaft gelangt war,
schickte im Jahre 1314 seinen Boten Raymbaud d'Alans
nach Theben, um hier mit der Companie einen Vertrag zu
schließen. Sie besaß die Kühnheit, sich als Herrin des ehe=
maligen Königreichs Thessalonich zu betrachten, nach dessen
Besitz einst Rocaforte gestrebt hatte. Dies Reich lag freilich

---

[1] So sagt auch die Chronik von Morea: et là fu occis par sa
coulpe.

[2] Pedro Abarca, Annales histor. de los reys de Aragon. II
lib. XXII. c. 6. n. 9.

für sie so gut wie im Monde, da es den Byzantinern ge=
hörte, und außerdem vom vertriebenen Kaiser Balduin an
den Herzog Hugo von Burgund wenigstens auf dem Papier
verkauft worden war. Allein die Companie scheint damals
Teile davon, vielleicht Pharsalus und Domokos in Thessa=
lien besetzt gehalten zu haben. Sie machte am 26. März
1314 jenem nach Abenteuern in Griechenland begierigen
Guy mit Thessalonich eine förmliche Schenkung, indem sie
seinem Procurator einen silbernen Stab in die Hand legte,
unter Vorbehalt ihrer eigenen Rechte und ihrer Treue
gegen den König Friedrich. Der catalanische Kanzler Jacob
de Sarriano fertigte darüber eine Urkunde aus, die er=
halten ist.[1]

An dem gleichen Tage belieh die Companie denselben
Guy de la Tour mit dem Schloß St. Omer in Theben,
so weit dessen Zugehörigkeiten noch nicht irgend einem ihrer
Mitglieder erteilt seien. Dies Schloß hatte bei der cata=
lanischen Einnahme Theben's eine arge Verwüstung erlitten,
aber die Belehnungsurkunde des Jahres 1314 zeigt, daß
es wieder hergestellt worden war.[2] Der Sohn des Dauphin

---

[1] Idcirco gratis et ex certa scientia pura et mera liberalitate
damus, concedimus ... in quant. tamen de nobis est et ad nos
dignoscitur spectare, regnum Salonicense, quod nunc a Graecis
scismaticis injuste detinetur ... Dat. Thebis ... Sept. Kal. April.
A. D. 1314. Abgedr. aus der Pariser Nationalbibl. von Mas Latrie,
Mélanges Histor. Choix de Doc. T. III. Commerce etc. p. 27 ff.
Man vergleiche damit den Act vom October 1314 aus S. Denis, worin
Phil. d. Schöne erklärt, daß Phil. von Valois, Kaiser von Constantin.,
und Hugo von Burgund dem Louis von Burgund alle Rechte auf Sa=
lonich abgetreten bei Gelegenheit seiner Heirat mit Mathilde. (Ibid.
p. 29 ff.)

[2] Urkunde, ausgefertigt vom Kanzler Jacobus de Sausano, wie
hier der Name irrig für Sarriano geschrieben ist. Im Text steht

kam indeß nicht nach Griechenland; denn troß seiner Verbindung mit den Catalanen, den Feinden des Hauses Anjou,
nahm er die Anerbietungen des Königs Robert von Neapel
an, der ihn am 22. Februar 1314 zu seinem Generalcapitän
in der Lombardei ernannte. Guido de la Tour ſtarb ſchon
im Jahre 1317.[1]

Mit ſoldatiſcher Gewalt behauptete ſich das glückliche
Heer der Franken im eroberten Herzogtum. Der Vicekönig
Berengar Eſtañol, ein Mann von preiswürdiger Thatkraft,
vermochte den Venetianern auf Eubön zu widerſtehen, und
kriegeriſche Unternehmungen gegen die Angeli von Theſſalien
und Arta, wie nach der Argolis und Morea auszuführen.
In ſeiner kurzen Regierung legte er, immer die Waffen in
der Hand, die erſten ſichern Grundlagen für den Ausbau
des merkwürdigen Catalanenſtaats Athen. Er ſtarb, wahr-
ſcheinlich in Theben, dem Sitze des Statthalters, im Jahre
1316, worauf die Companie, ehe der neue Generalvicar ernannt war, einen tapfern Mann aus ihrer Mitte, Guillelmus Thomaſii, zu ihrem vorläufigen Capitän und Regenten
des Landes erwählte. Sie zeigte dies dem Könige von Sicilien an, welcher die eigenmächtige Wahl beſtätigte. Denn
jenem Hauptmanne und der Companie empfahl er am 8. October 1316 den Meſſineſen Petrus de Ardoino, den er zum
Kanzler des Herzogtums auf unbeſtimmte Zeit ernannt hatte.[2]

castrum nostrum vocatum Sanctus Adamanus. Abgedr. in Hist.
de Dauphiné (Genève 1722), Preuv. vol. II, n. 24, p. 151.

[1] Ibid. n. 23. n. 27.

[2] Königliche Commiſſion aus Meſſina für P. de Ardoyno als Cancellarius fel. exerc. Francor. in ducatu Athenar. morancium . . .
ad nostrum vel incliti Infantis Manfredi karissimi filii nostri

3. Zum Nachfolger Estañol's als Statthalter des un=
mündigen Infanten Manfred bestimmte der König Friedrich
seinen eigenen natürlichen Sohn Don Alfonso Fabrique von
Aragona, der sich bisher am Hofe seines Oheims Jayme II.
in Spanien befunden hatte. Mit zehn Galeeren und einer
zahlreichen Schar von Rittern, Hidalgos, Almugavaren, und
ohne Zweifel auch von Auswanderern, die, von der sicilia=
nischen Regierung begünstigt, ihr Glück im Herzogtum suchten,
landete Don Alfonso im Hafen Piräus. Die Häupter der Com=
panie geleiteten ihn nach Athen, und huldigten ihm hier
mit großer Freude, da sie sich von der Regierung eines
jungen, ruhmbegierigen Prinzen des königlichen Hauses neue
Siege und Eroberungen versprechen durften.

Der ritterliche Bastard nannte sich voll Stolz von
Gottesgnaden „Königsohn", und Präses des glücklichen
Heers der Franken im Herzogtum Athen.[1] Er nahm seinen
Sitz fürerst in dieser Stadt, ohne Frage auf der Akropolis.
Kaum hatte er sein Regiment angetreten, als er das Macht=
gebiet des jungen Catalanenstaats so weit als möglich aus=

domini Societatis predicti beneplacitum. und Transumptum literar.
Dni. Regis missarum Guillelmo Thomasii Capitaneo Societ. fel.
Exercitus Francor. ... et eidem exercitui fidelibus suis (Commu=
nalbibl. Palermo Ms. Qq. G. 2. fol. 20; Abschriften, von mir dort ein=
gesehen; schon edirt von Buchon, Nouv. Rech. II, p. 394 ff.). In
der Rechnungsablage Cepoy's (Du Cange II, 355) wird genannt notaire
Pierre de Meschine, und dieser damalige Notar der Companie ist wol
identisch mit Petrus de Ardoyno von Messina. Das Datum der Com=
mission ist VIII. Oct. Ind. XV. Das Jahr dieses Monats ist 1316.
[1] Alfonsus Frederici dei gr. seren. Regis Sicilie filius et felici
Francor. exercitui existenti in ducatu Athenarum et in aliis partibus Imp. Romanie presidens. In Acten und Briefen.

zudehnen beschloß. Zunächst richtete er seine Blicke auf
Euböa, wo derselbe Bonifacio von Verona, welcher nach
dem Sturze des französischen Herzogtums die Führung der
Companie aus ritterlichem Ehrgefühl abgelehnt hatte, Herr
von Karystos und einer der größesten Barone der Insel
war. Auf die Verhältnisse derselben hatte die catalanische
Eroberung Athen's einen tiefen Eindruck gemacht; in der
Kephissosschlacht waren Georgio Ghisi und Alberto Palla=
vicini, welche beide dort Lehen besaßen, gefallen; die eubö=
otischen Besitzungen des letztern aber hatte seine Wittwe Maria
dalle Carceri mit ihrer Hand an den Venetianer Andrea
vom berühmten Hause Cornaro gebracht, der im Jahre 1306
Herr der Insel Skarpanto, der alten Karpathos, geworden
war, und jetzt auch in Euböa wie in Bodonitza gebietend
auftrat. Als nun Bonifacio erkannte, daß die Catalanen
in Folge ihrer Verbindung mit der Krone Sicilien's, sich
dauernd im Herzogtum befestigen würden, trat er zu ihnen
in freundliche Beziehungen und in Opposition gegen die Ve=
netianer und die von der Republik abhängigen Terzieri.[1]
Sein Bündniß mit der Companie besiegelte die Vermälung
seiner jungen Tochter Marulla mit Alfonso Fadrique von
Aragon.[2] Zu Gunsten dieser verkürzte er sogar seinen
eigenen Sohn Thomas um sein Erbe, so daß Marulla ihrem
Gemal als Mitgift die Rechte auf Larmena und Karystos
in Negroponte, auf Zeitun, Gardiki, die Insel Aegina und

---

[1] Schon im Jahre 1313 verweigerte er, eine Schiffssteuer zu ent=
richten. Reg. Commem. I, n. 593.

[2] Muntaner c. 243 nennt sie la millior dona e la pus savia
Griechenlands, e seguroment es de les pus belles christianes del
mon. Er kannte sie als Kind von 8 Jahren, als er im Hause ihres
Vaters mit dem Infanten Ferdinand von Majorca gefangen saß.

alle Lehen mitbrachte, welche ihr Vater einst von dem Herzoge Guido von Athen erhalten hatte.

Ein heftiger Krieg der Catalanen um den Besitz Euböa's mit Venedig und den Dreiherren war die Folge dieser
Verbindung. Für Negroponte fürchtend, gaben die Venetianer dem Papst willig Gehör, als er ihnen den Vorschlag
machte, zur Vertreibung der Spanier einen Bund zwischen
den Anjou Neapel's, dem Connetable Frankreichs und den
Johannitern zu Stande zu bringen.[1] Dazu kam es freilich
nicht, doch der Krieg entbrannte diesseits wie jenseits des
Euripus. Venetianische Galeeren drangen sogar in den
Piräus, und brachten catalanische Schiffe auf.[2] Allein die
Truppen der Republik wurden auf Euböa selbst überrascht
und geschlagen. Andrea Cornaro geriet in so große Bedrängniß, daß er, um seine Besitzungen zu retten, mit Alfonso einen Separatvertrag machte, worauf auch der venetianische Bailo Michele Morosini sich gezwungen sah, mit
der Companie einen Waffenstillstand abzuschließen. Darnach
sollte zwischen ihr und Venedig Friede bestehen; nur solche
venetianische Untertanen, die vom Fürstentum Achaja Lehen
besaßen, sollten davon ausgeschlossen sein.[3]

---

[1] Der venet. Senat beauftragte seine Gesandten, dem Papst zu erklären, quod hoc subsidium videretur opportunum ad expellendam
societatem Catellanorum, scil. quod dom. dux Robertus et fratres,
dom. de Castillione et Hospitales ponant equites in terra. Arch.
Ven., Indice fol. 12 (zu Misti V, 67); undatirt, aber am Anfang des
Blattes steht das Jahr 1317.

[2] Commem. IV. fol. 70.

[3] Auf diesen Vertrag vom März 1317 bezieht sich König Friedrich
von Sicilien in seinen Verhandlungen mit Venedig. Thomas, Diplomat. Veneto-Levantinum p. 112.

Ungehindert zog Alfonso Fabrique mit 2000 Catalanen von Böotien her über die Brücke des Euripus und
nahm die Stadt Negroponte in Besitz. Boten der Dreiherren meldeten dies nach Andraviba, wo zu jener Zeit noch
Mathilde, die Wittwe des Louis von Burgund, als Regentin
Achaja's resibirte. Nach altem Recht aber standen die Terzieri im Lehnsverbande zu diesem Fürstentum. Mathilde
schrieb am 28. März 1317 klagend an den Dogen Giovanni
Superanzo und forderte ihn auf, dem Bailo Euböa's jeden
Friedensschluß mit den Catalanen zu verbieten, den Vertrag
Cornaro's aufzuheben, Truppen nach der Insel zu schicken,
und mit ihr selbst gemeinsam die Eindringlinge zu vertreiben,
in deren Gewalt ganz Euböa zu fallen drohe.[1]

Unterdeß starb Bonifazio von Verona, der reichste,
weiseste und ritterlichste Mann seiner Zeit, wie ihn Muntaner
gerühmt hat, worauf sein Schwiegersohn Alfonso Karystos
und andere Lehen als Mitgift seiner Gemalin besetzte und
jetzt Herr eines großen Teils der Insel war. Die Venetianer aber schickten Paolo Morosini mit zwanzig Galeeren
ab, die Stadt Negroponte wieder zu gewinnen; dazu hatten
sie sogar die ausdrückliche Zustimmung des Königs Friedrich von Sicilien erlangt, welcher aus Furcht vor einer
gegen ihn sich bildenden Coalition mit dem Dogen eine

---

[1] Französischer Brief, escrites ay Andreville, a XXVIII jours de
Mars; Commem. II, fol. 4, abgedruckt von Mas Latrie, Mélanges
hist. Choix de doc. I, III; Commerce etc. Paris 1880, p. 32 ff.
Li diz messire Andries a fait paix et acort à la compaigne de
Castellains qui sunt en ducaume de Staines et les ha mis de-
dans la cité de Negropont tous ceuz de la compaigne à cheval
et a pié, plus de IIᵐ — Laquelle chose si est moult grans da-
mages à la vostre — hautesse et à nous aussi.

Uebereinkunft geschlossen hatte und seinem kühnen Sohne
gebot, Negroponte der Republik zurückzugeben. Dies geschah
durch einen Vertrag, welcher den ersten Waffenstillstand mit
der Companie erneuerte. Alfonso zog von Negroponte ab,
blieb aber im Besitz von Karystos, was die venetianische
Signorie stillschweigend hinnahm, doch nicht rechtlich anerkannte. Sie hatte Andrea Barbaro als Bail nach Negroponte geschickt mit einer Aufforderung an den Sechsherrn
Jean de Maisy, den Dreiherrn Bartolommeo Ghisi und
andere Dynasten, wodurch sie dieselben ermahnte, mit einander
sich zu vertragen und einig zu sein, und sie beanspruchte die
Besetzung des Castells und der Stadt Negroponte, da sie
mit großem Kostenaufwand jene Barone von den Catalanen
befreit habe.[1]

Der König von Sicilien bemühte sich Venedig zu be-
schwichtigen und von einer Verbindung mit seinen Gegnern
zurückzuhalten. Robert von Neapel und seine Brüder Philipp von Tarent und der Fürst Achaja's Johann von Gravina protestirten beim Papst wie beim Dogen Giovanni
Superanzo gegen die Eingriffe Alfonso's in Euböa, und
dasselbe that Thomas, der Sohn des Bonifazio. Sie behaupteten, daß Alfonso dadurch den zwischen Neapel und
Friedrich bestehenden Waffenstillstand verletzt habe. Der
Doge antwortete ausweichend, daß er dieser Verhältnisse
wegen Gesandte an den König Sicilien's geschickt habe.[2]

---

[1] Che, havendo essa Signoria nostra con sue gran spese liberati
loro dalli Catelani. — Marco Barbaro, Decreti dell' aggregazione
delle Famiglie alla nobiltà Ven. dell' a. 1301 all' a. 1406, c. 119.
Lettera Ducale, 6. Dec. 1317. Bibl. Marciana.
[2] Brief Robert's an den Dogen, Neapel 18. März. Ind. 1

Am 8. Mai 1318 schrieb Johann XXII. den Vene=
tianern, er habe gehofft, daß die Companie entweder ge=
waltsam zersprengt oder durch eigene Uneinigkeit zerfallen
sei, aber Alfonso, der Bastard Friedrich's, habe sich zu ihr
gesellt, sich mit der Tochter des Bonifazio von Verona ver=
mält, ihren Bruder aus seinem rechtmäßigen Erbe verdrängt,
und er stehe im Begriff ganz Euböa an sich zu reißen, wozu
er selbst die Türken herbeigezogen habe. Der Papst er=
mahnte deshalb den Dogen, die Catalanen sowol von dort,
als aus den andern von ihnen besetzten Orten zu ver=
treiben.[1] Aehnliche Aufforderungen richtete er an Gauthier
de Foucherolles in Argos und die Bewohner des Herzog=
tums Athen.[2]

Auch die Herzogin=Wittwe und ihr Vater forderten im
Namen der Kinder Walter's von Brienne die Signorie
Venedig's durch Gesandte auf, ihre bevorstehende Unterneh=
mung gegen die Catalanen zu unterstützen. Sie begehrten
die Bewilligung eines Anlehens und Schiffe zur Ueberfahrt
von Truppen nach Negroponte oder Nauplia. Im Falle der

(Commem. vol. II, fol. 24ᵗ., in den Regesten Predelli's n. 90, und
dieser nimmt das Jahr 1318 an): quod nob. Alfonsus natus dni
Frederici de Aragonia ... pretextu quorundam matrimonialium
contract. manum ponens illicitam in messem alienam, in insula
Negropontis aliqua occupavit — ähnlich Philipp von Tarent u. Joh.
von Gravina (fol. 24ᵗ. 25). Antwort des Dogen, Venedig 13. April,
Ind. 1 (fol. 25).

[1] Dat. Aven. VIII. Id. Maji Pont. nr. a. II. Commem. vol. II.
fol. 31. Am 4. Sept. schrieb auch der Cardinal Nicolaus v. Ostia an
den Dogen, daß man aus Romanien dem Papst gemeldet habe, quod
illa gentium dissimilitudo que compagna vocatur plurimum in-
valescit. Er möge daher Boten an die Curie schicken, die Verteidigung
jener Lande zu vereinbaren. Ibid. fol. 35.

[2] Du Cange, Hist. d. Cp. II, 152.

Wiedereroberung des Herzogtums verhießen sie der Republik Handelsprivilegien und selbst den Besitz der ganzen Insel Euböa.[1] Der Doge entgegnete, es seien ihm Depeschen vom Bailo Negroponte's zugekommen des Inhalts, daß die Lehns= leute (feudati) in Argos und Nauplia sich mit den Cata= lanen im Einverständniß befänden, weshalb ein Kriegszug dorthin nur nutzlose Kosten verursachen würde.[2]

Der Bastard von Aragon wuchs an Größe und An= sehen; er begann in dem griechischen Lande eine selbstän= dige Haltung anzunehmen, was ihm der Umstand erleichterte, daß sein königlicher Vater nach dem am 9. November 1317 erfolgten Tode des Infanten Manfred das Herzogtum Athen wiederum einem Kinde, seinem Sohne Wilhelm, verliehen hatte. Der Waffenstillstand mit dem Bailo Negroponte's und die nachdrücklichen Gebote des Königs Friedrich, der um eine gütliche Auseinandersetzung mit Venedig unabläſſig bemüht war, hielten Alfonso Fadrique freilich von weiteren Angriffen auf die Insel ab, obwol jeden Augenblick ein neuer Krieg auszubrechen drohte. Die Companie stellte bereits eine Marine auf. Der Piräus, damals Hafen Sithines genannt, wurde ein lebhafter Handelsplatz für die Kauf= fahrer Barcelona's und Messina's.[3] Catalanische Händler siedelten sich, wie in Theben, so in Athen an.[4] Von hier

---

[1] Als Bevollmächtigte gingen nach Venedig die Ritter Johannes de Vallibus u. Albertus de Lando. Commem. vol. II, fol. 25 t. a. D. 1318 m. Aprilis.

[2] Quia frustra facerent expensas, se et suos fatigando, quum sui fideles non essent sicuri. Ibid. fol. 26.

[3] Portus de Sithines: Commem. IV, fol. 70.

[4] In dem Act vom 11. Mai 1321 unterzeichnete sich neben den ersten Männern der Companie auch ein Petrus Gueraldi mercator.

und von Livadostro aus machten Piraten Catalonien's die Meere unsicher. Sie griffen einmal venetianische Ritter auf, was den Bailo Francesco Dandolo in Wut versetzte. Auf seinen heftigen Drohbrief antwortete Alfonso, er sei schuld= los an dem Vorgange, habe die Ritter freizulassen befohlen, wolle den Frieden mit Venedig halten, aber jeden An= griff zurückweisen.[1] Der Bailo schrieb dem Dogen am 26. Juni 1318, daß zu Athen ein Schiff ausgerüstet werde, welches bis zu 1500 Söldner aus türkischen Lan= den zu holen bestimmt sei. Ein Ruderschiff werde ar= mirt, um Gesandte Alfonso's zum griechischen Kaiser zu führen. Denn eine catalanische Flotte habe bei Cassandria eine Landung gemacht, um zu plündern, und der Sohn des Kaisers sei mit tausend Reitern gegen die Spanier ausgezogen.[2]

Der Bailo ließ catalanische Kreuzer ohne Weiteres aufbringen und verbrennen. Doch kam es deshalb nicht zum offenen Kriege. Venedig schützte durch Schiffe und Truppen Negroponte, argwöhnend, daß Alfonso die, wie es hieß, mit ihm verbündeten Türken zu einem Angriff gegen die Insel aufreize. In Wirklichkeit setzte die Companie ihre alte Verbindung mit diesen fort; sie scheute sich nicht, tür= kisches Kriegsvolk aus Kleinasien in ihren Dienst zu ziehen, wo die Emirs von Aidin und Mentesche fortdauernd Cor= sarenfahrten im Archipel unternahmen.

---

[1] Commem. II, fol. 32. Datum in Athenis, XVIII. Junii Ind. I (1318).

[2] Armata dni Alfonsi (vorher qui est Athenis) descenderat a Cassandria, et ibat derobando ... Dat. XXVI. Junii (1318). Commem. II, fol. 31 t.

Unter der Regierung Alfonso's von Aragon erhob sich der Catalanenstaat Athen zu einer kriegerischen Kraft, welche alle Nachbarn in Schrecken setzte. Er machte Streifzüge nach der Argolis und Achaja, nach Epirus und Thessalien. Er versuchte auch Bodonitza mit Athen zu vereinigen; jedoch dies gelang nicht in der Weise, wie es mit Salona gelungen war. Denn Maria von Verona, die Wittwe des letzten in der Kopaisschlacht gefallenen Markgrafen von Bodonitza aus dem Hause der Pallavicini, hatte sich im Jahre 1312 mit Andrea Cornaro vermält, und so in den Schutz Venedig's gestellt. Die Companie griff auch die genuesischen Dynasten von Chios an. Bartolommeo, der Sohn des dort gebietenden Martino Zaccaria, geriet in ihre Gefangenschaft, worauf ihn Alfonso nach Sicilien schickte. Der Papst aber forderte und erhielt seine Befreiung vom Könige Friedrich.[1]

Die Angriffe der Catalanen richteten sich im Besondern gegen die Sanudo von Naxos, Guglielmo I. und seinen Sohn Niccolo. Diese Herren der classischen Eilande des ägäischen Meeres oder des Archipels oder Hagiopelagos, wie man jenen Namen verdorben hatte, waren zwar Untertanen und Bürger der Republik Venedig, aber sie standen seit langer Zeit unter der principiellen Lehnshoheit des Fürstentums Achaja. Die Companie war aus diesem Grunde vollkommen in ihrem Recht, wenn sie jene Inseldynasten feindlich behandelte, denn aus dem Vertrage zwischen ihr und dem Bailo Euböa's waren nicht nur alle diejenigen

---

[1] Rainaldus, a. 1318, n. 34, führt den Brief des Papstes an vom 26. Juli 1318.

ausgeschlossen worden, welche zu irgend einer Zeit Gegner
der Catalanen gewesen, sondern ausdrücklich auch solche
Venetianer, die vom Fürstentum Achaja Länder zu Lehn
trugen.[1] Nun hatte gerade Niccolo Sanudo unter den
Fahnen Walter's von Brienne in der Kephissoschlacht mit-
gekämpft; er war dort verwundet in die Gefangenschaft der
Sieger geraten und dann ausgelöst worden. Als Vasall
der Fürstin Mathilde von Achaja hatte er sich später auch
an jenem mörderischen Gefechte bei Clarenza beteiligt, in
welchem der Infant von Majorca sein Leben verlor.[2]

Die Flotte Alfonjo's führte demnach ohne Rücksicht auf
die Venetianer Raubzüge nach den Inseln des Archipels aus;
namentlich wurde Melos überfallen und geplündert, von wo
die Catalanen siebenhundert Einwohner in die Gefangenschaft fortschleppten. Menschenraub und Sclavenhandel war
das alte Handwerk nicht bloß der catalanischen, sondern aller
andern Freibeuter auf den griechischen Meeren. Ihren eigenen Untertanen mußte die Republik Venedig verbieten,
Sclaven auf den Markt des Sultans von Aegypten zu
bringen.[3] Als im Jahre 1310 ein sicilianisches, mit Scla-

---

[1] Omnes illi Venetici, cujuscunque conditionis et status existant,
qui tenent feuda et prestant homagia principatui Achaye.

[2] Dies erklärten die Boten Friedrich's an den Dogen, im Sept.
1318: in conflictu proelii inter dictum comitem (Brenne) et ipsam
societ. dictus Nicolaus fuit percussus duob. ictib. in facie et in
manu ac . . . captus. Weiter: personaliter interfuit prelio inito
inter . . . Fernandum . . . tunc principem Achaye, in quo . . . Fer-
nandus extitit interfectus. Die Boten bewiesen, daß die Sanudo
Vasallen des der Companie feindlichen Fürstentums Achaja seien.
Ambaxiata dom. Frederici reg. Sicil., Commem. II, 38, bei Thomas,
Dipl. Ven.-Levant. n. 64.

[3] Super paganis et sclavis non portandis per nostros fideles ad
terram soldani. Libro d'Oro II, 122 t. 29. Mai 1292.

ven befrachtetes Schiff diese in Negroponte an's Land zu
setzen gewagt hatte, erhob sich dort das Volk in Wut und
befreite die Unglücklichen. [1]

Die Corsarenzüge der Catalanen und alle anderen
Feindseligkeiten hinderten trotzdem nicht den Abschluß eines
Vertrages zwischen Venedig und dem Könige Friedrich II.,
dem Oberherrn des Herzogtums Athen. Dieser rechtfertigte
seinen Sohn und die Companie gegen die Klagen des Dogen,
welcher für die seinen Untertanen zugefügten Beschädigungen
Ersatz forderte, und vor allem die Besitznahme von Karystos
und Larmena durch Alfonso Fabrique als rechtlos erklärte.
Die Furcht vor einem Bündnis aller Feinde der Companie
mit der Republik, welches auch sein Land Sicilien großen
Gefahren würde ausgesetzt haben, nötigte den König auf
die Bedingungen des Dogen einzugehen. Er schickte an
diesen im September 1318 Bevollmächtigte, worauf der
Senat den Bailo Negroponte's anwies, mit Alfonso ein
neues Abkommen zu treffen. Die Republik Venedig hütete
sich, den durch die catalanische Eroberung Athen's und die
Besetzung einiger Gebiete Euböa's neugeschaffenen Zustand
förmlich und rechtskräftig anzuerkennen, wenn sie auch mit
der Thatsache selbst rechnen mußte; sie machte deshalb mit
der Companie niemals einen dauernden Frieden, sondern
nur zeitweise Waffenstillstand auf Kündigung oder Er=
neuerung.

---

[1] Der Doge Pietro Gradenigo an König Friedrich 28. März,
8. Ind. (Lettere di Coll. fol. 93): insonante fama vel infamia potius,
quod dictus Henricus (der Schiffscapitän) dictos sclavos volebat in
Egyptum traducere populus civitatis ... sclavos ipsos sub quodam
furioso impetu liberavit.

Am 9. Juni 1319 wurde der frühere noch als fort=
dauernd angesehene Vertrag mit Alfonso Fabrique bis zu
Weihnachten verlängert. Um der Seeräuberei eine Schranke
zu setzen und zugleich die entstehende catalanische Marine
im Keime zu ersticken, verpflichtete die Republik die Com=
panie dazu, fortan keine Corsaren in ihren Häfen aufzu=
nehmen, ihrer Seits keine Piratenschiffe auszurüsten, auch
„im ganzen Meere Athen's", in allen andern Negroponte
nahen Gewässern, und wo immer die Catalanen augenblick=
lich Gebieter waren, keine neuen Schiffe aufzustellen, die
schon vorhandenen aber abzutakeln und die Geräte derselben
auf die Stadtburg Athen's zu bringen. Nur die Schiffe im
Hafen Livadostro sollten dort verbleiben, doch unbemannt.
Das seltsame und höchst lästige Gebot, Schiffsausrüstungen
nach den Waffenmagazinen der Akropolis fortzuschaffen,
dürfte, wenn es nicht überhaupt eine den Gebrauch erschwe=
rende Maßregel war, darthun, daß es damals keine Schiffs=
arsenale mehr im Piräus gab.[1]

Diesen Waffenstillstand beschworen der Bailo Negro=
ponte's mit seinen Räten, die Inseldynasten Johannes de
Noyer, Herr von Maisy, Pietro dalle Carceri, Andrea Cor=
naro und Bartolommeo Ghisi; endlich Alfonso mit den
Räten und Sindici der Companie. Auch die Sanudo wur=
den in den Frieden mit eingeschlossen.[2]

---

[1] Que in continenti debent facere trahi in terram et de eis accipi
et trahi unam tabulam de subtus et correci lignorum ipsorum
debeant collocari in castro Athenarum.

[2] Treuga facta cum Catellanis de Compagna, 9. Juni 1319,
Nigropontis, Commem. II, 55; Thomas, Diplom. Veneto-Lev. n. 70.
Mas Latrie, Mélang. Histor., Commerce vol. III. Die Unterschriften
fehlen.

Der Vertrag des Jahres 1319 war die erste ernstliche Auseinandersetzung der Republik Venedig mit dem Catalanenstaat Athen. Zwar mußte dieselbe dem Königssohn Alfonso die Burg Karystos stillschweigend überlassen, allein sie beherrschte fortan die Insel Negroponte so vollkommen, daß die dortigen Dreiherren von dem Bailo ganz abhängig wurden.

Fünftes Capitel.

Unternehmungen des Don Alfonso Fadrique. Neopaträ mit Athen ver=
einigt. Bodonitza. Waffenstillstand des Jahres 1321. Rüstungen
Walter's. Die Ghisi in der Kadmea. Rücktritt Alfonso's. Waffenstill=
stand mit Venedig. Erfolgloser Kriegszug Walter's. Die Acciajoli in
Florenz. Niccolo Acciajoli. Die Kaiserin Catharina. Tod Alfonso's.
Das Haus Fadrique. Wachstum der Osmanen in Kleinasien. Kreuz=
zug. Humbert von Vienne und die Companie. Die sicilianischen Herzoge.
Die Generalvicare. Matteo Moncada. Tod Walter's von Brienne.
Das Despotat Sparta. Roger de Lauria. Niccolo Acciajoli, Herr von
Korinth. Tod dieses Großseneschalls. Die Franken und die Griechen.

1. Der Friede mit Venedig erlaubte jetzt Alfonso
Fadrique sich an größere Unternehmungen jenseits der Ther=
mopylen zu wagen. Ohne Hinderniß besetzte er die thessa=
lischen Lehen seines Schwiegervaters; sodann machte ihm
der Tod des Sebastokrators und Herrn Großwlachien's auch
die Erwerbung dieses Fürstentums möglich. Dort hatte der
kranke Johannes Angelos Ducas die catalanische Eroberung
nicht anerkannt, sondern sich als Verwandter der letzten
Herzoge La Roche sogar Herr von Athen genannt.[1]

Nachdem er im Jahre 1318 kinderlos gestorben war,
wurde dies thessalische Reich der Angeli in Stücke zerteilt;

[1] In einem Brief an den Dogen, Mai 1317, sind seine Titel
Herzog von Großwlachien und Castoria, Herr von Athen und Patras
(Neopaträ). Reg. Commem. I, lib. II, n. 41.

denn einige Gebiete kamen an den griechischen Kaiser, den
Schwiegervater des letzten dortigen Dynasten, andere an
einheimische Magnaten, die besten Teile aber rissen die Cata=
lanen an sich.[1] Don Alfonso nahm die Phtiotis in Besitz.
Neopaträ, Liboriki, Siderocastron, Zeitun, Garbiki, Domoko,
Pharsalus und andere Orte wurden als Herzogtum Neo=
paträ mit jenem Athen's vereinigt.[2] Manche Landschaften
Thessalien's verblieben griechischen Archonten, den Lehns=
herren des byzantinischen Kaisers. Ein in Lykonia mächti=
ger Grieche vom Hause der Melisseni schloß mit der Com=
panie eine nahe Verbindung, indem er ihrem Marschall,
wahrscheinlich Odo de Novelles, seine Schwester zum Weibe
gab.[3] Den thessalischen Hafen Pteleon am Golf von Volo,
welcher sich in den Schutz der Republik Venedig gestellt
hatte, trat der griechische Kaiser dieser ab, damit derselbe
nicht in die Gewalt der Catalanen falle, und Alfonso Fa=
brique mußte darin einwilligen.[4]

Was Bodonitza betrifft, so scheint damals Alfonso die
Erben des letzten Pallavicini genötigt zu haben, den Lehns=
verband dieser Markgrafschaft mit dem Herzogtum Athen
anzuerkennen, indem er selbst die Rechte jener achtete. Denn
Guglielma, die Tochter Maria's, jener Wittwe des Alberto
Pallavicini, die sich mit Andrea Cornaro vermält hatte,
konnte er nicht verhindern, nach dem Tode dieses Mannes

---

[1] Nicephor. Gregoras VII, 13, p. 279.

[2] Ueber die Besitznahme dieser Städte, Marin Sanudo, Ep. III,
p. 293, ed. Bongars; der Brief ist a. 1325 geschrieben. Neopaträ war
Sitz eines Metropoliten, und unter ihm stand das Bistum Zeitun.
Zurita II, 397.

[3] Marin Sanudo a. a. O.

[4] Marin Sanudo a. a. O. Hopf II, 422.

als rechtmäßige Erbin Bodonitza's eine Ehe mit Bartolom=
meo Zaccaria von Castri einzugehen, dem Sohne Martin's,
des genuesischen Dynasten von Chios und Titularkönigs von
Kleinasien. Dieselbe Guglielma vermälte sich später, im
Jahre 1335, zum zweiten Mal und sogar mit einem vene=
tianischen Edeln Nicola aus dem Hause der Giorgi (Zorzi).
Sie brachte so Bodonitza an dies Geschlecht.[1]

Die catalanische Companie befand sich, einige Jahre
nach der Kephissoschlacht, bereits im Besitze des ganzen
Länderumfanges, welches das Herzogtum Athen zur Zeit
seiner höchsten Blüte unter den La Roche gehabt hatte, die
Argolis ausgenommen, aus welcher sich die Burgvögte der
Brienne nicht hatten vertreiben lassen. Selbst in Morea
dachten die dortigen Grundherren, von den Griechen und
den Catalanen bedrängt, an dem Schutze der Anjou Neapel's
verzweifelnd und der Regierung fremder Statthalter über=
drüssig, daran, entweder der Companie oder der venetiani=
schen Republik zu huldigen. Sie luden endlich den Dogen
ein, den Rest des Fürstentums Achaja in Besitz zu nehmen,
doch wollte sich die Signorie in dieses Abenteuer nicht ein=
lassen.[2]

Ein venetianischer Freund des Marin Sanudo betrach=
tete es für ein Glück, daß sich damals die räuberischen
Albanesen in Wlachien niederließen und durch wiederholte

---

[1] Hopf, Artikel Giorgi (Ersch u. Gruber).
[2] Johes de Vallibus, Großmeister der Johanniter, Bail in Achaja,
der Bischof Jacob von Olenos, der Kanzler Benjamin, die Barone und
Ritter an den Dogen, Chiarenza, 11. Juni 1321; und in ihrem Namen
ihr Procurator Fra Pietro Gradenigo an denselben. Reg. Commem.
I, lib. II. n. 277. 278; vollständig in Mél. Hist. III, 54 ff. n. XII
und XIII.

Einfälle die Companie beunruhigten, denn ohne dies würde dieselbe zu reich und mächtig werden.[1]

Sie erneuerte den Waffenstillstand mit Venedig am 11. Mai 1321 unter Bedingungen, welche im Ganzen die Artikel des Jahres 1319 wiederholten. Die Companie ge= lobte wie damals keine neuen Schiffe auszurüsten, die vor= handenen abzutakeln, und sich jeder Verbindung mit den Türken zu enthalten. Alfonso wurde als Herr von Kary= stos geduldet; er verpflichtete sich im dortigen Gebiet keine neuen Burgen zu bauen, während der Bailo seiner Seits keine solche zwischen Larmena und Karystos zu errichten ver= sprach. Der Vertrag wurde von Ludovico Morosini, dem Bailo und Generalcapitän Negroponte's für Venedig, und von Don Alfonso Fabrique und der Companie abgeschlossen. Die lateinische Urkunde unterzeichneten ihre Consiliarii und Sindici, und 56 Mitglieder der Genossenschaft.[2]

---

[1] Nimis efficerentur divites in gravamen et taedium vicinorum. Marin Sanudo, Ep. III, 294, v. J. 1325.

[2] Der Ort ist nicht genannt. Die Urkunde (abgedr. in Mél. Hist. III, 49, n. XI) verglich ich mit der Copie im Cod. Trevisan. Cl. X. fol. 133 (Bibl. Marciana); ich gebe nach dieser die Namen der Catalanen, welche geschichtlich wichtig sind. Jacobus de S. Superano, Jacob. Bajuli, Gulielmus Thomas miles, Sanctius Artisii, Sanct. Balduini, Raim. Rubei, Guillelm. de S. Martiali, Bertran. de Artenis, Do-minicus de Fontibus, Nicolaus Cavallerii, Petrus Gueraldi mer-cator, Petrus de Villafranca, Bern. de Cari, Bern. Cruciani, Raim. Peregrini, Bern. de Ventitrono, Guillelmus Baldomarii, Petrus Martinus de Algesira, Garzia Viagnes, Ruggerius Leporis, Raim. Guillelmi de Roda, Joh. de Arana, Jacob. Magistri, Petrus Joannis, Guillelm. de Lumizana, Bereng. de Podio Viridi, Andreas de Rivopalo, Arnaldus Sabaterii, Petrus Palatii, Jacobus de Pala-tiolo, Joh. de Lachou al. vocatus Brusselus, Gerardus Bramondius, Guillelm. Bassada cancellarius, Raim. Arnaldi de S. Lucerio, Pedaolus de Queralti, Petrus Rapacie, Guil. Gueraldi, Petrus de

Durch diesen Waffenstillstand gebunden konnte die Re=
publik Venedig nicht geneigt sein, auf die Forderungen des
Papsts Johann XXII. einzugehen, welcher dem Könige Ro=
bert von Neapel zu gefallen von ihr verlangte, der Tyrannei
der Catalanen ein Ende zu machen, die nicht aufhörten,
Achaja und andre benachbarte Länder mit Raubzügen heim=
zusuchen und sich nicht scheuten, Christen an die Türken
zu verkaufen.[1] Immer schrecklicher drohten die kommenden
Eroberer Griechenlands von Asien her. Türkische Piraten
entvölkerten durch Menschenraub die Inseln und die Küsten
des Festlandes. Im Jahre 1329 plünderten sie Euböa und
die Gestade Attika's.[2] Diese Flotten von Seeräubern schei=
nen hauptsächlich im Dienst der anatolischen Kleinfürsten ge=
standen zu haben, welche auf den Trümmern des Seld=
schukenreichs mehrere Staaten aufgerichtet hatten, und die=
selben länger als ein Jahrhundert auch gegen die Osmanen
behaupteten. Jonien beherrschte damals Umurbeg; von
Smyrna und Ephesus schickte er wiederholt seine Raub=

Barbastro Layus, Franc. Cassis, Alvenus Dies majordomus dicti
D. Alphonsi Federici, Petrus Giordani, Romeus de Cesse, Guill.
de Planis, castellanus et vicarius Athenarum, Petrus Mau-
rocenus, Guill. de Almenario, Bernardus Olerii notarius, Petrus
de Roma, Petrus de castro Gaudio, Bern. de Pombiano, Guill.
de S. Stephano procurator gener. Curie dicti D. Alphonsi,
Berengar de Teradis, vicarius Thebanus, nobilis Odo de Novelles miles et marescalchus ducatus Athenarum, et Petrus
Costa pro se et tota compagna. Wir werden manche dieser Namen
später geschichtlich wieder finden. Nur zwei haben die Ritterwürde,
nämlich Guillelm. Thomas und Odo de Novelles.

[1] An den Patriarchen von Constant. und den Erzbisch. von Patras,
Avignon 1. Oct. 1322. Raynaldus n. 49.

[2] Concurrerunt in contratas Athenarum, wobei vielleicht sogar
an das Stadtgebiet zu denken ist. Marin Sanudo, Ep. XXIII, p. 315.

geschwader in den Archipel und an die Küsten Thracien's und
Griechenlands.

Die steigende Türkengefahr mußte doch am Ende die
Päpste und die Mächte des Abendlandes zu dem Urteil
nötigen, daß die kriegstüchtige Companie der Catalanen im
Herzogtum Athen ein Bollwerk gegen die Feinde des Christen=
tums aufgerichtet habe. Zunächst aber hatte dieselbe noch
zu beweisen, daß sie im Stande sei, ihre Eroberung gegen
die Kriegsstürme zu verteidigen, welche ihr von Italien her
drohten. Die vom Fürsten Johann von Achaja im Jahre
1325 nach den jonischen Inseln, nach Epirus und Morea
ausgeführte Unternehmung war erfolglos vorübergegangen,
ohne der Companie gefährlich zu sein; allein jetzt rüstete
sich der Sohn des erschlagenen Herzogs Walter zu seinem
Rachezuge nach Athen.

Der junge Walter von Brienne war unter der Vor=
mundschaft seines mütterlichen Großvaters, des Connetable
Gauthier von Porcien, zum Jünglinge herangewachsen. Als
Graf von Lecce, als Besitzer reicher Lehen in der Cham=
pagne und vieler von seinen Ahnen ererbter Ortschaften in
Cypern, als Herr der festen Städte Argos und Nauplion
in Griechenland, endlich als legitimer Rechtsnachfolger seines
Vaters im Herzogtum Athen zählte er zu den angesehensten
Großen in Frankreich und Italien. Seine Mutter Johanna
hatte, zum Zweck einen Kriegszug gegen die Catalanen zu
Stande zu bringen, die Güter der Familie mit Schulden
belastet, so daß der Sohn sich genötigt sah, gegen sie einen
Prozeß zu erheben. Doch nichts hatte Johanna erreicht,
nur die Burgen der Argolis hatte sie mit Truppen ver=
stärken können, was kostspielig genug war.

Nachdem Walter mündig geworden, stellte er seine Ansprüche an das verlorene Herzogtum Athen in den Schutz einer großen Familienverbindung. Im Jahre 1325 vermälte er sich mit Margarete, der Tochter des Titularkaisers Philipp von Tarent, aus dessen Ehe mit der Epirotin Thamar. Seine Schwester Isabella hatte sich einige Jahre zuvor mit Gauthier von Enghien verheiratet.[1] Durch die Hülfe der Herrscher Frankreichs und Neapel's hoffte er das Ziel seines Lebens zu erreichen, den Vater zu rächen und in Athen einzuziehen, dessen rechtmäßigen Herzog er sich nannte. Diese Hoffnung nährte das trotz erneuerter Waffenstillstände fortdauernde Zerwürfniß Alfonso's Fabrique mit Venedig wegen der euböotischen Burg Karystos, welche die Republik immer im Auge behielt und vergebens auf friedlichem Wege durch Kauf von jenem zu erlangen suchte. Der Wiederausbruch des endlosen Krieges zwischen Sicilien und Neapel und die verworrenen Zustände Italien's, wo sich Walter von Brienne im Jahre 1326 als Vicar des Prinzen Carl von Calabrien in Florenz zuerst namhaft machte, verzögerten die Ausführung seiner griechischen Unternehmung. Erst nachdem sich die durch die Romfahrt Ludwig's des Baiern hervorgerufene Aufregung in Italien gelegt hatte, dieser Kaiser im December 1329 nach Deutschland zurückgekehrt und die Ghibellinenpartei unterlegen war, konnten die Anjou und Walter daran denken, den Kampf mit dem Hause Aragon auch in Griechenland aufzunehmen. Am 14. Juni 1330 forderte Johann XXII., den Bitten

---

[1] Du Chesne, Hist. de la maison de Chatillon, Preuves p. 214. D'Arbois de Jubainville in Bibl. de l'école des chartes vol. XXIII (1872), p. 183.

des Prätendenten willfahrend, alle Gläubigen auf, den
legitimen Herzog von Athen bei der Wiedereroberung seines
griechischen Erblandes in Person oder durch Geldbeiträge
ein Jahr lang zu unterstützen, wofür er ihnen vollkomme=
nen Ablaß versprach. Der Patriarch von Constantinopel
und der Erzbischof von Korinth sollten bestimmen, von
welcher Zeit das Jahr zu rechnen sei. Der Papst be=
zeichnete in diesem Aufruf die gesammte Companie der
Catalanen unter der Regierung des sicilianischen Vicekönigs
einfach nur als „einige Schismatiker, Kinder der Verdamm=
niß und Nachfolger der Ruchlosigkeit", welche den Ducat
Athen, das alte Familienerbe des Herzogs Walter, in Besitz
genommen hätten, während sie Kirchen und Clerus und alle
übrigen getreuen Bewohner des Landes verfolgten, weshalb
Walter zur Befreiung desselben von allen Seiten her Schiffe
zusammenbringe.[1] Johann XXII. schickte dieses Schreiben
an die Könige des Abendlandes, auch an den Kaiser Ludwig
den Baier.[2] Zugleich gebot er dem lateinischen Patriarchen
und den Erzbischöfen von Patras und Otranto die Catala=
nen unter Androhung der Excommunication zu ermahnen,
binnen sechs Monaten das Herzogtum Athen seinem recht=
mäßigen Herrn zurückzugeben.[3] Sodann befahl er am

---

[1] Quod nonnulli scismatici, perdicionis filii et iniquitatis
alumpni ... ducatum Athenarum, qui est antiqua et patrimonialis
hereditas dicti ducis ... occuparunt et detinent.

[2] Dat. Avin. 18. Kal. Julii a. 14. Bulle, eingefügt einem Erlaß
des Königs Robert an Thomas von S. Severino, Capitän der Terra
di Lavoro, v. 12. Oct. 1330. Reg. Ang. n. 281, 1330, A. fol. 119 t.

[3] Der latein. Patriarch übte von Negroponte aus Jurisdiction
selbst in Theben aus. Notaract v. Juni 1334, als Autograph ausge=
stellt im Vorsaal des Archivs zu Palermo.

1. Juli denselben Prälaten und dem Erzbischof von Korinth den Kreuzzug gegen die tyrannische Rotte der Schismatiker zu predigen.

Walter von Brienne rüstete sich mit Macht. Ihm hülfreich zu sein gebot auch der König Robert allen seinen Lehnsmannen. Der Prätendent veräußerte manche seiner französischen Güter, um Geld zu schaffen, Söldner zu werben, eine Flotte von Transport= und Kriegsschiffen in Brindisi zusammenzubringen. Zu seinen Fahnen eilten glänzende Edle Frankreichs und Apulien's, selbst Guelfen Toscana's. Die Unternehmung war diesmal ernst gemeint.

Auf die Kunde so großer Vorbereitungen rüstete sich auch die Companie ihrer Seits zur Gegenwehr. Sie besaß in Attika und Böotien mindestens drei starke Festungen, Athen, Theben und Livadia. Die Kadmea hatte sie erst dem Sohne des Dauphin von Vienne zu Lehn gegeben, welcher dann, ohne in Griechenland persönlich erschienen zu sein, gestorben war. Dann verlieh sie diese Burg mit allen an ihr haftenden Rechten einem der euböotischen Dynasten vom venetianischen Hause der Ghisi, welche die Inseln Tinos und Mykonos besaßen, und durch Heirat ein Drittel Negroponte's erworben hatten.[1]

Der Grund dieser auffallenden Verleihung der wichtigen Burg Theben's an einen venetianischen Edeln Euböa's war die Verbindung, welche Alfonso Fadrique aus poli=

---

[1] Marco gründete das Haus um 1170. Sein Sohn Andrea eroberte um 1207 Skopelos, Tinos, Mykonos, Skyathos und andere Eilande. Dann erwarb Giorgio I. Ghisi mit der Hand der Alix, einer Tochter Narzotto's dalle Carceri, ein Drittel Euböa's. Alessandro Capellari, Il Campidoglio Veneto Manuscript in der Bibl. Marciana Vol. II. Artikel Ghisi; und Hopf, Ghisi in Ersch und Gruber ꝛc.

tischen Absichten mit den Ghisi schloß; er verlobte nämlich seine junge Tochter Simona mit Giorgio Ghisi, dem jugend= lichen Sohne Bartolommeo's II., trotz des Widerspruchs der Venetianer.[1] Die Kadmea wurde demnach den Ghisi, als Lehnsleuten der Companie, übergeben. Der Vater Giorgio's, welcher seit 1320 Großconnetable Morea's war, hat dort wirklich residirt.[2]

Eine an den falschen Ort geschobene, oder vielmehr eingeschaltete Stelle der französischen Chronik von Morea hat zu dem irrigen Glauben Veranlassung gegeben, daß Alfonso Fadrique jenes Schloß St. Omer niederreißen ließ, aus Furcht, der nahende Prätendent Walter könne sich des= selben bemächtigen und dadurch auch das Herzogtum Athen zurückerobern.[3] Es ist nicht daran zu zweifeln, daß sich Alfonso, wahrscheinlich wegen des Argwohns der Catalanen, genötigt sah, den Ghisi jene Burg wieder zu entziehen; man darf sogar annehmen, daß bei dieser Gelegenheit das Schloß geplündert und verwüstet wurde. Aber es wäre

---

[1] Archiv Ven., Indice fol. 204 t., zu Vol. XI der Misti.

[2] Ich entnehme das aus der Notiz auf dem ersten Blatte des Brüsseler Manuscripts des Livre de la Conqueste (edirt von Buchon), welche sagt, daß dasselbe im Besitze des Großconnetable Bartolommeo Ghisi gewesen sei, le quel livre il avait en son chastel d'Estives.

[3] Mais li Catellens de la Compagnie l'abatirent puis que il orent la seignorie: pour doute que li dux d'Athenes ne le preist en aucune manière, et recouvrast le ducheaume par cel chastel p. 274 ff. Ebenso die griech. Chron. v. Morea v. 6749 ff., welche jenen dux Galtieres nennt. Allerdings zeigt der Zusammenhang der Vorgänge, daß hier an den Prätendenten gedacht ist. Der Chronist hat die Zeiten und Personen verwechselt; er war sich aber doch bewußt, daß die Catalanen das Schloß zerstörten, „nachdem sie die Herrschaft erlangt hatten", also nach der Kopaisschlacht, denn zwanzig Jahre später konnte nicht von ihnen gesagt werden: puis que il orent la seignorie.

doch ganz widersinnig zu glauben, ein so großartiger Mann
habe, aus Furcht vor Verrat, die Burg zerstören lassen.[1]
Wollte man sich gar vorstellen, daß Alfonso Fabrique die
stärkste Festung des Herzogtums, die Kadmea, schleifen ließ,
um ihre Einnahme durch einen erst drohenden Feind zu
verhindern, so wäre das eine nicht nur klägliche Handlung
der Feigheit, sondern des Wahnsinns gewesen. Wir haben
bereits gezeigt, daß der Palast des Hauses St. Omer auf
der Kadmea gleich nach der Kephissoschlacht verwüstet, aber
nicht völlig zerstört wurde.

Auch die Erhebung eines Venetianers, Nicola Salo=
mono, zum Erzbischof Athen's bewies, wie viel es Alfonso
daran lag, sich die Republik San Marco versöhnlich zu
stimmen.[2] Er bemühte sich den Waffenstillstand mit ihr
zu einem dauernden Frieden zu machen, und unterhan=
delte deshalb mit dem Bailo Negroponte's. Denn vor allem
kam es jetzt darauf an, dem Prätendenten Walter jede
Hoffnung auf die thätige Unterstützung von Seiten Venedig's
zu nehmen. Um so auffallender ist es, daß Alfonso
Fabrique gerade in dieser Zeit, im Beginne des Jahres
1331, von seinem Amt als Statthalter des Herzogs Wil=
helm zurücktrat, nachdem er dasselbe dreizehn Jahre lang
mit so großem Ruhm verwaltet hatte. Die Gründe seines
Rücktritts sind unbekannt; vielleicht regte sich am sicilianischen
Hofe Argwohn und Eifersucht gegen die ungewöhnliche
Machtstellung, welche der königliche Bastard erlangt hatte.

---

[1] Dies glaubt Hopf I, 426. Das schwere Verbrechen verübten nach
der ausdrücklichen Bemerkung des Chronisten, welcher es beklagt, die
Catalanen, und er nennt dabei Alfonso nicht.

[2] Hopf I, 426.

Er wurde indeß keineswegs nach Sicilien zurückgerufen, sondern er blieb der mächtigste Feudalherr des Herzogtums Athen, und der einflußreichste Mann in der catalanischen Companie.[1]

Dies beweist der am 5. April 1331 zwischen der Companie und Venedig zu Theben abgeschlossene Waffenstillstand, welchen auf der einen Seite zeichneten Nicolaus Lancia, Herr von Giarratana, als neuer Generalvicar, Alfonso Fabrique, der Marschall Odo de Novelles und eine Reihe catalanischer Räte und Sindici, auf der andern Filippo Belegno, Capitän und Bailo Negroponte's nebst seinen Räten Paolo Dandolo und Giannotto Contarini, ferner die euböotischen Dreiherren Bartolommeo Ghisi und Pietro dalle Carceri.[2] Der Waffenstillstand sollte vom 1. Mai ab zwei Jahre lang gültig sein. Seinem wesentlichen Inhalt nach war er die Wiederholung des Vertrages von 1321. Neu war in ihm die Verpflichtung der Companie, den Hafen Pteleon mit seinem District Nikopolita als venetianisches Eigentum zu behandeln. In den Vertrag wurden der Herzog Niccolo Sanudo von Naxos, Bartolommeo Ghisi und

---

[1] Nur vorübergehend kehrte er nach Sicilien zurück, wo er im Mai 1332 sichtbar ist. Bozzo, Note stor. p. 67.

[2] Exemplum treugae Nigropontis facte cum Catelanis tempore domini Ph. Belegno, abgedr. von Thomas, Diplomatar. Veneto-Levantin. n. 108, p. 214 ff. Ich gebe die Namen der catalanischen Sindici nach meiner eigenen Abschrift von n. 89 Pergameni sciolti des Archivs Venedig: Guillelmus de Podio vigerius Thebanus, Guill. de Sancto Stephano, dom. comes de Perula, Sanchius de Astada, Franciscus de Campis, Petrus Moraton, Raynaldus de Natalis, Nerglopis de Jassa, Bernardus ... ller, Periconius de Algis, Bernardus ... literius, Joh. Sardina, Raym. Rubeus, Guill. Fortis, Guill. Inbaldamar, Garsia Yuagnes, Periconus Stagnolus, Armangaldus de Novellis.

alle anderen Getreuen Venedig's mit ihren Inseln und Be=
sitzungen eingeschlossen.[1]

Von welcher Wichtigkeit der Abschluß des Friedens mit
Venedig für die Catalanen war, sollte sich alsbald zeigen.
Am Ende des August 1331 segelte der Prätendent Walter
mit einem stattlichen Heere, worunter sich nicht weniger als
achthundert Ritter Frankreichs befanden, von Brindisi ab, um
seinen Zug gegen die Companie auszuführen. Statt indeß
seine Richtung sofort gegen die Küsten Attika's zu nehmen,
landete er in Epirus; denn sein Schwiegervater Philipp
von Tarent und dessen Gemalin Catharina hatten ihn dazu
verpflichtet, seine eigene Wiederherstellung in Athen zunächst
mit dem Plane nicht nur der Unterwerfung jenes Landes,
sondern der Eroberung des byzantinischen Reiches zu ver=
binden. Walter wiederholte demnach als Generalvicar der
Kaiserin Catharina den Kriegszug, welchen sechs Jahre
früher Johann von Achaja nach demselben Epirus ohne Er=
folg unternommen hatte. Er eroberte freilich Arta und
zwang den damaligen Despoten des Landes, den Grafen
Johannes von Kephalonia, zur Anerkennung der Oberhoheit
des Königs von Neapel.[2]

---

[1] Unter den Dreiherren Euböa's hatte damals Pietro dalle Carceri
großes Ansehen. Er starb vor dem 24. Dec. 1341, an welchem Tage
seine Wittwe Balsana den Todesfall der Signorie Venedig's anzeigte.
Misti Vol. XIX. fol. 62 t.

[2] Die Verhältnisse in Epirus hatten sich so gestaltet: Thomas, der
Sohn der Despina Anna, der letzte der dortigen Angeli, war von
seinem Neffen Nicolaus Orsini i. J. 1318 ermordet worden, worauf
dieser Despot von Epirus wurde. Im J. 1323 ermordete ihn sein
Bruder Johann Orsini und bemächtigte sich der Herrschaft. Johann
wurde später, 1335, von seinem eigenen Weibe Anna vergiftet.

Am 28. Februar 1332 verhängte der Erzbischof Wilhelm von Patras in der dortigen Kirche der Minoren feier= lich den Bann über die Catalanen. Jedoch die Versuche, welche Walter gegen Böotien und Attika machte, erst von Epirus, dann von Patras her, schlugen vollkommen fehl, weil Venedig an dem Vertrage mit der Companie festhielt. Der Prätendent schickte vergebens Boten an Marin Zeno, den Bailo Negroponte's, um seine Unterstützung und die Aufnahme seines Kriegsvolks in den Häfen Euböa's zu er= langen. Der venetianische Senat bestätigte die abschlägige Antwort des Bailo.[1] Er wies demselben Geld und zwei= hundert Bogenschützen zu, um die Stadt Negroponte besser zu schützen.[2] Den nach Venedig gekommenen Unterhändlern Walter's erklärte die Signorie, sie wünsche ihm Glück zu seiner Ankunft in Romanien und den besten Erfolg seiner Bemühungen, allein sie könne seinen Anträgen nicht Gehör geben, da sie gewohnt sei, abgeschlossene Verträge zu halten, und der mit der Companie der Catalanen gemachte Waffen= stillstand noch nicht abgelaufen sei.[3]

Der florentinische Geschichtschreiber Giovanni Villani hat behauptet, daß Walter von Brienne mit seiner Reiterei, die den Griechen und Lateinern überlegen war, die Cata= lanen in einer Feldschlacht leicht würde besiegt haben; diese jedoch waren vorsichtig genug, sich nicht darauf einzulassen,

---

[1] Servando inviolabiliter treugam eis (Catellanis), Misti Vol. XV. fol. 17 t. vom 13. Juni 1332.

[2] Ibid. und Sindicati I, 24, Ermächtigung vom 15. Juli zu einer Anleihe zur Verteidigung Negroponte's.

[3] Et propterea velit nos habere rationabiliter excusatos. 7. Juli 1322. Ibid. fol. 21.

sondern sie gaben dem Feinde das offene Land preis, wäh=
rend sie sich in ihren Festungen eingeschlossen hielten.[1] Wie
weit das französische Kriegsvolk in das Herzogtum selbst
einzudringen vermochte, ist unbekannt. Wenn der Präten=
dent dort noch auf Anhänger des Hauses La Roche oder
Brienne gezählt hatte, so täuschte er sich in seinen Hoff=
nungen; denn seine Ansprüche wurden von der einheimischen
Bevölkerung in keiner Weise unterstützt. Vielmehr hatten
die Griechen Attika's und Böotien's allen Grund, eine neue
gewaltsame Umwälzung ihres Landes durch die Anjou, die
erbitterten Feinde des byzantinischen Kaisers, zu fürchten,
während sich die Herrschaft der Catalanen nach schon zwanzig
Jahren ihres Bestehens als befestigt erwies. Noch lebte in
der Companie derselbe Heldengeist der Eroberung, welcher
sie zu Gebietern des Herzogtums gemacht hatte. Nach frucht=
losen Anstrengungen, die ihm „einen großen Schatz" ge=
kostet hatten und nach dem Verlust seines einzigen Sohnes,
der ihn begleitete, erkrankte und starb, gab Walter im Laufe
des Jahres 1332 sein Unternehmen auf, um ohne Ruhm
nach Lecce zurückzukehren.

Die dynastischen Verhältnisse Griechenlands hatten unter=
deß durch den am 26. December 1331 erfolgten Tod des
Titularkaisers Philipp von Tarent eine Veränderung er=
litten. Seine Wittwe, die Kaiserin Catharina, forderte jetzt
von Johann von Achaja das Fürstentum zurück. Sie hatte
drei Söhne, Robert, Louis und Philipp, und zwei Töchter,
Margarete und Maria. Dem Erstgeborenen, auf welchen

---

[1] Villani X, 5, 188. Silvano Razzi, Vite di quattro uomini
illustri, Florenz 1580, p. 81.

nach ihrem eigenen Tode der Kaisertitel übergehen sollte,
trat Johann für eine Geldsumme und für das Herzogtum
Durazzo Achaja ab.[1] Diese Verhandlungen leitete ein
genialer Florentiner, Niccolo Acciajoli, der berühmte Stifter
eines Hauses, welches später auch in die Schicksale Athen's
gewaltsam eingreifen sollte.

2. In derselben Zeit als die Seerepubliken Italien's
mit kaufmännischem Unternehmungsgeist in den Orient ein=
drangen, als sich Venedig zur Herrscherin des vierten Teils
des Romäerreichs machte und sodann mit Genua um das
Monopol des Levantehandels stritt, konnte sich das vom
Meer abgeschnittene Florenz an jenem nur durch fremde
gemietete Schiffe und durch die Macht des Capitals be=
teiligen. Die Florentiner breiteten ihre Wechselgeschäfte
über Italien, Frankreich und England, über Aegypten,
Griechenland und Kleinasien aus. Die Banken der Bardi,
Peruzzi und Acciajoli und viele andere, etwa achtzig an
Zahl, beherrschten allmälig den Geldmarkt der damaligen
Welt. Schon in der zweiten Hälfte des 13. Jahrhunderts
konnte sich Florenz rühmen, zweihundert Fabriken zu be=
sitzen, welche 80 000 Stücke Zeug im Werte von 1 200 000
Gulden hervorbrachten, und 30 000 Arbeiter beschäftigten.
Die gewerbthätige Stadt der speculirenden, mit allen
politischen Schwankungen rechnenden Bankiers wurde zu=

---

[1] Von den Söhnen Philipp's und Catharina's wurden Robert,
und dann Louis Titularkaiser; Louis wurde, als Gemal Johanna's I.,
König von Neapel. Die Tochter Margarete vermälte sich erst mit dem
Könige Robert von Schottland, dann mit Francesco del Balzo (Baux),
dem Herzog von Andria.

gleich ein Hauptsitz der Künste und Wissenschaften, was
die andern auf überseeische Colonisation und Eroberung
gerichteten Republiken, wie Amalfi, Pisa, Genua und
Venedig, nicht werden konnten. Erst dadurch, daß sie ihre
Geldmacht mit dem geistigen Mäcenat vereinigten, mach=
ten sich später die Medici zu Gebietern des florentiner
Staats.

Hundert Jahre vor diesen konnten die Acciajoli, trotz
ihres Reichtums und ihrer diplomatischen Geschicklichkeit,
nicht zu solcher Stellung gelangen, sowol weil die Vereinigung
jener Kräfte damals noch nicht möglich war, als weil sie
ihre persönliche und geschäftliche Verbindung mit dem Hause
Anjou erst nach Neapel und dann weiter nach Griechenland
hinüberzog. Ihr Popolanengeschlecht stammte von Guglia=
rello, einem Guelfen Brescia's, der sich in der Mitte des
12. Jahrhunderts in Florenz niederließ und hier eine Stal=
fabrik gegründet haben soll.[1] Am Ende des 13. Jahr=
hunderts besaßen die Acciajoli in Florenz ein blühendes
Bankgeschäft. Sie bekleideten dort seit 1282, wo ihre Fa=

---

[1] Hauptwerk über diese Familie ist die von Donato Acciajoli über=
setzte Vita des Niccolo Acciajoli von Matteo Palmieri (Anhang zu
Ubaldini's Istoria della casa degli Ubaldini, Flor. 1588). Hinter
dieser Vita die Origine della fam. degli Acciajoli, e degli homini
famosi in essa. Einiges bei den Villani, in den Elogia hist. des
Gaddi, Flor. 1637, im Discorso delle fam. estinte di Napoli von
Ferrante della Marra, Neap. 1641. Familie Fiorentine des Scipione
Ammirato, Vol. II. Brauchbares hat Fanelli in seiner Atene Attica.
Die wichtigsten urkundlichen Forschungen über die A. machte Buchon,
N. Rech. I und II, mit Benutzung des Archivs des jenem Geschlecht
verwandten Hauses Ricajoli, welches Leopoldo Tanfani für seine Bio=
graphie des Niccolo Acciajoli, Flor. 1863, nicht benutzen konnte. Die
Genealogie bei Litta.

milie zur Magistratur zugelassen wurde, ansehnliche Aemter
in der Republik.[1] Am Anfange des 14. Jahrhunderts, zur
Zeit als die Partei der Guelfen Siegerin über die Ghibel=
linen geworden war, begann die nähere Verbindung jenes
Bankhauses mit dem Hofe Neapel's. Der König Robert er=
nannte im Jahre 1323 ein Mitglied desselben mit Namen
Acciajoli zu seinem Rat und Familiar. Der einzige Sohn
dieses Florentiners, der am 10. September 1310 geborene
Niccolo, begründete sodann die Größe des Hauses. Er
vermälte sich im Jahre 1328 mit Margarita degli Spini,
und drei Jahre später schickte ihn sein Vater nach Neapel,
hier die Angelegenheit der Bank wahrzunehmen. Mit ihren
Geldern hatte diese im Jahre 1325 den Bruder Robert's,
Johann von Achaja, zu seinem Zuge nach Griechenland aus=
gerüstet, und dafür Güter in Morea erhalten, so daß sie
bereits festen Fuß im Peloponnes gefaßt hatte. Der junge
Niccolo, ein Mann von schöner Erscheinung und von hei=
terem Temperament, erlangte bald die Gunst des neapoli=
tanischen Hofes. Auch seine Schwester Andrea kam dorthin
als Gemalin des Carlotto Arto, Grafen von Monte Ode=
risio; es ist dieselbe Frau, welcher Boccaccio sein Buch
Donne illustri gewidmet hat.[2]

Niccolo wurde der Rat und Kammerherr, wahrschein=
lich auch der Geliebte der ehrgeizigen und energischen Kaiserin
Catharina von Valois, einer Virago unter den Frauen
Italien's jener Zeit.[3] Während sonst Fürstenhöfe ein schlüpf=

[1] S. L. Peruzzi, Storia del Commercio e dei Banchieri di
Firenze. Fir. 1868, p. 144.
[2] Buchon, N. R. 1, 48.
[3] Palmieri (Muratori XIII, p. 1206) sagt von ihr: viro longe

riger Boden für Günstlinge sind und Liebschaften mit könig=
lichen Frauen ihnen Verderben bringen, diente ein solches
Verhältniß dem geschmeidigen Acciajoli als sichere Leiter
zum Glück. Nachdem der Gemal Catharina's, der Titular=
kaiser Philipp von Tarent, am Ende des Jahres 1331 ge=
storben war, übernahm Niccolo mit Genehmigung des Kö=
nigs Robert die Verwaltung des Vermögens der kaiserlichen
Kinder Robert, Louis und Philipp, deren Hofmeister er
wurde.[1] Mit staatsmännischer Klugheit sicherte er die Rechte
des Erstgeborenen auf das Fürstentum Achaja, indem er
Johann von Gravina bewog, Morea mit Durazzo zu ver=
tauschen und außerdem als Entschädigung eine Geldsumme
anzunehmen, welche die Bank Acciajoli hergab. In Folge
dieses Vertrages wurde der junge Robert als Despot Ro=
mania's und Fürst Achaja's anerkannt.

An dies Fürstenhaus, dem er mit seinen Talenten und
Geldern diente, knüpfte seither Niccolo sein eigenes Glück.
Schon im Jahre 1334 ließ er sich von der Bank Acciajoli
alle Güter übertragen, welche diese in Morea von Johann
von Gravina erhalten hatte. Er kaufte andre Besitzungen,
und Catharina belieh ihn mit moreotischen Ländereien, mit
Armyro, Kalivia, Andravilla, Prinitza; sie nahm ihn sogar
in die Reihe der Lehnsvasallen Achaja's auf.[2] Dort erschien
der mächtige Günstling mit fürstlichem Glanz, als er im

---

magis ac mulieri persimilis. Matteo Villani, Le Vite d'uom. ill. Fior.
(ed. Dragomanni) p. 52 lehnt dies Liebesverhältniß ab, Giov. Villani
lib. XII, c. 75 läßt es unentschieden. Litta glaubt daran.

[1] Brief des N. an Angelo vom Jahre 1364, welcher einen Ueber=
blick seiner Laufbahn enthält, bei Tanfani p. 211 ff.

[2] Act vom 1. Febr. 1336, Buchon, N. R. II, 65, n. V.

October 1338 jene Kaiserin und ihren Sohn Louis nach Clarenza begleitete. Drei Jahre blieb er als Bail in Morea.[1] Die Erhaltung dieses Landes im Besitze des Hauses Anjou-Tarent war bereits zu einem Finanzgeschäft der Acciajoli geworden, die ihre Wechselbanken in Clarenza, auf Rhodus, in Famagusta, selbst in Tunis eingerichtet hatten. Der kluge und thatkräftige Emporkömmling vermochte den anarchischen Zuständen Morea's Einhalt zu thun, die widerspenstigen Barone, deren manche Jacob den II. von Majorca, den Sohn Ferdinand's und der Isabella von Sabran, als Prätendenten aufstellten, zu ihrer Pflicht zurückzurufen, und den Angriffen der Griechen von Misithra, der türkischen Piraten und der Catalanen Stand zu halten.

Catharina belohnte ihn für diese Dienste mit Lehen in der Baronie Kalamata. Sodann führte er die Kaiserin im Sommer 1340 nach Apulien zurück, kam aber selbst als ihr Bail wieder nach Morea, und verwaltete dies unruhige Land etwa bis zum Juli 1341. Daß er bald darauf nach Neapel heimgekehrt war, zeigt der von Boccaccio aus Florenz am 28. August 1341 an ihn gerichtete Brief, worin der berühmte Dichter seine Freude über die Rückkehr Acciajoli's in übertriebenen Phrasen ausgesprochen hat.[2]

Das Haus Niccolo's war auch in Florenz reich begütert und zu hohem Einfluß gelangt, denn sein Vetter Angelo wurde dort im Jahre 1342 Erzbischof. In die große Finanzkrisis, welche seit 1340 den Sturz mehrerer florentiner Banken zur Folge hatte, und sich unter dem

[1] Genannter Brief bei Tanfani p. 228.
[2] Buchon, N. R. II. 114.

tyrannischen Regiment Walter's von Brienne, des Titular=
herzogs von Athen, noch schrecklicher wiederholte, waren auch
die Acciajoli verwickelt, doch richteten sie sich bald wieder
auf.[1] Niccolo selbst scheint seine Angelegenheiten voll Klug=
heit sicher gestellt zu haben. Nach Griechenland ist er nicht
mehr zurückgekehrt, wenn er auch fortan seine Dienste den
Anjou von Neapel und Tarent widmete. Nach dem Tode
des Königs Robert im Jahre 1343 bestieg den Tron dessen
Enkelin Johanna, die Tochter Carl's von Calabrien. Im
October 1346 starb auch Catharina, worauf ihr ältester
Sohn Robert, der Fürst Achaja's, Titularkaiser von Con=
stantinopel wurde, und sich mit Maria von Bourbon, der
Wittwe des Königs Guy von Lusignan, vermälte. Der
zweite Sohn Catharina's, Louis von Tarent, erlangte die
Krone Neapel's, da er sich nach der frevelvollen Ermordung
des jungen Andreas von Ungarn, des Gemals Johanna's, im
Jahr 1346, mit dieser vermälte. Es war Niccolo Acciajoli,
der diese Verbindung zu Stande brachte und seinem Mündel
zur Krone verhalf. Als sich sodann nach dem Einbruche des
Blutrüchers Ludwig von Ungarn in Neapel, im Jahre 1348,
die schuldbeladene Königin Johanna von allen verlassen sah,
glänzte Niccolo durch die treuen Dienste, die er ihr leistete.
Er folgte ihr und ihrem Gemale Louis auf der Flucht nach
Avignon.[2] Er führte dort ihre Sache und bemühte sich um
ihre Freisprechung durch das päpstliche Tribunal. Er bahnte

---

[1] Villani XII, c. 55. Peruzzi, Storia del Commerc. di Firenze
p. 145. 457.

[2] Genannter Brief bei Tanfani p. 244. Noch nach dem Tode des
Acciajoli erinnerte die Signorie von Florenz die Königin Johanna an
jene Zeit, wo Niccolo ihr fidus Acates gewesen war; p. 236.

ihr auch die Wege zur Rückkehr auf den Tron Neapel's. So wichtige Dienste belohnten Johanna und Louis reichlich; Niccolo wurde zum Großseneschall des Königreichs Sicilien erhoben und nach und nach mit den schönsten Grafschaften, mit Terlizzi, Melfi, sogar mit Malta und Gozzo beliehen. Endlich sollte ein grenzenloses Glück sein Haus auch in Korinth und in Athen zu fürstlicher Macht erheben.

3. Die Herrschaft der Catalanen in Athen war seit dem mißglückten Kriegszuge des Prätendenten von keiner ähnlichen Gefahr mehr bedroht worden. Walter von Brienne zu Gefallen ließ freilich der Papst die Companie nochmals, am 29. December 1335, durch den Erzbischof Guillaume von Patras in den Bann thun. In diesem Act wurden die angesehensten Großen mit Namen aufgeführt, zuerst die zwei Söhne des Königs Friedrich, der Herzog Wilhelm II. von Athen und Don Alfonso Fadrique, sodann der General-vicar Nicolaus Lancia, der Erbmarschall Odo Novelles, Estañol, En Fuster und andere.[1]

Die Companie wurde auch später nochmals excommuni-cirt; allein die römische Curie begann einzusehen, daß die Spanier aus Attika nicht mehr vertrieben werden konnten. Sie hatten hier Wurzeln gefaßt, und ihr Verhältniß zu Sicilien schützte sie. Als dort der ruhmvolle König Fried-rich II. im Jahre 1337 starb, bestieg sein Erstgeborener Pietro II. den Tron, während der Infant Wilhelm fort-fuhr, Herzog Athen's zu sein. Er starb am 22. August

---

[1] Du Cange, Hist. de Cp. II, 204, wo die Namen incorrect wieder-gegeben sind.

1338 finderlos;[1] worauf seinem Testament gemäß die her=
zogliche Würde auf seinen Bruder Johann II., den Mark=
grafen von Randazzo, überging.[2]

In demselben Jahre starb Don Alfonso Fadrique in
Griechenland. Dieser glücklichste aller Führer der catala=
nischen Companie hatte in seiner Ehe mit Marulla von Be=
rona ein blühendes Haus gegründet, welches seinen königs=
lichen Familiennamen Aragona behielt, und sich zugleich von
Alfonso's väterlichem Zunamen Frederici mit catalanischer
Umformung desselben „Fadrique" nannte.[3] Sein ältester
Sohn Don Pedro, Herr von Lidoriki, wurde Gebieter von
Salona, welches Land ihm wahrscheinlich die Erbtochter des
Roger Deslaur als Mitgift zubrachte. Als Pedro starb,
erbte Salona und Lidoriki sein zweiter Bruder Jayme,
während ein dritter, Bonifazio, Karystos auf Euböa, Zeitun
und die Insel Aegina besaß.[4] Dies königliche Bastard=

---

[1] Rocchi Pirri, Chronol. Reg. Siciliae im Thesaurus Graevii X.
Vol. V, p. 70.

[2] Michael Platiensis, Hist. Sicula c. 14, bei Rosario Gregorio,
Bibl. Script. 1, 543. In Urkunden nennt er sich Johannes Infans
dei gr. dux ducatuum Athenarum et Neopatrie, Marchio Randacii
(Archiv Palermo, Reg. Cancell. 1343 a 1357, Vol. III).

[3] Den Zunamen Fredericus führte auch ein anderer Bastard des
Königs Friedrich II., Orlandus, welcher in Sicilien eine Familie grün=
dete. Rocchi Pirri p. 73.

[4] Petro heißt primogenitus, Jayme secundogenitus des Alfonso;
Urkunde bei Gregorio Consider. IV, App. 72. Außer ihnen werden
als Brüder genannt Bonifacius de Aragonia und Johannes (Archiv
Palermo, Reg. Canc. a. 1346. n. 4. fol. 127); ferner Jayme und
Guillelmus. Alfonso's Tochter Simona hatte sich mit dem Dreiherrn
Georgio Ghisi vermält. — Von dieser Familie Hopf, Gesch. Ueberblick
über die Schicksale von Karystos (Sitzungsber. der Wien. Akad. 1854,
557 ff.) und die vermehrte ital. Uebersetzung derselben Schrift von G.
B. de Sardagna, Veneb. 1850.

geschlecht der Aragona behielt während eines halben Jahr=
hunderts den herrschenden Einfluß über die Companie der
Catalanen; neben ihm vermochten nur die Familien der
Novelles und der Lauria zu einer bedeutenden Machtstellung
im Herzogtum Athen sich aufzuschwingen.

Sowol die Fortschritte der Griechen im Peloponnes,
als die der Türken in Anatolien überzeugten endlich den
Papst und die Mächte Europa's, daß die kriegerische Kraft
des Catalanenstaats den Lateinern in Hellas nur förderlich
sein könne. Zumal stieg mit jedem Jahre die Gefahr, mit
der die Türken Griechenland bedrohten. In Folge der
Bürger= und Tronkriege zwischen dem schwachen, unglück=
lichen Kaiser Andronikos II. und seinem gleichnamigen Enkel
seit 1321, welche das byzantinische Reich völlig erschöpften,
hatte der Sultan Orchan seine Eroberungen bis an die Pro=
pontis ausgedehnt, die großen Städte Nicomedia und Nicäa,
den ehemaligen Kaisersitz der Paläologen, an sich gerissen,
und seine eigene Residenz in Brusa am bithynischen Olymp
genommen. Nur der Hellespont, die schmale Grenze zwischen
Asien und Europa, trennte noch die Osmanen von Roma=
nien, dem Lande ihrer Sehnsucht, auf welches sie, wie ehe=
dem die Lateiner, verlangende Blicke warfen. Es erschien
ihnen als ein Eldorado, reich an Gold und Silber, besetzt
mit blühenden Städten, worin es schöne Frauen und ge=
bildete Männer gab. Tag und Nacht flehte Orchan Allah
an, er möge ihm die Mittel gewähren, Griechenland zu er=
obern.[1]

---

[1] Der türkische Historiograph Seadeddin, italienisch übersetzt von
Vincenzo Bratutti, Chronica dell' origine e progressi della casa
Ottomana, Wien 1649, p. 55 ff.

Das unaufhaltsame Vordringen der türkischen Eroberer zu den griechischen Meeren nahm bereits die Gestalt einer geschichtlichen Gegenströmung Asien's nach Europa an, und diese war um so drohender, als das Wesen der Türken keine Aehnlichkeit mit der orkangleich einherstürmenden Ueber= gewalt mongolischer Horden hatte. Denn auf den Trüm= mern der griechischen, seldschukischen und tartarischen Staaten Kleinasien's bildete sich die Herrschaft der Osmanen zu einer gesetzmäßig geordneten, erblichen Monarchie aus. In diesem türkischen Staat lag in Folge seiner Entstehung und Zu= sammensetzung aus fremden, anders gesitteten Provinzen der Stoff zu einem neuen Weltreich. Eroberungslust und wilde Tapferkeit sind zu gewöhnliche Eigenschaften urwüchsiger Barbarenstämme, als daß sie genügen können, große Reiche zu stiften. Das werdende der Osmanen verdankte sein sicheres Wachstum dem allmäligen planvollen Vorschreiten von einer eroberten Station zur andern. Der Zerfall der seldschukischen Monarchie in Anatolien, das Aufhören der Kreuzzüge, der Niedergang und die Zersplitterung der griechischen wie frän= kischen Macht diesseits des Hellesponts sind die äußeren Be= dingungen für die Entstehung des Türkenreichs gewesen, dessen Gründer in kaum unterbrochener Reihenfolge nicht nur gewaltige Krieger, sondern auch scharfsichtige Staats= männer waren. Eine frühe begonnene, von Orchan ver= vollkommnete Disciplin der Militärkraft verlieh den Türken mit der Zeit die Ueberlegenheit über die zusammengerafften Söldnerheere der Griechen. Ihr durch eine Heldentradition gehobenes Stammgefühl gab ihnen Einheit und aristokra= tisches Selbstbewußtsein, während der einfache Glaubensinhalt des Koran ihrer asiatischen Natur vollkommen entsprach).

Der reine Monotheismus des Islam ließ den Türken das mit unbegreiflichen Dogmen beschwerte, von phantastischen Auswüchsen des Heiligencultus entstellte Christentum nur als Götzendienst und Vielgötterei erscheinen. Obwol die Osmanen überall in den eroberten Griechenstädten Kleinasien's die schönsten Kathedralen und Kirchen in Moscheen verwandelten, und in den Klöstern ihre Schulen oder Medrese einrichteten, zeigten sie sich dennoch den Christen gegenüber duldsamer, als es Lateiner und Griechen gegen Ungläubige und Ketzer waren. Ihr Christenhaß und mohamedanischer Fanatismus wurde durch Klugheit und das Bedürfniß gezügelt, die unterjochten Griechen zu schonen. Ihr fatalistischer Glaube endlich war ganz dazu geeignet, sie mit Todesverachtung zu erfüllen und die begeisterten Verehrer des Propheten ebenso gut zu Helden zu machen, wie der fromme Christenglaube die Kreuzfahrer in deren Blütezeit dazu gemacht hatte.

Der Papst Benedict XII. bemühte sich eine große Liga der Mächte gegen die Türken zu vereinigen, und es war bei dieser Gelegenheit, daß die römische Curie zum ersten Mal mit den Catalanen im Herzogtum Athen in freundliche Beziehungen trat. Als Vermittler derselben diente der in Negroponte residirende lateinische Patriarch Heinrich. Bei seiner Rückkehr von Rom über Theben oder Athen richtete die Companie das Ersuchen an ihn, sie mit dem heiligen Stule auszusöhnen. Er meldete dies dem Papst, welcher ihm antwortete, daß er die Boten der Catalanen gerne empfangen werde.[1] Nach dem Tode Benedict's trug Clemens VI.

---

[1] Raynaldus a. 1341, n. 30.

dem Patriarchen auf, zwiſchen Walter von Brienne und den
Catalanen Frieden zu ſtiften, da ihre Feindſeligkeiten gegen
einander nur den Türken zum Vorteil gereichten. Wider
dieſe aber brachte der Papſt den erſten großen Bund der
Seemächte Europa's zu Stande; er vereinigte Venedig, Cy=
pern, Rhodus und Genua glücklich zu einem Kreuzzuge.[1]
Die griechiſchen Meere ſollten von den türkiſchen Piraten
befreit, die ſelbſchutiſchen Fürſten in ihren eigenen See=
plätzen bekämpft werden.

Zum neuen Generalcapitän der Flotte machte der Papſt
im Mai 1345 den Dauphin Humbert II. von Vienne, auf
deſſen eigenes Erſuchen. Er zeigte dieſe Ernennung auch
den Erzbiſchöfen von Athen und Theben an, die er zu ſeinem
Beiſtande aufforderte. Humbert kam mit einigen Galeeren
nach Negroponte, wo ſich die Verbündeten vereinigen ſollten,
und alsbald trugen ihm die Catalanen ihre Dienſte an.
Sie hatten es nicht vergeſſen, daß ihnen, den beim Papſt
und ſo vielen andern Mächten verſchmten Eroberern Athen's,
Guy de la Tour, der Oheim dieſes Dauphin, ſeinen Degen
angeboten hatte, und daß ſie ſelbſt ihm damals das König=
reich Theſſalonich wenigſtens auf dem Pergament zum Ge=
ſchenk gemacht. Die Urkunde mußte ſich noch im Staats=
archiv der Companie vorfinden. Der Dauphin von Vienne
hoffte, von den tapfern Catalanen in ſeinem Kreuzzuge
unterſtützt zu werden, was nicht geſchehen konnte, ehe ſie
der Papſt vom Kirchenbanne losſprach. Er ſchrieb deshalb
an ihn und bat ihn, das zu thun, da auch Walter von
Brienne keinen Einwand dagegen erheben werde. Clemens VI.

---

[1] Raynaldus a. 1343.

ging auf seine Vorstellungen ein; er absolvirte die Companie für drei Jahre.[1] Obwol diese kirchliche Vergünstigung
nur zeitweise Geltung haben sollte, konnte sie doch als ein
Act der Versöhnung des Papstthums mit den Usurpatoren
Athen's betrachtet werden. Der Kreuzzug selbst hatte wenig
Erfolg, wenngleich die Verbündeten Smyrna erobert, und
die türkische Flotte im dortigen Hafen verbrannt hatten.
Schon im Jahre 1347 kehrte der Dauphin nach Frankreich
zurück.

Da die Beziehungen der Companie zu Venedig durch
den von Zeit zu Zeit erneuerten Waffenstillstand geregelt
waren, so befanden sich die Catalanen im Frieden mit dem
Bailo Euböa's. Der athenische Erzbischof regierte nach wie
vor die ihm untergebenen Sprengel der Insel, und vollzog
dort bisweilen kirchliche Handlungen. So weihte der Metropolit Nicolaus am 14. August 1345 in der Hauptkirche Negroponte's den Bolognesen Johannes zum Bischof von Andros.[2]
Die Zustände des athenischen Staats erfuhren im Ganzen
keine andere Veränderungen als durch den Wechsel der
Vicare und der Herzoge selbst. Den tapfern und kriegerischen Johann von Randazzo raffte der schwarze Tod am
3. April 1348 dahin, worauf sein Sohn Friedrich, ein
Kind, unter der Vormundschaft des berühmten Blasco von

---

[1] Breve, Villanova 17. Kal. Julii 1346, abgedr. in Hist. de Dau-
phinée Vol. II, n. 232, p. 553: illos de magna societate Catala-
norum in ducatu Athenarum existentium.

[2] Specul. Carmelitan. sive Hist. Eliani ordinis de Monte Car-
melo, Antverp. 1680, Vol. II, lib. 3, n. 3268: legitur ... electum
fuisse in civitate Negropontensi in Episc. et a Nicolao Athen.
Metropol. consecrationis manus accepisse in majori Eccl. civ. Negropont. — Siehe dazu P. Lambros, Bulle inédite de Jean, évêque
latin d'Andros, Bulletin de corr. hellén. II, 1878, p. 36.

Alagona das Herzogtum erbte. Mit großen Festlichkeiten erteilte ihm der junge König Ludwig, der Nachfolger Peter's II., das Fahnenlehn.[1] Auch er starb an der Pest, zu Messina am 11. Juli 1355. Es folgte ihm als Herzog der vierzehnjährige Friedrich, Peter's Sohn, welcher schon im November, nach dem Tode seines Bruders Ludwig König von Sicilien wurde. Die Herzogtümer Athen und Neopaträ waren bisher der Secundogenitur seines Hauses zugewiesen; er hob diesen Zustand auf und vereinigte sie mit der Krone Sicilien's.[2]

4. Friedrich's III. erster Statthalter in Griechenland war noch von der früheren Regierung her Ramon Bernardi, welcher sich so unfähig zeigte, daß die dortigen Städte den König ersuchten, ihn durch einen andern, womöglich im Herzogtum eingeborenen Großen zu ersetzen. Sie bezeichneten als ihnen besonders erwünscht einen der Brüder Jayme und Juan Fabrique, oder Orlando de Aragona, einen Bastard Friedrich's II. von Sicilien.[3] Das Regiment fremder, mit den Verhältnissen des Landes unbekannter Vicare erwies sich überhaupt als unheilvoll, zumal der wachsende Trotz und Ehrgeiz der großen catalanischen Lehnsherren ihre Regierung hemmte. Attika und Böotien, wo

[1] Mich. Platiensis c. 30.

[2] Den Katalog der Herzoge Athen's hat D. Francesco Serio, doch mit manchen Irrtümern, zusammengestellt: Dissert. istor. del ducato di Atene e di Neopatria unito alla corona di Sicilia, Vol. II der Opuscoli di autori Siciliani, Palermo 1759. Die Tafel der aragon. Herzoge Athen's bei Hopf, Chron. Gréco-Romanes p. 475.

[3] Friedrich III. an seinen Justiziar Artalus de Aragona, Messina, 27. Jan. IX. Ind. (1355), bei Gregorio IV, App. p. 64.

das Loos der Griechen eine fortgesetzte Knechtschaft war, ver=
wilderten, wie Morea unter den angiovinischen Statthaltern.[1]

Der König Friedrich willfahrte den Vorstellungen der
Städteboten, indem er Jayme Fabrique von Aragona, den
Sohn Alfonso's, zum Generalvicar ernannte, und dieser ver=
waltete das Amt von 1356 bis 1359. Uebrigens mußte der
Besitz des Herzogtums in der Wertschätzung des sicilianischen
Monarchen schon tief gesunken sein, wenn es wahr ist, was
der Annalist der Krone Aragon berichtet, daß Friedrich, in
seinem Lande von den Neapolitanern und der Faction der
Chiaramonti hart bedrängt, die Hülfe Pedro's von Aragon
nachsuchte und dafür Athen und Neopaträ seiner mit diesem
vermälten Schwester Leonora abzutreten gesonnen war. Dies
Vorhaben unterblieb, weil der König von Aragon keine
Hülfe leisten konnte.[2]

Der Nachfolger Jayme's wurde für kurze Zeit Gon=
salvo Ximenes de Arenos.[3] Sodann schickte Friedrich als
Vicar nach dem Herzogtum den Seneschall Matteo Moncada,
Grafen von Aderno und Augusta, einen der angesehensten
Barone Sicilien's. Die Moncada waren ein altes Geschlecht
Catalonien's, welches von der Burg Montecateno bei Bar=
celona seinen Namen führte. Sie glänzten in der Geschichte
dieses Landes seit dem 11. Jahrhundert; in ihrem Hause
war das Amt des Seneschalls erblich geworden. Guillermo
Ramon war mit Pedro von Aragon nach Sicilien gekommen,

---

[1] Ἀθηναῖοι γε μὴν καὶ Θηβαῖοι καὶ οἱ κατοικοῦντες τὴν Πέλοπος
... τῆς παλαιᾶς εὐδαιμονίας τὴν ἀγροικίαν ἠλλάξαντο ... δουλείαν
τὴν ἐσχάτην ὑφιστάμενος ... Athanasios Lepanthrenos an den Ge=
schichtschreiber Nicephor. Gregoras (I, XCIV).

[2] Zurita lib. IX, 287.

[3] Hopf II, 13.

wo er Lehen erhalten und die sicilianische Familie der Mon=
cada gegründet hatte.[1] Dieser gehörte Matteo an. Der
neue Vicekönig trat mit Entschiedenheit für die Wahrung
der Rechte der Companie ein.[2] Friedrich belieh ihn sogar
mit Argos und Korinth, wenn er diese Länder würde er=
obert haben.

Die Argolis befand sich noch immer im Besitze der
Brienne, oder seit 1356 ihrer Erben. Denn auch den letzten
dieses berühmten Heldengeschlechts hatte das Schicksal seines
Hauses, der Tod auf dem Schlachtfelde, ereilt. Walter,
welcher sich nicht als Herzog von Athen, sondern als Ty=
rann von Florenz einen unsterblichen Namen zweifelhaften
Ruhms erworben hatte, fiel als Connetable Frankreichs in
der mörderischen Schlacht bei Poitiers am 19. September
1356.[3] Zwei Jahre früher war seine Mutter, die letzte
Herzogin Athen's aus französischem Hause, zu Troyes ge=
storben, wo sich ihr Grabmal in der Kirche der Jacobiner
erhalten hat.[4] Da der einzige Sohn Walter's aus seiner

---

[1] Ueber dies Geschlecht (in Urkunden des Archivs Palermo stets
Montecateno genannt): Lengueglia Ritratti della prosapia et Heroi
Moncadi, Valenza 1657 (von mir in der Nationalbibl. Palermo's be=
nutzt). A. Rubio y Lluch, Don Guiliermo Ramón Moncada, gran
senescal de Cataluña, Barcelona 1886, mit Benutzung eines handschr.
Werks: Genealogia y sucesion de las familias de el Lignage de
Moncada im Archiv der R. Acad. de Buenas Letras in Barcelona.

[2] Er erscheint als vicar. general. ducatus Athenarum et Neopatrie persönlich in einem Act zu Theben, am 1. Jan. 1360. Commem.
VI, fol. 104 t.

[3] Der Haß der Florentiner verfolgte ihn noch nach dem Tode.
Boccaccio, De casibus viror. ill. (Augsburg 1595, c. 23, p. 208)
schildert ihn wie Villani als Feigling und fabelt, daß er schimpflich
fliehend von einem florentinischen Söldner umgebracht worden sei.

[4] Cy gist madame Jeanne de Chastillon Duchesse d'Athènes,

erſten Ehe ſchon lange geſtorben und auch die zweite Ehe
mit Jeanne, der Tochter des Grafen Raoul von Eu, kinder=
los geblieben war, ſo gingen ſeine Erbrechte auf die Enghien
von Lecce=Brienne über, die Söhne ſeiner Schweſter Iſa=
bella, die ſich im Jahre 1320 mit Walter III. von Enghien
in der Grafſchaft Hennegau vermält hatte. Durch das Teſta=
ment Walter's war dieſelbe zur Univerſalerbin aller ſeiner
Güter in Frankreich, Apulien, Cypern und Romanien er=
nannt worden.[1] Von den Söhnen Iſabella's führte zuerſt
Sohier den Titel des Herzogs von Athen.

Die einzigen griechiſchen Beſitzungen, in welchen die
Erben Walter's von Brienne fortdauernd Herren bleiben
konnten, waren die Burgen Argos und Nauplia. Die ca=
talaniſche Companie hatte wiederholt, aber erfolglos Ver=
ſuche gemacht, dieſe ſtarken Feſtungen zu erobern, und auch
den Iſthmus von Korinth hatte ſie nicht in ihre Gewalt zu
bringen vermocht. Ihre Unternehmungen gegen den Pelo=
ponnes wurden ſowol durch die Anjou, als die Griechen in
Miſithra gehemmt.

Hier aber, im alten Sparta, war ſeit 1349 ein byzan=
tiniſches Despotat entſtanden, unter einem Prinzen des edeln
Hauſes der Kantakuzeni, welches in Folge der Zerrüttung

Comtesse de Brene et de Liche, qui fut fille de Mons. Gaucher
seigneur de Chastillon Comte de Porcien, jadis connetable de
France, la quelle trepassa l'an de grace M.CCC. LIIII le XVI.
Janvier. Priez pour l'ame de ly. Du Cange, Hist. de Cp. II, 152.
— Walter's Grabſchrift in der Abtei Beaulieu, ibid. p. 207.

[1] Teſtament aus Hesdin, 18. Juli 1347 (Arch. stor. Ital. 1872,
p. 39 ff). Walter wollte begraben ſein in der Abtei Beaulieu in ſeiner
Grafſchaft Brienne; er erweiterte die von ſeinem Vater gemachte Stif=
tung der Kirche S. Leonard zu Lecce, beſchenkte Kirchen und Klöſter
auch in Argos und Nauplia und die dortigen Burgvögte und Sergeants.

des Staats durch Parteiwut und Palastränke den Kaiser-
purpur erlangte, und sich für einige Jahre in die Reihe der
Paläologen eindrängte, ohne diese Dynastie zu stürzen. Dem
Großdomesticus Johannes Kantakuzenos hatte der lasterhafte
Andronikos der Jüngere während seiner Kämpfe mit seinem
Großvater, den er dann im Elend als Mönch sterben ließ,
den Sieg und den Kaisertron zu verdanken gehabt. Er bot
dem treuen Anhänger die Würde des Augustus, doch Kantakuzenos lehnte diese ab, übernahm aber, als Andronikos
im Jahre 1341 gestorben war, die Regierung des Reichs
für dessen erst neunjährigen Erben Johannes Paläologus,
den Sohn der Anna von Savoyen. Seine Feinde, der
Patriarch Constantinopel's und der Großadmiral Apokaukos,
bewirkten seinen Sturz am Hofe der argwöhnischen Kaiserin, und Byzanz spaltete sich in die beiden Parteien der
Kantakuzeni und Paläologen. Ein fünfjähriger Bürgerkrieg,
an welchem die damals gewaltigsten Feinde des griechischen
Reichs, der Sultan Orchan und der Serbenkral Stefan
Duschan als herbeigerufene Parteigänger teilnahmen, zerrüttete die Provinzen. Nach dem eigenen Geständniß des
Kantakuzenos überlebte das Reich diesen entsetzlichen Krieg
nur als schwache Schattengestalt.[1]

Nachdem er im Jahre 1341 in Didimotichos den Purpur
genommen, gelang es ihm mit Hülfe des Türkensultans,
welchem er seine Tochter Theodora vermält hatte, die Gegner

---

[1] Cantacuzeni Hist. III. p. 12. Der merkwürdige Mann schrieb
am Ende seines Lebens als Mönch Joasaph im Kloster seine Memoiren,
eine geschickte Selbstapologie. Trotz der Weitschweifigkeit, namentlich
der Reden, gehört sie zu den besten und einfachsten Geschichtswerken
der Byzantiner. Die Angaben des Kaisers bestätigt vielfach der Zeitgenosse Nicephorus Gregoras.

zu besiegen und im Februar 1347 in Constantinopel ein=
zuziehen. Johannes Kantakuzenos, als Kaiser anerkannt,
machte mit Anna von Savoyen einen Vertrag, wodurch
deren Sohn Johannes V. sein Eidam und Mitkaiser wurde,
er selbst aber für zehn Jahre die Alleinregierung übernahm.
Unter allen Palastrevolutionen in Byzanz gibt es keine, in
der ein siegreicher Rebell — und Kantakuzenos wurde dazu
nur durch den Zwang der Verhältnisse — gleiche Mäßigung
und gleichen Edelsinn gezeigt hätte. Er folgte nicht dem
Beispiele des Gründers der Paläologendynastie, welcher den
jungen Laskariden durch Blendung unschädlich gemacht hatte.
Seinem zweiten Sohne Manuel verlieh er Lakonien oder
Misithra als Despotat. Dies byzantinische Fürstentum um=
faßte bereits den größesten Teil des Peloponnes mit Aus=
nahme der Besitzungen der Lateiner in Elis und Messenien;
denn schon im Jahre 1320 waren die einst mächtigen Ba=
ronien Karytena und Akova in die Gewalt der Griechen ge=
fallen. Die unausgesetzten Bedrängnisse durch die Türken
und die innere Anarchie brachten die Städte in Morea sogar
zu dem Entschluß, dem Kaiser Kantakuzenos das Regiment
anzutragen. Er wäre mit Freuden diesem Rufe gefolgt, da
er hoffen durfte, nach der Herstellung der griechischen Herr=
schaft in Morea auch die Catalanen in Attika und Böotien
zur Unterwerfung zu zwingen. Allein dazu kam es nicht.[1]
In Misithra aber hat Manuel bis 1380 mit Weisheit und
Kraft regiert. Er zwang die moreotischen Franken, mit ihm
Frieden und ein Bündniß zu schließen; er half ihnen Türken
und Catalanen abwehren, und machte mit den Lateinern

---

[1] Cantacuz. Lib. III. c. 11, p. 74. c. 12, p. 80.

vereint sogar einen Streifzug nach Böotien, wo Roger de Lauria bis vor den Mauern Theben's bekämpft wurde.[1]

Dieser catalanische Große vom Hause des in den ersten Vesperkriegen unsterblich gewordenen Admirals war Marschall des Herzogtums Athen, und Nachfolger Moncada's geworden, dessen Dienste der König Friedrich in Sicilien nötig hatte. Die Catalanen wurden übrigens in den heftigen Krieg hineingezogen, welcher seit 1350 zwischen Genua und Venedig um die Herrschaft im Mittelmeer entbrannt war. Auf der Seite Venedig's stand der Kaiser Kantakuzenos und der König von Aragon. Catalanische Truppen aus dem Herzogtum Athen vereinigten sich, wol als Mietlinge, mit den Venetianern und Aragoniern, und sie bekämpften die Genuesen, als diese Oreos und Negroponte angriffen. Demnach war das Verhältniß der Republik von S. Marco zu dem Catalanenstaat damals, wenn auch nur vorübergehend, ein freundliches geworden.[2]

In derselben Zeit erwuchs den Catalanen ein neuer Feind in Korinth. Die unausgesetzten Raubzüge der türkischen Corsaren aus Anatolien, der Griechen des Peloponnes, sowie der Spanier Athen's wurden für jene handeltreibende Stadt und das Isthmusgebiet so verderblich, daß der dortige Erzbischof und der Burgvogt an ihrer Erhaltung verzweifelten. Die Korinther schickten deshalb im Februar 1358 Abgesandte an ihren Landesherrn Robert, den Titularkaiser von Constantinopel und Fürsten Achaja's, mit dem dringenden Gesuch, ihren Bedrängnissen endlich abzuhelfen. Diesem Fürsten

---

[1] Cantacuz. Lib. IV, c. 13, p. 90.
[2] Ueber diese Beteiligung der „Lateiner in Athen und Theben" am Kriege wider Genua, Niceph. Gregoras XXV, p. 47 ff.

erschien kein anderer Mann geeigneter, die Stadt zu schützen,
als der reiche Großseneschall Niccolo Acciajoli, welcher in
Morea große Ländereien besaß und seit 1357 auch Graf
von Malta und Gozzo war. Robert belieh ihn und seine
Nachkommen, am 23. April 1358 zu Bari, mit der Castellanei
Korinth als erblicher Baronie.[1] Sie umfaßte die Gebiete
des alten Pallene und Phlius, sowie Teile der Argolis
bis nach Trözene hin.[2]

Jn der Belehnungsurkunde wird zwar gesagt, daß die
Castellanei an den Grenzen verschiedener Feinde, der Catalanen, Türken und Griechen, gelegen und deshalb großen
Gefahren ausgesetzt sei, aber in dem Hülfegesuch der Korinther selbst ist nur von den Raubzügen der Türken die Rede,
wodurch das einstmals blühende Land in das tiefste Elend
versetzt werde. So trat die Geldmacht des florentinischen
Bankiers als Retterin Korinth's ein; das Haus Acciajoli
erlangte hier zuerst eine politische Stellung, welche dann
auch auf die Verhältnisse des Catalanenstaats Athen von
wichtigem Einfluß wurde.[3]

Der Großseneschall hatte mit dem Besitze Korinth's die
höchste Stufe seines Glücks erstiegen. Der bedeutendste
Staatsmann der Dynastie Anjou, welcher er in guten und
bösen Tagen unermeßliche Dienste geleistet, selbst einen Teil

---

[1] Act, bei Buchon N. R. II, 143 ff.

[2] Fallmerayer, Gesch. Morea's II, 259.

[3] Niccolo nannte sich seither urkundlich Melfie et palatinus comes
magnus senescallus regni Siciliae, nobilis civitatis Corinthi dominus.
Zur Castellanei gehörten außer der Stadt 9 Castelle; sie sind als Besitzungen der Maria von Bourbon, der Wittwe des Kaisers Robert, auf-
gezählt in den Tables de fiefs de la Morée von 1364, bei Hopf,
Chron. Gréco-Rom. p. 229.

Sicilien's wiedergewonnen und den Besitz Morea's erhalten
hatte, starb, 55 Jahre alt, am 8. November 1365 in Neapel.
In seiner Vaterstadt Florenz, wo der demokratische Geist
der Gleichheit noch keine Tyrannen emporkommen ließ, ist
die Certosa San Lorenzo vor der Porta Romana sein glän=
zendes Denkmal. Dieser gothische Prachtbau kann zugleich
als das erste Monument der geschichtlichen Beziehungen zwi=
schen Florenz und Griechenland betrachtet werden; denn zu
seiner seit 1338 begonnenen Errichtung hatte Niccolo aus=
drücklich die Einkünfte seiner griechischen Besitzungen be=
stimmt. Er folgte darin dem Beispiel der Pisaner, die zum
Ausbau ihres Domes ihre Renten aus Constantinopel ver=
wendet hatten.[1] In einer unterirdischen Capelle der Cer=
tosa sieht man noch heute das stattliche Grabmal des Groß=
seneschalls und anderer Mitglieder seines Hauses.[2]

Die merkwürdige Gestalt dieses schon ganz modernen
Menschen von thätiger Welterfahrung ist ohne Beispiel in
seinem Jahrhundert, wo er der Zeitgenosse des Cola di
Rienzo, des Cardinals Albornoz, des Giotto und der ersten
Humanisten Italien's war. Als Bankier und Staatsmann
konnte er die Ereignisse der damaligen Welt mitbestimmen
und einen Einfluß erlangen, der von Avignon bis nach

---

[1] Bestimmung vom 18. März 1160; G. Müller, Docum. sulle
relazioni delle città Toscane coll' oriente. Florenz 1879, p. 8. —
Am 15. Juli 1338 bewilligte die Kaiserin Catharina in Neapel dem
Niccolo Acciajoli, im Falle seines Todes und während der Minorität
seiner Kinder, die Verwendung der Einkünfte seiner Länder in Achaja
zum Bau der Certosa. Buchon, N. R. II. 104.

[2] Abbildung der Grabmäler im Atlas Buchon's pl. XXXVI ff.,
und besser in Litta's Genealogie der Acciajoli. Hier auch das Bildniß
des Großseneschalls von Empoli, ehemals in der Certosa befindlich, jetzt
in der florent. Akademie.

Sicilien und Griechenland reichte. Nur insofern gehört er
zur Geschichte Athen's, als er der Gründer des später dort
herrschenden Hauses Acciajoli war. Eine andere Frage,
welche das culturgeschichtliche Verhältniß Athen's zum Abend=
lande auch nur nebenbei streift, würde diese sein, ob der
Großseneschall, der Freund Boccaccio's und Verehrer Pe=
trarca's, durch seine Stellung in Griechenland dazu beige=
tragen hat, den Geist des hellenischen Altertums in den
Umbildungsprozeß Italien's hinüberzuleiten. Ganz ohne
Wirkung in dieser Richtung kann seine fürstengleiche Macht
in Achaja nicht gewesen sein. Er zog einen Schwarm dienst=
beflissener Griechen mit sich nach Neapel und an seinen Hof
im Schloß Lettere bei Nocera. Schon Boccaccio nannte
diese Parasiten verächtlich Gräculi.[1] Allein nicht Hellenen
aus Achaja, sondern calabrische Griechen erscheinen als erste
Lehrer der italienischen Humanisten. Petrarca versuchte von
einem solchen, dem Mönch Barlaam, griechisch zu lernen,
und Boccaccio ließ den Homer von dem Calabresen Leontio
Pilato in's Lateinische übersetzen. Dieser unwissende Mann
wurde durch ihn im Jahre 1360 als erster Professor des
Griechischen in Florenz angestellt.

Von Athen läßt sich nicht nachweisen, daß der Verkehr
der Franken mit dieser Stadt im Zeitalter der Früh=
renaissance irgend einen geistigen Einfluß auf Italien aus=
geübt hat. Die Besitznahme durch die Companie der Cata=

---

[1] Brief an Francesco Nelli (Op. volg. Flor. 1834, XVII, 37 ff.).
Gegen die Echtheit desselben haben sich erklärt Hortis, Studj sulle opere
latine di Boccaccio p. 21 und M. Landau, Giov. Bocc., sein Leben
und seine Werke p. 253. Für die Echtheit sind Buchon, Hopf, Georg
Voigt, Körting.

lanen und das sicilianische Haus Aragon, welches den Anjou
und dem Papst feindlich war, unterbrach geradezu die Verbindung Athen's mit Italien. Während der spanischen
Epoche gab es weder dort noch in Theben einen Fürstenhof; vielmehr hatten beide Städte die hervorragende Stellung eingebüßt, welche sie zur Zeit der La Roche gehabt hatten.
Die Kunden, die von daher zu den Italienern drangen,
konnten daher nur mittelbar und sehr sparsam sein.

Wie wenig die classische Ruinenwelt Athen's die Vorstellung der höchst gebildeten Geister Italien's beschäftigte,
lehrt derselbe Boccaccio, welcher nebst Petrarca den glü-
hendsten Trieb für die dem Abendlande noch mit sieben
Siegeln verschlossene Literatur der Hellenen besaß. Er
hat zweimal Athen als Scene für seine Dichtungen benutzt:
in der siebenten Novelle des zweiten Tages des Decamerone,
und in der Theseide. Allein weder hier noch dort bedeutete
die für jeden Dichter reizvollste Stadt des Altertums mehr
für ihn, als einen Namen und einen Ort. Die Theseide,
das erste italienische Epos, welches den großen Dichtern
Ariosto und Tasso die Form der Octave überlieferte, ist
durch seinen Stoff merkwürdig. Da Boccaccio ihn in
seiner neapolitanischen Lebenszeit behandelte, so konnten es
die Beziehungen der Anjou zu Griechenland sein, die ihm
die Bearbeitung eines hellenischen Gegenstandes nahe legten,
mochte er diesen, was nicht mehr ermittelt werden kann,
aus einer französischen oder griechischen Quelle geschöpft
haben. In der Theseide nun, einer heute kaum noch ge-
nießbaren barocken Travestie des griechischen Altertums in
die Formen des fränkischen Ritterwesens, gibt es auch nicht
eine Stelle, wo sich der Dichter zu einer begeisterten

Erinnerung an die ideale Vergangenheit Athen's fortreißen ließ. Nicht eins der damals dort noch dauernden Denk= mäler des Altertums, nicht einmal die Akropolis mit dem Parthenon, selbst nicht der Name Pallas Athene diente ihm dazu, seiner athenischen Scenerie eine glänzende Localfarbe und erhöhten Wert zu geben. Kurz für Boccaccio und alle seine Zeitgenossen in Italien blieb Athen ein Ort, von dem ihnen keine Anschauung übermittelt worden war.

Dieselbe Gleichgültigkeit der Franken gegen das classi= sche oder monumentale Altertum Griechenlands zeigen die Verfasser der griechischen und französischen Chronik Morea's, welche Zeitgenossen Boccaccio's waren. Auch sie haben auf die Vergangenheit des Peloponnes und die Denkmäler seiner berühmten Städte keine Rücksicht genommen. Die antiken Orte waren mit ihren Namen meist verschwunden, oder doch verwandelt, und dem barbarischen Geschlecht der eingebore= nen Nachkommen wie den unwissenden Franken erschienen die sparsamen Ueberreste altgriechischer Tempel und Mauern als Werke verschollener Heiden und Giganten.[1]

---

[1] L'ovre de Jaians heißt im Livre de la Cq. p. 44 die Burg von Arkadia, dem alten Kyparissia in Messenien. In der griechischen metrischen Chronik sind aber doch diese Riesen „Hellenen", das heißt Heiden. — Tozer, The Franks in the Peloponnese (Journal of Hel-lenic studies, London 1883, Vol. IV, 196).

Sechstes Capitel.

Die Familie Acciajoli. Nerio, Castellan von Korinth. Die Türken in Thracien. Roger de Lauria nimmt sie in Theben auf. Mißliche Zustände in der Companie. Matteo Moncada, Generalvicar. Tyrannei des Peter de Puig. Verwaltung des Roger de Lauria. Die Enghien in der Argolis. Matteo de Peralta, Generalvicar. Die Mächte Europa's, der Papst und die Türken. Congreß in Theben. Nerio Acciajoli erobert Megara. Luis Fadrique, Generalvicar. Das Haus der Fadrique. Nach dem Tode Philipp's von Tarent erben die Baux die Ansprüche auf Achaja.

1. Niccolo Acciajoli hatte in seinem am 30. September 1358 zu Neapel verfaßten Testament, einem Actenstück, so fürstlich an Umfang wie an Stil, alle seine Güter unter seine vielen Erben verteilt. Von seinen Söhnen Angelo, Benedetto und Lorenzo erhielt der älteste neben den Grafschaften Melfi und Malta und andern Besitzungen in Süditalien, die Castellanei Korinth wie einen großen Teil der Ländereien in Achaja. Auf Angelo ging auch die Würde des Großseneschalls Sicilien's über.[1]

Die leibliche Nachkommenschaft des großen Empor-

---

[1] Gemäß der vom König Louis von Neapel und der Königin Johanna erteilten Erlaubniß; Act vom 8. Sept. 1354, Buchon, N. R. I, 83. Unter den Zeugen desselben befand sich auch Walter von Brienne, der Titularherzog von Athen, nicht ahnend, daß die Acciajoli einst das Erbe seines Vaters gewinnen sollten.

kömmlings blieb übrigens in Neapel, wo sie bald verfiel. Dagegen fügte es der Zufall, daß ein Nebenzweig des Hauses Acciajoli in Griechenland zu neuer Blüte kam. Das Haupt dieser Linie war der Vetter des Großseneschalls, Giacomo, aus dessen Ehe mit der Florentinerin Bartolommea Ricasoli drei Söhne stammten, Donato, Nerio und Giovanni, und diese fanden alle in Hellas ihr Glück. Noch kurz vor seinem Tode hatte Niccolo den Donato zum Leutnant seiner Länder in Achaja und zum Castellan Korinth's gemacht.[1] Durch seinen Einfluß war dessen Bruder Giovanni im Jahre 1360 Metropolit von Patras geworden, dem größesten Erzbistum Morea's, welches sich zu einem selbständigen geistlichen Fürstentum unter der Autorität des Papst's ausgebildet hatte. Der dritte Sohn Giacomo's, Nerio Acciajoli, trat schon im Jahre 1363 mit kühnen Plänen in Griechenland auf; dann nach dem Tode Giovanni's I. Sanudo, des Herzogs von Naxos, bewarb er sich um die Hand von dessen vielbegehrter Erbtochter Fiorenza, aber Venedig verhinderte diese Verbindung.[2]

Nachdem der Titularkaiser Robert von Tarent am 16. September 1364 ohne Erben gestorben war, begleitete der junge Nerio dessen Wittwe, die Kaiserin Maria von Bourbon, als sie nebst ihrem Sohne Hugo von Galiläa aus ihrer ersten Ehe mit Guy von Lusignan, dem Bruder des Königs Peter I. von Cypern, den Versuch machte, Morea für jenen zu gewinnen. Durchaus wie der Großseneschall verdankte auch Nerio der Gunst einer Titularkaiserin

[1] Buchon, N. R. II, p. 198, n. XXXI.
[2] Hopf, Geschichte der Insel Andros.

von Byzanz sein Glück. Er kaufte von ihr Vostitza, das alte Aegium, und Nivelet, die ehemalige Baronie des Hauses Charpigny.[1] Sodann machte er sich zum Herrn Korinth's.

Angelo, der älteste Sohn des Großseneschalls, war von dem neuen Titularkaiser Constantinopel's, Philipp II. von Anjou-Tarent, dem Bruder Robert's, im Besitze dieser Castellanei bestätigt worden;[2] da nun Donato, der dortige Statthalter, abberufen wurde und nach Italien zurückkehrte, schickte Angelo dessen Bruder Nerio als Castellan nach Korinth, und er verlieh ihm, Schulden halber, diese Stadt nebst Sikyon oder Basilika als hypothekarisches Pfand. So begann Nerio Acciajoli in Morea aufzutreten; er gründete sich daselbst eine Herrschaft zu einer Zeit, wo die Zustände Griechenlands sich immer tiefer verwirrten.

Die endlosen Fehden der dortigen Machthaber mit einander, und der Bürgerkrieg, welcher zwischen dem Kaiser Kantakuzenos und seinem Eidam Johannes V. von neuem entbrannt war, bahnten den Osmanen die Wege nach Europa. Suleiman, Orchan's kühner Sohn, setzte im Jahre 1354, wie die Sage erzählt, von nur siebzig tapfern Kriegern begleitet, in einer Nacht über den Hellespont und überrumpelte die Burg Tzympe bei Gallipoli. Hier zuerst faßten die Türken auf europäischem Boden festen Fuß. Die Byzantiner haben diese Horde von Eroberern mit den Persern

---

[1] Buchon, N. R. I, 126.
[2] Act in Neapel, 7. Nov. 1366, Buchon, N. R. II, 204 ff. n. XXXIII. Durch Diplom, Brindisi, 26. Febr. 1371, ernannte dann derselbe Philipp II. den Angelo Acciajoli zum Pfalzgrafen (palatinus) Korinth's; ibid. p. 208, n. XXXV.

verglichen und auch mit deren Namen benannt. Die Os=
manen aber waren furchtbarer und glücklicher als das Volk
des Darius und Xerxes. Wenn es den Persern, nach der
Bemerkung des Polybius, stets zum Verderben gereichte, so
oft sie die Grenzen Asien's überschritten, wurden die Türken
erst mächtig und groß, sobald sie die Erde Europa's be=
traten.

Da der Kaiser Kantakuzenos der Hülfe des Sultans,
seines eigenen Schwiegersohnes, benötigt war, mußte er sich
mit kraftlosen Protesten gegen die von Suleiman vollzogene
Besitznahme thracischer Städte begnügen. In der gleichen
Lage befand sich Johann V. Paläologus. Diesem gelang
es im Jahre 1355, sich Constantinopel's zu bemächtigen
und seine Gegner zu beseitigen. Der Kaiser Kantakuzenos
legte die Krone nieder, um sein stürmisches Leben als be=
schaulicher Mönch in Sparta zu beschließen, wo sein geist=
voller Sohn Manuel, einem Vertrage mit dem Paläologen
gemäß, als Despot weiter regieren durfte. Die Byzantiner
aber beschäftigte fast mehr die Theologie, als die Türken=
gefahr. Ihre Patriarchen und Kaiser untersuchten in Syn=
oden, Disputationen und Schriften das Wesen der Licht=
vision auf dem Berge Tabor. Wie einst den gallischen
Bischof Salvianus die Schauspielwut der untergehenden
Römer zu dem Ausspruche veranlaßt hatte, daß sie, gleich=
sam vom sardonischen Kraut gesättigt, lachend sterben woll=
ten, so hätte ein besonnener Philosoph von den damaligen
Byzantinern sagen können, daß sie als theologische Sophi=
sten sterben wollten.

Nichts hemmte mehr das Vordringen der Osmanen im
Balkanlande, zumal dort seit dem Tode des gewaltigen

Serbenherrschers Stefan Duschan im Jahre 1355 diese große Slavenmacht unter seinem Sohne Urosch V., dem letzten der Dynastie Nemanja, in mehrere Stücke zu zerfallen begann. Als auch Gallipoli, die bedeutendste aller Seestädte Thracien's, und damals noch ein großes Emporium des Handels zwischen Europa und Asien, in die Gewalt der Türken kam, waren dieselben Herren des ganzen Chersones. Von dieser Basis aus konnte Murad I., der Sohn des im Jahre 1359 gestorbenen Orchan, die Eroberungen des Vaters glücklicher fortsetzen. Die berühmte Metropole Thracien's, Adrianopel, die er bestürmte und bezwang, machte er seit 1365 an Stelle des asiatischen Brusa zum Sultansitz und zum europäischen Mittelpunkt des Osmanenreichs für so lange, als das noch nicht die Weltstadt Constantinopel geworden war, auf deren Gebiet der griechische Kaiser sich bereits beschränkt sah.

Von Thracien drang Murad westwärts bis zu den Balkanpässen vor, und südwärts in die schönen Landschaften Thessalien's. Kein Widerstand feindlicher Heere hielt den Zug der türkischen Kriegsscharen auf, als sie weiter durch die Thermopylen rückten und sich Böotien und Attika näherten. Hier war die Macht der sicilianischen Regierung durch innere Unruhen und unter den catalanischen Großen ausgebrochene Streitigkeiten gelähmt, während sie schon seit geraumer Zeit nicht nur die Streifzüge der Albanesen und Türken abzuwehren hatte, sondern auch mit dem griechischen Despoten Misithra's, mit Guido von Enghien in Argos, und den Venetianern in Krieg verwickelt war. Die Familie der Lauria hatte damals die Fabrique von Aragon in den Hintergrund gedrängt; sie war mächtig in Theben,

wo sie Lehnsgüter besaß und das Amt des Stadtvicars in
ihren Besitz gekommen war.[1] Roger de Lauria stand in
jener Zeit an der Spitze des Herzogtums als Statthalter
des Königs Friedrich III. Von einer Gegenpartei und zu=
gleich vom Bailo Negroponte's bedrängt, machte er sich kein
Gewissen daraus, die herannahenden Türken zu seiner Hülfe
herbeizurufen. Als seine Bundesgenossen zogen sie sogar
in die Stadt Theben ein, den Sitz der Regierung und den
ansehnlichsten Ort des Herzogtums Athen.[2]

Dies Ereigniß bewies, daß auch die Spanier und Si=
cilianer Fremdlinge in Griechenland geblieben waren, mit
dem sie kein Heimatsgefühl verband. Die Kunde davon
verbreitete Schrecken selbst im fernen Abendlande. Urban V.
rief die Herren Euböa's, den Erzbischof von Patras und
andre Prälaten und Machthaber zur Abwehr der Gefahr
auf, die Achaja bedrohte.[3]

Den ritterlichen König Cypern's, Peter I. von Lusignan,
welcher seit dem Jahre 1362 die Höfe des Abendlandes
bereiste, um eine Liga wider die Türken zu Stande zu
bringen, ermahnte er, in sein Land heimzukehren, da auch
dieses einen Einfall der Ungläubigen zu erwarten habe.

Peter hatte am 1. April 1363 zu Avignon mit Johann

---

[1] Als hon. vigerius Thebarum bezeugt Johannes de Lauria einen
Act am 13. Oct. 1359. Commem. VI, fol. 103 t.

[2] Civitas nostra Thebarum, quae in ipsis ducatibus quasi
caput est et magistra heißt es in einem Erlaß des Königs Friedrich III.
Archiv Palermo, Reg. Protonot. Vol. I, a. 1349—93, fol. 108 t.

[3] Avignon, 5. Kal. Julii a. II (1364), bei Raynald n. 26. Cum
nuper audivimus, quod in civitate Thebarum et aliis circumstan-
tibus partibus infidelium Turcorum profana multitudo moretur,
ac terras fidelium principatus Achajae impugnare moleatur.

von Frankreich und Amadeo VI. von Savoyen den Kreuzzug gelobt.[1] Von den Mächten Europa's nicht ausreichend
unterstützt, kehrte er nach Cypern zurück und unternahm
dann eine Kriegsfahrt nach Aegypten, welche kein anderes
Ergebniß hatte, als die Eroberung und vorübergehende Besetzung Alexandria's am 10. October 1365.

Unterdeß waren der Erzbischof Paulus von Theben,
der Ritter Bartolommeus de Valeriis, Nicolaus de Ardoyno
und Guillelm Vassani als Boten der flüchtigen Thebaner
und andrer Gemeinden des Herzogtums Athen an den Hof
Friedrich's von Sicilien gekommen, welchem sie die Besetzung
jener Stadt durch die Türken und die verzweifelte Lage
des Landes meldeten. Der König ernannte hierauf, im
August 1363, Matteo Moncada nochmals zum Generalvicar
auf Lebenszeit, mit der ausgedehnten Vollmacht, selbst
Majestätsverbrecher zu amnestiren und nach Gutdünken Castellane und Capitäne in den Burgen einzusetzen. Da er seine
Ernennung nicht nur der Stadt Theben, sondern sogar dem
Marschall Roger de Lauria anzeigte, so geht daraus hervor,
daß dieser einflußreiche Mann weder unter Prozeß gestellt
noch irgend gestraft werden konnte.[2]

Vielmehr fuhr er fort, das Herzogtum Athen nach wie
vor zu verwalten, während Moncada im Dienst des Königs

---

[1] Datta, Spedizione in Oriente di Amadeo VI . . . p. 12.
[2] Patent für Moncada, Syracus 16. Aug. I. Ind. (1363); bei
Rof. Gregorio, App. 65. Ich fand diese Urkunde im Archiv Palermo,
Reg. Prot. Vol. I, a. 1349—63, fol. 108 t·, und zwar datirt 20. Aug.
ohne Jahr und Indiction. Da aber auf fol. 109 t· die Verleihung der
Markgrafschaft Bodonitza, wenn sie erobert war, an denselben Moncada
am 16. Aug. in Syrakus datirt ist, und vorher eine andere Urkunde
mit Ind. I bezeichnet ist, so ist das Jahr 1363 sicher.

in Sicilien zurückgehalten wurde. Im Juli 1365 unter=
handelte Roger mit der Republik Venedig wegen der Be=
stätigung des zwanzigjährigen Friedens, welchen die Companie
ehedem mit Nicola Pisani, dem Capitän des Golf's ge=
macht hatte. Allein die venetianische Signorie wollte nur
den kürzlich zwischen jener und dem Bailo Neroponte's,
Domenico Michiel, abgeschlossenen zweijährigen Waffenstill=
stand anerkennen. Sie wies auch die Forderung Roger's
zurück, daß es der Companie gestattet werde, auf ihre Kosten
eine Flotte zur Bekämpfung ihrer Feinde auszurüsten. Dem=
nach hielt Venedig hartnäckig an jenen Bedingungen fest,
welche die Catalanen in Athen verhinderten, eine Seemacht
zu werden.[1]

Es ist unbekannt, in welcher Zeit Matteo de Moncada
im Herzogtum erschien. Es gelang ihm, Theben von der
türkischen Invasion zu befreien, doch nicht die Ordnung im
Lande herzustellen, wo das feste politische Gefüge der Com=
panie aus den Fugen zu gehen drohte. Die Willkür der
Großen war an die Stelle des Gesetzes getreten. Ein vor=
nehmer Catalane, Peter de Puig, oder Puigparadines, Herr
der Burgen Karditza und Kalandri, und wie es scheint, eine
Zeit lang während der Abwesenheit Moncada's dessen Stell=
vertreter als Vicar, konnte sich in Theben zum Tyrannen
aufwerfen. Dort verdrängte er nicht nur die Lauria aus

---

[1] Quod suis expensis posset in mari armare contra suos inimicos — Venedig lehnt das ab, quia nostrae intentionis est quod
treugam predictam nuper factam per dictum nostrum bajulum
in universitate inviolabiliter observetur. Misti XXXI, fol. 108 t.
die 25. Julii 1365. Antwort an den Boten Roger's, welcher in diesem
Act heißt marescalchus et vicarius generalis universitatis ducatus
Athenarum.

ihrem Einfluß, sondern er entriß auch), während eines Krieges mit den Albanesen, den Brüdern vom Hause Aragona,
Bonifazio, Juan und Jayme, die Burgen Salona, Liboriki
und Veteranitza.[1] Endlich bildete sich in Theben eine Verschwörung gegen den Usurpator, deren Haupt Roger de
Lauria war. Peter de Puig, sein Weib Angelina, und
mehre seiner namhaftesten Anhänger wurden in einem
Aufstande erschlagen, und die Truppen der Regierung zu-
sammengehauen. Moncada selbst war damals nicht in
Theben, wo Roger und seine Partei sich der Gewalt be-
mächtigten. Sie schickten an den König Friedrich als ihren
Sindicus und Boten Franciscus von Cremona, welchem
am 2. Januar 1367 auch Abgeordnete der Städte in Theben Vollmacht gegeben hatten, um sich wegen jener Excesse
zu rechtfertigen, und Friedrich III. begnadigte notgedrungen
alle Schuldige.[2]

2. Die Partei Roger's war jetzt wieder im Besitze
der öffentlichen Gewalt und der königliche Einfluß im Herzogtum bereits so schwach geworden, daß Friedrich III. jenem

---

[1] Arch. Palermo, Reg. Cancell. a. 1346, n. 4, fol. 127. 3. Aug.
apud Messanam (1365). In diesem Act wird Petrus de Putheo (Puig)
ausdrücklich genannt vicarius dictor. ducatuum, wobei der fehlende
Zusatz generalis nicht maßgebend ist. Das Haus der Puig war wol
identisch mit den Puigparadines. Siehe den Artikel: die Lehen der
Herzogtümer Athen und Neopaträ am Ende der catalanischen Herrschaft:
Deltion der histor. und ethnolog. Gesellschaft Griechenlands, Athen
1887 Mai.

[2] Privilegium Friedrich's undatirt, Arch. Palermo, Reg. Cancell.
n. 13, a. 1371, fol. 123 ff. Darin wird gesagt, daß die Vollmacht
für Franciscus ausgestellt sei anno D. Incarn. 1366 secundo Jan.
V. Ind. Demnach ist es d. J. 1367. Als Anhänger Roger's sind in

Großen nicht nur alle Güter bestätigte, die derselbe von früheren Herzogen erhalten hatte, sondern ihn auch am 14. Mai 1367 an Stelle Moncada's zum Generalvicar ernannte.[1]

Vier Jahre lang verwaltete Roger de Lauria sein Amt, jetzt mit so viel Umsicht und Kraft, daß er den Frieden mit Venedig erhalten, die Angriffe der Türken abweisen und die feindlichen Unternehmungen der Enghien verhindern konnte.

Dieses schnell verblühende Haus, dessen Erbe in der Argolis bald die Republik Venedig werden sollte, machte damals noch eine Anstrengung, das Herzogtum Athen wieder zu erobern. Aus der Ehe Gauthier's von Enghien und der Isabella von Brienne stammten vier Söhne, von denen Sohier die Rechte auf Athen geerbt hatte, während Jean Graf von Lecce, Louis Graf von Conversano, endlich Guido

diesem Patent bezeichnet Wilh. de Almenara, Antonius de Loria (Sohn Roger's), Albertus de Bonacolsis von Mantua, Jacobus Guarbia, Alfonsus Cavalerius, Bernardus Balestarius u. s. w.

[1] Messina 14. Mai (V. Ind.); Reg. Cancell. n. 1363—66, n. 9, fol. 104: amoto inde nobili Matheo de Montecatheno ... olim ibid. vicario. — Fol. 105: Befehl an alle Officialen des Herzogtums, ihm zu gehorchen. — Erneuerte Bestätigung der Güter, 16. Mai ap. Messanam Reg. Cancell. a. 1371, n. 13, fol. 122ᵗ· 124. Am 18. Mai bestätigt der König Roger im Besitz der Burg Le Stiri (Estiri in Phokis), welche dieser von Ermangol de Novellis gekauft hatte. Hopf (Chron. Gréc.-Rom. p. 536) führt diesen Ermangol, der a. 1365 starb, als Marschall der Herzogtümer an; allein noch zu seinen Lebzeiten war das schon Roger. Denn im Reg. Proton. I, fol. 309ᵗ· zeigt Friedrich die Ernennung Moncada's (24. Febr., III. Ind. 1365) an: nobili Rogerio de L. marescalco ducatuum et nobili Armingero de Novellis. Es ist daher nicht richtig, was Hopf behauptet, daß erst seit dem Aussterben der Novelles mit Ermangol das Erbmarschallamt an die Lauria kam.

Herr von Argos und Nauplia waren. Sohier starb im Jahre 1366 auf dem Blutgerüst, da ihn Albert von Baiern, der Sohn des Kaisers Ludwig, als Regent von Hennegau enthaupten ließ.[1] Seine Ansprüche auf Athen kamen mit dem Herzogstitel an seinen Sohn Walter von Enghien.[2] Die Zerrüttung der Verhältnisse der Companie reizte jene Brüder zu dem Plan eines Kriegszuges gegen Athen, dessen Führer der Graf von Lecce sein sollte. Da sie in das venetianische Bürgerrecht aufgenommen waren, hofften sie auf Unterstützung durch die Republik.[3] Jean von Enghien und seine Brüder schrieben im Februar 1370 dem Dogen; sie erinnerten ihn an die alte freundliche Verbindung Venedig's mit dem Hause Brienne, namentlich mit dem Herzoge von Athen, welchem die gottlose Companie der Catalanen sein Erbland entrissen, nachdem sie seinen Vater erschlagen hatte. Die Prozesse der römischen Curie und der vom Papst Johann XXII. über diese Räuber verhängte Bann stünden noch immer in Kraft, wenn sie auch zeitweise aufgehoben worden seien. Demnach ersuchten die Enghien den Dogen, ihnen seinen Beistand zu leihen, da sie sich ent-

---

[1] St. Genois, Droits primitifs p. XXXVII.

[2] Derselbe starb 1381, worauf sein Oheim Louis von Converſano den Titel Herzog von Athen annahm. Er starb 1394 ohne männliche Erben. Seine älteste Tochter Marguerite, duchesse d'Athènes, heiratete Pietro del Balzo (Baux), Herzog von Tarent. St. Genois p. XXXIX.

[3] Schon Walter von Brienne, der Titularherzog Athen's, hatte auch für seine Erben das venetianische Bürgerrecht erhalten; gleichwol wurde dies noch am 22. Juli 1362 persönlich an Guido von Enghien verliehen, der in diesem Diplom heißt: Argos et Neapolis de Romania dux, et nepos quond. domini ducis Athenarum. Arch. Ven., Commem. VI, fol. 144.

schlossen hätten, mit Hülfe ihrer Oberlehnsherren und Freunde das Erbteil ihrer Vorfahren zurück zu erobern. Sie be= gehrten die Ueberlassung einer großen Kriegsgaleere, die Erlaubniß, Munition in Negroponte niederzulegen und von dort Proviant zu beziehen; auch sollten der Herzog von Naros, die Terzieri Euböa's, andre Vasallen des Fürsten= tums Achaja, und Zugehörige des Ducats Athen, die sich in Negroponte aufhielten, nicht gehindert werden in den Waffendienst der Enghien zu treten. [1]

Die venetianische Signorie lehnte diese Gesuche mit trockener Höflichkeit ab, indem sie dem Grafen von Lecce bemerkte, daß sie mit den Gebietern im Herzogtum Athen in Frieden sei. [2] Sie erbot sich dagegen, durch Vermittlung des Bailo Euböa's die Streitigkeiten zwischen Guido von Enghien und der Companie beizulegen, was denn auch ge= schah, da die kriegslustigen Brüder die Nichtigkeit ihrer Träume einsahen. [3]

Die Zerwürfnisse unter den catalanischen Lehnsherren im Herzogtum dauerten indeß fort, und sie drohten von neuem den Charakter eines wilden Parteikrieges anzunehmen,

---

[1] Brief des Grafen von Lecce vom 9. Febr. 1370, Misti XXIII, fol. 91.

[2] Quod sicut ipsi domino comiti et fratribus potest esse manifestum, nos sumus in treugua cum illis de ducatu. Deliberation des Senats vom 22. April 1370, Misti XXXIII, fol. 32 t.

[3] Misti ibid. fol. 133: Rescript an den Bailo, 23. Sept. 1371, super facto pacis . . . inter D. Guidonem de Engino ex una parte et vicarium ducatus Athenarum ac illos de compagna ex altera. Dabei verhandelte Venedig über die Besetzung Megara's, die es forderte. — Bisweilen wird Roger de Lauria in venetian. Acten schlechthin genannt vicarius universitatis Athenarum. So in Misti XXIII, fol. 25 t, 5. Juli 1369.

nachdem Roger de Lauria im Beginne des Jahres 1371 gestorben war. Dies lehrt ein Schreiben des Königs von Sicilien an Guilelm Almenara, dem er die Castellanei Li= vadia auf Lebenszeit versprach), wenn er die nach dem Tode Roger's in Zwiespalt gekommenen Barone mit einander ver= söhnen könne.[1] Am 31. Mai 1371 hatte Friedrich Don Matteo de Peralta zum Generalvicar der Herzogtümer er= nannt, „sowol weil Roger, der dieses Amt lebenslänglich besessen habe, gestorben, als weil Matteo de Moncada da= von entfernt worden sei".[2]

Die Peralta vom Hause Wilhelm's, des Grafen von Caltabellota, welcher sich mit Donna Leonor, einer Tochter des Infanten Juan, Herzogs von Athen, vermält hatte, gehörten zu den angesehensten Baronalfamilien Sicilien's. Sie kamen jetzt auch in Griechenland empor. Dort war Calzerano de Peralta Capitän und Castellan Athen's.[3] Nur bei Gelegenheit dieses Amtes wird die erlauchte Stadt bis= weilen wieder genannt; die Akropolis, auf welcher die cata= lanischen oder sicilianischen Burgvögte wohnten, führt dann immer nur die Bezeichnung castrum civitatis Athenarum.

---

[1] Reg. Cancell. n. 4, fol. 207. 29. Oct. apud Messanam.

[2] Reg. Cancell. 1347—70, n. 6, fol. 150 ff., ultimo madio ap. Messanam. Es folgen Formulare von Empfehlungsbriefen an die Officialen und Bewohner Theben's, Athen's, Neopatria's und anderer nicht mit Namen genannter Gemeinden.

[3] Der König bestätigte ihn in dem officium vigerie seu capi= tanie cum cognitione causar. criminalium civitatis Athenarum am 7. Jan. ap. Messan. Die Indiction ist nicht angegeben. Ich halte das Jahr für 1371 (Reg. Canc. a. 1371, n. 13, fol. 209). Neue Be= stätigung desselben als castellanus castri civitatis Athenarum, also Burgvogt; 24. Jan. ap. Messanam; Reg. Cancell. 1347. 1370, n. 6. fol. 32.

Sie besaß eigene Güter, deren Einkünfte zu Zwecken ihrer Erhaltung und Verteidigung bestimmt waren.[1]

Die Vigers und Capitäne der Städte, und die Ca=stellane der Burgen wurden vom Könige in der Regel auf Zeit, bisweilen lebenslänglich ernannt. Da sie meist nicht aus der Mitte der Companie selbst genommen, sondern von Sicilien geschickt wurden, erregte das bei den Großen des Herzogtums Widerspruch. Diese beriefen sich auf die alten Statuten der Genossenschaft, wonach jene Aemter nur drei=jährig und mit Einheimischen besetzt sein sollten.[2] In Folge eines heftigen Streites darüber in der Companie und einer Reclamation Theben's mußte der König nachgeben. Er ent=hob Calzerano seines Amtes in Athen, und übertrug dieser Gemeinde die Wahl seines Nachfolgers, die er dann nach vorausgegangener Prüfung der Person bestätigen wollte.[3]

Die Aufregung innerhalb der Companie wiederholte sich bei ähnlichen Veranlassungen; auch der Generalvicar Matteo de Peralta schickte Boten an den König, die ihm Bericht über jene Unruhen abstatteten und, wie es scheint,

---

[1] Ein Teil davon war durch Schenkung früherer Herzoge an den Catalanen Jayme Siplanes und seine Erben verliehen worden; Friedrich III. hob die Schenkung auf, weil diese Grundstücke jenem Zweck dienen sollten; quod dudum certae possessiones et bona sta-bilia ad castrum civitatis Athenar. spectantia et ad ejusd. castri tutelam, defensionem et custodiam deputata ... Reg. Canc. 1371, n. 13, fol. 209 t.

[2] So heißt es in einem Erlaß an die Athener, 4. Oct. 1374: volentes etiam capitula dictor. Ducatuum observare, quae dictant expresse vigerios seu capitaneos ipsor. ducat. per triennium in eod. officio duraturos. Gregorio, App. p. 63.

[3] Reg. Canc. a. 1369—73, n. 12, fol. 111. 4. Oct. XII. Ind. (1373). Messana. Calzeranum de Peralta ... propter lapsum dicti triennii ... ex nunc duximus amovendum.

den Rat gaben, den Forderungen der Catalanen nachzu=
geben. Deshalb wurde auch der bisherige Viger Livadia's,
Guillelm de Almenara abberufen.[1] Der König machte zu
gleicher Zeit Guillelm en Puyal zum Castellan, und Ber=
nard de Viki (Vich) zum Capitän Athen's, in Livadia aber
Francesco Lunelli von Theben zum Castellan, und Gilbert
Vitol zum Viger.[2] Livadia war damals die stärkste Festung
des Herzogtums, daher der dortige Posten des Castellans
von großer Wichtigkeit sein mußte. Schon früher hatte ihn
Almenara bekleidet, und dann am 16. September 1366 an
Guillelm Fabrique von Aragon abgeben müssen.[3]

Wie in Athen waren auch dort bisher die Aemter des
Capitäns oder Criminalrichters der Stadt und des Viger
und Castellan der Burg vereinigt gewesen, und auch dies
veranlaßte Unzufriedenheit unter den Catalanen, weshalb
der König jene Würden fortan trennte. Die Befugnisse
dieser drei Offizialen sind nicht scharf abgegrenzt; der Viger
einer Stadt scheint ihr Generalgouverneur, der Castellan der
eigentliche Burgvogt gewesen zu sein, während dem Capitän
fast immer die Criminalgerichtsbarkeit mit Beiziehung eines

---

[1] Reg. Cancell. 1347—79 (jetzt mit n. 6 bezeichnet), fol. 62 t. Brief
aus Messina an Guill. be Almenara vom 19. Jan. XII. (1374.)

[2] Reg. Cancell. ibid. fol. 63 t. Calzeranum de Peralta castellanum et vigerium seu capitaneum castri et civitatis Athenarum
ab eisdem officiis amoveri et Guillelmum Impuyal castellanie et
Bernardum de Viki vigerie seu capitanie predictis subrogari nostra
serenitas consueta deliberatione decrevit. Ibid. fol. 71, 20. Jan.,
Kundgebung dieser Ernennung an Calzerano.

[3] Reg. Cancell. a. 1365—66, n. 9, fol. 65. Im März 1366 war
Johes de Bonacolsis von Mantua dort Castellan. Ibid. fol. 19. In
diesem Erlaß heißt es, daß demselben das castrum zu übergeben sei
cum victualibus, armis, ingeniis et rebus aliis.

Richters, Assessors und Notars zugewiesen wird.[1] Bisweilen erscheinen jene drei Aemter getrennt, öfters aber zwei, sogar alle drei in einer und derselben Person vereinigt, was zu Klagen der Gemeinden Veranlassung gab.[2] Die Companie suchte zu verhindern, daß diese einflußreichen Stellen, welche der catalanische Feudaladel als ihm selbst zukommend betrachtete, an nicht einheimische Höflinge des Königs vergeben wurden, doch dieser bewahrte sich das Kronrecht der Ernennung jener Aemter, und es war nur auf Grund besonders dringender Verhältnisse, daß er den Gemeinden gestattete, ihre localen Vicare, Capitäne und Castellane mit dem Vorbehalt seiner eigenen Bestätigung zu wählen. Im Uebrigen verkehrten die Städte des Herzogtums durch ihre Procuratoren mit dem Hofe des Königs oder Herzogs, so oft sie Beschwerden oder Wünsche vorzutragen hatten. Wenn ihre Gewohnheiten, Rechte und Privilegien durch irgend

---

[1] In Urkunden Palermo's: officium vigerie seu capitanie cum cognitione causarum criminalium civitatis Athenarum: Reg. Cancell. a. 1371, n. 13, fol. 209. Ebenso vom capitaneus Livadiae. Der Castellan und Capitän von Siderocastron, R. Cancell. a. 1346, n. 4, fol. 127 t.

[2] So findet sich in einer Person der vigerius et capitan. von Theben; Reg. Canc. a. 1365. 1366, n. 9, fol. 109. Der vig. et cast. von Livadia, R. Canc. 1347—70, n. 6, fol. 62 t.; ebendaselbst der castell. et capit., Reg. Canc. a. 1346, n. 4, fol. 207; der castell. et capit. von Siderocastron, ibid. fol. 127 t. A. 1366 erhält Guill. Fabrique das offic. castellanie castri, vigerie et capitanie in Livadia, Reg. Canc. a. 1365. 1366, n. 9, fol. 104. Ebendaselbst ist Guill. de Almenara Viger, Capitän und Castellan, Reg. Canc. 1369. 1373, n. 12, fol. 112. Calzeranus de Peralta heißt capitan. viger. et castell. Athen's, Reg. C. a. 1365. 1366, n. 9, fol. 111. — Getrennt wiederum sind Viger und Castell. in Livadia, Reg. C. 1347—70, n. 6. fol. 63 t. Dann findet sich bisweilen nur eine Person als Castellan in Livadia, als Viger in Athen, als Castellan in Athen, als Viger in Theben vor.

welche Eingriffe des Generalvicars oder anderer königlicher
Amtleute verletzt wurden, schickten sie ihre Nuntien nach
Sicilien, und sie erlangten dann die Bestätigung ihrer ver=
brieften Rechte. Dies geschah wahrscheinlich mehr als einmal
in Theben, der volkreichsten Stadt des Herzogtums.[1] Die
Gemeinden durften überhaupt zusammentreten, um ihre be=
vollmächtigten Boten zu wählen, wenn es eine besonders
wichtige allgemeine Landesangelegenheit betraf.[2]

3. Die Eroberungen Murad's I. hatten unterdeß den
griechischen Kaiser Johannes V. in die äußerste Not gebracht,
während die Fürsten Europa's thatenlose Zuschauer seiner
Bedrängnisse blieben. Nur der ruhmvolle Kriegszug des
Grafen Amadeus VI. von Savoyen nach der Levante, im
Jahre 1366, bewies, wie viel ein heldenhafter Mann auch
mit geringen Streitkräften auszurichten vermochte. Durch
ihn wurde damals der Kaiser aus der Gewalt des bul=
garischen Zaren Sisman in Ternowo befreit und die Stadt
Constantinopel selbst gerettet. Johann V., bereits dem Sultan
tributpflichtig geworden, entschloß sich endlich als Schutzflehender
nach dem Abendlande zu gehen, um die dortigen Herrscher
zu seiner Unterstützung zu bewegen. Venedig wies ihn mit
leeren Worten ab; das Gleiche that der König Carl V. von
Frankreich. Für die Zusage einer kärglichen Hülfsleistung

---

[1] Auf ihre Beschwerde bestätigte ihr der König die privilegia liber-
tatis atque franchicias et consuetudines, R. Canc. a. 1371, n. 13,
fol. 176.

[2] Königl. Brief vom 27. Jan. 1371 an den Magister justitiarius
Artal de Alagona: pridie per speciales nuncios et ambaxiatores
ducatuum Athenarum et Neopatriae ... pro parte universitatum
eorundem ducatuum exstitit supplicatum. — Gregorio IV. App. p. 69.

mit einigen Galeeren und wenigem Kriegsvolk von Seiten
des Papstes legte der unglückliche Paläologe am 18. October
1369 zu Rom in die Hände Urban's V. das Gelübde der
Kirchenunion ab. Darauf kehrte er, aus dem Schuldgefängniß
seiner Gläubiger in Venedig durch seinen jüngeren Sohn
Manuel mit Mühe frei gemacht, hoffnungslos nach Con=
stantinopel zurück.

Ein Kreuzzug wurde indeß im Abendlande in Aussicht
gestellt. Urban's Nachfolger, Gregor XI., ein Limusiner
von Geburt, noch in kräftigem Alter und edeln Sinnes,
hoffte alle an den Angelegenheiten des Orients betheiligte
Fürsten zu einer großen Liga zu vereinigen. Er berief des=
halb den griechischen Kaiser in Constantinopel, den latei=
nischen Titularkaiser Philipp von Tarent, die Seemächte
Venedig und Genua, die Ritter von Rhodus, den Vicar des
Herzogtums Athen, die Könige von Cypern, von Ungarn
und Sicilien zu einem Congreß, welcher sich am 1. October
1373 in der Stadt Theben versammeln sollte.[1] Er schrieb
auch an Nerio Acciajoli, den Pfandherrn und Castellan
Korinth's, daß ihm der Erzbischof Franciscus von Neopaträ
persönlich das grenzenlose Elend geschildert habe, in welches
das Fürstentum Achaja und der Ducat Athen durch die
Raubzüge der Türken versetzt seien; er möge sich daher mit
den andern Fürsten in Theben zu dem Zweck des Kreuz=
zuges vereinigen.[2] Nerio war demnach zu jener Zeit als
rechtmäßiger Besitzer Korinth's anerkannt, und so erscheint

[1] Bulle, 13. Nov. 1372, Raynald n. 29.

[2] Dilecto nobili viro, Raynerio de Aziaiolis, militi Florentino, domino civitatis Corinthiensis ... dat. Aven. Idib. Nov. A. 2. — Buchon, N. R. II. 218.

derselbe zum ersten Mal unter den selbständigen Dynasten
Griechenlands. Die Republik Venedig blieb ihm durchaus
freundlich gesinnt; am 16. Februar 1369 hatte der Doge
Andrea Contarini ihm und seinem Bruder Donato das venetianische Bürgerrecht erteilt. [1]

Die Wahl der Stadt Theben zum Ort eines so großen
Fürstencongresses war vielleicht durch ihre günstige centrale
Lage in Griechenland veranlaßt worden; aber weil der Papst
den Regierungssitz des catalanischen Herzogtums dazu ausersah,
bewies er dadurch, daß die feindselige Haltung der römischen
Curie zur Companie aufgehört hatte. Nicht einmal zur Zeit
des Epaminondas hatte Theben so viele Bevollmächtigte
von Staaten in seinen Mauern gesehen, als jetzt, wo dieses
Parlament den Zweck hatte, Griechenland vor dem drohenden
Untergange durch die furchtbaren Türken zu retten, welche
man die neuen Teukrer oder Perser nannte. Wenn es
auch nicht wahrscheinlich ist, daß sich dort der griechische
Kaiser, die Könige Ludwig von Ungarn und Peter II. von
Cypern, der Doge Andrea Contarini in Person einfanden,
so kamen doch ihre und die Boten anderer Mächte. Persönlich erschienen Leonardo Tocco, der Pfalzgraf von Leu-
kadia, der Markgraf Francesco Giorgio von Bodonißa, Matteo
Peralta der Generalvicar des Herzogtums Athen, Nerio von
Korinth, Francesco Gattilusio Herr von Lesbos, der Bailo
Negroponte's Bartolommeo Quirini, der Dreiherr Nicola
dalle Carceri, und viele Erzbischöfe und Prälaten Griechen-

---

[1] Commem. VII, fol. 136 t. Zu dieser littera civilitatis heißt
er noch nicht dominus civitatis Corinthi, sondern nur egregius vir
Rayn. de Az. miles qui fuit de Florentia, nunc habitator (der Raum
für den Ort ist weiß gelassen und zweifellos Korinth).

lands.[1] Den Vorsitz des Congresses führte der Erzbischof von Neopaträ.

Diese Versammlung lateinischer Dynasten des hellenischen Festlandes und der Inseln stellte nur die dort in Trümmer gehende Frankenherrschaft dar, und selbst ihre Reste trennte kleinliche Eifersucht, so daß jedes einmütige Handeln unmöglich wurde. Der Zustand Griechenlands war seit dem Falle des Hauses Villeharbouin jenem im Altertum vergleichbar, als sich das hellenische Land in kleine, einander feindliche Localstaaten zersplittert hatte; nur lebte unter den fränkischen Machthabern des 14. Jahrhunderts nicht einmal mehr die Kraft der Menschen aus der Zeit des Nabis, Aratos und Philopömen. Die Liga wider die Osmanen kam nicht zu Stande. Nerio Acciajoli, der unternehmendste und glücklichste unter den damaligen Tyrannen Griechenlands, spottete vielmehr der Zwecke jenes Congresses, indem er im Jahre 1374 die Aufnahme aus Korinth flüchtiger Untertanen in den Staaten der Companie als Vorwand benützte, um gegen diese Krieg zu erheben. Von den Venetianern auf Euböa nicht gehindert, drang er in Megara ein, entriß diesen starken Schlüssel Attika's den Catalanen, und nahm nicht wenige ihrer Edelleute gefangen. Die Festung ergab sich ihm nicht ohne lebhaften Widerstand. Unter ihren Verteidigern zeichnete sich besonders ein athenischer Grieche aus, der Notar Demetrius Rendi, welcher noch später als bedeutende Persönlichkeit zu Ansehen gelangte.[2]

---

[1] Die Liste der Anwesenden bei Dom. Jauna, Hist. générale des royaumes de Chypre, de Jérus. etc. II, 882, ist unbeglaubigt.

[2] Der Verdienste Rendi's in Megara gedachte noch im J. 1380 der König Pedro von Aragon mit den Worten: come lo dit notari

Die Eroberung Megara's war ein großer Schritt Nerio's vorwärts auf der Straße nach Athen. Er scheint im Her=zogtum selbst einflußreiche Personen für sich gewonnen zu haben, denn der Abfall des Notars Francesco de Cremona von der Companie und sein Tod als Rebell im Exil stand wol mit seinen Unternehmungen im Zusammenhange.[1]

Unterdeß starb der Generalvicar Matteo de Peralta im Jahre 1375. Die Verwirrung und der Aufruhr im Herzogtum waren so groß, daß die Städte sich zu einem Landesparlament vereinigten und aus eigenem Entschluß Luis Fabrique von Salona zum Statthalter erwählten.[2]

Das Haus der Fabrique von Aragona war eine Zeit lang von den Lauria in Schatten gestellt worden, erlangte aber jetzt seine alte Bedeutung wieder. Luis, der Enkel des berühmten Alfonso, war damals der einflußreichste Magnat im Herzogtum und Herr von Salona. Diese große Baronie hatte Pedro, der älteste Sohn Alfonso's, von Roger Deslaur erhalten, und nach seinem Tode im Jahre 1356 seinem

Dimitri Rendi haja sostengut treball e afany en lo castell de la Maguara pres por los enemichs. Urkunde aus dem Archiv Barcelona, bei Rubio y Lluch, Los Navarros en Grecia, Barcelona 1886, p. 244.

[1] Der König Friedrich III. ernannte am 2. April 13. Ind. (1375) an seiner Stelle zum Notar der Companie Matteo de Juvenio von Termini; Arch. Palermo, Reg. Protonot. Vol. I, fol. 139 t.

[2] Dies sagt der König selbst in einem Patent an das Land, Cata=nia 9. April 1376: licet olim insurgentib. et subsecutis . . . scissionibus . . . ex quibus cultus justitiae statusque pacificus . . . populor. nostrorum . . . diversimodo turbabatur . . . Hierauf sei nob. Aloysius Friderici einmütig als Vicar gewählt worden ad in=stantiam universitatum civitatum terrar. et locor. ducatuum pre=dictor. ipsum ad id univoce elegantium . . . salva nostra conscientia majestatis. Reg. Cancell. 3. Ind. 1364. 1368, nr. 8, fol. 130. Gleichzeitig wurde zum Viger Theben's ernannt Nicolachio de Ardoyno, Ibid. Vol. 13, a. 1371, fol. 177.

zweiten Bruder Jayme zurückgelassen, welcher damals Generalvicar war. Als Jayme 1365 starb, kam Salona in den
Besitz seines Sohnes Luis, der sich mit Helena Kantakuzena,
einer Enkelin des Kaisers Johannes VI. vermält hatte. Die
ehemalige Lehnsherrschaft der Stromoncourt umfaßte das
phokische Land bis zum krisäischen Meerbusen, der heutigen
Bai von Salona; zu ihr gehörten der Hafen Galaxidi, die
Burg Veteranitza und das Castell Lidoriki. Jayme hatte
auch Siderokastron erworben, das mit gewaltigen Frankentürmen bewehrte eiserne Schloß, welches auch Kastri oder
Aratova hieß. Es war im Jahre 1318 an den griechischen
Dynasten Stefan Melissenos gekommen, den Herrn von
Demetrias, dessen Schwester dasselbe dem catalanischen Mar-
schall Odo de Novellis als Mitgift zubrachte.

Da die Fabrique auch Zeitun und Gardiki in der
Phtiotis besaßen, so war unter den Catalanen kein anders
Geschlecht mächtiger. Nur in Euböa hatte es seinen ehe-
maligen Einfluß eingebüßt; denn der Republik Venedig war
es im Jahre 1366 nach langen Bemühungen gelungen,
Jayme's Bruder Bonifazio Fabrique zu bewegen, ihr die
Burg Karystos zu verkaufen, während er die Insel Aegina
behielt. [1]

Die Städte des Herzogtums schickten Francesco Lunelli,
einen Bürger Theben's, welcher eine Zeit lang in Megara
Gefangener des Nerio Acciajoli gewesen war, als Bevoll-

---

[1] Ueber diese Unterhandlungen Hopf in seiner Geschichte von Karystos. In den betreffenden Urkunden, z. B. Pacta V, fol. 91, 6. Nov.
1365, wird Bonifazio be Aragona genannt quond. clare mem. domini
Dom. Alfonsii de Aragona dominus castri et insule Ligene. Karystos verlieh die Republik erst an die Giustinian, dann 1406 an
Niccolo Zorzi.

mächtigten an den König Sicilien's, um die Bestätigung ihrer Wahl zu erlangen. Friedrich III. erteilte diese, unter An= erkennung aller Acte des Don Luis Fabrique, zu Catania am 9. April 1376; er sandte hierauf den Boten nach dem Herzogtum zurück und befahl ihm wie den Sindici der Ge= meinden den neuen Generalvicar zu vereidigen.[1] Da sich Theben und andere Städte über Eingriffe in ihre Rechte und Freiheiten beschwert hatten, wurden diese vom Könige neu bestätigt.[2] Francesco Lunelli scheint die besondere Gunst Friedrich's III. gewonnen zu haben, denn zum Lohn seiner Verdienste und zur Entschädigung der in Megara erlittenen Haft setzte er ihm und seinen Erben eine jährliche Rente von 15 Unzen aus, welche zum Teil aus den Gefällen fließen sollte, die von den in Theben wohnenden Armeniern an die dortige Curie gezahlt wurden. Demnach hatte sich dort auch eine Colonie von Kaufleuten dieser Nation ange= siedelt.[3] Die Armenier hatten vielleicht die Genuesen und Ve= netianer von den Handelsmärkten des Herzogtums verdrängt, sobald dieses in die Gewalt der Catalanen gekommen war, doch konnte ihre Ansiedlung schon einer älteren Zeit angehören.

---

[1] Patent für Aloysius Federici, Catania, 9. April. Reg. Canc. 3. Ind. 1364. 1368, n. 8, fol. 129. Hopf (II, 22) citirt nach n. 7, welche jetzt 8 ist, und gibt den 7. April an. Dagegen datirt die Er= nennung im Reg. Proton. Vol. I, a. 1349—63 vom 6. April. Die Indiction fehlt, sie ist aber XIII (1376), da sich vorher auf fol. 126 die Angabe der Ind. und des Jahres findet. Von demselb. Datum die Kundgabe des Königs an alle Untertanen der Herzogtümer, daß er Luis zum Vicar ernannt habe. fol. 129 t.

[2] Mont. S. Albanum, 7. Juni (nicht 5. Januar, wie bei Hopf); Reg. Canc. a. 1371, n. 13, fol. 176.

[3] Ex juribus censualium debitis exsolvi consuetorum tam per Armenios degentes in civitate Thebarum . . . quam per quoscumque alios habitantes. Reg. Canc. 1364. 1368, n. 8, fol. 18.

Der Fall Megara's in die Gewalt Nerio's zeigte, daß
die alte kriegerische Kraft der Catalanen erloschen und der
Militärstaat der Companie durch das Parteiwesen der Auflösung nahe gebracht war. Die Macht der Franken in
Griechenland überhaupt war schon so tief gesunken, daß
Hellas und der Peloponnes nur deshalb von den Erobe-
rungszügen der Türken verschont blieben, weil der Sultan
Murad, um seinem großen Ziele, Byzanz, näher zu kommen,
erst die Slavenreiche in den Balkanländern zu vernichten
hatte, ehe er sich südwärts nach dem für ihn minder wichtigen Altgriechenland wendete. Die Serben und Bulgaren,
die Wlachen und die Stämme Albanien's bildeten damals
noch das letzte Bollwerk, welches den Westen vor dem Einbruch der Osmanen schirmte. Wenn jene tapfern und kriegerischen Völker sich unter einer gemeinsamen Leitung vereinigt und mit dem bedrängten griechischen Kaiser verbunden
hätten, so würden die Türken sich nicht in Europa behauptet
haben. Die Sultane bedurften langer Zeit und riesiger
Kämpfe, um den zersplitterten aber heldenhaften Widerstand
der Slaven und Albanesen zu überwinden.

Unglücklicher Weise war damals die Republik Venedig
durch ihren kostspieligen verzweifelten Krieg mit Genua in
Italien wie in der Levante gelähmt, der Verfall der Monarchie Neapel's aber unter der Regierung der von ihren
Günstlingen beherrschten Königin Johanna entzog dem Rest
des Frankenstaats Achaja jeden Halt, so daß er zu einem
fast schon herrenlosen Gegenstande für den Ehrgeiz von
Prätendenten oder Abenteurern wurde. Dies erleichterte
die Fortschritte der Türken und wirkte dann auch auf die
Verhältnisse des Herzogtums Athen ein.

Philipp von Tarent, der Fürst Morea's und Titular=
kaiser Constantinopel's, war im Jahre 1373 gestorben, kinder=
los wie sein Bruder Robert. Die Rechte auf Achaja und
Byzanz hatte er dem Giacomo von Baur vererbt, dem Sohne
seiner Schwester Margarete und des Francesco von Baur,
Herzogs von Andria in Apulien, eines der größesten Feudal=
herren Neapel's. Allein die moreotischen Barone wollten
nichts davon wissen, sondern sie erklärten sich fast einstimmig
für die Königin Johanna.[1] Es war dieser bereits gelungen,
Francesco von Baur mit Waffengewalt aus Apulien zu ver=
treiben. Der Herzog von Andria war nach Avignon ge=
flüchtet, sein Sohn Jacob nach Griechenland hinüber ge=
gangen, wo er sich rüstete, seine Rechte zur Geltung zu
bringen.[2] Die Königin Johanna aber belieh im Jahre 1376
ihren vierten Gemal Otto von Braunschweig mit Achaja.
So werthlos und unsicher war damals der Besitz des einst
glänzendsten Frankenstaats in Griechenland geworden, daß
Otto ihn nur als eine augenblickliche Geldquelle ansah. Mit
Zustimmung der Königin verpachtete er das Fürstentum auf
fünf Jahre dem Großmeister der Johanniter. Diesen unter=
nehmungslustigen Orden hatte schon früher Innocenz VI.
eingeladen, seine Residenz von dem engen Rhodus nach dem
griechischen Festlande zu verlegen, der Verwirrung in Morea
ein Ende zu machen und das Land in Besitz zu nehmen.
Im Jahre 1374 wurde derselbe Orden vom Papst Gregor XI.
aufgefordert, sich in Smyrna festzusetzen; auch sollte ein
Kriegszug mit 500 Rittern und ebensoviel Servienten nach)

---

[1] Misti XXXIV, fol. 102 t., 16. April 1374: Wahlact ihrer Ab=
geordneten, um der Königin das Fürstentum zu übertragen.
[2] Angelo Costanzo, Storia del regno di Napoli II, lib. 7, p. 21.

Morea unternommen werden. Seit dem August 1377 war
Großmeister des Hospitals ein genialer Mann, Juan Fer=
nandez be Heredia, der als Diplomat und Krieger weit=
berühmte Castellan von Amposta in Aragonien. Mit den
Venetianern und dem Erzbischof Paul Foscari von Patras
vereinigt, unternahm derselbe bald darauf die Ausführung
des „Passagium" nach Achaja.[1] Dies war die Lage der
Dinge in Griechenland, als das Ausgehen des Königshauses
Sicilien's vom Geschlecht Aragon im catalanischen Herzogtum
Athen neue Verwirrungen und Umwälzungen hervorrief.

---

[1] Bosio, Storia della milizia di Jerus. II, 84 ff. Karl Her=
quet, Juan Fernandez de Heredia, Großmeister der Johanniter, Mühl=
hausen 1878.

Siebentes Capitel.

Tod Friedrich's III. von Sicilien. Die Companie erklärt Don Pedro IV. von Aragon zum Herzoge Athen's. Auftreten der navarresischen Sold= bande in Griechenland. Sie bringt in Böotien und Attika ein und erobert Theben. Die Catalanen behaupten die Akropolis Athen's. Demetrio Rendi. Die Capitel Athen's und die Anerkennung Pedro's IV. als Herzog. Die Capitel Salona's. Die Lehen des Luis Fadrique. Pedro IV. und die Akropolis Athen's. Don Juan Fernandez de Heredia. Don Pedro und die catalanischen Großen im Herzogtum.

1. Am 27. Juli 1377 starb der schwache, von seinen Baronen tyrannisirte Friedrich III., der König von Sicilien und Herzog von Athen und Neopaträ, ohne andre Erben zu hinterlassen, als den Bastard Guglielmo, Grafen von Gozzo und Malta, und die fünfzehnjährige Tochter Maria aus seiner ersten Ehe mit Constanza von Aragon.[1] Diese sollte, seinem Testament gemäß, sowol Sicilien als die griechischen Herzogtümer erhalten; wenn sie ohne Erben starb, Guglielmo ihr nachfolgen; starb auch dieser kinderlos, so sollten jene Länder an die Krone Aragonien's fallen. Dort war damals König Don Pedro IV. el Ceremonioso, der mächtigste Herrscher in Spanien und der ruhmreichste Fürst seines Hauses, unter dessen langer Regierung Aragon

---

[1] Isidoro la Lumia, Studi di storia Siciliana 1, 509 ff.

emporblühte. Er hatte Majorca, Roussillon und Cerdagne
mit Waffengewalt Jayme dem III. entrissen, dem Sohne des
unglücklichen Infanten Ferdinand und der Isabella von
Sabran, und dieser letzte König Majorca's war am 25. Oc=
tober 1349 im Kampfe um sein Land gefallen. Er erfuhr
dasselbe Los seines Vaters; vom Pferde herabgestürzt, wurde
er gefangen; ein Soldat enthauptete ihn.[1] Pedro IV. be=
stritt sofort die Rechte Maria's, indem er sich auf das Testa=
ment Friedrich's II. von Sicilien berief, welcher die Frauen
seines Hauses von der Erbfolge ausgeschlossen hatte. Außer=
dem war er der Schwager des verstorbenen Königs, als
Gemal von dessen Schwester Leonor.[2] In Sicilien wie im
Ducat Athen bildete sich eine Partei zu Gunsten der An=
sprüche des Königs von Aragon, der diese Bestrebungen
durch seine Agenten hervorrief und eifrig unterstützte.[3]

Ein großer Teil der catalanischen Barone, denen sich
auch der hohe Klerus anschloß, weigerte sich das Erbrecht
einer jungen Prinzessin anzuerkennen. Es ist wichtig, die
Führer dieser Partei zu kennen, weil sie die angesehensten
Feudalgeschlechter des Herzogtums in der Zeit des Unter=
ganges der spanischen Herrschaft bezeichnen. Dies waren
die Erzbischöfe Antonio Ballester von Athen, Simon von

[1] Dameto, Hist. Gen. del Reyno Balearico, Majorca 1632, II, 213 ff.
Er hinterließ einen Sohn Jayme, der bis 1362 zu Barcelona in Haft blieb,
dann nach Neapel entfloh und sich dort mit der Königin Johanna I.
vermälte. Er kämpfte sodann um den Wiedererwerb von Majorca
und Roussillon und starb 1375 bei dieser Unternehmung ohne Erben.
Seine Schwester Isabella heiratete Johann Paleologus II., Markgrafen
von Montferrat. Buchon, Eclairciss. p. 275.
[2] Cronica del rey de Aragon Don Pedro IV. ed. A. de Bofarull,
Barcelona 1860, p. 388.
Antonio de Bofarull, Hist. critica de Cataluña. 1876. IV. 597.

Theben, Matteo von Neopaträ, Juan Boyl, Bischof des von Nerio Acciajoli eroberten Megara; ferner der Generalvicar Luis Fabrique mit einem Teil seines Hauses; Anton und Roger, die Söhne des ehemaligen Marschalls Roger de Lauria, und ihre Sippschaft; die Peralta, von denen Calzerano Castellan Athen's war, die Almenara (Guillelm war Castellan von Livadia), die Ballester (Pedro, des athenischen Erzbischofs Bruder, war Herr der Burgen Kabrena und Paricia); Guillelm Juster und Guillelm de Vita, die Zarrovira aus Salona, Andreas Zavall, Castellan von Neopaträ, Novelles Herr von Estañol, die beiden Puigparadines, Herren von Karditza und Talandi, der Graf von Mitra oder Demetrias, und andre Ritter und Barone.[1]

Diese Großen und die mit ihnen übereinstimmenden Gemeinden der angesehnsten Städte riefen auf einem Parlament Pedro IV. zum Herzoge Athen's und Neopaträ's aus. Der Generalvicar Luis Fabrique zog das Banner Aragon's auf der Kadmea auf; seinem Beispiele folgten die Akropolis Athen's und andere Burgen. Bevollmächtigte des Landes gingen nach Spanien, um den König einzuladen, vom Herzogtum Besitz zu nehmen und einen neuen Statthalter zu ernennen. Pedro IV. nahm diesen Antrag mit Freuden an; er schickte einen der Boten, Berengar

---

[1] Die Liste bei Zurita, Anal. II, lib. X. n. 30. p. 377 ff. wird vervollständigt durch Urkunden aus dem Archiv der Krone Aragon in Barcelona. Es ist das Verdienst des Don Antonio Rubio y Lluch, diese bisher unbekannten Documente edirt zu haben, wodurch die Geschichte Athen's in den letzten Jahren des Catalanenstaats neues Licht empfangen hat: Los Navarros en Grecia y el ducado Catalan de Atenas en la epoca de su invasion, Barcelona 1886. Siehe S. 45 und den Anhang.

Ballester, mit Briefen nach Griechenland zurück, worin er Luis Fadrique befahl in seinem Amte zu bleiben, bis sein Nach=folger eingetroffen sei.[1] Zugleich verlangte er die Absendung neuer Bevollmächtigter, die ihm die Huldigung leisten sollten. Zu seinem Vicekönig aber ernannte er einen seiner ange=sehensten Lehnsleute, Philipp Delmau, Visconte von Roca=berti, welcher zu geeigneter Zeit nach Griechenland ab=gehen sollte.[2]

Indeß fand die aragonische Partei doch ihre Gegner an einem Bruchteile des Adels, welcher conservativ blieb und die Rechte Maria's als legitim anerkannte. Ihr Haupt scheint der Markgraf Francesco Giorgio von Bodonitza ge=wesen zu sein, der Sohn der Guglielma Pallavicini und des Venetianers Nicolaus Giorgio.[3] Die Giorgio bekannten sich nur mit Widerwillen als Vasallen des Herzogs von Athen, obwol sie diesem zu keinem weiteren Dienste ver=pflichtet waren, als dem Generalvicar jährlich vier gewapp=

---

[1] Barcelona 30. Sept. 1379; Rubio n. 16. Aehnlich am selben Tage an Calceran de Peralta, Castellan, Viger und Capitän der Burg und Stadt Athen, n. 17. — Die ersten Boten des Herzogtums sind nach Spanien ohne Zweifel schon vor 1379 abgegangen. In diesem Jahre aber befanden sich am Hofe des Königs Berengar Ballester von Theben und Francesco Ferrer, bevollmächtigt von Luis Fadrique und von Calceran de Peralta, dem Viger Athen's. Urkunde bei Rubio p. 224 ff.

[2] Patent für Rocaberti, Rubio p. 235. Pedro gibt dessen Er=nennung kund den Universitäten Theben, Siderokastron, Livadia, Neo=paträ und Athen, 13. Sept. 1379, p. 226, n. 13. Er besiehlt dem Romeo de Belarbre, Castellan Athen's, und dem dortigen Viger Cal=ceran de Peralta, Castell und Stadt dem Rocaberti zu übergeben. Barcelona, 7. u. 8. Sept. 1379; n. 14 u. 15.

[3] Rubio p. 46 nennt außerdem Thomas Pou, Nicolas und Pedro Tardini und Francesco de Lunda.

nete Reiter zu stellen.[1] Auch ein Zweig der Fabrique von
Aragon war dem Könige Pedro feindlich gesinnt, nämlich
jener des Bonifazio von Aegina, welcher Karystos im Jahre
1366 an die Venetianer verkauft hatte. Seine Wittwe
Donna Dulce und seine Söhne Pedro und Juan lagen im
Streit mit Luis Fabrique, der den ersten als Rebellen in
Aegina mit Waffengewalt bezwang und gefangen nahm, und
sich dieses Eilandes bemächtigte. Dasselbe war zuvor von
Jayme Fabrique, dem Vater des Don Luis, an Bonifazio
d'Aragona unter gewissem Vorbehalt abgetreten worden,
und von diesem auf seinen Sohn Pedro übergegangen, dem
dann Don Luis Aegina entriß, als er das Amt des Vicars führte.[2]

Das Erlöschen des sicilianischen Hauses, der dadurch
hervorgebrachte Zwiespalt in der Companie und die Zerrüttung aller öffentlichen Verhältnisse reizten Jacob von
Baux, der den Titel des Kaisers von Constantinopel angenommen hatte, einen Versuch gegen das Herzogtum Athen
zu wagen, auf das er selbst als Erbe des Fürstentums
Achaja Ansprüche machte. Zur Ausführung seines Planes
bediente er sich einer neu entstandenen Soldbande, die man
die Navarresen nannte. Ihr Ursprung ist zweifelhaft; doch
scheint dieselbe in dem Kriege zwischen Carl V. von Frankreich und Carl II. von Navarra entstanden zu sein. Nach

---

[1] Lo marques de la Bondonica qui es tengut cascun any de
presentar al vicari del ducam IIII cavalls armats. Feudalliste aus
der Zeit Pedro's IV., bei Rubio p. 262.

[2] Rubio p. 65, und Act von Salona. In der Stammtafel der
Aragon bei Hopf, Chron. G. Rom. 474, fehlt Pedro als Sohn Bonifazio's. Don Bonifaci d'Aragon quond. pari de Don Pedro d'Aragon (Act von Salona).

dem Friedensschlusse diente sie dem Infanten Don Luis von
Evreux, einem Sohne Philipp's IV. von Navarra, und
Bruder des dortigen Königs Carl. Derselbe hatte sich im
Jahre 1366 mit Johanna von Sicilien, der Erbtochter
Carl's von Durazzo vermält, und leitete aus dieser Ver=
bindung Rechte auf den Besitz Albanien's ab. Er sammelte
Kriegsvolk aus Navarra und Südfrankreich, und vereinigte
dasselbe in Neapel, um von dort aus jenes Land dem Alba=
nesenhäuptling Carl Topia zu entreißen. Seine weiteren
Schicksale sind unbekannt. Als er um das Jahr 1376 ge=
storben war, trat jene Soldbande, ein Gemisch von Spa=
niern, Gascognern und Franzosen, in die Dienste des Jacob
von Baux. Der Schauplatz ihrer kriegerischen Abenteuer
wurde statt Albanien Griechenland, dessen Zerrüttung ihr
erlaubte, das Soldatenglück der Catalanen in einem minder
großartigen Nachspiele zu wiederholen.

Die plötzliche Umwälzung der neapolitanischen Dynastie
verwirrte vollends die Verhältnisse Achaja's in derselben
Zeit, wo sich das Herzogtum Athen ohne feste Regierung
befand. Im Jahre 1378 war die große Kirchenspaltung
ausgebrochen; die Königin Johanna hatte sich für den fran=
zösischen Papst Clemens VII. erklärt; Urban VI. entsetzte
sie des Trons, und verlieh diesen dem Prinzen Carl von
Durazzo, welcher mit Heeresgewalt gegen Neapel heranzog.
Die Bedrängnisse der Königin, deren Gegner, der Herzog
von Andria, zu ihrer Entsetzung durch Urban wesentlich
mitgewirkt hatte, machten es Jacob von Baux möglich, aus
Griechenland nach Italien zurückzukehren, wo er sich Tarent's
und seiner andern apulischen Staaten wieder bemächtigte.
Die Navaresen in seinem Solde hatten bereits eine erfolg=

reiche Unternehmung gegen Korfu ausgeführt, und Baux sie
hierauf nach Morea geschickt. Sie hatten einen großen Teil
dieses Landes besetzt, unter der Führung ihres Capitäns
Mahiot de Coquerel, eines Edeln, der von Baux zu seinem
Bail ernannt wurde, während er selbst in Apulien abwesend war.

Jetzt wirklicher Fürst Achaja's und als Erbe des
Hauses Courtenay=Tarent auch Titularkaiser Constanti=
nopel's, träumte der ehrgeizige Magnat von der Wieder=
herstellung des fränkischen Kaisertums im Orient. Zunächst
wollte er das Herzogtum Athen erobern und mit Morea
vereinigen. Der erste Einfall der Navarresen dort muß
schon während des Jahres 1379 geschehen sein. Es scheint
der Markgraf von Bodonitza gewesen zu sein, der ihnen die
Wege nach der Phtiotis und Böotien öffnete. Ueberhaupt
fand die Soldbande im Dienste des Baux ihre Helfer und
Verbündete an den Gegnern des Königs von Aragon, so=
wol unter den Catalanen als den Griechen. Auch Nicola
dalle Carceri, Dreiherr Euböa's und Herzog des Archipels,
der im Sinn hatte, sich von Venedig unabhängig zu machen,
begünstigte die navarresische Invasion.[1] Selbst die Kriegs=
knechte des unternehmungslustigen Großmeisters Heredia,
dessen Kriegszug in Albanien und dem Peloponnes übrigens
vollständig gescheitert war, nahmen die Gelegenheit wahr,
um Raubzüge in das Herzogtum auszuführen, worüber sich
der König von Aragon bitter beschwerte.[2] Es verlautet

---

[1] Sowol der Markgraf als der Herzog des Archipels werden als
Verbündete der Navarresen bezeichnet in einem Brief Pedro's IV. an
den Bailo von Negroponte. Archiv Barcelona, bei Rubio p. 216.

[2] Brief Pedro's an Heredia, Lerida 10. Sept. 1380. Rubio p. 252.

nichts davon, wie sich Nerio Acciajoli, der Herr von Korinth und Megara, bei diesen Ereignissen verhalten hat. Er schützte wahrscheinlich abwartend seine Staaten, während der Einfall der Navarresen ihm insofern willkommen sein konnte, als der Bestand der catalanischen Herrschaft durch ihn noch tiefer erschüttert wurde.

Die schnelle Eroberung Böotien's und Attika's durch jene heimatlose und verwegene Soldbande zeigte, bis zu welchem Grade hier die einst so furchtbare Kraft der Spanier verfallen war. Feste Plätze wurden mit Sturm genommen, oder sie fielen durch Verrat. Die Navarresen drangen gleichzeitig in beide Provinzen ein. Auch in Salona versuchten sie ihr Glück, doch ohne Erfolg, weil Luis Fadrique und der Graf von Mitra diesen Ort beschirmten. Die erschreckten Einwohner Böotien's suchten sich scharenweise durch die Flucht nach dem nahen Euböa zu retten. Eine Zeit lang verteidigten der Castellan Guillelm Almenara und der Barcelonese Jayme Ferrer tapfer die Burg Livadia; allein der Castellan fiel beim Sturm, und das heimliche Einverständniß mit Griechen verhalf dem Feinde zur Bezwingung auch dieser starken Festung.[1]

Theben erlitt dasselbe Schicksal. Dort waren die Lauria, wie ehedem die St. Omer, reich begütert und gewaltig.

---

[1] Am 8. Mai 1381 befahl Pedro IV. in Saragossa dem Vicomte Rocaberti, die Güter des Almenara seinen Söhnen und seiner Wittwe Francula, einer Tochter des Petrus de Puigparadines, zu übergeben, und er sagte von ihm: qui proditorie fuit in nostro servicio intus dictum castrum per inimicos nostros interfectus. Rubio p. 223. Jacobus Ferreri de la Sola oriundus civitatis Barchinone, der sich mit Not rettete, wird mit den Gütern des verräterischen Griechen Gasco von Durazzo ausgestattet. Saragossa, 8. Mai 1381. Ibid. p. 265.

Schon seit 1378 befand sich übrigens Juan de Lauria, Roger's Sohn, in der Gefangenschaft des Grafen Louis von Conversano. Da dieser ein Oheim Walter's III. war, des damaligen Titularherzogs von Athen, so suchten, nach dem Tode Friedrich's III., auch die Enghien von Argos die Ver= wirrung im Herzogtum zu ihrem Vorteil auszubeuten. Der Graf von Conversano war noch vom Kaiser Philipp von Tarent als Statthalter nach Morea geschickt worden; er hatte hierauf einen Kriegszug gegen Athen unternommen, die Unterstadt wirklich besetzt, aber die Burg nicht be= zwingen können; vielmehr war er selbst erkrankt und wieder nach Morea heimgekehrt.[1] Wahrscheinlich ist damals Juan de Lauria in seine Gewalt geraten.[2]

Die Kadmea wurde von zwei dem Hause Aragon er= gebenen Griechen Dimitre und Mitro mannhaft verteidigt, bis andre das Castell verrieten. So kam auch die Haupt= stadt des Herzogtums, wie Lebadea und mehre andre Orte Böotien's, in die Hände der navarresischen Bande, welche sie sogar Jahre lang behaupten konnte.[3]

---

[1] Aragon. Chronik p. 155.

[2] Von der Gefangenschaft des Johannes de Loria durch den Comes de Conversa spricht Pedro IV. in einem Erlaß an Rocaberti, Saragossa 8. Mai 1381, Rubio, Anhang n. II, p. 217.

[3] Der Fall der Stadt Theben fand vor 10. Sept. 1380 statt. Erlaß dieses Datums von Pedro in Lerida, worin er von einem Ver= räter spricht per obra del qual la ciutat de Estives se perde (Rubio p. 254). Noch am letzten April 1380 hatte der König Dimitre und Mitro belobt, daß sie Stadt und Castell Theben zu halten vermocht; er werde Rocaberti abschicken; sie sollten ihn aufnehmen en lo castell et loch de Estive. Rubio n. 5, p. 219. — Mit demselben Datum an die Flüchtlinge Theben's in Negroponte, denen er die baldige An= kunft Rocaberti's anzeigt. n. 3, p. 218. — Am 18. Sept. 1380 dankt er Dimitre und Mitro, sie Castellane Salona's nennend, daß sie lo

Die politische und militärische Verfassung des cata=
lanischen Staats war damals in so völliger Auflösung, daß
jeder Ort und jedes Castell für sich selbst zu sorgen hatten.
Seit dem Tode Roger's I. de Lauria im Jahre 1371 ge=
schieht in den sparsamen Kunden der Zeit keine Erwähnung
des Marschalls des Herzogtums mehr. Selbst der General=
vicar Luis Fabrique wird nicht sichtbar, weder als es Theben,
noch als es Athen zu verteidigen galt. Er muß sich da=
mals in seiner Grafschaft Salona befunden haben, die er
mit Hülfe des Grafen von Mitra zu schützen wußte. Dieser
aber wird in Urkunden Pedro's IV. ohne andern Namen als
ein großer Dynast bezeichnet, welcher 1500 albanesische Reiter
im Solde hatte. Seine Grafschaft Mitra muß das Gebiet
von Demetrias am Golf von Volo in Thessalien gewesen sein,
und er selbst gehörte wol zum Hause der Melisseni.[1] Die
catalanische Companie vermochte demnach noch immer ihr
Dominium in jenen Landschaften jenseits des Othrys zu
behaupten, und sie bewahrte auch Neopaträ in der Phtiotis,
wie Zeitun und Garbiki in Thessalien, und Calandri (Ata=
lante) in der opuntischen Lokris, wo die Puigparabines Ge=
bieter waren.

castell del Estives verteidigten. Rubio n. 23, p. 235. Wenn nun
Pedro am 8. Mai 1381 an Rocaberti aus Saragossa schreibt, informati
quod antiqua civitas destives nuper fuisset per navarros . . . ex-
pugnata et capta, so muß er damit auch das Castell gemeint haben.
　[1] Am 31. (?) April 1380 belobt Pedro IV. in Saragossa le comte
Mitra et tots altres Albaneses habitants en lo terme de la Allada
wegen der Verteidigung der Länder des Don Luis. Rubio n. 6, p. 220.
In einer Feudalliste heißt es: lo comte de Mitra qui pot haver be
M. D. homens a caball Albaneses. Ibid. p. 262.

2. Nachhaltiger als die Widerstandskraft von Livadia und Theben erwies sich jene der Burg Athen's, welche während der langen Herrschaft der Spanier durch neue Bollwerke am Westeingange verstärkt sein mußte. Viger der Stadt war Galceran de Peralta, und Castellan der Akropolis Romeo de Belarbre. Als nun die Navarresen im Sommer 1379 vor Athen erschienen, warf sich ihnen Galceran entgegen; er wurde geschlagen und gefangen genommen.[1] Die flüchtigen Catalanen nahm die Akropolis auf. Während der Feind die Stadt besetzte und wol auch plünderte, schlug Romeo de Belarbre nicht nur mannhaft die Stürme von der Burg ab, sondern er vereitelte auch die Bemühungen solcher Verräter, die mit den Rebellen Theben's in Verbindung standen und die Akropolis Athen's den Navarresen zu überliefern suchten.[2] Neben ihm zeichnete sich durch Mut und Eifer der Grieche Demetrius Rendi aus, welcher Notar in Athen war; der letzte Königherzog Friedrich III. hatte ihm im Jahre 1366 das Frankenrecht bestätigt.[3] Wie er sich beim Ueberfall Megara's durch

[1] Davon spricht König Pedro schon am 30. Sept. 1379; Rubio n. 16. — Am 20. Mai 1380 schreibt derselbe: el noble en Galceran de Peralta ... lo qual es estat pres e encativat ell e sos Companyons et familia defenent lo dit pahis regal et ducal. Rubio p. 248.

[2] Am 10. Sept. 1380 sagt Pedro, daß Oliveri Domingo, durch dessen Verrat Theben verloren gegangen sei, sich bemühte, auch Stadt und Castell Cetines zur Rebellion zu bringen. Rubio n. 36, p. 254. Als Empörer in Athen werden bezeichnet Jaime Conomines, Pedro Colomer und Alberto von Mantua. p. 93. p. 243 ff.

[3] Reg. Canc. 1364. 1368, fol. 29: pro parte Demitrii Rendi notarii de Atenis fidelis nostri. Er war wahrscheinlich aus Athen selbst, wo eine Familie seines Namens noch heute besteht.

Rerio im Dienst der Companie hervorgethan hatte, war er
auch jetzt einer der treuesten Anhänger des Hauses Aragon.
Den König Pedro IV. hielten dringende Angelegen=
heiten in Sicilien und Sardinien davon ab, Rocaberti mit
Kriegsvolk nach dem bedrängten Herzogtum abzuschicken.
Hier behaupteten der Graf von Mitra und Luis Fadrique
Salona, die Phtiotis und Neopaträ, und ihre kräftige Hal=
tung stärkte den Widerstand der Burg Athen. Schon vor
dem 20. Mai 1380 sahen sich die Navarresen genötigt,
Attika aufzugeben. Denn an diesem Tage konnte sich ein
Parlament in Athen versammeln, während elf Tage später
ein gleiches in Salona zusammentrat. Der Einbruch jener
Soldbande hatte nämlich das Herzogtum in diese zwei
Gruppen getrennt: in Attika und Böotien nebst Salona.
Es zeigte sich hier ein gespanntes Verhältniß Athen's zu
Theben, und die municipale Eifersucht der ersten Stadt muß
einen schon älteren Ursprung gehabt haben; denn als noch
Galceran dort Viger war, machten dieser catalanische Be=
fehlshaber und die Procuratoren Athen's einen Vergleich mit
Luis Fadrique und den Gemeinden Theben und Livadia, wo=
durch den Athenern gewisse Vorrechte gesichert wurden. Diese
sind nicht bezeichnet, deuten aber immer eine autonome Stel=
lung des Verwaltungsbezirks Athen und seines Vigers an.[1]
      Die dortigen Sindici und Stadträte vereinigten sich
am 20. Mai 1380, unter dem Vorsitze Romeo's, zur Wahl

<hr />

[1] Convinences . . . entro lo magnifich Don Loys d'Arago vicari
e universitats Destives e de la Livadia duna part e . . . ab lo
noble En Galceran de Peralta olim regidor de Cetines e ensemps
ab la dita universitat de Cetines de la altra part . . . Capitel Athen's
vom 20. Mai 1380, bei Rubio n. 32.

von Bevollmächtigten, die nach Aragonien hinüberschiffen
sollten, um Pedro dem IV. eine Reihe von Artikeln vorzu=
legen, nach deren Bestätigung sie ihm als Herzog die Hul=
digung zu leisten hatten. Diese „Capitel Athen's" wurden
in catalanischer Sprache niedergeschrieben und von den
beiden Boten Juan Boyl Bischof von Megara und Gerald
Rodonells dem Könige überbracht.[1] Es ist auffallend, daß
die Forderungen der Athener an ihren neuen Landesherrn
hauptsächlich nur äußerliche Verhältnisse und Privilegien
einzelner Personen betrafen; denn daß dieselben Procu=
ratoren noch mit einer andern Instruction versehen waren,
geht wenigstens aus diesem Actenstück nicht hervor. Männer,
die sich während der Parteikämpfe und der navarrefischen
Invasion um die Krone Aragon verdient gemacht hatten,
eilten ihren Lohn vom Könige zu fordern und sicher zu
stellen, nämlich die Ausstattung mit confiscirten Gütern und
mit Aemtern. Nur eine Körperschaft beanspruchte als solche
neue Rechte. Die lateinische Geistlichkeit des Herzogtums
verlangte die Aufhebung des Verbots, Landgüter, Co=
lonen und Sclaven an Kirchen und Klöster zu vererben, oder
Colonen von den Servituten zu befreien. Dies Verbot
hatte unter der Herrschaft der Companie stets Geltung ge=
habt; für die Stadt Athen im Besondern bestand das Ge=
setz, daß Güter, die dort der Kirche vermacht wurden, dem
Castell Setines, d. h. der Akropolis anheimfallen sollten.[2]

---

[1] Die Urkunde hat sich in der aragon. Kanzlei glücklich erhalten.
Rubio, der sie veröffentlicht hat, sagt von ihr: los capitulos de Atenas
son de valor impreciabile filologico, politico é historico.
[2] Item si alcun lexara alguns vilans ne possesions en lasgleia
que dejen tornar en lo castell de Cetines ... Capitel Athen's.

Pedro schlug das Gesuch der Geistlichkeit ab, indem er
erklärte, die bestehenden Gesetze, welche auch im Königreich
Valencia und in Majorca gültig seien, nicht aufheben zu
dürfen, weil die Zahl der zum Kriegsdienst verpflichteten
Lateiner ohnedies in den Herzogtümern geringe sei und noch
mehr zusammen schwinden würde, wenn ihre Güter an die
Kirche kämen, während die Geistlichen weder Kriegsdienste
zu leisten hätten, noch überhaupt unter der königlichen Juris=
diction ständen. Es müßte demnach in den Herzogtümern
beim Alten bleiben, doch werde der neue Vicekönig den Vor=
teil auch der Kirche wahrnehmen.

Die Athener baten um einen mit hinlänglicher Gewalt
ausgerüsteten Statthalter, der dem geplagten Lande Ord=
nung und Sicherheit wiedergebe, und Pedro erklärte, daß
der Visconde Rocaberti dazu ernannt sei. Auf ihren Wunsch,
ihnen Romeo de Belarbre als Befehlshaber zu lassen, weil
derselbe die Verhältnisse, die Armut und Not ihrer Stadt
genau kenne, bestätigte ihn der König auf Lebenszeit als
Castellan, indem er ihn zugleich mit Gütern der Rebellen
ausstattete. Romeo hatte von seiner griechischen Sclavin
Zoe aus Megara natürliche Kinder; auf das Gesuch der
Athener erlangte er für die Mutter das Frankenrecht. Eine
Forderung Athen's war bedenklich, denn sie betraf die An=
erkennung jenes Vertrags zwischen Calceran und dem bis=
herigen Generalvicar Luis Fadrique, wodurch der Stadt
und ihrem Castellan der Regierungsgewalt in Theben gegen=
über Sonderrechte waren eingeräumt worden. Der König
lehnte dies ab, erklärend, daß alle Gemeinden, Barone und
Ritter der Herzogtümer ein Staatsganzes ausmachten, dem=
nach jede Spaltung und Sonderung aufzuhören habe; was

davon noch fortbestehe, werde das Tribunal des Visconde
beseitigen.

Der Empfehlung der Athener willfahrend, erneuerte
Pedro dem Notar Dimitri Rendi das ihm von Friedrich III.
erteilte Frankenrecht, so daß er an allen Freiheiten, Ehren
und Aemtern teilhaben dürfe, wie die andern „Conquistadoren" in Athen.[1] Er bestätigte ihm die Güter des Constantin Kalonichi, die ihm Friedrich in der Stadt geschenkt
hatte, und die Befreiung aller seiner Besitzungen von
jeder Art Abgaben und Servituten.[2] Endlich gewährte der
König demselben Rendi und seinen Erben das Kanzleramt
Athen's, womit eine Rente von 40 Golddenaren verbunden
war, lösbar aus den Handelsgefällen und Zöllen der Stadt.
Die Aemter des städtischen Kanzlers, des Notars und
Schreibers scheinen überhaupt die einzigen gewesen zu sein,
welche nicht nur im Herzogtum Athen, sondern in andern
griechischen Frankenstaaten an Eingeborene verliehen wurden. So gaben die Venetianer noch im Jahre 1420 für
Euböa das Gesetz, daß Griechen nur beim Notariat (scri-
bania) anzustellen seien.[3] Hieraus darf geschlossen werden,

---

[1] Com tots altres conquistadores de la dita ciutat de Cetines.
So lebte der Begriff conquistadores noch zu jener Zeit in der Rechts-
sprache fort.

[2] Als solche werden genannt cumerxus, coltes, cavalcades, guardes
e manifests e de tot altre embarch molestia ni empatx. Das Privilegium ist den Capiteln Athen's eingefügt. Noch später schenkte Pedro
dem Rendi Güter, welche Guillelm Almenara in Athen und Pedro
Ibañez in Theben besessen hatten. Dertusa 18. April 1383; Rubio
n. 52, p. 270.

[3] Sathas, Mon. Hist. H. III, 215. So war in Livadia Notar
Nicolaus de Mauro Nichola; ein Notar Cosma von Durazzo; Rubio
p. 84, Note.

daß die griechische Sprache zu amtlicher Anwendung ge=
kommen war.

Die Athener verlangten, was sehr auffallend ist, für
den Catalanen Pedro Valter, welcher mit Calceran Peralta
gefangen worden war, die Einkünfte aus allen Schreiber=
officien beider Herzogtümer; der König begnügte sich damit,
ihm eins derselben zuzuweisen.[1] Valter mußte demnach
seine Freiheit erlangt haben, während Calceran noch in
navarresischer Haft verblieb, weil das beträchtliche Lösegeld
für ihn nicht aufgetrieben werden konnte. Pedro versprach,
daß Rocaberti für die endliche Befreiung des verdienten
Mannes Sorge tragen werde.

Den Schluß der Capitel Athen's bildete die Forderung
der feierlichen Zusage des Königs, daß er diese Stadt nie=
mals einem andern Fürsten abtreten oder sie vertauschen
werde, sondern daß sie stets bei der Krone Aragon ver=
bleiben solle.[2]

Nachdem Pedro diese Capitulation artikelweise bestätigt
oder durch seine Bestimmungen verändert hatte, beschwor er
öffentlich sie zu halten, worauf die beiden Procuratoren ihn
zum Herzoge Athen's erklärten und ihm den Vasalleneid
leisteten. Dies Verfahren war durch den Rechtsgebrauch
der Feudalgesetze vorgeschrieben; denn auch in den Assisen

---

[1] Totes les escrivanies dels dits ducats d'Atenes et de la
Patria.

[2] Am Ende des Acts: Romeu de Belarbre per los manaments
Regals et Ducals Castella e Capita de la universitat de Cetines
sindichs prohomens e consell dela dita universitat, que tots genolls
ficats en terra humilment nos comanam en gracia dela Regal et
Ducal majestat vestra. Dades en la Ciutat de Cetines XX° die
m. Madii A. D. MCCCLXXX° III. Indicionis.

Romania's bestimmten die beiden ersten Artikel, daß zunächst
der Fürst den Baronen, Vasallen und Untertanen die Achtung ihrer Rechte eidlich zu geloben habe, worauf dann die
Barone den Huldigungseid zu leisten hatten. Der König
ließ am 1. September 1380 eine Urkunde ausfertigen,
welcher jene Capitel eingefügt wurden.[1]

3. Die Vertreter Theben's, der Hauptstadt des Herzogtums, von wo viele Bürger nach Euböa entflohen waren,
während sich die Stadtburg noch in der Gewalt der Navarresen befand, hatten sich nur in Salona vereinigen können, und dort am 22. Mai 1380 Bernardo Ballester zu
ihrem Bevollmächtigten gewählt. Da auch Livadia noch von
jener Bande besetzt war, so konnten es nur Flüchtlinge
dieses Orts sein, welche am 1. Juni in demselben Salona
den gleichen Mann zu ihrem Boten wählten, nachdem ihn
auch Luis Fabrique zu seinem eigenen Procurator ernannt
hatte. So waren es Theben und Livadia, und der Graf
von Salona, die ihrer Seits Forderungen an den König
Pedro stellten. Anderer Magnaten und Gemeinden, wie
Neopatria, Bodonitza, Demetrias, geschieht keine Erwähnung,
was freilich nicht ausschließt, daß auch sie ihren Vertrag
mit der Krone Aragon machten. Die Capitulationen lehren,
daß „die glückliche Genossenschaft des Heeres der Franken"
nicht mehr in ihrem alten politischen Organismus fort-

---

[1] Signum Petri dei gr. Regis Aragonum, Valencie, Maiorice,
Sardinie et Corsice, Comitis etiam Barchinone, Ducis Athenarum
et Neopatrie, Comitis etiam Rossillionis et Ceritanie Qui hec lau-
damus concedim. firmam. et juramus. Folgen die Unterschriften
beider Procuratoren. Unter den Zeugen der Infant Martin, Pedro,
Graf von Urgel, und mehre Edelleute des Hofs.

bestand. Pedro IV. schloß nur Verträge mit fast selbständig gewordenen Feudalherren und einigen Städten, ohne der Companie weiter zu gedenken.

Ballester überbrachte die Artikel von Salona dem Könige, welcher sie gleichzeitig mit den Capiteln Athen's bestätigte und beschwor. Diese Urkunde ist in Sprache und Form der athenischen so vollkommen gleich, daß ihre Uebereinstimmung eine Verständigung der beiden Führer der Partei Aragon, Luis Fabrique und Romeo Belarbre, voraussetzt. In den Capiteln Salona's ist übrigens weder von Theben noch von Livadia irgend die Rede; vielmehr beziehen sie sich durchaus nur auf Luis Fabrique. Es ist daher wahrscheinlich, daß die sehr kurze Urkunde nicht vollständig wiedergegeben ist.

Der mächtige Generalvicar des letzten Herzogs Athen's aus dem sicilianischen Hause Aragon war nicht verlegen, sich seine Dienste von dem neuen Herrscher bezahlen zu lassen. Seine Forderungen zeigen, daß die Triebfeder alles Handelns in dem sich auflösenden Catalanenstaat der Egoismus der Großen geworden war. Luis Fabrique verlangte für sich die Grafschaft Malta, die den Novelles entrissene Burg Siderokastron, die Insel Aegina, und den Besitz solcher Castelle, die er noch von Rebellen erobern würde, ehe der neue Vicekönig angelangt sei. Der König war durch die außerordentlichen Dienste seines Blutsverwandten zu dem Bekenntnisse genötigt, daß er ihm die Herrschaft in den Herzogtümern zu verdanken habe;[1] er bewilligte daher alle

---

[1] E havets induits les gents dels ducats que sien sots nostra senorya Lerida 18. Sept. 1380. (Rubio n. 24.)

seine Forderungen, und nachdem er dies beschworen hatte, leistete ihm der Procurator Ballester die Huldigung.[1]

Am 11. September 1380 kündigte der neue Landes= herr dem Castellan und Rate Athen's an, daß er ihren Treueid empfangen und ihre Wünsche genehmigt habe. In= dem er sie aufforderte, in ihren guten Diensten zur Ver= teidigung des Landes fortzufahren, meldete er ihnen, daß Rocaberti demnächst mit Kriegsvolk kommen werde, um die Herzogtümer gegen die Feinde sicher zu stellen.[2] Mit diesem Schreiben sollte der Bischof von Megara nach Athen zurück= kehren. Boyl hatte den König gebeten, ihm eine Verstär= kung der Besatzung der Stadtburg mitzugeben, und dieser ließ zu solchem Zweck zwölf Bogenschützen ausrüsten. Man wird daraus erkennen, wie geringe in jener Zeit vor der Anwendung der Kanonen die Bemannungen von Burgen gewesen sind. So war die brettonische Besatzung der Engelsburg, welche ein Jahr lang (1378—1379) die Stadt Rom auf das heftigste bedrängte, nur 75 Mann stark.

In seinem Befehl an den Schatzmeister bemerkte Pedro, daß er die Verstärkung für notwendig halte, weil das Castell Setines der reichste Edelstein der Welt sei und von solcher Art, daß alle Könige der Christenheit nicht seines Gleichen erschaffen könnten.[3]

---

[1] Die Formel ist wie im Act der Athener: Idcirco de mandato ipsor. principalium meorum ... eligo et recipio vos dictum dom. Regem sicut jam de facto dicti principales mei vos elegerunt et receperunt in meum et eorum Regem et princip. Ducem et Dom. vostrosque successores Reges Aragoniae et Comites Barchinone — Jlerda 1. Sept. 1380. Zeugen wie im Instrument Athen's.

[2] Als amats e feels nostres los Castellans sindichs promens e consell dela universitat de Cetines. Rubio n. 19.

[3] Con lo dit castell sia la pus richa joya qui al mont sia e

Das Wort und der Begriff „Akropolis" waren den damaligen Menschen unbekannt. So preist der Dichter Lambert le Tors in seiner Alexandreïde Athen als sehr fest, weil es über dem Meere gelegen sei; doch der Akropolis gedenkt er dabei so wenig, als Boccaccio in der Theseïde, weil weder er noch dieser den antiken Namen in seinen Quellen vorgefunden hatte.[1] Die Spanier, wie alle Franken, nannten die Stadtburg Athen's das Castell Setines. Das überschwängliche Lob derselben im Munde eines aragonischen Königs ist nach langen Jahrhunderten das erste Zeugniß davon, daß man im Abendlande wieder ein Bewußtsein von ihrer unvergleichlichen Schönheit hatte. Denn jenes Urteil Pedro's ist ein durchaus ästhetisches; es sind die damals noch wolerhaltenen antiken Monumente der Burg gewesen, welche diesen Eindruck auf die Spanier machten. Sicherlich waren es die Abgesandten Athen's gewesen, die dem Könige dieselbe geschildert, vielleicht ihm Zeichnungen von ihr mitgebracht hatten. Der catalanische Forscher, welchem wir die Herausgabe dieser und anderer Urkunden über Pedro IV. als Herzog von Athen verdanken, hat aus jenem Ausspruch des Königs mit Recht den Schluß gezogen, daß die Catalanen in Athen keineswegs so jedes Gefühls für das Schöne beraubte Barbaren gewesen sind, als man sie darzustellen pflegt. Pedro IV. selbst war ein gebildeter Mann, ein Astrolog und Alchimist, und ein treff-

---

tal que entre tots los Reys de cristians envides lo porien far semblant, havem ordonat quel dit bisbe sen mene los dits homens — Lerida 11. Sept. 1380, Rubio n. 20.

[1] Mult por est forte Ataines, car ele siet sor mer. Alexandr. p. 46.

licher Troubadour. Wie sein Großvater Jayme I. hat auch
er in catalanischer Sprache eine Chronik seiner Regierung
verfaßt.[1] Da er sich zur Zeit, als er jene Worte dictirte,
in Lerida befand, so darf man voraussetzen, daß dortige
Gelehrte einigen Anteil an der Ansicht des Königs hatten,
welche wie ein plötzlicher Lichtstral der beginnenden Renaissance erscheint. Lerida besaß seit 1300 die älteste vom
König Jayme II. gestiftete, sodann vom Papst Bonifacius VIII.
mit Privilegien ausgestattete Universität Cataloniens, auf
welcher Philosophie und liberale Künste neben dem Recht
und der Medicin gelehrt wurden. Freilich wissen wir nichts
davon, daß catalanische Magister jemals Studienreisen nach
Athen gemacht hatten, und wir können nicht nachweisen,
auf welchen versteckten Wegen eine Vermittlung der Kunde
des hellenischen Altertums von dort nach Spanien gedrungen
ist. Gerade unter Pedro IV. blühten die Wissenschaften
und die Dichtkunst in Catalonien und Aragon.

Es ist bemerkenswert, daß der Aragone Juan Fernandez de Heredia, der Zeitgenosse der Catalanenherrschaft in
Athen, als einer der ersten Förderer der humanistischen
Bildung geglänzt hat. Dieser berühmte Großmeister des
Ordens der Johanniter war ein Freund Pedro's IV., den er
im Bürgerkriege gegen die aragonische Union kräftig unterstützt hatte. So flüchtig auch Heredia's Aufenthalt in Rhodus und Griechenland gewesen war, so muß er doch dort
einige Kenntniß der hellenischen Literatur erworben haben.
Durch einen rhodischen Grammatiker Dimitri Talodiki ließ

---

[1] Cronica del Rey de Aragona D. Pedro IV. el Ceremonioso,
ed. Antonio de Bofarull. Barcel. 1860. Ueber ihn D. Prospero Bofarull, Los condes de Barcelona, Barc. 1836. II, 271 ff.

er die Biographien Plutarch's erst in's Neugriechische über=
setzen, woraus sie dann ein Dominicaner, der Bischof von
Tubernopolis, in's Aragonische übertrug.[1] Seine Bezie=
hungen zum Peloponnes veranlaßten Heredia, die französische
Chronik Morea's in aragonischer Sprache bearbeiten zu
lassen. Er sammelte eine Bibliothek von Handschriften in
seinem Palast zu Avignon. Seine humanistische Bildung
und seine Leidenschaft für die Wiederbelebung der classischen
Studien machten diesen Spanier zu einem der hervorragend=
sten Vertreter der Frührenaissance neben Petrarca, Boccaccio
und Coluccio Salutato. Mit diesem gefeierten Staats=
kanzler von Florenz seit 1375 hatte sich Heredia schon zu=
vor in Avignon befreundet.[2]

Pedro IV. zeichnete die Procuratoren Athen's durch
Gnaden aus; er begünstigte besonders den Bischof von
Megara, welchem er Güter schenkte, die Besitzungen des
Rebellen Oliveri Domingo in Theben verlieh, und eine
Rente aus den Einkünften der Capelle des heiligen Bar=
tholomäus zuwies, die im Palast der Stadtburg Athen's
eingerichtet war. Dies ist die erste geschichtliche Erwähnung
eines herzoglichen Palasts auf der Akropolis und der da=
selbst befindlichen Capelle.[3] Der König schlug Boyl außer=

---

[1] Mehus, Vita Ambrosii Traversarii p. 294.

[2] Heredia ließ den Reisebericht Marco Polo's in's Spanische über=
setzen und die großen Chroniken de Espanya und de los conquiri-
dores zusammentragen, deren Handschriften der Escurial bewahrt. Karl
Herquet, der Johannitergroßmeister Heredia, in der Zeitschr. für Allg.
Gesch., Cotta, Stuttgart, Jahrg. 1887, p. 789.

[3] Per rao de la capella de Sant Barthomeu del palau del
castell de Cetines .. Erlaß an Rocaberti, Leriba 10. Sept. 1380.
Rubio n. 34.

dem dem Papste als Erzbischof Theben's vor. Auf sein Gesuch nahm er einen Priester Scordiolo unter die Zahl der zwölf Domherren der Kirche Athen's auf.[1] Es mochte auch durch die Verwendung Boyl's geschehen, daß Pedro dem gesammten Clerus der Herzogtümer und dessen fränkischen und griechischen Einsassen alle Rechte und Freiheiten gab, welche die aragonische Geistlichkeit genoß.[2] Er befahl zugleich seinem Vicekönige, dafür zu sorgen, daß den Kirchen die ihnen rechtswidrig entzogenen Güter zurückgegeben würden.[3] Da jenes Privilegium auf die Griechen ausgedehnt wurde, so mußte deren Kirche wieder zu erstarken begonnen haben.

Ueberhaupt suchte der König von Aragon als neuer Landesherr des Herzogtums Athen ein besseres Verhältniß zu den Griechen, unter denen er manche tapfre und treue Anhänger zählte. Zu seiner Zeit gab es in beiden Herzogtümern drei Erzbistümer: Athen mit vierzehn Suffraganen, von denen vier im Ducat selber lagen, nämlich Megara, Daulia, Salona und Bodonitza; das Erzbistum Theben, welches ohne Suffragane war, und das von Neopaträ mit dem Bistum Zeitun.[4] Die Diöcese Athen hatte nach der Einrichtung durch Innocenz III. elf Suffraganbistümer gehabt; es waren demnach später drei hinzugekommen, während die ehemaligen Suffragane Theben's von Kastoria und Zaratora nicht mehr genannt werden.

---

[1] Ecclesie Sedis de Cetines. Ibid.
[2] Lerida, 10. Sept. 1380, n. 37, p. 254.
[3] n. 37, p. 254.
[4] Liste aus dem Archiv Aragon, Rubio n. 42. Sie hat dem Annalisten Zurita vorgelegen, II, lib. 10, n. 30.

Pedro belohnte noch andre verdiente Anhänger, sowol Griechen als Franken, mit Privilegien und Gütern. So wurde Bernardo Ballester im Besitz des Castells Stiri in Böotien bestätigt, und Jacob Ferrer, der bei der Eroberung Livadia's sein Eigentum verloren hatte, mit den dortigen Besitzungen eines Rebellen ausgestattet. Den Bürgern The= ben's und Livadia's bewies der König seine Erkenntlichkeit für ihre mannhafte, wenn auch unglückliche Verteidigung. Da sich der größte Teil derselben zu Negroponte befand, behandelte er diese Flüchtlinge als die Bürgerschaften jener Städte im Exil. Er zeigte ihnen die Ernennung Roca= berti's zum Generalvicar an und gebot ihnen demselben zu gehorsamen. Weil dieser Erlaß vom letzten April 1381 datirt, so waren Livadia und Theben damals noch von den Navarresen besetzt.[1]

Livadia war die erste Eroberung der Catalanen in Böotien gewesen und von ihnen mit dem Frankenrecht be= gabt worden. Vielleicht bestand deshalb in keiner andern griechischen Stadt ein so gutes Verhältniß zwischen ihnen und den Eingeborenen. Die Bürger derselben hatten es auch vorgezogen, auszuwandern, statt den Navarresen zu gehorchen. Zum Lohn bestätigte ihnen Pedro alle ihnen von seinen Vorgängern erteilten Privilegien.[2] Zu Livadia, wie in Theben befand sich eine Kirche des Sanct Georg, welcher seit den byzantinischen Zeiten in Böotien und

---

[1] n. 3, p. 218 in Saragossa. Die folgenden Urkunden desselben Datums zeigen, daß das Jahr 1380 (statt 1381) bei Rubio ein Ver= sehen ist.

[2] Saragossa, 9. Mai 1381. Rubio n. 45. Unter den Zeugen des Acts: Ffelipus Dalmatii vicecomes Rochabertini.

Attika einer der verehrtesten Heiligen war. Als kostbarste Reliquie wurde sein Haupt in jener Kirche Livadia's ver= wahrt. Der König Pedro setzte deshalb dort eine Com= mende der Ritterschaft S. Georg's ein.[1] Dieser militä= rische Orden lag ihm sehr am Herzen. Seine Vorgänger auf dem Trone Aragon's hatten ihn zu Alfama im Bistum Tortosa gestiftet, und auf seine eigene Bitte war er durch eine Bulle Gregor's XI. am 15. Mai 1372 neu bestätigt worden.[2] Pedro belieh mit den Insignien desselben, dem weißen Mantel und roten Kreuz, Don Luis Fabrique, Juan Aragona von Aegina, und Josre Zarrovira.[3]

---

[1] Rubio n. 28.

[2] Antonio de Bofarull, Hist. critica de Cataluña, Barcel. 1876, IV, 636.

[3] 18. Mai 1381, n. 51. Doch wollte der König die Reliquie be= sitzen; er befahl Rocaberti dieselbe auf passende Weise an sich zu neh= men; 24. Juli 1381, n. 29.

Achtes Capitel.

Der Visconde Rocaberti, Generalvicar. Abzug der Navarresen nach Elis.
Die Lehnsbarone des catalanischen Herzogtums. Tod des letzten Grafen
von Salona. Seine Wittwe Helena und Tochter Maria. Rückkehr
Rocaberti's nach Spanien. Ramon de Vilanova, sein Stellvertreter.
Die Navarresen in Morea. Roger und Anton de Lauria, Regenten
des Herzogtums. Verfall der catalanischen Companie. Nerio's Ver-
bindungen und Absichten auf Athen. Er erobert die Stadt. Tod
Pedro's IV. Die Akropolis ergibt sich Nerio. Ende der catalanischen
Herrschaft.

1. Die Abreise Rocaberti's nach Griechenland ver-
zögerte sich, sowol weil dieser bedeutende Staatsmann in
Spanien nicht leicht entbehrt werden konnte, als weil die
kostspielige Ausrüstung seiner Galeeren mit Nachlässigkeit
betrieben wurde. Die Boten Athen's und Salona's waren
bereits heimgekehrt, aber noch im Frühjahr 1381 befand
sich Rocaberti in Catalonien. Pedro kündigte die baldige
Ankunft des Vicekönigs den hervorragendsten Großen und
Gemeinden an, den Sindici Neopatria's, den Castellanen
Salona's, dem Grafen von Mitra und den Albanesen in
seinem Dienst, dem Jofre Zarrovira, dem Luis Fabrique,
welchem er befahl die Burg Neopatria an Rocaberti zu übergeben und dessen Kriegsvolk in seine Castelle aufzunehmen.

Die Aufgabe, welche der Visconde in dem fremden
Lande durchzuführen übernahm, war schwer genug: er sollte

dort das ganz zerrüttete Herzogtum unter der neuen ara=
gonischen Dynastie wiederherstellen und die Navarresen ver=
treiben, welche zwar Attika verlassen hatten, aber noch die
festen Plätze Böotien's behaupteten. Der König Pedro be=
fahl ihm, das Land durch eine Generalamnestie zu beruhi=
gen, die er allen Einwohnern desselben bewilligen sollte.
Auch der rebellische Zweig der Fabrique in Aegina sollte in
seine Güter wieder eingesetzt werden, dem Luis Fabrique
aber jene Insel auf Lebenszeit verbleiben. [1]

Zum Zweck, die Navarresen zu überwinden, bewarb
sich Pedro um die Freundschaft aller einflußreichen großen
und kleinen Mächte. Er war selbst in Verbindung mit dem
ehemaligen griechischen Kaiser Mathias Kantakuzenos, dem
Despoten Misithra's, getreten, welchem er den Schutz seines
Herzogtums empfohlen hatte. [2] Er trug Rocaberti auf, mit
Nerio Acciajoli und dessen Schwiegervater Saraceno in
Euböa, mit dem venetianischen Bailo Negroponte's, mit
Magdalena Bondelmonti, der Wittwe Leonardo's I. Tocco
von Kephalonia, mit dem Erzbischof Paolo Foscari von
Patras, und dem Großmeister Heredia in Morea freund=
liche Beziehungen anzuknüpfen. [3] Alle diese Dynasten hatten
in der navarresischen Bande denselben Feind zu fürchten,
die Republik Venedig im Besonderen konnte ihre Festsetzung

---

[1] Befehl an Rocaberti, Donna Dulce und ihren Sohn Juan
wiederherzustellen; Saragossa 8. Mai 1381, n. 46, p. 266. Am 18. Mai
Befehl, Juan d'Aragona unter die Ritter von S. Georg aufzunehmen.
n. 51, p. 269. In den Capiteln von Salona war Pedro, nicht sein
Bruder Juan, als Herr Egina's genannt worden, seiner wird hier nicht
mehr erwähnt.

[2] Lerida, 8. Sept. 1380. Rubio n. 21, p. 233.

[3] Rubio p. 110.

in Böotien nicht dulden, von wo sie schon nach ihren ersten
Eroberungen Euböa anzugreifen Miene gemacht hatten. Es
war nur die Schuld des gewaltigen Krieges, welchen die
Venetianer gerade in jener Zeit mit Genua führen mußten,
daß sie nicht kräftig gegen jene Söldner einschritten.
Pedro IV. forderte den Bailo Pantaleone Barbo von Ne=
groponte auf, seinem Vicar Rocaberti Hülfe zu leisten, und
den Markgrafen von Bodonitza, den Herzog des Archipels
und andere Vasallen Venedig's an der Verbindung mit den
Navarresen zu hindern.[1] Dies erreichte er auch. Seine
kräftigste Stütze aber war der damals noch in Morea ge=
bietende Großmeister Heredia. Wenn sich der König noch
im September 1380 bei diesem beklagt hatte, daß die Jo=
hanniter im Herzogtum Gewaltthaten verübten, so konnte
er ihn jetzt zur Hülfe gegen den gemeinsamen Feind aufrufen.[2]

Der Visconde segelte endlich mit vier Galeeren von
Spanien ab, und gelangte im Sommer oder im Herbst
1381 nach Athen, wo er mit allen Ehren empfangen wurde.
Er fand hier als Castellan der Akropolis Romeo de Bel=
arbre und den ehemaligen Viger Calceran de Peralta,
welcher aus seiner Gefangenschaft freigeworden war, und
jetzt, wie ihm der König geboten hatte, die Burg und Stadt
dem neuen Regidor übergab.[3] So wurde Athen wieder die
Hauptstadt des Herzogtums, während sich Theben noch im=
mer in der Gewalt der Navarresen befand. Diese Sold=
bande behauptete auch Livadia und andere böotische Plätze

---

[1] Rubio n. 1, p. 216.

[2] Saragossa, 8. Mai 1381. Rubio n. 50, p. 268. Zurita II,
lib. 10, c. 30.

[3] Pedro an Calceran, Saragossa, 8. Mai 1381, n. 49, p. 268:

noch eine Zeit lang, obwol sie, an der Eroberung des Her=
zogtums für den Titularkaiser Baux verzweifelnd, wie es
scheint noch vor der Ankunft Rocaberti's mit ihrer Haupt=
masse unter Majotto de Coquerel nach Morea gezogen war,
um dies Land für ihren Brodherrn zu erobern. Hier zwangen
die Navarresen alsbald den Großmeister Heredia und seine
Ritter zum Abzuge. Sie selbst richteten, dem Beispiele der
Catalanen folgend, einen Militärstaat in Elis ein. Ihr
Hauptsitz wurde der Hafen Zonklon, in der Nähe des alten
Pylos, mit der festen Burg Navarinon.[1]

Die Truppen, welche Rocaberti mit sich geführt hatte,
reichten nicht hin, die noch in Theben und Livadia zurück=
gebliebenen navarresischen Besatzungen zu überwältigen.[2]

e com hajam entes que sots exit de la prisó en que erets
en poder dels dits Navarros, de que havem haut gran placer.
Die aus Zurita II, 377 gezogene Angabe Hopf's, daß Calceran aus
seiner Haft entkommen, die Akropolis wacker verteidigt und die Navar=
resen aus Athen geworfen habe, ist unerweislich.

[1] Der Name Navarin (bei Edrisi Jrouda) soll nach Hopf I, 24
von den Navarresen abzuleiten sein. Allein schon vorher lag bei Zon=
klon ein Ort Abarinon. Die Notitia 4. graec. episcop. (Hieroclis
Synecdem., ed. Parthey p. 312) sagt von Pylos: nunc vocatur Aba-
rinus. Dort hatte Nicol. von St. Omer ein Schloß gebaut, le chastel
de port de Junch, Liv. d. l. Conq. p. 275, oder κάστρον τοῦ Ἀβαρίνου
(Griech. Chron. v. Morea). Buchon erklärt Navarinon wol richtig mit
Neo-Avarinon, im Gegensatz zu Palaeo-Avarino. Um dasselbe als
Ort der spanischen Einwandrer zu bezeichnen, nannten es die Griechen
Spanochori und nicht Navarino. Leake, Travels in the Morea I. 411
glaubt den Namen Navarino entstanden aus εἰς τὸν Ἀβαρίνον.

[2] Zurita, Indices p. 355 schreibt die Befreiung Livadia's und
anderer Festungen dem Rocaberti zu. Allein noch im Frühjahr 1383
war Theben in der Gewalt des Feindes, denn in einem am 10. April
dieses Jahres zu Tortosa erlassenen Privilegium für Demetrio Rendi
sagt der König: si et quando civitas et vicaria destives ad dominium et obedientiam nostram venire contingat.

Die Kräfte des Herzogtums waren völlig erschöpft,
Attika und Böotien so verheert und entvölkert worden, daß
der König befahl, dort Griechen und Albanesen anzusiedeln
unter Gewähr zweijähriger Abgabenfreiheit für solche Colo=
nisten.[1] Die Besitzesverhältnisse befanden sich in Folge der
Invasion der Navarresen, der Flucht der Einwohner und
der Parteikämpfe in gänzlicher Zerrüttung. Alles mußte
demnach durch das neue Regiment geordnet werden. Wenn
dieses auch die bisherigen Einrichtungen und Gesetze nur
wieder aufzunehmen hatte, so war doch der catalanische
Staat überhaupt in größere und kleinere Feudalherrschaften
zersplittert, mit welchen die Krone Aragon zum Teil
Sonderverträge hatte abschließen müssen.

Ein Lehnsregister aus der Kanzelei Pedro's IV. hat
die angesehensten Edeln des untergehenden spanischen Herzog=
tums Athen namentlich verzeichnet.

Diese waren:

„Don Luis Fabrique von Aragon, Graf von Sola und
Herr von Zeitun.

Der Graf von Mitra, welcher 1500 albanesische Reiter
im Dienst hat, und als Vasall Aragon's das königliche
Banner führt.

Der Markgraf von Bodonitza, der jährlich dem General=
vicar vier gerüstete Ritter stellt.

Der Ritter Jofre von Zarovira.

Andrea Zavall, Capitän von Neopaträ.

Thomas Despou, Schwiegersohn des Roger Loria.

---

[1] A nos es suplicat que volguessem atorgar a tot grech et
albanes, qui vulla venir en lo ducat de Athenes, que sia franch
por II anys. Ulldecona, 31. Dec. 1382, n. 30, p. 240.

Misili (d. i. Melissenos) de Novelle, Herr des Castells Estanyol.[1]

Galceran Puigparadines und sein Bruder Francesco, Herren von Cardenitza und Calandri (Atalante).[2]

Antonio de Loria und sein Bruder Roger.

Roger de Loria und sein Bruder Nicolaus, Söhne des Juan de Loria.

Guillelm Fuster.

Guillelm de Vita.

Pedro de Ballester, Herr von Kabrena und Patricia.[3]

Berengar de Rodaja und andere hochgeehrte Herren in der Stadt Athen.

Petruzo Juanes, Sohn des Ritters Gonsaluo Juanes.

Der Ritter Andrea . . ."[4]

Außer dem Markgrafen von Bodonitza vom venetia= nischen Hause der Giorgi, dem zweifelhaftesten aller Vasallen Aragon's, und dem Grafen von Mitra, sind in diesem Re= gister nur zwei alte catalanische Familien von wirklicher Bedeutung verzeichnet, die Fabrique und die Lauria. Alle übrigen waren Herren kleinerer Burgen oder deren Castellane.

Luis Fabrique hatte das Amt des Generalvicars in die Hände des Visconde niedergelegt und sich in seine Graf= schaft Salona zurückgezogen. Daselbst starb er in der zweiten

---

[1] Der Name dieser Burg erinnert an den ersten Vicar des siciliani= schen Herzogs von Athen, aber ihre Lage ist unbekannt.

[2] Rubio (τημάρια τῶν δουκάτων τῶν Ἀθηνῶν . . . Zeitschrift der histor. Gesellschaft Griechenlands Vol. II, Mai 1887, p. 460), hält diese Puigparadines für die Söhne des im Jahre 1367 ermordeten Pedro de Puig.

[3] Kabrena gilt als Chäronea.

[4] Rubio n. 42, p. 262. Die Liste stimmt fast durchaus mit der bei Zurita II, lib. 10, c. 30.

Hälfte des Jahres 1382.[1] Mit ihm verschwand auch der letzte Mann von Ansehen im catalanischen Staat Athen, und sein berühmtes Geschlecht erlosch. Denn von seiner Gemalin Helena Kantakuzena hatte er nur eine Tochter Maria, die Erbin Salona's und Zeitun's. Das Schicksal der Grafschaft, des wichtigsten Lehns im Herzogtum, hing demnach von der Hand dieses Mädchens ab. Der Visconde Rocaberti begehrte Salona an sein eignes Haus zu bringen, und so eine Familienherrschaft zu begründen, wie das die Fabrique vermocht hatten. Noch zu Lebzeiten des Don Luis hatte er für seinen Sohn Bernaduch um Maria geworben, und das Verlöbniß war mit der Zustimmung des Königs Pedro wirklich abgeschlossen worden. Als nun Helena diesem den Tod ihres Gemals anzeigte und ihm den Schutz ihres Landes wie der Rechte ihrer Tochter anempfahl, versprach er ihr diesen; er bestätigte der Erbin auch das Castell Siderokastron, aber unter der Bedingung, daß sie sich mit jenem Sohne Rocaberti's wirklich vermäle.[2]

Der Visconde selbst befand sich damals nicht mehr in Griechenland. Dieselbe Fahrlässigkeit in Bezug auf die Statthalterschaft der Herzogtümer, welche früher durch die

---

[1] Dies authentische Datum zerstört alle Fabeln über den tragischen Tod des letzten Grafen von Salona. Am 18. Nov. 1382 schreibt Pedro IV. an die Wittwe: havem gran desplaer de la mort del noble En Lois Frederich d'Arago cosi nostre e marit vostre.

[2] Que la dita filla vostra faça de fet e complisca lo matrimoni lo qual es fermat entre lo noble en Bernaduch fill de mossen Dalmau Vesconte de Rochaberti vicari general per nos en los ducats d'Athenes e de la Patria. Der König an Helena, Tortosa, 18. Nov. 1382. Rubio n. 31, p. 341. Hopf (I, 25), welcher den Sohn Rocaberti's Antonio nennt, irrt demnach, wenn er behauptet, daß dieses Verlöbniß wider den Willen des Königs geschehen sei.

öftere Abberufung Moncaba's so unheilvoll gewesen war,
wiederholte sich auch jetzt. Pedro IV. hatte die Dienste
Rocaberti's in Spanien und auf der von Parteien zerspal=
tenen Insel Sicilien nötig, deren Verwaltung er im Jahre
1380 seinem zweiten Sohne Martin, dem Grafen von Exerica
und Luna, übergeben hatte. Dort aber war die Infantin
Maria, die Erbtochter Friedrich's III., der Gegenstand der
Eifersucht der Großen und fremder Fürsten, ihrer Bewerber,
geworden. Der jungen Prinzessin, der legitimen Königin
Sicilien's und Herzogin Athen's, drohte das Schicksal der
unglücklichen Mathilde von Hennegau. Sie war ursprünglich
der Obhut des Großjustiziars Don Artale de Alagona,
Grafen von Mistretta anvertraut worden, welchen Fried=
rich III. in seinem Testament zum Generalvicar Sicilien's
und zu ihrem Vormunde bestellt hatte.[1] Allein im Jahre
1379 hatte sich Guglielmo Ramon Moncada, Graf von
Agosta, ein Anhänger Pedro's, der Infantin bemächtigt
und sie in jene Burg entführt, welche hierauf Artale be=
lagerte.

Rocaberti verließ Athen vor dem Sommer 1382, nach=
dem er dort dem Ritter Ramon de Vilanova seine Stell=
vertretung übertragen hatte. Mit seinen vier Galeeren
schiffte er zuerst nach Syrakus, verstärkte sich in Sardinien
und kehrte nach Sicilien zurück. Hier zwang er Artale die
Belagerung des Castells Agosta aufzuheben, aus welchem er
die Infantin mit sich nahm und nach Cagliari brachte.[2]
Später vermälte sie der König Pedro seinem Enkel Martin.

---

[1] Zurita II, lib. 10, p. 373.
[2] Indices p. 355. Cronica del Rey Pedro IV. am Schluß. La
Lumia, Studj di stor. Sicil. I. 553.

Nach dem Abgange des Visconde scheint Ramon de Vilanova die Beruhigung des Herzogtums Athen und seine Befreiung von den letzten Resten des Feindes glücklich durchgeführt zu haben. Indem die Navarresen Theben und Livadia räumten, vereinigten sie alle ihre Kräfte zur Aufrichtung ihres Militärstaats in Elis. Dazu war die Zeit günstig genug. Denn die Zerrüttung der neapolitanischen Monarchie machte ihnen die Eroberung eines großen Teiles Achaja's möglich. Die Königin Johanna war am 2. Mai 1382 auf Befehl Carl's III. von Durazzo umgebracht worden, und dieser neue König Neapel's hatte Wichtigeres zu thun, als jene Bande von Kriegern aus Morea zu vertreiben. Im Juli 1383 starb auch Jacob de Baur, der letzte fränkische Fürst, welcher den griechischen Kaisertitel getragen hat. Zu seinem Erben hatte er Louis d'Anjou vom Hause Valois eingesetzt;[1] aber auch dieser Prinz starb bald darauf, so daß sich Morea für immer der französischen Herrschaft entzog.

Jetzt hatte Majotto de Coquerel, der bisherige Bail des Baur, keinen Oberherrn mehr anzuerkennen; er nahm daher mit seinen Kriegern von dem fremden Lande in derselben Weise Besitz, wie es vorher die catalanische Companie in Böotien und Attika gethan hatte. Wie diese ihr Ursprung an die Verbindung mit dem königlichen Hause Aragon gewiesen hatte, so hätten auch jene Söldner an dem Könige von Navarra einen Rückhalt finden können, wenn derselbe ein machtvoller Herrscher gewesen wäre. Sie hatten sich indeß von dem Bezuge auf ihre Heimat abgelöst; ihr

---

[1] Sein Testament, Tarent, 15. Juli 1383: Bibl. de l'école des chartes, vol. 45, 1884. p. 189.

Oberhaupt Majotto fuhr fort, die von ihm usurpirte Ge=
walt in Morea durch seinen bisherigen Titel zu legitimiren:
er nannte sich kaiserlicher Bail des Fürstentums Achaja und
der Stadt Lepanto, während die nach ihm angesehensten
Hauptleute Pietro Burdo von S. Superan und Berardo
Varvassa sich den Titel kaiserlicher Capitän desselben Fürsten=
tums beilegten.[1] So nahmen die Navarresen die Stelle
des ehemaligen französischen Lehnsadels ein, und sie be=
mächtigten sich auch der Güter der Acciajoli in Achaja.

Venedig mußte jetzt um seine eigenen Colonien im Pe=
loponnes besorgt sein; es suchte daher mit dieser Söldner=
bande ein friedliches Verhältniß, indem es dieselbe im Besitz
der von ihr eingenommenen Gebiete anerkannte, kraft eines
Vertrages, welchen die navarresischen Capitäne am 18. Ja=
nuar 1382 mit den Rectoren von Koron und Modon ab=
schlossen.[2] Der König Pedro seinerseits konnte froh sein,
seine Feinde in Achaja entfernt und beschäftigt zu sehen.
Er bewarb sich um ihre Freundschaft; er rühmte sie, daß
sie ihm gegen Griechen und Türken, welche Raubzüge in's
Herzogtum machten, bereitwillig Hülfe leisteten, und so konnte

---

[1] Pedro IV. schreibt: nobilib. dil. ac devotis nostris Mayoto
de Cocharellis militi baiulo, et Petro de S⁰ Superano capitaneo
principatus de la Morea. Rubio n. 41, p. 261. Die vollständige
Titulatur in der folgenden Note.

[2] Commem. VIII, 114. Darin sind angeführt Dn. Maiottus de
Coctarello hon. bail. imp. princ. Achaye et civit. Neopanti ...
egreg. et nob. vir Petrus dictus Burdus de Sco. Superano hon.
capitanaus dicti principatus — Berardus de Varvassa hon. cap.
imp. in dicto princ. Datum Drusii (Andrussa). Das Datum dieser
Urkunde widerlegt die Angabe Hopf's, daß Pedro Bordo be S. Su=
perano erst 1385 nach Griechenland gekommen sei (Monatsberichte der
k. Preuß. Akademie der Wissenschaften 1863, p. 485).

im Jahre 1385, wo er dies schrieb, kein Platz in Böotien
mehr in der Gewalt jener Soldbande sein.[1]

Zu seiner Zeit war auch Ramon de Vilanova von
Athen nach Spanien zurückgekehrt, nachdem er die Regie=
rung den beiden Brüdern Roger und Anton Lauria, den
Söhnen Roger's I., anvertraut und Andrea Zaval zum Ca=
pitän Neopatria's ernannt hatte. Der König rief ihn ab,
seiner Dienste bedürftig, da er sich mit seinem eigenen Sohne,
dem Infanten Juan, in einem das ganze Land Aragon auf=
regenden Streite befand, und zwar in Folge des Hasses,
welchen seine zweite Gemalin, Sibilia, gegen diesen ihren
Stiefsohn gefaßt hatte. Rocaberti gehörte zu den entschie=
densten Anhängern des Infanten, was Pedro gegen ihn
aufbrachte. Als nun Vilanova an seinen Hof kam, ver=
langte der König vom Visconde, daß er jenen aller Eide
und Verpflichtungen entlasse, die er ihm als sein Stellver=
treter im Herzogtum Athen geschworen hatte, wogegen Roca=
berti Geldforderungen erhob.[2] Der Visconde mußte sich
fügen; der König nahm ihm das Generalvicariat; er über=
ließ die Verwaltung des Herzogtums vorläufig den Brüdern
Lauria, und erst nach einer langen Säumniß, welche, wie
er den navarresischen Capitänen schrieb, durch seine Beschäf=
tigung mit großen heimischen Aufgaben verursacht war,
ernannte er zum neuen Statthalter der Herzogtümer Athen
und Neopatria Bernardo de Corella.[3]

---

[1] Vilanova, 17. Juli 1385.

[2] So ist die Stelle bei Zurita lib. X. n. 38, p. 387 zu verstehen; es
sind Forderungen Rocaberti's, nicht Vilanova's, wie Hopf glaubt (II, 25).

[3] Zurita behauptet, daß der König aus Haß gegen Rocaberti da=
mals die schon vereinbarte Ehe zwischen dessen Sohne und Maria Fa=
brique vereitelte (dexò de casar). Von einer Beschuldigung, welche

2. Die Lebenskraft der Spanier in Hellas hatte sich erschöpft; wie alle Frankencolonien in Griechenland, welche nicht gleich denjenigen Venedig's in unmittelbarer Verbindung mit dem Volk und der Regierung ihres Mutterlandes blieben, waren auch sie entartet. Die Invasion der Navaresen hatte sich mit dem Ausgange des sicilianischen Königshauses und dem Parteiwesen, welches die Folge davon war, vereinigt, um die soldatische Verfassung der Companie aufzulösen. Der neue Herrscher aber aus dem Hause Aragon, in seinem fernen Lande von den Angelegenheiten Sicilien's wie Sardinien's in Anspruch genommen, besaß weder hinreichende Mittel noch Willenskraft genug, um sich im Herzogtum Athen zu befestigen, was er nur mit dem Aufwande großer Mittel durch ein zahlreiches Kriegsvolk unter tüchtigen Capitänen vermocht hätte.

Der kühne Mann, welcher die Catalanen endlich aus dem schönen Lande vertreiben sollte, stand dazu gerüstet und bereit. Er war kein Kriegsheld, sondern ein kluger Speculant und Kaufmann, der Erbe des Glücks wie eines Teiles der Reichtümer seines Adoptivvaters Niccolo Acciajoli. Nerio hatte von Korinth und Megara aus den Verfall des Catalanenstaats mit steigender Genugthuung beobachtet, und eine Zeit lang der dortigen dynastischen Umwälzung durch Pedro IV. ruhig zugesehen, weil auch ihm viel daran lag, die Navaresen nicht im Herzogtum sich festsetzen zu lassen. Als aber diese aus dem Lande gewichen waren, wo der König von Aragon ihm nicht furchtbar sein konnte, nahm er seine Stunde wahr.

Vilanova dem ehrgeizigen Rocaberti aus dieser beabsichtigten Vermälung gemacht habe, sagt Zurita nichts.

Die Venetianer legten ihm keine Schwierigkeiten in den Weg. Auf Euböa selbst besaß er mächtige Freunde. Dort war damals das Haus der Saraceni angesehen, welches aus Siena stammen mochte, wo noch ein schöner Palast dieser Familie steht. Dem Haupt der Familie Saraceno de Saraceni hatte die Republik Venedig im Jahre 1370 ihr Bürgerrecht erteilt.[1]

Die Gemalin Nerio's, Agnes Saraceno, scheint die Tochter dieses Mannes gewesen zu sein. Durch ihn gewann er die Unterstützung des Bailo Negroponte's, welchen er, unter dem Vorwande, mit den Venetianern vereint die tür= kischen Corsaren von den Küsten Euböa's und Korinth's ab= zuhalten, bewog, ihm eine bemannte Galeere zu vermieten.[2] Obwol Herr des Hafens Korinth, aus welchem er Piraten auslaufen ließ, besaß Nerio doch keine eigenen Kriegs= schiffe: denn diese zu bemannen würden ihm die Venetianer nicht gestattet haben. Auch seine Truppenmacht konnte nur unbedeutend sein; sie bestand hauptsächlich aus Alba= nesen und Türken, in seinem Solde. Nichts ist daher kläglicher als der Untergang der einst so furchtbaren Cata= lanenherrschaft durch die geringen Mittel, die er dazu ver= wendete.

---

[1] Vir circumspectus et prudens Saracenus de Saracenis quond. Guillelmacii ejusd. nostre civitatis Negropontis burgensis origi= narius civis prefatae civitatis ... 25. Aug. 1370. Commem. VII, fol. 139 t. Der Name lautet in Urkunden Pedro's IV. Sarrasi de Sarrasi.

[2] Nach den Estratti degli Annali Veneti di Stefano Magno (Chron. Gréco-Romanes p. 183) geschah das schon a. 1383. In Misti Vol. XXXVIII, fol. 10 steht ein Beschluß des venet. Staatsrats vom 20. Febr. 1382, welcher dem Duca di Creta befiehlt, die Galeeren für Nerio auf ein Jahr zu armiren.

Uneinigkeit unter den Großen der Companie während der Abwesenheit Rocaberti's, und der Streit um die Erb= tochter des Luis Fabrique erleichterten das Unternehmen Nerio's. Auch dieser warb um die junge Maria für seinen eigenen Schwager Pietro Saraceno. Ihre stolze Mutter Helena verachtete den Emporkömmling und verlobte das Mädchen mit Stefan Ducas, einem serbischen Kleinfürsten in Thessalien, was alle Franken und Griechen, zumal die Despoten in Misithra und Thessalonich gegen sie aufbrachte.[1] Deshalb bekriegte sie der beleidigte Nerio, indem er zugleich ihre Verbündeten, die Catalanen angriff.

Im Jahre 1385 rückte er mit einem Heerhaufen von Megara in Attika ein. Da sich kein Vicekönig mehr im Herzogtum befand, lag die Regierung desselben noch in den Händen der Brüder Roger und Anton Lauria. Sie warfen sich dem Feinde entgegen, erlagen aber im Kampf, und Nerio zog ungehindert in die Unterstadt Athen ein. Dies geschah in der ersten Hälfte des Jahres 1385, worauf er den Titel Herr von Korinth und dem Herzogtum annahm.[2] Nur in der Akropolis, welche sich wenige Jahre zuvor gegen die Navarresen siegreich behauptet hatte, setzten die Spanier einen verzweifelten Widerstand fort; sie schickten eilende Boten an den Hof des Königs, ihn zu schleuniger Hülfe aufzurufen.

Pedro IV. erkannte jetzt den großen Irrtum, den er begangen hatte, als er das Herzogtum Athen ohne General= vicar und ohne Truppen ließ. Er sah sich vergebens nach

---

[1] Zurita II, 387 und Indices p. 360, wo er sagt, daß diese Ver= bindung den Sturz der Catalanen nach sich zog.

[2] So schon in einer Urkunde vom 5. Juli 1385, nach Hopf p. 26.

Verbündeten um. In jenem Briefe, welchen er am 17. Juli 1385 an die Häupter der navaresischen Bande in Morea schrieb, bezeichnete er als gemeinschaftliche Feinde im Herzogtum nur die Griechen und Türken, so daß es scheint, er habe damals noch keine Kunde von der Eroberung Athen's durch Nerio gehabt. Aber es ist ebenso auffallend, daß er dieses Ereignisses auch nicht ein Jahr später gedachte, als er am 17. August 1386 denselben Navaresen ankündigte, daß er im nächsten Frühling Bernardo de Corella mit starker Kriegsmacht nach dem Herzogtum absenden werde.[1] Er dankte dem Majotto und Superan für die guten Dienste, die sie ihm dort leisteten, und versicherte, daß sein Vice-könig mit ihnen ein Herz und eine Seele sein werde, dies um so mehr, als zwischen ihm selbst und dem Könige von Navarra der engste Freundschaftsbund bestehe.[2]

Pedro glaubte schon deshalb die Navaresen für sich gewinnen zu können, weil sie selbst von Nerio als Feinde angesehen wurden, da sie sich der Besitzungen des Hauses Acciajoli in Morea bemächtigt hatten. Indeß es verlautet nichts davon, daß sie dem Könige thatsächlich Hülfe geleistet haben. Seit der Abberufung Rocaberti's hatte er seine griechischen Länder mit so großer Nachlässigkeit behandelt, daß es scheint, er selbst habe ihr Besitztum für wertlos oder für unhaltbar angesehen. Statt des neuen Vicekönigs Corella,

---

[1] Wenn das Stillschweigen Pedro's rätselhaft erscheint, so ist der Nationalstolz Zurita's lächerlich; dieser Annalist Aragon's sagt kein Wort von der Eroberung erst der Stadt und dann der Burg Athen durch Nerio.

[2] An Bordo S. Superan, Capitän des Kriegsvolks in Morea, und Majotto de Cocarell, Bailo von Morea, Barcelona, 17. Aug. 1386. Rubio n. 40, p. 259.

schickte der König dorthin nur geringes Kriegsvolk unter
Don Pedro de Pau. Diesem letzten spanischen Capitän
Athen's gelang es, im Piräus zu landen und sich in die
Akropolis zu werfen, die er länger als ein Jahr tapfer ver-
teidigte.[1]

Pedro IV. starb am 5. Januar 1387. Sein Nachfolger auf dem Trone Aragon's war sein Sohn Juan, und
dieser ernannte seinen Freund Rocaberti nochmals zum
Generalvicar im Herzogtum, wohin er mit einer Flotte ab-
gehen sollte. Seine Ernennung meldete er dem Capitän
Achaja's, Vordo von S. Superan, aus Barcelona am
17. April 1387.[2]

Am aragonischen Hofe befand sich zu jener Zeit Guerald Rodonells, von Pedro de Pau aus der Akropolis
Athen's als sein Bote abgesendet. Diese Burg war troß
ihrer Einschließung durch die Truppen Nerio's noch immer
im Stande, mit Spanien zu verkehren. Guerald sollte dem
neuen Könige im Namen jenes Capitän's für alle diejenigen Castelle huldigen, die er noch behauptete, und Juan
befahl ihm, diese Huldigung dem Visconde zu leisten.[3]

Demnach mußten noch einige Festungen, namentlich in
Böotien, die Fahne Aragon's aufrecht halten. Nerio aber
konnte ungehindert die Belagerung der Akropolis fortseßen
lassen und in derselben Zeit, mit dem Bailo Negroponte's
vereint, den türkischen Piraten eine empfindliche Niederlage
zufügen, wozu ihm die Signorie Venedig's Glück wünschte.[4]

[1] Zurita p. 391.
[2] Rubio n. 53, p. 271.
[3] Zurita p. 391, a. 1387.
[4] Memorandam victoriam obtentam per ... dominum Ray-
nerium contra Turcos vostro etiam auxilio mediante: an den Bailo,

Wenn Rocaberti mit einer Flotte wirklich nach dem Piräus gelangte, so kam er zu spät.[1] Durch die äußerste Not gedrängt, an der Hoffnung auf Entsatz von Spanien her verzweifelnd, übergab der mannhafte Capitän Pedro de Pau endlich die Akropolis. Das Datum dieses Ereignisses ist unbekannt, doch muß es im Jahre 1387 geschehen sein. So zog der Neffe des Großseneschalls Niccolo Acciajoli als Herr in die Stadtburg ein, und der Catalauenstaat Athen erreichte sein Ende.

Die Umwälzung des politischen Regiments des Herzogtums durch den florentinischen Eroberer vollzog sich mit überraschender Schnelligkeit. Von dem Könige Aragon's preisgegeben und ihrem Schicksale überlassen, wagten die catalanischen Großen nirgend mehr einen Widerstand. So ruhmvoll einst der Einzug ihrer Väter in Hellas gewesen war, so ruhmlos war jetzt ihr eigener Abzug aus diesem Lande, in dessen Volke sie keine Wurzeln gefaßt hatten, sondern stets nur eine Colonie von Fremdlingen geblieben waren. Sie erlitten dasselbe Los, welches ihre Vorfahren den Burgundern bereitet hatten. Aus allen ihren Lehen und Besitzungen weichend, kehrten die Spanier nach Sicilien und Aragon zurück. Weder die Zeit noch die Art ihres

---

Misti XL, fol. 17 b., Febr. 1386. Um so mehr ging der Senat auf das Gesuch Nerio's ein, ihm zur Verfolgung der Piraten eine Galeere zu stellen, deren Ausrüstung er bezahlen wollte. Der Herzog von Kreta wurde angewiesen, sie zu armiren und dann für 8 Monate in den Dienst Nerio's zu stellen, unter dem Befehl des Supracomes Giovanni Soranzo. Misti XL, 6. Febr. Ind. IX. Noch am 10. Aug. 1386 war die Galeere nicht ausgerüstet. Ibid. fol. 37.

[1] Zurita (Indices p. 363 zu a. 1387) verzeichnet, daß der Visconde am 18. März aus Barcelona nach dem Peloponnes in See ging. Die Ueberlieferung aller dieser Thatsachen ist sehr mangelhaft.

Fortganges hat irgend ein Geschichtschreiber bemerkt. Die
Lauria, die Novelles, Puigparadines, Fuster, Ballester ver=
schwanden in Attika so völlig, daß die sorgsamste Forschung
heute keine Spur dort von ihnen entdecken kann.[1] Manche
Catalanen geringeren Standes nahmen Dienste als Söld=
ner bei verschiedenen Fürsten.[2] Nur an wenigen Orten be=
haupteten sich noch spanische Geschlechter eine kurze Zeit,
wie in Salona, und auch in Aegina, wo eine Nebenlinie
der Fadrique fortdauerte. Diese Insel war nach dem Tode
des Don Luis an Juan, den Sohn Bonifazio's von Ara=
gona, zurückgegeben worden; als dieser im Jahre 1385
starb, folgte ihm daselbst eine Erbtochter, deren Name un=
bekannt ist. Nerio aber scheint diese letzte Fadrique von
Aegina, wie man annehmen darf, in Folge eines Vertrages,
nicht belästigt zu haben. Sie vermälte sich im Jahre 1394
mit Antonello Caopena, vielleicht einem Spanier von Ge=
schlecht, dessen Haus die Insel noch eine Weile besitzen
durfte.[3]

Die Thatsache, daß eine Companie von tapfern Söld=
nern siebzig Jahre lang das edelste Land der Hellenen so
vielen Feinden zum Trotz beherrschen, und sich in der Ge=
schichte Athen's unsterblich machen konnte, ist immer bewun=

[1] Rubio a. a. O. Anhang p. 113. Zurita p. 403 zeigt im Jahre
1392 die Brüder Roger und Nicolaus Lauria unter den Baronen
Sicilien's. Chalkokond. l. II, p. 69 sagt, daß die Spanier teils nach
Italien zurückkehrten, teils bis an ihren Tod in Griechenland blieben,
unter diesen Don Luis von Sula.

[2] Epam. Stamatiadis p. 248. Es ist ganz irrig, was der meist aus
Abarca schöpfende Peña y Farel (Annal. de Cataluña, Barcel. 1709,
II, 159) behauptet, daß die Nachkommen der Catalanen bis 1452 in
Griechenland fortdauerten en su antiguo splendor.

[3] Stammtafel bei Hopf, Chron. Gréco-Romanes p. 475.

dernswert. Unter den vielen Soldgenossenschaften, welche in Europa namhaft und furchtbar geworden sind, hat keine den Ruhm der Catalanen erreicht. Allein auch sie sind nur eine unorganische Erscheinung im Leben Griechenlands, nur fremdartige Schmarotzergewächse, die ein unberechenbarer Zufall auf den classischen Boden verpflanzt hatte. Die vielgepriesenen, heroischen Kämpfe dieser Kriegerkaste waren für die menschliche Cultur entweder nutzlos oder verderb= lich, und sie bilden nur eine denkwürdige Episode in dem blutigen Epos des abendländischen Soldatentums im Mittel= alter.

Weder in Athen, noch sonst wo in Griechenland haben die Catalanen Denkmäler ihrer Herrschaft zurückgelassen, oder solche sind spurlos untergegangen. Selbst auf der Akropolis, wo sie sicherlich manche Veränderungen, besonders durch Anlage von Befestigungen hervorbrachten, ist kein Ueberrest davon entdeckt worden.[1] Münzen der Companie sind nicht bekannt. Solche wurden überhaupt weder von dieser, noch von den sicilianischen Herzogen Athen's für dieses Land eigens geprägt. Die Münzen Friedrich's II. von Sicilien und seiner Nachfolger sind auch mit dem Titel Dux Athenarum et Neopatriae bezeichnet.

---

[1] Bournouf, La ville d'Athènes p. 59.

Viertes Buch.

Erstes Capitel.

Florenz und Athen. Umwälzung des Herzogtums Athen durch Nerio. Verschwinden des Feudalismus. Annäherung an die Griechen. Herstellung des griechischen Erzbistums in Athen. Wachsendes Uebergewicht der hellenischen Nationalität. Die Medici in Athen. Einwanderung der Albanesen in Hellas. Nerio und Venedig. Seine Verschwägerung mit Theodor von Misithra und Carlo Tocco. Venedig erwirbt Argos und Nauplia. Theodor bewältigt Argos. Nerio in der Gewalt der Navarresen. Er kauft sich durch Vertrag los. Nerio und Amadeo VII. von Savoyen. Er wird dem Sultan tributpflichtig. Ladislaus von Neapel investirt ihn mit Athen. Theodor überliefert Argos den Venetianern. Tod des Nerio.

1. Die Republik am Arno war schon im Jahre 1345 dadurch zu dem entfernten Athen in eine flüchtige Beziehung gesetzt worden, daß Walter von Brienne, ihr Oberhaupt für kurze Zeit, den Titel des Herzogs von jener Stadt führte. Vierzig Jahre später konnten es die Florentiner als eine Ehre betrachten, daß einer ihrer Bürger denselben Herrschersitz auf der Akropolis einnahm, welchen die La Roche, die Brienne und die Aragonier inne gehabt hatten. Die florentinische Geldmacht war dem Rittertum der Kreuzzüge und dem Militärstaat der spanischen Conquistadoren im Besitze Athen's gefolgt.

Im Jahre 1387 würde nicht einmal der gebildetste Florentiner auf den Gedanken gekommen sein, zwischen

seiner blühenden Vaterstadt und dem antiken Athen einen
Vergleich anzustellen, die geistigen Werte beider abzuwägen
und daraus den Schluß zu ziehen, daß Florenz würdiger
war als jeder andere Ort, der Stadt der griechischen Weisen
und Staatsmänner einen Gebieter zu geben. Wir aber
vermögen dies zu thun und nachzuweisen, daß Florenz be=
reits während des 14. Jahrhunderts im Abendlande eine
Stellung einnahm, welche sich derjenigen Athen's in seinen
besten Zeiten näherte.

Die Geschichte der florentiner Republik zeigt neben
jener des aristokratischen Venedig das merkwürdigste Bei=
spiel einer Stadt, die sich zum Staate entfaltet von solcher
culturgeschichtlichen Wichtigkeit, daß ihr Einfluß im Leben
der Menschheit sich verewigt hat. Seit dem alten Athen
hat in Wahrheit keine andere Stadt eine gleiche Fülle von
Geist, Anmut und Schönheit ausgeströmt, als Florenz.
Schon am Ende des 14. Jahrhunderts war sie unter vielen
Kämpfen mit den toscanischen Nachbarstaaten zu Wohlhaben=
heit und Ansehen emporgekommen. Voll Klugheit hatte sie
zwischen den beiden Machtpolen Italien's, dem Papst und dem
Kaiser, ihre Unabhängigkeit zu bewahren gewußt, und trotz
der wildesten Parteikämpfe der Guelfen und Ghibellinen,
des Adels und der Popolanen in ihren Mauern die Tyrannis
von sich abgewehrt. Freiheitssinn, Vaterlandsliebe, edler
Ehrgeiz, rastlose Uebung und Anspannung der Bürgerkraft
im privaten wie öffentlichen Haushalt erhoben die Arno=
stadt zum ersten Range unter allen andern Gemeinden
Mittelitalien's. Das florentiner Volk war, wie der Demos
Athen's, von allen Leidenschaften und Schwankungen der
Politik fieberhaft bewegt, immer unzufrieden und neue=

rungssüchtig, aber im Grunde von scharfem Verstande und für
die Probleme der Staatskunst vorzugsweise geschickt. Eine
kunstvolle demokratische Verfassung hatte die Ungleichheit der
Stände gemindert oder ausgetilgt, und einen freien Staat ge=
schaffen, in welchem jeder tüchtige Bürger zu den höchsten
Ehrenstellen berechtigt war. Doch war der florentiner Staat
in der Humanität weiter vorgeschritten, als der von Pausanias
für die beste Demokratie erklärte des alten Athen. Denn er
hatte nicht, wie dieser, die Sclaverei zu seiner Grundlage.
Während in Athen die Arbeit als unwürdig des freien
Bürgers galt, und selbst von den größesten Denkern Grie=
chenlands so angesehen wurde, bildete sie das Lebens=
princip der florentiner Republik, in welcher die militärisch
eingerichteten Zünfte der Handwerker zur Regierung ge=
langt waren.

Eine hochentwickelte Industrie und weite Handelsbezie=
hungen machten das Bürgertum reich und genußfähig. Der
offene Sinn für die Welt und die Freude an allem, was
das Leben schmückt und veredelt, verhalf den Florentinern zu
einer Bildung, welche diejenige aller andern Städte des da=
maligen Europa übertraf. Die toscanische Bildung aber
verhielt sich ungefähr zu Italien, wie die attische sich zu
Griechenland verhalten hatte. Man konnte Florenz seit dem
14. Jahrhundert dreist die Seele Italien's nennen, dies
schon deshalb, weil die Arnostadt die am meisten italienische
war. Venedig, Genua und Pisa hatten sich tief in die
politischen und colonialen Angelegenheiten Griechenlands und
des Orients verflochten und von Italien abgewendet; das
Papsttum lebte in derselben Zeit draußen im Exil zu Avig=
non, und hatte Rom seinen Trümmern und Träumen von

der alten Weltherrschaft überlassen. So pulsirte damals
das nationale Leben Italien's wesentlich in Florenz.

Die moderne Cultur Europa's nahm dort ihren ersten
Sitz, und die Hauptquellen der Renaissance versammelten
sich in dieser Werkstätte des Humanismus, an welcher bald
auch eingewanderte Hellenen thätig wurden. Die Grazien,
die seit dem Untergange der Griechenwelt von dem christlich
und barbarisch gewordenen Menschengeschlecht den Abschied
genommen hatten, erschienen zuallererst in der heitern Stadt
Florenz wieder; selbst die Sprache und Beredsamkeit der
Italiener bildete hier, wie einst die der Griechen in Athen,
ihren melodischen Zauber aus. In dem florentinisch-tos-
canischen Geiste lag etwas dem attischen Verwandtes; in ihm
vollzog sich auch am ehesten die intellectuelle Verbindung der
Antike mit dem Christentum.

Zur Zeit als Nerio Acciajoli zum Tyrannen Athen's
wurde, stand Florenz schon im vollen Licht der Frührenaissance. Arnolfo, Giotto, Andrea Pisano, und Orcagna
hatten diese Stadt mit ihren Werken geschmückt. Das Genie Dante's allein, des großen Bürgers, welcher wie der
Athener Aristides die Verbannung aus seiner Vaterstadt erlitten hatte, würde hingereicht haben, dieser neben Athen
ewigen Ruhm zu sichern. Der Dichter der göttlichen Ko-
mödie konnte sich in dem Schattenreich des Limbus den
großen Geistern der Hellenen, Homer, Orpheus, Sokrates,
Plato, Diogenes und Thales dreist als ein Ebenbürtiger
nahen. Nach Dante war Petrarca aufgetreten, der größeste
Lyriker Italien's, ein glänzender, wenn auch nicht originaler
Geist von staunenswerter Beziehungskraft auf das gesammte
Reich des Wissens und der Humanität. Auch Boccaccio, der

Freund des Großseneschalls Acciajoli, hatte schon seine ruhmvolle Laufbahn als Dichter und Vermittler der antiken
Wissenschaft vollendet. Er war am 21. December 1375
gestorben, zehn Jahre bevor Nerio sich Athen's bemächtigte.
Dino Compagni und Villani endlich hatten schon die große
staunenswerte Reihe der patriotischen Geschichtschreiber von
Florenz eröffnet, die nur ein Gemeindewesen von solcher
politischen Beweglichkeit und von so viel staatsmännischem
Genie erzeugen konnte.

Die lange Verbindung Italien's mit Griechenland durch
die Anjou, und die Größe, welche Niccolo Acciajoli in Folge
seines Verhältnisses zum Hofe Neapel's erlangt hatte, waren
die Voraussetzungen für die merkwürdige Thatsache, daß ein
Florentiner am Ende des 14. Jahrhunderts zum Herrscher
Athen's wurde. Sie ist ein geschichtlicher Zufall, aber im
Zeitalter, wo das in der Bildung mächtig vorgeschrittene
lateinische Abendland seinen Zusammenhang mit dem hellenischen Geiste wieder herstellte, nimmt diese Thatsache doch
die Züge einer culturgeschichtlichen Gesetzmäßigkeit an.

Seit den Kreuzzügen hatten die Lateiner jenen Zusammenhang erst durch Handelsverbindungen, dann durch
die rohe Gewalt der Eroberung zu erzwingen gesucht. Jedoch das Urteil des Marin Sanudo bestätigte sich. Dieser
mit dem Orient wol vertraute Venetianer sprach in seiner
Schrift Secreta fidelium crucis, die er dem Papst Johann XXII. widmete, die Ueberzeugung aus, daß die
Mächte des Westens das griechische Reich wol zertrümmern
konnten, aber zu behaupten nicht Kraft besaßen, daß die
Vereinigung der orientalischen und römischen Kirche nicht
durch Gewalt durchzusetzen sei, denn dies zeigten Cypern,

Kreta, Achaja, Athen, Negroponte und andre Länder, wo nur die fremden Gebieter, aber nicht das eingeborene Volk dem römischen Glauben anhingen.[1] Die Verbindung des Abendlandes mit der hellenischen Cultur wurde in der That nicht durch die Eroberungen des Schwerts, noch durch die Gebote des Papsts vollzogen, sondern sie war das Ergebniß eines großen Bildungsprozesses in einem gereiften Zeitalter, welches die Denkmäler der antiken Literatur und Kunst wieder an's Licht zog, und sie zu verstehen fähig geworden war. In dem Zeitraum von beinahe zwei Jahrhunderten, die seit dem lateinischen Kreuzzuge verflossen waren, hatte das Abendland, vor allem Italien, in demselben Maße sich geistig fortentwickelt, als der griechische Osten zurückgegangen war.

Nerio Acciajoli hat schwerlich ein Bewußtsein von der Wichtigkeit Griechenlands für die menschliche Bildung gehabt; doch begann durch ihn ein lebhafterer Verkehr der Italiener mit der Stadt Athen. Diese selbst trat in eine neue Phase ihrer Geschichte, die letzte ihres selbständigen Lebens unter fränkischen Fürsten. Man darf sie die florentinische Epoche nennen. Italiener und besonders Florentiner lösten jetzt die beiden andern romanischen Nationen, die Franzosen und Spanier, in der Herrschaft über Attika ab. Sie traten in ein näheres und humaneres Verhältniß zu den Griechen, als jenes ihrer Vorgänger gewesen war.

Das mit so geringer Anstrengung von Nerio eroberte Herzogtum Athen umfaßte, so weit es in seinen Besitz gekommen war, Megara, Attika und Böotien, und selbst in

<hr />

[1] Der Brief bei Kunstmann, Studien über Marino Sanudo den Aelteren S. 43.

dieses letztere Land waren die Türken eingedrungen, da sie,
wahrscheinlich als ihm augenblicklich verbündet oder als seine
Söldner, Livadia besetzt hatten.[1] Salona und Bodonitza
blieben außer dem Bereiche der Macht Nerio's, gleich der
den Enghien gehörenden Argolis. So erlitten nur Attika
und Böotien eine Revolution aller Besitzesverhältnisse. Der
Feudalismus brach dort mit dem spanischen Regiment zusammen, indem er einem bisher ungewohnten Zustande
Platz machte. Die früheren Erbherren verschwanden; an ihre
Stelle trat ein reicher Kaufmann, als dessen Latifundien die
von ihm gewonnenen Länder anzusehen waren. Er konnte
diese unter seine Freunde und Dienstmannen verteilen,
allein zu Baronen machte er dieselben nicht. Denn Nerio
hatte weder einen Schwarm nach Lehen begieriger Adels
in seinem Gefolge, noch überhaupt eine erobernde Kriegerkaste in's Land geführt, sondern sich desselben als Herr
Korinth's durch einen gemischten Haufen von Söldnern bemächtigt, die er aus seiner Kasse bezahlte und nach Gutdünken entlassen konnte.

Daß seine Eroberung mit keiner Invasion verbunden
war, konnte der griechischen Bevölkerung nur zum Vorteil
gereichen. Die lange Fremdherrschaft hatte ihr Nationalgefühl geschwächt; sie blieb eine thatenlose, wenn nicht
gleichgültige Zuschauerin so des Falles der Catalanen, wie
des Einzuges ihres neuen florentiner Gebieters. Wenn
aber Nerio irgend Widerstand von Seiten der Griechen ge-
fürchtet hatte, so darf man voraussetzen, daß er die Böotier
und Athener schon vor seinem Einfalle in Attika durch geheime

---

[1] Chalkokond. IV, 213.

Verbindungen und Zusagen für sich zu gewinnen bemüht gewesen war.

Um sich als Eindringling, dem jede rechtliche Voraus=setzung fehlte, in dem fremden Lande zu behaupten, mußte er den Griechen darthun, daß sie den harten Druck des catalanischen Adels mit der milderen Regierung eines reichen und gebildeten Florentiners vertauschten. Die Spanier hatten die griechische Nationalität unterdrückt, Nerio er=hob sie wieder, indem er ihr ein großes Zugeständniß machte. Er gestattete die Einsetzung eines griechischen Erz=bischofs in Athen, wo seit Michael Akominatos kein solcher mehr geduldet worden war. Nur gleichsam in partibus be=stand das orthodoxe athenische Erzbistum in der byzantinischen Hierarchie fort.[1] Der Metropolit Athen's führte in dieser noch immer den Titel des Exarchen von Hellas, und seiner Verwaltung waren die Sprengel Theben, Neopaträ, Aegina, auch Euripos zugewiesen.[2]

Nerio nun ließ in Athen die lateinische Kirchenver=waltung unverändert; der katholische Erzbischof fuhr fort am Parthenon zu residiren. Dies war noch Felix de Puja=dell, der letzte Spanier auf dem Sitze Athen's, der von Nerio unbelästigt erst im Jahre 1390 starb. Aber unbe=kümmert um den Widerspruch des lateinischen Clerus und der römischen Curie nahm er Dorotheos als griechischen Metropoliten der Stadt auf, und diesen schickte die heilige Synode dorthin von Thessalonich.[3] Er richtete seinen Sitz

---

[1] A. 1365 zeichnet der ungenannte Erzb. von Athen einen byzant. Synodalact. Acta et Dipl. graeca medii aevi, ed. Miklosich und Müller, Wien 1863, I, n. 195.

[2] Ibid. n. 307. p. 564. Act vom Mai 1371.

[3] Ibid. II. p. 165.

in der Unterstadt ein, wahrscheinlich neben der Kirche des heiligen Dionysios am Areopag. Dort wohnte der griechische Erzbischof auch während der Türkenzeit in einem Hause, welches auf der Stelle stand, wo der legendäre Stifter der athenischen Gemeinde sollte gewohnt haben.[1]

Weil das Nationalbewußtsein der Griechen nur noch in ihrer Kirche den festen Mittelpunkt besaß, so war die officielle Wiederherstellung ihres Erzbistums für die Athener von unermeßlichem Wert. Bessere Zeiten schienen für sie heranzunahen. Auch wurde ihre Stadt jetzt erst wieder der Vorort des Landes, denn Nerio nahm seine Wohnung auf der Akropolis. Wahrscheinlich erhielten Griechen auch im athenischen Stadtrat Aufnahme.[2] Zwei Bürger hellenischer Nation, Demetrius Rendi und Nicolaus Makri, waren die öffentlichen Notare, deren sich Nerio in der Folge bei Staatsacten bediente.[3]

Einzelne Beispiele zeigten alsbald die wachsende Kraft des Griechentums in Athen. Italiener hellenisirten sich. Ein dort schon zur Zeit der Catalanen eingewanderter Zweig der Florentiner Medici hielt es für vornehm oder nützlich, seinen Familiennamen in Jatros umzuwandeln. Als erster dieses Hauses erscheint der ausdrücklich Athener genannte Piero de' Medici, welcher auffallender Weise im Jahre 1357 Bail und Generalcapitän Walter's von Brienne in Argos und Nauplia gewesen war.[4]

---

[1] Spon, Voyage en Grèce II, 200. Ueber diese Kirche Aug. Mommsen, Athenae Christ. p. 42.

[2] In einem Threnos auf den Fall Athen's unter die Türken (wovon weiter unten) heißt es, daß diese mißhandelten τοὺς γέροντας τοὺς φρονίμους τῶν καὶ τὴν βουλὴν τῶν ἄκρων.

[3] Ambobus notariis et civibus Athenarum, Act aus Athen vom 29. Dec. 1391, im Archiv Turin, wovon weiter unten.

[4] Im April 1357 stellte er zu Nauplia eine griech. Urkunde aus,

Obwol Piero im Staatsdienst der Brienne Aemter be=
kleidet hatte, findet sich doch sein Sohn Niccolo mit dem
griechischen Namen Jatros — und diesen scheint schon sein
Vater angenommen zu haben — im Jahre 1387 in Athen.
Denn am 15. Januar desselben stellte Nerio zu seinen
Gunsten ein Diplom aus, und zwar in griechischer Sprache,
welche demnach, wie in Argos und Nauplia, und im vene=
tianischen Korfu, zur amtlichen Geltung gekommen war.[1]
Das Geschlecht der Medici Athen's erhielt sich dort lange
Zeit. In venetianischen Urkunden wird noch im Jahre 1542
ein Polo de Medicis von Athen genannt.[2]

Während der Aufschwung des griechischen National=
elements überall in Hellas bemerkbar war, wurde doch in
derselben Zeit in Attika und Böotien wie im Peloponnes

zu Gunsten eines dortigen messinesischen Kaufmanns Gregorio di Michele
Catello. Er nennt sich darin μπαΐλος καὶ καθολικὸς καπετάνιος
Ἄργου, Ναυπλίου καὶ τῆς διακρατήσεως αὐτῶν καὶ φύλακτωρ τῆς
βουλῆς τοῦ μπαΐλου. Das Diplom trägt das Siegel und die Um=
schrift des GAVTIER DVC DE ATHENES CONTE DE BRENE ET
DE LICCE SIGNOR DE FLORACE. Dazu 1342; ebenso Siegel
und Umschrift des PIERRE DE MEDICIS DE ATHENIS BIAVLVS
ET GNAL. CAPo DE ARGOS ET DE NEAPOLI DE ROMA(NIA).
Unten 1342. Das Wappen zeigt einen goldenen Schild, darin ein
Mohrenkopf mit weißer Binde und sechs rote Kugeln. Ich fand dies
Pergament, eine Abschrift aus saec. XV, im Archiv Florenz: Ro Acqo
Caprini 20 marzo 1204 — 19. April 1418. Provenienze Arch.
Mediceo.
    [1] Buchon, Nouv. R. I, 131 und Griech. Text II, 220. Eine Be=
lehnung mit Gütern. Ἡμεῖς Νέριος δὲ Ἀτζαιόλης, αὐθέντης καστε-
λανίας Κορίνθου, δουκάριου τῶν Ἀθηνῶν καὶ τῶν περὶ αὐτούς . . .
Die Datirung des Jahres (6895) ist griechisch. Von Piero, dem ver-
storbenen Vater des Niccolo, wird gesagt: μετὲρ Πέρου δὲ Ἀτζάιαις λεγο-
μένου Ἰατρού. — Ueber den officiellen Gebrauch der griech. Sprache:
Joann. Romanos, Gratianos Zorzes p. 62 ff.
    [2] Sathas, Mon. II. II. VIII (1888) p. 370. 451.

die griechisch redende Bevölkerung mit einem fremden Volks=
wesen neu durchsetzt. Die in Folge so vieler Kriege und
Raubfahrten veröbeten Landschaften Griechenlands nahmen
immer massenhafter albanesische Colonisten auf. Ihre Ein=
wanderung hatte begonnen, als die Volksstämme der Skype=
taren, Abkömmlinge der alten Illyrier aus den Tagen der
Olympias und des Pyrrhos, in der ersten Hälfte des
14. Jahrhunderts von ihren Bergen aufgebrochen waren, um
ostwärts und südwärts neue Wohnsitze zu suchen.

Nach dem Zerfalle des mächtigen Serbenreichs des
Duschan hatten die Albanesen der Despotenherrschaft der
Angeli in Epirus ein Ende gemacht, waren sodann in Thes=
salien eingedrungen, im steten Kampf mit den Catalanen,
bis zum Sperchius sich ausbreitend. Wir sahen sie bereits
im Solde des Grafen von Demetrias. Die fränkischen wie
die byzantinischen Fürsten diesseits und jenseits des Isthmus
nahmen dieses Volk von Hirten und Kriegern bereitwillig
in ihre entvölkerten Gebiete auf. Im Peloponnes gab ihnen
zuerst der Despot Manuel Kantakuzenos, und dann sein
Nachfolger Theodor Wohnsitze. Nerio selbst hatte sie in der
Castellanei Korinth angesiedelt, und der König Pedro IV.
seinem Statthalter Rocaberti befohlen, sie im Herzogtum
Athen aufzunehmen. Sie drangen selbst nach Euböa hin=
über; sie besiedelten allmälig Salamis und Aegina, Hydra,
Poros, Spezia und andere Inseln, welche noch heute so
albanesisch sind, wie Eleusis und Marathon, und wie ganz
Attika bis zu den Toren Athen's.[1]

---

[1] Fallmerayer II, 253 ff. und „Welchen Einfluß" p. 43 ff. Diese
Einwanderung setzte sich lange fort. Am 22. Mai 1425 befahl die
Republik Venedig den Castellanen von Coron und Modon zwei alba=

2. Rainerio oder Nerio Acciajoli, Herr des Castells Korinth, und fortan auch des Herzogtums Athen und seines Zubehörs, wie er sich officieller Weise nannte, wurde als solcher von den Mächten stillschweigend anerkannt. Die Republik Venedig mußte über den Untergang der catalanisch-aragonischen Herrschaft in Athen Befriedigung empfinden, und sie begünstigte einen Usurpator, welcher Italiener war und in seinem Staat die in Euböa und allen andern Frankenländern Griechenlands bestehenden Assisen Romania's wieder einführte.

Kaum Gebieter Athen's geworden, suchte sich Nerio durch einflußreiche Verbindungen zu stärken. Den byzantinischen Kaiser und die gesammte Nationalpartei der Hellenen hatte er bereits durch die Wiederherstellung der orthodoxen Kirche in Athen für sich gewonnen; nun vermälte er im Jahre 1388 seine Tochter Bartolommea, die schönste Frau ihrer Zeit, wie sie Chalkokondylas genannt hat, mit dem griechischen Dynasten des Peloponnes, Theodor Paläologus, welchen sein Vater der Kaiser Johann V. nach dem Tode des Demetrius Kantakuzenos zum Despoten von Misithra ernannt hatte. Diesem brachte sie als Mitgift den künftigen Besitz Korinth's.[1] Seine zweite Tochter Francesca gab er dem Carlo Tocco I. zum Weibe, dem Pfalzgrafen von Kephalonia und Zakynthos und Herzog von Leukadia,

nesische Häuptlinge mit 5000 und 500 Pferden in den Gebieten Zonklon, S. Elia, Molendinorum u. s. w. aufzunehmen. Sathas, M. H. H. I, 176. Venedig forderte die Albanesen auf, Euböa zu colonisiren unter Gewähr voller Freiheit: Provisio facta pro apopulando Insulam Negropontis, 20. April 1402. Sathas a. a. O. II, 79.

[1] Chalkokondylas Lib. IV, 203.

welcher einer der größesten Dynasten im westlichen Griechen=
land war.

Die Familie der Tocco stammte aus Benevent. Der
Gründer ihres Glückes — dieses erinnert an die Acciajoli und
die Sanudo von Naxos — war Guglielmo, welcher mit an=
dern Süditalienern im Dienste des Titularkaisers Robert
stand und um 1330 dessen Capitän auf Korfu wurde. Er ver=
mälte sich mit Margareta Orsini, der Erbin des Pfalzgrafen
Johannes I. von Zante, und so gingen auch Kephalonia und
Leukadia als Besitzungen der Orsini auf die Tocco über.
Denn Guglielmo's Sohn Leonardo I. wurde von Robert
im Jahre 1357 zum ersten Grafen von Kephalonia und
Zante erhoben. Er nannte sich auch Herzog von Leukadia.[1]
Dessen Sohn aber war Carlo I., ein hervorragender Fürst,
der auf jenen jonischen Eilanden das Reich des Odysseus
aufzurichten schien, und eine Zeit lang machtvoll über Epi=
rus, Aetolien und Akarnanien gebot, auch bis Achaja hinein
geherrscht hat, ein in Waffen starker Mann, den Musen
hold, wie seine Gemalin Francesca.

Das Bündniß mit Tocco konnte den neuen Gebieter
Athen's gegen seine schlimmsten Feinde in Morea sichern,
die dort angesiedelte navaresische Companie. Nach dem
Tode Cocquerel's im Jahre 1386 hatte diese den Capitän
Pierre de S. Exupery (Bordo von S. Superan) zu ihrem
Haupt ernannt, während mehre Prätendenten ihre Ansprüche
auf den Besitz des unglücklichen, durch die Streifzüge der

---

[1] Lunzi, Delle condizioni delle isole Jonie p. 119 ff. Buchon,
N. R. I, 307 ff. Joh. Romanos, Gratianos Zorzes p. 287 ff. Stamm=
tafel bei Hopf, Chron. Gréco-Rom. 341. 530. Erasmo Ricca, La
nobiltà delle due Sicilie, Neap. 1865, pars I, vol. III, 272 ff.

Türken verheerten Landes Achaja geltend machten: Maria,
die Wittwe Louis' I. von Anjou, welchem Jacob von Baur
durch Testament seine Rechte vererbt hatte; Ludwig von
Bourbon als Erbe des Titularkaisers Robert, und Ama=
deus, der Enkel Philipp's I. von Savoyen=Achaja.

Das Verschwinden sowol der Macht des Hauses Anjou
im Peloponnes, wie derjenigen Sicilien's und Aragon's in
Hellas, endlich der Schutz der Venetianer erlaubten dem
florentinischen Emporkömmling groß zu werden. Die Re=
publik S. Marco hatte damals ihre Herrschaft in den griechi=
schen Meeren wieder erlangt, welche dreitausend venetia=
nische Handelsschiffe durchsegelten. Im Jahre 1386 war sie
sogar in den Besitz der Insel Korfu gekommen, und Negro=
ponte konnte seit dem Aussterben des Geschlechts der Carceri
von Verona im Jahre 1383, und der Ghisi im Jahre 1390,
als ihr ausschließliches Eigentum angesehen werden. Wenn
sie nicht der lange und schwere Krieg mit Genua, aus wel=
chem sie endlich nach heißen Kämpfen als Siegerin hervor=
gegangen war, stark erschöpft hätte, so würde sich die Re=
publik vielleicht entschlossen haben, den Türken zuvorzukommen,
und das Erbe des lateinischen Kreuzzuges und der Staats=
kunst ihres großen Dogen Enrico Dandolo an sich zu nehmen,
indem sie sich des rettungslos zerfallenen Restes des Romäer=
reichs zu bemächtigen suchte. Dazu hatte der Bailo Con=
stantinopel's den Dogen schon im Jahre 1355 alles Ernstes
ermahnt. Auf dem griechischen Festlande erwarben die
Venetianer ohne jede Anstrengung die Häfen Argos und
Nauplia. Dort nämlich endete das Haus Enghien mit
Guido, der nur eine einzige Tochter Maria hinterließ.
Diese war, als noch der Catalanenstaat Athen bestand, von

ihrem Vater dem Juan de Lauria zur Gattin bestimmt
worden.[1] Die Staatskunst der Signorie hatte diese Ehe
verhindert, und dann nach dem Tode Guido's von Enghien
im Jahre 1377 die Vermälung Maria's mit dem venetia=
nischen Edeln Pietro Cornaro zu Stande gebracht. Immer
waren es Frauen, die im fränkischen Griechenland dynastische
Umwälzungen veranlaßten. Dasselbe Haus der Corner
sollte später Cypern, das Kleinod der Meere, durch
eine Heirat an Venedig bringen, jetzt brachte es der
Republik Argos und Nauplia zu. Denn als Pietro im
Jahre 1388 kinderlos gestorben war, lud die Signorie
die Wittwe ein, nach Venedig zu kommen, und sie bewog
dieselbe, ihr jene Länder für eine geringe Rente abzu=
treten.[2]

Die Argolis war seit dem ersten La Roche ein Lehen
der Herzoge von Athen gewesen, und dann von den Brienne
und ihren Erben nach der catalanischen Eroberung behauptet
worden. Nerio sah daher mit Widerwillen dies Land
den Venetianern zufallen, und er besaß keine andern Mittel,
sie daran zu hindern, als Schleichwege. Die Republik aber
hatte bereits Grund zu klagen, daß er die von ihr em=
pfangenen Wolthaten mit Undank belohne, indem er heim=

---

[1] Tractat zwischen Guido und dem Vicar und der Universität Athen
um 1370. Reg. Commem. III, lib. VII, n. 606.

[2] Chron. Andreae Danduli (Muratori XII. 482 ff.) Instrum.
Emptionis Argos et Neapolis, Ven. 12. Dec. 1388. Commem. VIII,
fol. 134. Am 24. Febr. 1389 wurde zu Venedig Perazzo Malipiero
beauftragt pro intrando et recipiendo tenutam de Argos et Napoli,
que vendidit Dominio Venetiar. egregia D. Maria de Engino filia
qd. D. Guidonis et relicta Petri Cornaro. Sindicati I, fol. 398.
Dazu Misti XL, fol. 157.

lich die Türken begünstige und sogar zu Landungen im
venetianischen Gebiet aufreize. Sie ermahnte ihn davon
abzustehen, und ihre Geduld oder Großmut mußte als
Schwäche erscheinen.[1]

Die Venetianer besetzten Nauplia, aber in Argos kam
ihnen Theodor, der Despot von Misithra, zuvor. Von
seinem Schwiegersohne Nerio dazu in der Stille ermuntert,
überrumpelte er die feste Stadt.[2] Die Schwierigkeit, eine
hinreichende Flotte aus ihren Stationen zusammenzubringen,
und das Bedenken, Griechenland durch Krieg aufzuregen,
welcher nur der Vorteil der Türken geworden wäre, be=
wogen die Signorie Venedig's statt zu den Waffen, zu den
Mitteln der diplomatischen Kunst zu greifen. Sie schickte
wiederholt Gesandte an den Despoten ihn auffordernd, Ar=
gos herauszugeben; er aber erklärte, daß er das nicht ohne
die Zustimmung des Sultans thun dürfe. Da die Vene=
tianer Nerio als wesentlichen Urheber des Handstreiches seines
Schwiegervaters ansahen, verlangten sie von ihm, daß er
diesen zum Abzuge von dort bewege; er versprach es, doch
das waren nur Worte.[3]

---

[1] Sieut a certo novimus, in anno elapso fuistis potissima causa
faciendi descendere Turcos et alias gentes ad damnum locor.
nostror. ... ymo quod cedit ad maiorem turbationem nostram
persensimus, quod in presenti tempore conamini favere Turchis,
qui asseruntur descendere ad damna locor. nostrorum. An Ray=
nerio, Venedig, 24. Juli 1388; Misti XL, f. 125 t. Eine Ursache der
Beschwerden Venedig's war diese, daß Nerio das Schiffsvolk und die
Auslagen der Republik für die ihm von Kreta gestellte Galeere nicht
bezahlt hatte. Davon handelt eine Reihe von Actenstücken.
[2] Das Chronicon Breve (hinter dem Ducas) verzeichnet das zum
J. 1389.
[3] Raynerius de Azaiolis socer dicti despoti esse dicitur factura

Tief erbittert, befahl die Signorie ihren Bevollmäch=
tigten, wenn Argos nicht herausgegeben würde, die Brücke
von Negroponte aufzuziehen und den Verkehr der Unter=
tanen Nerio's mit der Insel zu verbieten. Die Ausfuhr=
artikel des Herzogtums Athen nach Venedig und den Be=
sitzungen der Republik waren hauptsächlich Feigen und
Rosinen, während Eisen und Pflugscharen als die dort be=
sonders von Modon und Coron eingeführten Gegenstände
bezeichnet werden. Dieser Handel wurde untersagt.[1]

Um Argos wiederzuerhalten, trat Venedig sogar mit
der Companie der Navarresen in Verbindung, welche aus
Haß gegen den Usurpator Athen's der Republik ihre Dienste
gegen denselben antrug, und dasselbe that der Erzbischof
von Patras.[2] Ein Zufall aber kam den Venetianern zu
Hülfe. Nerio selbst geriet in die Gefangenschaft der navar=
resischen Capitäne. Man muß erstaunen, daß ein so schlauer
Mann in die ihm gestellte Falle ging.

Der Einladung S. Superan's folgend, durch eine per=
sönliche Zusammenkunft im Peloponnes den Streit um Ar=
gos beizulegen, fand sich Nerio, mit einem Geleitsbriefe ver=
sehen, bei seinen verräterischen Feinden ein. Sie nahmen
ihn fest, und Asan Zaccaria, der Großconnetable Morea's,

---

et causa principalis omnium predictorum. Instruction an die Ge=
sandten, 1389, Ind. XII, 31. Mai. Misti XLI, fol. 6 t.

[1] Ficus neque uva passa que nascatur in terris ... predicti
D. Nerii Romanie basse et ducaminis nullo possint conduci ... ad
civitatem Venetiar. vel ad alias nras terras —. Scribatur — castellanis nris Coroni et Mothoni quod prohibitio facta per ipsos —
de ferro et vomeriis non portandis ad partes predictor. nobis
placet ... Misti XLI, fol. 16 t. 22. Juni 1389.

[2] Misti LX, f. 157. XLI, fol. 56 t. 82 t.

führte ihn in die Burg Liftrena ab. Superan konnte deſſen ſicher ſein, daß ſeine treuloſe Handlung in Venedig keinen Widerſpruch finden werde.

Die Gemalin des Gefangenen befand ſich damals in Korinth, wo der Gebieter Athen's öfters ſeinen Aufenthalt nahm, weil er dort als großer Kaufherr Handelsgeſchäfte trieb und Warenmagazine beſaß. Agnes Saracino konnte keinen Verſuch machen, die Untertanen des Herzogtums zur Befreiung ihres Herrn aufzubieten, welcher ihnen neu war und gleichgültig ſein mußte. Aber Tocco und Theodor forderten durch Geſandte die Freilaſſung ihres Schwieger= vaters von der Republik Venedig, worauf dieſe erklärte, daß ſie nichts dafür thun könne, ehe ihr nicht Argos aus= geliefert ſei. Die Brüder Nerio's in Italien, Donato, ehe= mals Statthalter in Korinth und jetzt Gonfaloniere der Republik Florenz, und Angelo Acciajoli der dortige Car= dinal=Erzbiſchof, beſtürmten die Signorie ihrer Vaterſtadt, für ihren Bürger einzutreten. Hierauf gingen florentiniſche Geſandte nach Venedig und ſelbſt zum Papſt nach Rom. Donato bot für die von Nerio nach ſeiner Befreiung zu erfüllenden Bedingungen ſogar die Städte Athen und Theben, Megara und Orte der Baronie Korinth zu Pfändern dar; er verpflichtete ſich, mit venetianiſchen Schiffen in Perſon nach Griechenland zu gehen und dahin zu wirken, daß Ar= gos in den Beſitz der Republik gelange, da dieſe Stadt durchaus ohne den Willen ſeines Bruders vom Despoten Miſithra's beſetzt worden ſei. Den Bevollmächtigten des Dogen ſollten die Warenlager Nerio's in Korinth, etwa 15 000 Ducaten an Wert betragend, überliefert werden; endlich wollte man das Löſegeld aufbringen, von dem ſich

die Brüder die beste Wirkung versprachen. Sie wandten sich auch an die Republik Genua, die Nebenbulerin Vene=
dig's, und riefen ihre Hülfe an.[1]

Der venetianische Senat blieb anfangs taub gegen diese Bitten und Anerbietungen, dann aber wurde er doch durch die kriegerischen Rüstungen des Despoten Theodor, wie durch das Erscheinen genuesischer Kreuzer im Golf von Korinth bewogen, auf einen Vertrag einzugehen. Bei Vo=
stitza, welcher Ort ehemals dem Nerio gehört hatte, und ihm von den Navarresen war entrissen worden, hielten am 22. Mai 1390 die an dieser Angelegenheit Beteiligten eine Zusammenkunft:[2] nämlich Filippo Pisani, Castellan von Modon und Coron, Michele Contarini und Gabriel Emo, die Proveditoren Romanien's, als Bevollmächtigte des Dogen Antonio Venier; endlich Nerio selbst, und der Großconne=
table Morea's Asan Zaccaria.[3]

Um seine Befreiung zu erlangen, gelobte Nerio seine von ihm besonders geliebte Tochter, die Basilissa Francesca, den Venetianern als Geisel zu übergeben; sie sollte in Ne=
groponte so lange festgehalten werden, bis Argos der Re=
publik ausgeliefert sei, und Nerio seine Verpflichtungen gegen die Navarresen erfüllt habe; dafür wurde der Termin eines

---

[1] Die betreffenden Actenstücke bei Buchon, N. Rec. II, 238 ff.

[2] Penes castrum Avosticie longe ab ipso per miliaria duo vel circha.

[3] Zeugen: der Generalvicar des Fürstentums Morea Petro von S. Superan (im Act geschrieben de san Souriano), Emoyno de Polay, Zian Cotie de Speleta, Beltraneto de Salachia und Rodies de ha aviro. So steht dieser Name in der Copie des Acts (Commem. Vol. VIII, fol. 178); Predelli hat in seinen Regesten der Commem. (III, lib. VIII, n. 342) Errodies de Erro geschrieben. Der Vertrag ist italienisch abgefaßt.

Jahres festgestellt. Nerio versprach, vor seiner Befreiung Megara der Republik zum Pfande zu geben, bis sie Argos erhalten habe; ferner sollte diese sein Warenlager in Korinth verkaufen und den Erlös daraus gleichfalls als Sicherheit bewahren. Wenn der Despot Theodor die Auslieferung von Argos verweigerte, so verpflichtete sich Nerio, auf das Geheiß Venedig's ihn mit Kriegsgewalt dazu zu zwingen. Nach der venetianischen Besitznahme der Argolis sollte er in alle Renten und Güter wieder eingesetzt werden, die er dort und in Nauplia zur Zeit des Pietro Cornaro besessen hatte. Endlich versprach er dahin zu wirken, daß sein Schwiegervater Sarasin de Sarasini einen seiner Söhne nach Negroponte als Geisel stelle; weigerte er sich dessen, so sollte seine Tochter Francesca zum Sicherheitspfande dienen.[1]

Die Navarresen selbst forderten ein beträchtliches Löse=geld. Um dies aufzubringen legte Nerio Beschlag auf viele Kirchenschätze seines Landes; er beraubte selbst die Parthe=nonkirche ihrer Kleinodien und der Silberplatten ihres Portals. Nachdem die Burg Megara den Venetianern über=geben war, erhielt er seine Freiheit, und kehrte am Ende des Jahres nach Korinth zurück.[2]

---

[1] Im Act heißt Nerio nicht Herr Athen's, als welchen ihn die Navarresen nicht anerkannten, sondern Korinth's. So beglaubigt er selbst: Io Neri Azayoli signor de Coranto ... confermo et prometo tutto quello che di sopra e scripto, et per magiore confirmatione o bollato la presente de una bolla, et fato sacramento sora dicio ... Io Asani Zacharia gran conestabile de la Morea prometo e con-fermo ...

[2] Hopf II, 52. Noch am 28. Juni 1390 saß N. in der Burg Listrina: Commem. a. a. O. n. 348. Ganz irrig setzt Buchon diese Vorgänge in das Jahr 1394.

Die Auslieferung von Argos an die Venetianer machte
indeß große Schwierigkeiten, da der Despot von Misithra
sie nicht vollzog. Theodor war im griechischen Peloponnes
ein unabhängiger Fürst, um so mehr, als nach dem Tode
seines Vaters Johann V. im Februar 1391 sein Bruder
Manuel II. den byzantinischen Tron bestieg. Die lange
Regierung Johann's V. aber war nur eine Kette von Un=
glücksfällen und Demütigungen gewesen; er hatte wieder=
holt die Rebellion seines Sohnes Andronikos und seines
Enkels Johannes, Enttronung und Kerkerhaft erlitten, die
Türken in Thracien ihr Reich aufrichten sehen, im Abend=
lande als Bettler an die Pforten des Papstes und der
Könige gepocht, und er war mißehrt und mißhandelt als
türkischer Vasall gestorben. Manuel II., der talentvollste
der Söhne Johann's V., erkaufte sich eine Ruhepause in
den Bedrängnissen seines sterbenden Reichs, ohne freilich die
Ketten abzustreifen, in welche der türkische Sultan ihn ge=
fesselt hielt. Denn auch die Slavenstaaten in den Balkan=
ländern, die damals noch als Schutzmauern gegen die un=
aufhaltsam nach der Donau vordringenden Osmanen ange=
sehen werden konnten, waren bereits überwältigt worden.
Vergebens hatten sich der Bulgarenfürst Sisman und der
Kral der Serben Lazarus angestrengt, der Türken sich zu
erwehren. Im Jahre 1382 nahm Murad nach langer Be=
lagerung das feste Sophia, den wichtigsten Waffenplatz,
welcher zu Bulgarien, Macedonien und Thracien den Schlüssel
bildet. Durch die Engpässe des Balkan brachen die Os=
manen bereits in Bosnien ein. In der furchtbaren Schlacht
auf dem Amselfelde bei Kossowa am 15. Juni 1389, wo
der Fürst Lazarus und der Sultan selbst den Tod fanden,

wurde hierauf die Unterwerfung Serbien's und der Donau=
länder entschieden. Der neue Sultan Bajazet konnte sich
daher auch zur Eroberung Griechenlands rüsten.

3. Nach seiner Befreiung suchte Nerio Acciajoli mit
diplomatischer Kunst sich einen Weg durch das Labyrint der
Zeitverhältnisse zu bahnen. Venedig begünstigte damals die
Ansprüche des Grafen Amadeus VII. von Savoyen auf
Achaja und schloß mit ihm sogar ein förmliches Bündniß.[1]
Dieser Fürst hatte nämlich den Plan gefaßt, sich in Besitz
Morea's zu setzen, welches ihm die navarresische Companie
zu verkaufen gesonnen war. Dafür sollte er Argos dem
Despoten Theodor entreißen und den Venetianern über=
geben.[2] Die moreotischen Barone und die Häupter jener
Companie trugen dem savoyischen Grafen im Jahre 1391
das Fürstentum wirklich an, wobei sie Nerio den Besitz
Korinth's gewährleisteten, ohne Athen's zu gedenken, welches
fortdauernd als eine Baronie Achaja's angesehen wurde.
In dieser Eigenschaft findet sich Athen in einer für Ama=
deus im Jahre 1391 entworfenen Liste der Lehen Morea's
verzeichnet. Als lehnspflichtige weltliche Herren sind darin
aufgeführt: die Herzoge von Athen, vom Archipelagos, von
Leukadia, der Markgraf von Bodonitza, der Graf von Kepha=
lonia, die Gräfin von Sola, der Herr von Arkadia, der
Baron von Patras. Als geistliche Herren: die Bischöfe von

---

[1] Am 24. Sept. 1390 wurden Leonardo Dandolo, Pietro Moce=
nigo, Pietro Cornaro und Benedetto Superanzo beauftragt ad trac-
tandam legam cum magn. D. Amadeo de Sabaudia principe
Achaje. Sindicati I. 401 t.

[2] Reg. Commem. III, lib. VIII, n. 352. Tractat vom 26. Sept.
1390, Venedig.

Modon, Coron und Olenos; als Ritterorden die Deutschen und die Rhodiser.[1]

Obwol Amadeo in solche Verbindungen mit den Navar=resen getreten war, ließ er sich doch auch mit Nerio, ihrem erbitterten Feinde, in Unterhandlungen ein, deren Zweck gegen jene gerichtet war. An den Angelegenheiten Achaja's war der Acciajoli rechtmäßig beteiligt, nicht nur als Herr Korinth's und Athen's, sondern weil er von Ladislaus, dem Könige Neapel's und Vertreter der Ansprüche des Hauses Anjou, am 21. Mai 1391 zu seinem Bail in Morea er=nannt worden war.[2] Um nun den Capitänen Navarra's einen Strich durch ihre Rechnung zu machen, bot er selbst dem Grafen von Savoyen ein Bündniß an. Die Boten Amadeo's, Albertino Provana und Umberto Fabri kamen nach Athen, und schlossen hier am 29. December 1391 mit Nerio ein Uebereinkommen folgenden Inhalts. Dieser an=erkannte den Grafen von Savoyen als Fürsten Achaja's und deshalb als Oberlehnsherrn Athen's; er gelobte ihm zur Besitznahme Morea's und zur Vertreibung der Navar=resen von dort in jeder Weise beizustehen, von diesen aber und anderen Gegnern Amadeo's niemand in seinen Staaten aufzunehmen. Er versprach seinen Schwiegersohn Theodor zur Teilnahme an dem Bündnisse zu bewegen, nur sollte dadurch der Vertrag mit Venedig nicht beschädigt werden,

---

[1] Guichenon, Hist. de Savoie I, preuv. p. 127 ff. Hopf, Chron. Gréco-Rom. p. 229. Ebendaselbst p. 227 die moreotische Lehnliste von 1364, redigirt für die Kaiserin Maria von Bourbon, Wittwe Robert's von Anjou. — Man vergleiche damit die wenig abweichende Liste in der venetian. Redaction des Liber consuetud. Imperii Romaniae n. 43. p. 507. Es fehlt darin Salona, welches die Türken besetzt hielten.

[2] Hopf II, 52.

wonach sich Nerio verpflichtet hatte, die Herausgabe von
Argos selbst mit den Waffen durchzusetzen. Dagegen ge=
lobte Amadeo, wenn er Herr Achaja's geworden sei, die
von der navarresischen Soldbande besetzten Güter des Groß=
seneschalls, und auch Vostitza dem Acciajoli zurückzugeben.
Der Vertrag wurde in der Capelle des herzoglichen Palasts
vollzogen, ohne Zweifel in jener, die zur Zeit der Catalanen
als dem heil. Bartolomeus geweiht namhaft geworden war.
Nerio nannte sich in der lateinisch geschriebenen Urkunde
Herr von Korinth, des Herzogtums Athen und Neopatria's.[1]
Allein dies Uebereinkommen blieb auf dem Papier, und
auch die Verbindung Amadeo's mit Venedig löste sich auf;
der Graf von Savoyen stand endlich von seinem aussicht=
losen Unternehmen ab.[2]

Dagegen riefen die Navarresen die Türken nach Griechen=
land. Der Sultan Bajazet, welcher nach der Unterwerfung
Serbien's den Kaiser Manuel erst hart bedrängt und dann

---

[1] Pacta . . . inter nos Nerium Deyaczolli de Florentia militem,
dom. Corinti duchatus Athenarum et Neo Patrie ex parte una,
et Abertinum Provane condominum Vilarii Almesii et Humbertum
Fabri de Chanciaco procuratores . . . D. Amedei de Sabaudia princ.
Achaye etc. ex altera. — Dat. in civitate Athenarum in capella
palatii ipsius civitatis presentib. testib. . . . Dimitrio Rendy, Nicolao
Macri, ambobus notariis et civib. Athenarum, Leonardo de sancto
Petro de Bononya, nobilib. Antonio de Provana de Carminiano
et Micaele Belimoti de Pinarolis, sub sigillo mey Nerii supradicti
— Dat. ut supra. Ita est. Nicholaus Macri. Am Pergament das
Siegel Nerio's mit dem Wappen Acciajoli. Archiv Turin, Princi-
pato d'Acaia, mazzo 3, n. 8. Die Copie verdanke ich dem Präfecten
des Archivs, Herrn. Vollati de S. Pierre.

[2] Er starb 1402. Mit seinem Bruder Louis († 1418) erlosch der
Stamm der savoyischen Fürsten Achaja's. Was Latrie, Princes de
Morée p. 13. Saracino, Regesto dei Principi di casa d'Acaja,
Turin 1881, p. 177.

mit ihm Frieden geschlossen hatte, schickte am Ende 1392
seinen General Evrenosbeg mit einem Heer aus Thessalien
nach dem Süden, während er selbst in Bulgarien beschäftigt
war. Der türkische Pascha verwüstete auf einem Streif=
zuge Böotien und Attika, ohne ernstlich Athen zu bedrohen,
sodann drang er weiter über den Isthmus in Achaja ein.
Nerio forderte die Venetianer fruchtlos zu seiner Hülfe auf,
und rettete sich alsbald dadurch, daß er sich zu Tribut
und Vasallendienst verpflichtete. Seit diesem Augenblick
war das Verhängniß Athen's nur eine Frage der Zeit.

Hier beschuldigte man den griechischen Erzbischof Deme=
trius, daß er die Türken aus Nationalhaß gegen die La=
teiner herbeigerufen und so die Wolthat, die der neue
Gebieter Athen's der orthodoxen Kirche erwiesen hatte,
mit Verrat belohnt habe. Der Metropolit flüchtete nach
Constantinopel, wo er sich der heiligen Synode stellte und
deren Schutz anrief. Nerio aber verlangte vom byzan=
tinischen Patriarchen die Entsetzung des Verräters und
Ketzers von seinem Sitze in Athen. Die Synode sprach
Demetrius zwar von den ihm gemachten Beschuldigungen
frei, allein sie gab so weit nach, daß sie an seiner Stelle
Makarius zum athenischen Metropoliten ernannte.[1]

Trotz der schwierigen Verhältnisse, in denen er sich be=
fand, gelang es Nerio Acciajoli sich nicht nur im Besitze
seiner Länder zu behaupten, sondern sogar von dem Lehns=
verbande mit Achaja frei zu machen. Er warf sich in die
Arme seines Gönners Ladislaus von Neapel. Bei diesem

---

[1] Synodalact vom März 1393, bei Miklosich u. Müller II, n. 435.
p. 165. Der Titel des Metropoliten Athen's ist: ἔξαρχος πασῆς
Ἑλλάδος καὶ πρόεδρος Θηβῶν καὶ Νέων Πατρῶν.

kriegerischen Könige, von dessen Ruf Italien erfüllt war,
hoffte er Schutz gegen die Navarresen und die Türken zu
finden, zumal Ladislaus der großen Kreuzzugsliga Frank=
reich's, Venedig's, Genua's und des Papsts beigetreten war.
Er erlangte vom Könige die Investitur mit dem athenischen
Herzogtum. Sein Gesandter, der lateinische Erzbischof Athen's,
Ludovico Alliotto, der von ihm eingesetzte Nachfolger des
letzten spanischen Metropoliten Pujadell, entledigte sich mit
Erfolg seines Auftrages in Neapel, denn am 11. Januar
1394 ernannte Ladislaus Nerio zum erblichen Herzoge
Athen's, und zwar wegen seiner Verdienste um seinen Vater
Carl III. durch die Befreiung Athen's von den Catalanen.
Fortan sollte der neue Herzog keinen andern Oberherrn
über sich haben, als den König Neapel's. Nicht persönlich,
sondern durch seinen Bevollmächtigten leistete er zunächst
seinem Lehnsherrn den Treueid als Vasall.

Da Nerio keine legitimen Söhne hatte, übertrug Ladis=
laus das Recht der Erbfolge in Athen auf dessen Bruder
Donato und seine männlichen Nachkommen. Der andere
Bruder desselben, der Erzbischof von Florenz und Cardinal=
legat Angelo Acciajoli, wurde Metropolit von Patras; der
König ernannte ihn zum Bail in Achaja und trug ihm auf,
Nerio durch einen goldenen Ring zu investiren.[1]

Ein florentinisches Bankhaus besetzte demnach mit einem
seiner Mitglieder rechtskräftig den Herzogstron Athen's in
derselben Zeit, als ein zweites Bankhaus, das der Medici,

---

[1] Buchon, N. R. II, 223. Das Investiturdiplom (Nr. XLI) datirt Gaeta
11. Januar 1394. Dem Nerio und seinen Erben wird erteilt in per=
petuum civitas et ducatus Athenarum, und er wird ernannt in
ducem Athenarum. Vom 12. Jan. 1394 das Diplom für Donato.

die Grundlagen zu seiner späteren Herrschaft in Florenz legte, denn Giovanni Medici war im Jahre 1394 schon ein angesehener Mann, und von seinen nachher berühmten Söhnen war Cosimo 1383, Lorenzo 1394 geboren.

Die fürstlichen Ehren, die sich Nerio erteilen ließ, waren indeß nur ein glänzender Schein, welcher auf die Türken keinen Eindruck machte. Die Mahnung des Papsts zum Kreuzzuge blieb ohne die gehoffte Wirkung, vielmehr rief Superan die Osmanen gegen Theodor und Nerio zur Hülfe auf. Dies aber hatte zur Folge, daß der Herzog von Athen sich ernstlich bemühte, sein und seines Schwieger= sohnes Zerwürfniß mit der Republik Venedig endlich bei= zulegen. Er bewog den Despoten Theodor, Argos den Venetianern auszuliefern, und empfing selbst von ihnen Megara zurück. Am 2. Juli 1394 übergab der venetianische Capitän Grisoni dies Castell dem Bischof Jacob von Argos, dem Bevollmächtigten Nerio's.[1]

Bald darauf, im September 1394 starb Nerio, der erste Herzog Athen's aus dem Hause der Acciajoli, ein feiner Florentiner, so glücklich, wie klug, in allen Künsten des

---

[1] Instrum. pacis et concordie cellebrate per castellanos Coroni et Mothoni cum ambaxiatorib. et sindicis ill. domini Dispoti pro civit. Argoliensi — Mothoni a. 1394, Ind. II, 27. Maji. Commem. VIII, 180 ff. — Quietatio facta per D. Nerium d Azaiolis pro pecunia sua danda dispoto .. a. 1394, 2. Junii in Corimpto in camera .. dni Nerii de Az. domini Coriptii fol. 181 t. — Quietatio facta per Rev. patrem D. frem. Jacobum procurator. magn. dni Nerii ac episc. Argolicensem de castro Megare sibi assignato et restituito per capitan. dicti loci nomine ducal. Dominii Venetiarum a. 1394, 2. Julii ... in castro Megare in domo habitatoris infrascr. ser Grisoni Grisono, fol. 186. Nerio wird in diesen Acten nicht Herr von Athen, stets von Korinth genannt.

Staatsmannes Meister, der unter den schwierigsten Um=
ständen aus abenteuerlichen Anfängen emporgestiegen und zu
einem hohen Ziele gelangt war. Wenn Machiavelli seine
Lebensgeschichte gekannt hätte, so würde sie ihm ein lesens=
wertes Capitel zu seinem „Fürsten" geliefert haben.[1]

---

[1] Das Bildniß Nerio's und die Porträts seiner Nachfolger in
Athen in Francesco Fanelli's Athene Attica (Venedig 1707) sind
mehr als fraglich. Dieser venetianische Jurist widmete sein Buch, den
ersten Versuch einer Geschichte der Stadt Athen bis 1687, dem Car=
dinal Nicola Acciajoli.

Zweites Capitel.

Das Testament Nerio's. Er vermacht Athen der Parthenonkirche und ernennt die Republik Venedig zur Beschützerin des Herzogtums. Carlo Tocco. Die griechische Nationalpartei in Athen. Die Türken besetzen die Stadt. Die Venetianer zwingen sie zum Abzuge. Die Signorie übernimmt die Regierung Athen's. Kriegszug der Türken. Neopaträ und Salona. Schlacht bei Nitopolis. Fall von Argos. Verzweifelte Lage des Despoten Theodor. Antonio Acciajoli bemächtigt sich Athen's.

1. Obwol das Herzogtum Athen, kraft der Bestimmung des Königs Labislaus, an Donato Acciajoli und dessen Haus fallen sollte, hatte doch Nerio erkannt, daß dies auszuführen nicht möglich sei, und darnach sein Testament eingerichtet.[1] Er verfügte über alle seine Besitzungen zu Gunsten seiner Familie, empfahl aber das ganze Land dem Schutze der Republik Venedig.[2]

Seine Geliebte, Maria Rendi, war eine Tochter des berühmten Notars Demetrius; da er in seinem Testament

[1] Text in italien. Sprache, bei Buchon, N. R. II. 254 ff. Nui Nerio Acciaioli, signor di Corinto et del ducato d'Athene ... Datum Corinto, a. D. 1394, die 17. m. Sept. Ind. 3. Executoren: die duchessa Francesca, Gismonda Acciajoli, eine Schwester Nerio's, der Bischof von Argos, Monte Acciajoli, Albizzi, Matteo de Mentona, Castellan von Athen, Girardo de Viso.

[2] Deshalb sagt Chalkokond. L. IV, p. 213, daß Nerio die Stadt Athen den Venetianern überlassen habe.

befahl, daß sie frei sein und alle ihre Güter behalten sollte, so war diese Frau von dem Frankenrecht ihres Vaters ausgeschlossen. Nerio hatte von ihr einen Bastard Antonio. Er vermachte diesem das Castell Livadia und die Regierung Theben's. Seine älteste Tochter Bartolommea, die Gemalin des Despoten Theodor, erachtete er als hinreichend versorgt, und fand sie mit einer Schuldforderung von 9700 Ducaten ab. Francesca, die Gemalin des Carlo Tocco, setzte er zu seiner Universalerbin ein. Sie sollte Megara und Basilika nebst allen andern ihm gehörigen Ländern erhalten, so weit dieselben nicht schon testamentarisch vergabt waren, und zwar im Falle sie einen Erben erhielt, oder auch ohne dies innerhalb drei Jahren. Korinth aber sollte sie an den damaligen Großseneschall Sicilien's vom Hause Acciajoli zurückgeben, wenn dieser die schuldige Pfandsumme auszahlen wolle. Denn rechtmäßiger Herr und Palatin dieser Castellanei war, nach dem Tode des Angelo Acciajoli im Jahre 1391, dessen Sohn Giacomo, ein geistesschwacher Mann, während sein Bruder Robert, Graf von Malta und Melfi und Großseneschall Sicilien's, durch die Bürgerkriege und Tronstreitigkeiten Neapel's verhindert wurde, Korinth einzulösen.[1]

Nerio stiftete Legate für andere Verwandte, setzte Summen zum Zweck frommer Stiftungen aus, gab solche Kirchen, die zum Fiscus gekommen waren, ihren Capiteln zurück, und bedachte vor allen mit überschwänglicher Pietät die Parthenonkirche (Santa Maria von Athen), wo er selbst begraben sein wollte. Er vermachte ihr ein Capital zur Unterhaltung

---

[1] Robert starb kinderlos a. 1420. Mit ihm und seinen Geschwistern erlosch der Stamm des Niccolo Acciajoli.

von zwanzig Prieſtern, welche Meſſen für ſein Seelenheil
leſen ſollten. Er wies ihr ſeinen reichlich verſehenen Mar=
ſtall zu.[1] Alle Geräte und Kleinodien, die ihr zu ſeinem
Notbedarf, d. h. zum Zweck ſeiner Befreiung aus der Ge=
fangenſchaft der Navarreſen, genommen waren, ſollten ihr
zurückgegeben, ihre Eingangspforten neu verſilbert, ihre Er=
haltung und Herſtellung überhaupt aus Renten der Stadt
Athen beſtritten werden. Ja, dieſe Stadt ſelbſt vermachte
er der Parthenonkirche als Eigentum, indem er alle der=
ſelben verliehenen Rechte unter den Schutz der Republik
Venedig ſtellte.[2]

Wenn Nerio den ungeheuerlichen Gedanken faſſen konnte,
die Stadt Athen in ein Beſitztum der lateiniſchen Prieſter
des Parthenon zu verwandeln, ſo darf man daraus ſchließen,
daß ſie damals weder groß, noch reich, noch eine ſelbſtändige
Gemeinde geweſen iſt. Als der ſterbende Herzog die Jung=
frau Maria zur Eigentümerin der erlauchteſten Stadt der
geſchichtlichen Erde machte, erinnerte er ſich kaum daran,
daß einſt die Parthenos deſſelben Tempels auf der Akropolis
die Herrin Athen's geweſen war. Die Stadt des Theſeus
trat wiederum in ein Schutzverhältniß zu einer göttlichen
Jungfrau, und immerhin war es für ſie ehrenvoller, einer
von der ganzen chriſtlichen Welt vergötterten Heiligen des
Himmels zu eigen zu ſein, welche ſchon ſeit acht Jahrhun=
derten ihre heidniſche Vorgängerin Pallas Athene aus dem

---

[1] Der Marſtall der Acciajoli muß ſehr anſehnlich geweſen ſein.
Am 6. Nov. 1425 erlaubte Venedig dem damaligen Herzog Antonio
ſeine Racepferde (ratias equorum) in Zeiten der Gefahr nach Eubōa
zu ſchicken. Sathas, M. H. H. I, 171.

[2] Item lassamo all' ecclesia di S. Maria di Athene la città
di Athene con tutte le sue pertinentie e razioni.

Parthenon verdrängt hatte, als, wie es später geschah, die
Domäne des Kislar=Aga oder Oberhaupts der schwarzen
Eunuchen im Serail zu Stambul zu werden.

Nach dem Wortlaute der Schenkung Nerio's hätte dem=
nach die Stadt Athen in ein Verhältniß zum Erzbischof und
dem Domcapitel der Parthenonkirche treten müssen, wie es
etwa die Stadt Rom zum Papst und zu Sanct Petrus besaß.
Sie sollte fortan als ein eximirtes Kirchengut zu einer geist=
lichen Baronie werden, was damals Patras, die Metropole
Achaja's, wirklich war.[1] Da jedoch der Herzog nicht nur die
neuen Rechte des Mariendoms, sondern sein ganzes Land
dem Schutze Venedig's testamentarisch empfohlen hatte, und
diese sehr wichtige Bestimmung nebst allen andern prak=
tischen Beziehungen die Ausführung der Schenkung des
athenischen Pipin unmöglich machen mußte, so hat das Testa=
ment Nerio's nur eine psychologische Bedeutung als räthsel=
hafter Vorgang im Kopfe eines wahrscheinlich von vieler
Sündenschuld bedrückten und zum frommen Manne gewor=
denen Abenteurers. Der Undank, welchen er vom griechischen
Erzbischof erfahren hatte, konnte leicht seinen Entschluß be=
einflußt haben. Aber die Zumuthung an die Griechen Athen's,
ihr städtisches Vermögen durch ihnen verhaßte lateinische
Priester verwalten zu lassen, und fortan vom katholischen
Erzbischof ihre Rectoren und Richter und die Castellane der
Akropolis zu empfangen, war so ungeheuerlich, daß sie auch
ein schwaches Volk zum Aufstande hätte treiben müssen, wenn

---

[1] Finlay, Hist. of Greece IV, 159 behauptet ganz widersinnig,
daß Athen durch diese Schenkung Nerio's nach 14 Jahrhunderten der
Sclaverei für einen Moment einen Schein von Freiheit unter dem
Schatten des päpstlichen Einflusses erhalten habe.

das Domcapitel den Willen des Herzogs durchzuführen unternehmen sollte.

Der Doge Antonio Venier schickte am 4. December 1394 eine Abschrift des Testaments an die Signorie der Stadt Florenz. Hier aber ließ sich Donato, der rechtmäßige Nach= folger seines Bruders auf dem Herzogtum Athen's, nicht herbei, diesen zu beanspruchen, entweder weil er es vorzog, Gonfaloniere der Florentiner zu sein, oder weil unvorher= gesehene Ereignisse ihn hinderten, seine Rechte auf das ferne Land wahrzunehmen. Denn die Willensbestimmung Nerio's wurde alsbald der Gegenstand des Haders der Nächstberech= tigten. Drei Prätendenten standen bereit diese zu ihren Gunsten auszulegen oder gar umzustoßen: der kluge Bastard Antonio, wirklicher Herr Böotien's, der mächtige Herzog und Pfalzgraf Carlo Tocco, der dem Willen seines Schwieger= vaters eine sehr weite Ausdehnung geben konnte, endlich die Republik Venedig, welcher der Schutz des ganzen Landes Nerio's übertragen war, und deren Bailo in dem nahen Negro= ponte die Dinge beobachtete.[1]

Tocco besetzte zuerst Megara, kam im November 1394 nach Korinth, und verlangte von den Executoren des Testa= ments die Auslieferung dieser Stadt, welche ihm Nerio als Mitgift seiner Tochter versprochen hatte. Sie willigten darein, nachdem der Pfalzgraf eine schriftliche Erklärung gegeben hatte, die Bestimmungen Nerio's genau ausführen zu wollen. Er ging von dort mit jenen nach Kephalonia,

---

[1] Im Testament heißt es: Item volemo ... che nostro paese sia in recommissione et in recomandatione dell' eccelsa et illustre ducale signoria di Venetia, et che li essecutori nostri ... debbiano et possano ricorrere alla detta signoria per ajuto et favore.

und hier verlangte er sein Schriftstück zurück. Als sie er=
klärten, daß sie ¡dasselbe nach¸ Florenz an Donato geschickt
hätten, zwang er sie unter Todesdrohungen ihm urkundlich
zu bestätigen, daß er das Testament ausgeführt habe. Die
Executoren eilten hierauf nach Venedig und Florenz, wo sie
gegen die erlittene Gewalt protestirten.[1]

Unterdeß sah sich Venedig genötigt, sein ihm verbrieftes
Schutzrecht über Athen geltend zu machen und der steigenden
Verwirrung im attischen Lande Einhalt zu thun, welches
die Beute der Türken zu werden drohte. Denn Nerio selbst
war Vasall des Sultans gewesen, dem er sich zu jährlichem
Tribut verpflichtet hatte. Die ganze östliche Welt der Hel=
lenen anerkannte den schrecklichen Bajazet als ihren Schieds=
richter. Nichts konnte mehr ohne seine Genehmigung ¹ge=
schehen; jeder Dynast stand, gleich dem byzantinischen Kaiser
selbst, im Vasallenverhältniß zu ihm; jeder erkaufte seine
Gunst durch Tribut und rief zu seiner Selbsterhaltung oder
Vergrößerung die Intervention der Osmanen an. Der tür=
kische Großherr hatte jetzt den Griechen und Lateinern in
der Levante gegenüber die Stellung der alten römischen
Imperatoren erlangt. Die griechischen Fürsten drängten sich
an seinen Hof in Adrianopel; unter seinen Fahnen dienten
sogar die Söhne des Kaisers. Seine furchtbare Janitscharen=

---

[1] Protest der Gismonda, des Donato Albizzi, Gerardo de Davicis
im Beisein des Erzb. von Athen zu Venedig 1. Sept. 1395; Buchon,
N. R. II, n. LI, 264. — Protest in Florenz 16. Sept. 1395, n. LII,
p. 266. Lami Deliciae Eruditor., Flor. 1738, Band, enthaltend Nicetas Heracleensis In Ep. I ad Corinth., p. CXXI ff. Als Execu=
toren werden genannt Ludovicus de Prato, Erzb. Athen's, Stefanus
de Roma, erwählter Bisch. von Modon, Gismonda Acciajoli von Florenz und Donatus Albizi de Acciajolis von ebendaselbst.

legion bildete er aus ehemaligen Christenknaben, welche der
Heimat entrissen mohamedanisch erzogen wurden. Die Kühn=
heit und Großartigkeit dieses werdenden Weltmonarchen und
seine Staatskünste nötigten der ganzen erschreckten Christen=
heit Achtung und Bewunderung ab.

Im Bunde mit den Türken war selbst Carlo Tocco,
welcher nach dem Besitz der unlängst venetianisch gewor=
denen Argolis strebte und dorthin kriegerische Streifzüge
unternahm, während er sich von seinem Schwager Theodor
überreden ließ, ihm Korinth abzutreten. Dort zog griechische
Besatzung ein, und so wurde der Isthmus nach fast zwei
Jahrhunderten mit dem Peloponnes wieder vereinigt.

2. In Athen regte sich die lange unterdrückte National=
partei. Eine solche erschien hier zum ersten Mal in der
Geschichte der Stadt unter fränkischer Herrschaft. Ein=
heimische Archontengeschlechter waren demnach dort wieder
emporgekommen, und sie schlossen sich an das griechische Erz=
bistum an. Der Metropolit Makarius mußte durch die
Schenkung Athen's an die lateinische Kirche in Wut versetzt
sein; von Nationalhaß verblendet unterhandelte er heimlich
mit den Türken, und einige Monate nach dem Tode Nerio's
rückte der Pascha Timurtasch von Thessalien mit einem
Heerhaufen in Attika ein. Er besetzte ohne Widerstand die
Unterstadt Athen. Nur die von den Spaniern während ihrer
Herrschaft durch Schanzen verstärkte Akropolis hielt der
tapfere Burgvogt Matteo de Montona, einer der Executoren
des Testaments Nerio's.[1]

[1] In venetianischen Urkunden wird der Name durchaus Montona,

In seiner Bedrängniß schickte er Boten nach Negro=
ponte, und trug dem dortigen venetianischen Bailo Andrea
Bembo an, ihn durch einen Entsatz zu befreien und die
Burg wie die Stadt Athen für die Republik in Besitz zu
nehmen, unter Bedingungen, welche die Freiheiten und Rechte
der Athener gewährleisteten. Bembo genehmigte diesen An=
trag mit dem Vorbehalt der Bestätigung des Dogen. Er
schickte von Euböa Kriegsvolk hinüber, welches die Türken
zum Abzuge aus Athen und aus Attika nötigte. Montona
öffnete hierauf den Venetianern die Akropolis, und am Ende
des Jahres 1394 wurde das Löwenbanner von S. Marco
zum ersten Mal auf den Zinnen der Burg des Kekrops auf=
gezogen.[1]

Andrea Bembo meldete das wichtige Ereigniß dem
Dogen, und Matteo de Montona schickte zu diesem als seinen
eigenen Bevollmächtigten Leonardo von Bologna, um die
Republik aufzufordern, die vollendete Thatsache der Besitz=
nahme Athen's anzuerkennen und die vertragsmäßigen Zu=
sagen des Bailo zu bestätigen. Die Signorie Venedig's
konnte die kühne That ihres ersten Ministers in der Levante
nur mit Genugthuung aufnehmen, wenn auch die Folgen
derselben vielerlei Bedenken erregen mußten; denn der Er=
werb Athen's und Attika's mußte bei allen Feinden der Re=
publik auf heftigen Widerspruch stoßen, bei dem Sultan,

nicht Mentona geschrieben. Es gab in Istrien ein Castell Montona,
von woher Matteo stammen mochte.

[1] Navagero, Stor. venet. (Muratori XXIII, 1075). Da in dem
venetianischen Senatsbeschluß vom 18. März 1395 gesagt wird, daß der
Bote des Montona schon seit mehren Monaten in Venedig sei, so
kann die Besetzung Athen's durch den Bailo nicht, wie Hopf annimmt,
Anfangs 1395 geschehen sein.

den Byzantinern im Peloponnes, und den Erben Nerio's.
Allein Venedig hatte das unbestrittene Recht und die Pflicht,
Athen zu schützen und zu retten. Am 18. März 1395 faßte
der Senat den Beschluß, den Besitz der Stadt zu be=
haupten. [1]

In diesem Act erklärte er, daß es unstatthaft sei,
diese aufzugeben, weil sie sonst in die Gewalt der Türken
fallen müsse, wodurch die benachbarten Besitzungen, die der
Republik so teuer seien, wie die Pupille des Auges, dem
Untergange ausgesetzt sein würden. Venedig übernahm die
Stadt Athen mit der ausdrücklichen Anerkennung aller ihrer
Rechte, Freiheiten und Privilegien und althergebrachten Ge=
wohnheiten, deren Aufrechthaltung bereits der Bailo Negro=
ponte's dem Matteo de Montona in seinem mit ihm ge=
machten Vertrage eidlich zugesagt hatte. Zum Lohn für die
Dienste dieses tapfern Capitäns, „welcher der wesentliche
Urheber der Uebergabe Athen's an Venedig sei", wurde ihm
aus den Einkünften der Stadt eine jährliche Rente von
400 Hyperpern ausgesetzt; eine geringere erhielten Leonardo
von Bologna und zwei andere Athener, Giacopo Columbino
und der Notar Makri, ein Grieche, welche gleichfalls für
die Venetianer bemüht gewesen waren.

Die Neuordnung der Verhältnisse Athen's behielt sich
die Republik für die Zeit vor, wo sie über den Betrag der
Einkünfte der Stadt genügend werde aufgeklärt sein. In
dem Beschluß des Rates wurde ausdrücklich auf das Testa=

---

[1] Intromissio Athenarum, Archiv Venedig, Deliber. Miste del
Senato I, vol. 43, fol. 50ᵗ. Intromissio ist so viel als acceptatio,
und die Negation von intromittere ist dimittere. Ich habe diese Ur=
kunde veröffentlicht in den Sitzungsberichten der K. Bayer. Akad. 1888.

ment Nerio's Bezug genommen, kraft dessen die Republik
die Herrschaft Athen's zu übernehmen habe.[1] Die Schen=
kung der Stadt an die Kirche wurde mit Schweigen über=
gangen. Da der Marstall des verstorbenen Herzogs, aus
welchem die Marienkirche ihre wesentlichen Einkünfte beziehen
sollte, durch Diebstahl der Pferde geschmälert worden war,
die Beschützung Athen's aber gerade jetzt größere Kosten ver=
ursachte, so ward bestimmt, daß die Zahl der Domherren
vorläufig auf acht herabzusetzen sei. Der künftige venetia=
nische Rector sollte mit zwei Bevollmächtigten oder Pro=
curatoren der Marienkirche die Einkünfte und den Unter=
halt des Capitels regeln.

Die Besitznahme Athen's durch die Republik Venedig
machte großes Aufsehen in den benachbarten Staaten Grie=
chenland's. Gleich nachdem sie geschehen war, unternahm
Carlo Tocco feindliche Streifzüge nach Argos und selbst
nach Attika.[2] Auch waren Unruhen von Seiten der mit
den Türken verbundenen griechischen Nationalpartei zu fürchten.
Der Bailo Negroponte's versicherte sich deshalb vor allem
des Führers dieser; er ließ Makarius festnehmen und schickte
ihn nach Venedig. Hier blieb der Erzbischof eingekerkert;
da man ihm auch dort Schuld gab, mit den Türken zu
unterhandeln, befahl der Papst Bonifacius IX. am 27. Mai

---

[1] Quod dominium dicte civitatis Athenarum recipiatur et
asumatur gubernandum et regendum per dominationem nostram
secundum formam testamenti D. Nerii de Azaiolis.

[2] Auf die Beschwerden Venedig's schickte er dorthin Gesandte. In
einem Briefe an den Dogen vom 26. Mai 1396 in castro S. Georgii
de insula mea Cephalonie nennt er sich vr. fidelis civis filius et
servitor Karolus Dux Lucate et Comes Cephalonie palatinus.
Commem. IX, fol. 14.

1396 dem Bischof Gilbert von Cittannova ihn unter Pro=
zeß zu stellen.[1]

Die Regierung Athen's übergab die Republik einem
ihrer Edeln mit dem Titel des Podesta und Capitäns,
wie auch Nauplia und Argos von einem solchen verwaltet
wurden.[2] Allein so wenig reizte das damalige Athen und
die geringe Besoldung des Amts die stolzen Nobili, das=
selbe zu übernehmen, daß der Doge Antonio Venier anfangs
manche Weigerung erfuhr. Der erste Venetianer, welcher
sich mit dem Titel des Podesta Athen's schmückte, war Al=
bano Contarini. Er wurde dazu am 27. Juli 1395 auf
zwei Jahre ernannt, mit einem Gehalt von 70 Pfund, wo=
von er einen Notar, einen venetianischen Gehülfen (socius),
vier Diener, zwei Knechte und vier Pferde zu unterhalten
hatte.[3] Zugleich wurden für die Akropolis zwei Schützen=
hauptleute mit sechs Ducaten monatlichen Soldes eingesetzt;
von ihnen mußte einer am Tage, zur Nachtzeit aber mußten
beide sich im Castell befinden.[4] Da die Besatzungen von
Burgen in jener Zeit äußerst geringe waren, so schien es

[1] Copia litter. apost. obtentar. contra Macaronum archiep.
Athenar. Dat. Romae VI. Kal. Junii P. N. a. VII. Commem.
Vol. IX, fol. 15.

[2] Scribatur potestati et capitaneo Athenarum (in einer Person)
wird in Erlassen Venedig's gesagt. Sathas, Mon. H. Hist. II, n. 212;
oder auch einfach potestas. Ser. Nicolaus Victuri iterum potestas Athenarum (3. Aug. 1400, ibid. n. 222).

[3] Der Bailo Negroponte's erhielt jährlich 1000 Hyperpern, mußte
einen Socius haben, dem er jährlich 20 Hyp. und 2 Roben zu geben
hatte, ferner 1 Notar und 8 Diener. Arch. Ven., Bifrons fol. 71.

[4] Duo capta ballistariorum; auch als castellani bezeichnet. Am
20. April 1400 befiehlt die Republik dem Podesta Athen's an Stelle
des entlassenen Joannes Valacho unius ex castellanis . . . alium
castellanum sive caput zu ernennen. Sathas II, 212.

der Republik ausreichend, wenn Contarini jene der Akro=
polis mit zwanzig Ballistarii verstärkte. Im Falle des
größeren Bedürfnisses von Kriegsvolk und Geldern zur
Beschützung der Stadt wurde der Podesta angewiesen, sich an
die Castellane von Modon und Coron, oder an den Bailo
Negroponte's um Unterstützung zu wenden.[1]

Im Sommer 1395 langte Contarini in Athen an, wo
er im Palast der Acciajoli auf der Akropolis seine Resi=
denz nahm. Wahrscheinlich empfand die Stadt, deren Rechte
und Gemeindeverfassung keine Aenderung erfuhren, bald die
Wohlthaten der venetianischen Regierung, allein sie und At=
tika waren in solche Armut versunken, daß Contarini im
folgenden Jahre von der Republik ein Anlehen von 3000
Ducaten begehrte, die diese auch auf zwei Jahre bewilligte.[2]

Das Herzogtum Athen konnte jetzt als erloschen ange=
sehen werden; Korinth, welches nur durch Nerio mit ihm
verbunden worden war, gehörte dem Despoten Theodor von
Misithra, die Megaris dem Tocco, Böotien dem Antonio
Acciajoli; nur Attika war gleich der Landschaft Argolis in
der Gewalt Venedig's. Aber auch andre Gebiete, ehemalige
Provinzen oder Baronien des Herzogs von Athen, wurden
in dieser Zeit von der Flut der türkischen Invasion hin=
weggerissen.

[1] Bestallung für Albano Contarini. Misti Vol. 43, cart. 76 t.,
ohne Datum. Da vorher ein Erlaß vom 27. Juli 1395 steht, mag
die commissio desselben Datums sein. Am 18. Juli war Contarini
schon ernannt, denn da wird vom Senat bestimmt, daß im Falle der
auf seinen Posten abgehende Contarini die Galeere Negroponte's nicht
ausgerüstet finde, ihn nach Athen zu führen habe entweder die Galeere
von Candia oder vom Archipel (Misti Vol. 43, cart. 71).

[2] Considerata paupertate dicte terrae, ut non perveniat ad
extremitatem. Misti XLIII, cart. 155. 6. Oct. 1396. Ind. V.

Bajazet hatte im Jahre 1393 Widdin, Nikopolis und Silistria eingenommen, den letzten Bulgarenkönig Sisman beseitigt und dessen Land seinem Reiche einverleibt. Er hatte sodann die noch dem Kaiser gehörigen Städte am schwarzen Meer und das Küstenland Macedonien's an sich gebracht, während er Constantinopel durch ein vor den Mauern gelagertes Heer von der Außenwelt abgesperrt hielt. In Seres versammelte er an seinem Hof die ihm tributpflichtigen Fürsten Griechenlands, unter denen sich auch der Despot Theodor, Manuel's Bruder, befand. Ihrer ohnmächtigen Ränke überdrüssig, beschloß er endlich an die Eroberung der hellenischen Provinzen zu gehen. Er schickte seine Kriegsscharen über den Othrys; sie nahmen Larissa, Pharsala und Zeitun, stiegen in das Tal des Sperchius hinab, besetzten das ehemals mit dem Herzogtum Athen verbundene Neopaträ, und brachen sodann durch die unverteidigten Thermopylen in Phokis und Lokris ein. [1]

In Salona herrschte damals noch Helena Kantakuzena, die Wittwe des letzten Fadrique, oder vielmehr es schaltete dort als verhaßter Tyrann ihr Geliebter, ein Priester. Ein Teil der Griechen stand mit den Türken im Bunde; der Erzbischof von Phokis Seraphim soll der Verräter seines Landes gewesen sein und den Sultan in diese schönen Jagdgründe herbeigerufen haben. Kaum erschienen die Türken, so öffnete Helena ihnen die Tore der Stadt. Sie wurde von Bajazet in anständiger Haft gehalten, während ihre Tochter Maria in seinen Harem hinüberwanderte. So

---

[1] Nach der Chronologie des Chalkokondylas, welcher die Hauptquelle für diesen ersten großen Türkenzug nach Griechenland ist, fand derselbe durchaus vor der Schlacht bei Nikopolis statt.

endete das Haus der Grafen von Salona; diese Stadt wie die Landschaft Phokis wurden türkisch.[1] Noch heute erinnern dort, in dem alten Amphissa der Lokrer, die starken Türme der Akropolis und eine fränkische Kirche an die Zeiten der Stromoncourt und der Catalanen.

3. Wie weit damals die Türken auch in Böotien und Attika eindrangen, ist unbekannt. Sie streiften schon bis zum Isthmus hin, hinter welchem sich der Despot von Mi=sithra voll Bestürzung zum Widerstande rüstete. Aber die Triumfe der Osmanen hemmte plötzlich die Kunde, daß Sigismund, der König von Ungarn, welchen der Kaiser Ma=nuel zu seiner Rettung aufgerufen hatte, und die mit ihm vereinigten Streitkräfte Frankreichs und Deutschlands, ein gewaltiges, vom Adel der abendländischen Ritterschaft glän=zendes Heer, die Donau überschritten hatten. Dieser Strom war jetzt die Verteidigungslinie Europa's gegen die Türken, und nach dem Falle des Serben= und Bulgarenreichs bil=deten Polen, Ungarn und Oesterreich die Schanzen des be=drohten Abendlandes. Bajazet rief seine Scharen eilig aus Griechenland zurück, und wandte sich von Gallipoli nach dem Norden, um sich dem Christenheer entgegen zu werfen. Sein blutiger Sieg bei Nikopolis am 28. September 1396, wo die edelsten Ritter Ungarns, Deutschlands und Frank=reichs niedergehauen oder gefangen wurden, entschied das

---

[1] Einige Stellen bei Chalkokond. (Lib. II, p. 67 ff.) sind verderbt; er nennt ausdrücklich Don Luis als Herrn von Sula und verstorbenen Gemal Helena's. Was die Chronik von Galaxidi von dem Ende des letzten Grafen Salona's berichtet, ist ganz verworren, zeigt aber immer ein schreckliches Trauerspiel, dessen Heldin ein frevelvolles Weib war.

Uebergewicht der türkischen Waffen über die Armeen des Abendlandes, und machte den Großherrn zum unbestrittenen Gebieter der Länder unterhalb der Donau.

Die Folge der Schlacht bei Nikopolis war ein Streifzug der Türken nordwärts dieses Stromes, aber statt Ungarn zu erobern, beschloß der Sultan Bajazet, zunächst dem schatten= haften Rest des byzantinischen Reichs ein Ende zu machen, und zugleich die abgebrochene Unternehmung gegen Alt= griechenland fortzusetzen. Während er selbst Constantinopel belagerte, schickte er seinen Feldherrn Jakub, den Pascha von Europa, und Evrenosbeg mit 50000 Mann nach dem Pe= loponnes.[1] Es war das erste Mal, daß osmanische Heere über den Isthmus in das hellenische Land eindrangen. Ar= gos ergab sich am 3. Juni 1397; die Stadt wurde ge= plündert, das unglückliche Volk in die Sklaverei fortge= schleppt. Nur auf dem festen Palamedes Nauplia's konnten sich die Venetianer behaupten.[2]

Das fränkische Morea gehorchte damals dem navarresischen Vicar Superan, als rechtmäßigem Fürsten Achaja's. Denn dazu hatte ihn der König Ladislaus im Jahre 1396 durch ein Diplom ernannt, wie er früher Nerio Acciajoli zum Herzoge Athen's gemacht hatte. Superan wich dem Sturme aus, indem er den Türken tributbar wurde.

Auch Sparta entging dem drohenden Schicksal. Hier wie in andern festen Plätzen konnte sich der Despot Theodor

---

[1] Chalkokond. Lib. II, Chron. Breve hinter dem Ducas, und Phrantzes.

[2] In einer den Pregadi überreichten Denkschrift der Argiver von 1451 heißt es: Turchi prexe Argos in 1397 adi 3. zugno, e tolse 14 milia anime e poi bruxo la terra. Arch. Ven., Senato, Mar fol. 76ᵗ. Das Chron. Breve gibt das Datum richtig an.

noch halten; denn die Kräfte der Türken reichten doch nicht
aus, Lakonien zu unterwerfen. Mit Beute beladen zog der
Feind endlich über den Isthmus zurück. Trotzdem war die
Lage Theodor's, welcher übrigens dem Sultan Tribut zu
zahlen gelobt hatte, so verzweifelt, daß er sich im Jahre
1400 entschloß, Korinth den Rhodisern zu verkaufen, um
so die „starke, schöne und große Stadt" vor den Ungläubigen
zu retten.[1] Er schiffte sich zu diesem Zweck mit seinen
Schätzen auf einer Galeere ein, die ihn nach Rhodus brachte.
Der Orden der Johanniter hatte damals eine innere Krisis
glücklich überstanden, denn auch er war durch das große
Kirchenschisma in zwei einander bestreitende Hälften zer=
spalten worden. Der berühmte Heredia starb im Jahre
1396 im Exil zu Avignon, worauf Philibert von Naillac,
sein Nachfolger auf dem Stule des Großmeisters, die
Brüderschaft der Johanniter wieder vereinigte. Während
das Königreich Cypern nach der Ermordung Peter's I. durch
seine rebellischen Großen im Jahre 1369, und in Folge der
Eroberung Famagusta's durch die Genuesen im Jahre 1373,
unter den letzten Lusignan in Verfall geriet, glänzte der Orden
des Hospitals noch immer als eine selbst den Türken furcht=
bare Soldatenrepublik. In dieser Zeit des Niederganges
der Lateiner und Griechen in der Levante nahmen die Ritter
von Rhodus ihre kühnen Absichten auf den Peloponnes wieder
auf. Sie besetzten das von ihnen erkaufte Korinth, und
der verzweifelte Despot Theodor trat ihnen sogar Sparta
für eine Geldsumme ab.[2]

---

[1] Corinthiacae Eccl. Memorabilia, Lami, Del. Erud. IV, 126.
[2] Diesen schimpflichen Handel hat später Theodor's Bruder, der

Wie Mißithra war glücklicher Weise auch Athen in jenem Kriegssturm der Türken verschont geblieben. Zwar sprechen osmanische Geschichtschreiber von einer Einnahme der Stadt im letzten Jahre des 8. Jahrhunderts der Hedschra (1397 nach Christi Geburt), allein die abendländischen Chronisten schweigen davon.[1]

Die Venetianer regierten unterdeß Attika durch ihre Podestaten und Capitäne. Auf Albano Contarini war dort im Jahre 1397 Lorenzo Venier, diesem 1399 Ermolao Contarini gefolgt; im Jahre 1400 war Capitän Athen's Niccolo Vetturi.[2] Die Republik behandelte übrigens den Besitz Athen's nicht als etwas für ihre Staatsinteressen besonders Wichtiges, wenn sie auch die Gefahr erkennen mußte, die ihr dort drohte. Denn, wie einst sein Vater in Korinth gethan hatte, so wartete in Böotien der Bastard Antonio Acciajoli auf die passende Gelegenheit, die ihn nach Athen zurückführen konnte. Er sammelte Kriegsvolk in Livadia, dem stärksten Ort jenes Landes. Die Türken, mit denen er im Einverständniß war, und an deren Raubzügen gegen

Kaiser Manuel, als ein diplomatisches Meisterstück gepriesen. Siehe seine Leichenrede bei Combefis, Hist. haeresis Monolethar. II, 1132.

[1] Zinkeisen, Gesch. des osman. Reichs I, 339 läugnet diese Einnahme, welche Hammer I, 206 festhält. Hier ist wol an die Besetzung Athen's durch Timurtasch im Jahre 1395 zu denken.

[2] Albano Contarini, der erste venet. Regent Athen's, wurde am 18. Juli 1398 Podesta und Capitän von Argos, wo ihm die Signorie befahl, Albanesen als Colonisten aufzunehmen. Misti XLIV, fol. 26 t. 115 t. Die Wahl der athenischen Rectoren Venedig's fand durch ein viermaliges Scrutinium des großen Rates statt. Vadit pars, quod potestas et capitaneus Sitines fiat per quatuor manus ellectionum in ipso consilio cum salario et condicione quibus erat Ser Hermolaus Contareno ibi defunctus. Maggior Consiglio, Leona fol. 105 t.

die Venetianer, seine ärgsten Feinde, er sich beteiligte, reizte
er auf, die Küsten Euböa's und Attika's zu überfallen. So
kläglich aber war, trotz des venetianischen Regiments, die
Lage Athen's, daß diese Gemeinde am Ende des Jahres
1396 Gesandte an den Dogen schickte, um bei ihm Hülfe
zu suchen. Der Bastard Nerio's und andre Freibeuter, so
klagten diese Boten, durchstreiften das Land mit fünfzig bis
sechzig Reitern, gegen welche die Athener machtlos seien, da
ihre Stadt durch diese fortgesetzten Angriffe veröbet und
verlassen sei. Sie verlangten eine Verstärkung von mindestens 50 Pferden und 25 Bogenschützen, und so klein waren
die militärischen Verhältnisse jener Zeit, daß der venetianische
Senat es für ausreichend hielt, den Athenern dreißig Reiter
zu bewilligen.[1]

Im Jahre 1399 gingen nochmals Boten des Podesta
und der Stadt nach Venedig mit dringenden Bitten um Ab-
hülfe ihrer Not.[2] Die Akropolis war damals mit 26 Arm-
brustschützen bewehrt; der Senat befahl sie durch dreißig
andre zu verstärken, und den 30 Reitern, welche der Capitän
hielt, noch 25 neu im Lande auszuhebende beizufügen.
Später wurde dem Nachfolger Contarini's, Niccolo Vetturi,
die Summe von 200 Hyperpern zugewiesen, um die Mauern
und Zinnen wieder herzustellen.[3] Es geschah wol auch
aus dem Bedürfniß, mit ihrem Regiment Unzufriedene zu

---

[1] Misti XLIV, fol. 33, 30. Jan. 1347.

[2] Cum sicut habetur tam per literas, quam per relationes
nuntii potestatis et capitanei ac comunitatis nostre Sethines ...
dicta civitas propter insultus crebros Turchorum et continuos
stimulos Anthonii de Azaiolis ... magno subjacet periculo. Misti
XLIV, fol. 102, 16. Mai 1399.

[3] Misti XLV, fol. 109, 1401, 20. Sept.

beruhigen, wenn die Signorie demselben Podesta gebot, öffentlich in Athen ausrufen zu lassen, daß jeder, der sich über die venetianischen Rectoren zu beklagen habe, seine Beschwerde vor den Sindici in Negroponte oder in Nauplia vorbringen dürfe.

Ein Anhang des Hauses Acciajoli mußte in Athen zurückgeblieben sein, und mit diesem konnte sich Antonio verständigen. Am Ende des Mai 1402 gelang es ihm, auf einem neuen Streifzuge nach Attika die Stadt in Besitz zu nehmen, worauf er die Akropolis belagerte. Der überraschte Podesta Vetturi und derselbe Matteo de Montona, welcher diese Burg ehedem gegen die Türken mit Erfolg verteidigt hatte, forderten schleunigen Entsatz von Venedig. Die Kunde des Ereignisses gelangte dorthin, als der große Rat eben Rainerio Venier zum neuen Podesta Athen's ernannt hatte; er hielt denselben jetzt von seiner Abreise zurück.[1] Am 22. August 1402 erklärte der Senat Antonio als Feind des christlichen Glaubens in die Acht, und befahl dem Bailo Negroponte's einen Preis von 8000 Hyperpern auf seinen Kopf zu setzen.[2] Da vom Golfcapitän und von Negroponte dringende Mahnungen eingegangen waren, daß Athen auf jede Weise wieder zu erobern sei, damit nicht Euböa und andre Besitzungen Venedig's in Gefahr kämen, so befahl die Signorie demselben Bailo Söldner anzuwerben, die Akropolis mit Kriegsvolk, Munition und Proviant zu versehen, und die Stadt mit Gewalt dem Feinde zu entreißen. So

---

[1] Supervenientibus novis de casu amissionis civitatis Sythines, licet dicatur quod castrum adhuc se tenet. Avogaria del Comune: Maggior Consiglio, Delib. 1309—1417, A. 10, fol. 10 t.

[2] Sathas, Mon. II. II. II. n. 311.

maßlos war die Aufregung der venetianischen Regierung, daß sie demselben Bailo gebot, Theben in einen Trümmer= haufen zu verwandeln, wenn dasselbe bei dieser Gelegenheit von ihm erobert werden sollte.[1]

Während nun Antonio die Stadtburg Athen's einge= schlossen hielt und ohne Erfolg bedrängte, da sie von der kleinen Zahl ihrer Bogenschützen hartnäckig verteidigt wurde, rüstete sich der Bailo Francesco Bembo', ihr Entsatz zu bringen. Er hatte eine Truppenmacht von 6000 Mann zu= sammengebracht, und mit diesem Heer zog er über die Brücke des Euripus nach Böotien, um sich Theben's zu be= mächtigen. Aber der gewandte Bastard verstand es, die venetianischen Kriegshaufen, noch ehe sie diese Stadt erreicht hatten, in einen Hinterhalt zu locken, wo er ihnen eine voll= ständige Niederlage beibrachte. Der Bailo selbst geriet nebst andern Capitänen in die Gefangenschaft des Siegers. Dann kehrte Antonio nach Attika zurück, und setzte die Belagerung der Stadtburg fort.[2]

Das Glück des verwegenen Bastards erschreckte und beschämte die stolze Republik, zumal sich das Gerücht ver= breitete, daß nicht nur der Bailo mit seinem ganzen Heere gefangen, sondern auch Negroponte von Antonio einge= nommen worden sei. Am 7. October beschloß die Signorie,

<hr>

[1] Ibid. n. 310, 22. Aug. 1402. Et si casus daret, ut est spe-randum, quod possit capi ... locus Thebarum, qui est dicti An-tonii ... mandetur dicto regimini, quod debeat facere ruinari et destrui totam dictam terram.

[2] Chalkokond. IV, 214. Das Ereigniß muß am 4. oder 5. Sept. stattgefunden haben, denn am 5. meldeten es die Räte des Bailo aus Negroponte nach Venedig: intelleximus literas suas datas quinto Septembris, per quas significarunt nobis casum occursum. Pro= visionen des Senats, bei Sathas II, 101.

Niccolo Foscolo als Provisor und Bailo nach Negroponte
abzusenden, wohin ihn der Capitän des Golfs mit Schiffen
von Modon bringen sollte. Am 8. kam jedoch die verbürgte
Nachricht, daß Negroponte nicht gefallen sei, daß vielmehr
die dortigen Räte diese Stadt mit Umsicht schützten und der
Herzog von Kreta ihnen Kriegsvolk zur Hülfe geschickt habe.[1]
Der Doge sandte hierauf nach Euböa als Proveditore
Tommaso Mocenigo mit dem Auftrage, von Antonio die
Rückgabe der Gefangenen und der Stadt Athen zu ver=
langen. In allen Meeren und auf der Terra Ferma be=
schäftigt, machte Venedig keine ernstlichen Anstrengungen,
um zur Eroberung Attika's eine Kriegsflotte auszurüsten,
sondern es begnügte sich vorerst Euböa zu sichern und mit
diplomatischen Mitteln den Verlust einzubringen. Der
Bastard aber setzte mit aller Kraft die Belagerung der Akro=
polis fort. Ohne jede Unterstützung verteidigte diese der
Podesta Vetturi siebzehn Monate lang mit Heldenmut. Als
das letzte Pferd und das letzte Kraut auf der Felsenburg
verzehrt war, ergab sich der venetianische Capitän.[2] So
zog ein zweiter Acciajoli triumfirend in das Propyläenschloß
der Herzoge Athen's ein. Er verdiente sein Glück, denn er
war ein ausgezeichneter Mann.

---

[1] Provisiones, bei Sathas II, n. 315. 7. u. 8. Oct. 1402. Der
Bailo N. Vallaresco wurde später unter Prozeß gestellt. II, n. 324,
7. Juni 1403.

[2] Cum prius comederit equos et omnia alia comestibilia que
reperere potuit usque ad urticam. Arch. Ven., Grazie lib. XX (alte
Numeration XVII), fol. 31. Spätere Gnadensache vom 27. März 1409.
Vetturi starb bald nach der Uebergabe; seiner Wittwe und Tochter wurde
eine Pension zugewiesen.

Drittes Capitel.

Einbruch Timur's in Kleinasien. Die Schlacht bei Angora und die Zertrümmerung des Osmanenreichs. Rückkehr des Kaisers Manuel aus dem Abendlande. Bruderkrieg der Söhne Bajazet's. Der Sultan Suleiman. Friedensschluß der Levantemächte mit ihm. Venedig anerkennt Antonio Acciajoli im Besitze Athen's. Herstellung des osmanischen Reichs. Mohamed I. Zerfall des Fürstentums Achaja. Die Griechen von Misithra erobern ganz Morea. Bodonitza. Manuel im Peloponnes. Bau des Hexamilion. Misithra. Der dortige Despotenhof. Gemisthos Plethon.

1. Die Eroberung Athen's war dem Sohne Nerio's durch eine ungeheure Katastrophe erleichtert worden, welche gerade damals die Macht der Türken mit einem Schlage niedergeworfen hatte und alle Staaten des Abendlandes in fieberhafter Aufregung hielt. Einer jener großen Völkerstürme, welche seit Jahrhunderten von Zeit zu Zeit das Innere Asien's durchtobten, war dort mit der Naturgewalt eines Cyklon aufgestiegen und hatte die Mitte des Weltteils vom Indus und Ganges bis über die Grenzen China's, nach Persien und zur Wolga hin mit seinen Wirbeln aufgewühlt. Das furchtbare Haupt dieser Umwälzung war Timur, der hinkende Sohn eines Mongolenhäuptlings; dem Dschingis-Chan vergleichbar, Gebieter eines neuen Weltreichs, zu dessen Mittelpunkt er Samarkand gemacht hatte.

Als er seine Eroberungen über Syrien nach Armenien und Kleinasien ausdehnte, stieß er dort mit dem Sultanreich der Osmanen zusammen, der einzigen asiatischen Macht, die ihm eine Schranke zu setzen fähig war. Bajazet rüstete gerade einen neuen Zug nach dem Peloponnes, während er im Plane hatte, auch Constantinopel anzugreifen, wo Johannes Paläologus für seinen Oheim, den Kaiser Manuel, die Regierung führte, nachdem dieser im December 1399 als Schutzflehender an die Höfe Europa's gegangen war. Da nötigte der Einbruch Timur's in Anatolien den Sultan, vom Bosporus abzuziehen, um sich dort den Mongolen entgegenzuwerfen.

Der Kampf der beiden gewaltigsten Völkergebieter jener Zeit um den Besitz Vorderasien's und die mögliche Weltherrschaft wurde am 20. Juli 1402 in der mörderischen Schlacht bei Angora entschieden. Das trefflich gerüstete und disciplinirte Heer Bajazet's ward von der Sturmflut der mongolischen Völker zermalmt, der stolze Sultan selbst als Gefangener in das Zelt Timur's gebracht. Das türkische Reich lag augenblicklich zerschmettert vor den Füßen des großen Kaisers von Samarkand. Die ganze Christenheit fühlte sich plötzlich erlöst und atmete freier auf; zumal dem bedrängten Constantinopel wie allen Staaten in Griechenland war wie durch ein Wunder eine neue Lebensfrist gesichert. Zwar konnten Franken und Griechen bei dem Gedanken zittern, daß der furchtbare Herrscher Asien's, wie einst Darius und Xerxes, sein Weltreich über ganz Europa auszudehnen im Sinne habe;[1] woher der byzantinische

---

[1] Bericht des Ser Giovanni Contarini an die Signorie, Marin Sanudo, Duchi (Muratori XXII, 795).

Reichsverweser eilte, die ihm gestellte Forderung jährlichen Tributs zu bewilligen. Timur hatte Brusa eingenommen und dort unermeßliche Schätze erbeutet; er hatte das kleine blühende Kaisertum Trapezunt zur Vasallenschaft genötigt, und die Hafenstadt Smyrna zerstört; allein er machte an den Toren des Hellespont Halt, da er, außer 22 trapezuntischen Schiffen, keine Flotte besaß, die seine Horden nach Europa hätte hinüberführen können. Nachdem er das Reich der Osmanen in Kleinasien zerschlagen und die erst von Murad, dann von Bajazet unterjochten selbschukischen Fürsten von Mentesche, Kermian, Aidin und Karaman als seine Vasallen wieder eingesetzt hatte, verließ er noch im Jahre 1403 Vorderasien, um nach Samarkand zurückzukehren.

Der Sultan Bajazet war um diese Zeit als sein Gefangener gestorben: eins der am meisten tragischen Beispiele von der Unbeständigkeit des Glücks, welches die Geschichte der Eroberer bis auf die beiden Napoleon verzeichnet hat. Seine dem Blutbade zu Angora entronnenen Söhne kämpften alsbald mit einander um den väterlichen Tron, der noch in Adrianopel aufrecht stand und auch in Brusa wieder aufgerichtet werden konnte. Kein Augenblick war daher für die Fürsten und Völker des Abendlandes günstiger, um die Türken aus Europa nach Asien zurück zu treiben. Allein dieser große unwiederbringliche Zeitpunkt ging ungenutzt vorüber, weil alle Staaten des Abendlandes mit ihren inneren Revolutionen und Kriegen beschäftigt waren, während das vom Schisma gespaltene Papsttum die moralische Führung der Welt verloren hatte. Die Lebenskraft der durch jene Katastrophe zu heroischer Erhebung aufgeforderten Romäer erwies sich als erstorben, die des osmanischen

Staats dagegen als so stark, daß er die tödtliche Krisis zu überstehen vermochte.

Der Kaiser Manuel hatte die Kunde der gewaltigen Ereignisse am Hofe Carl's VI. in Paris vernommen, wo ihn Boten aus Constantinopel zurückriefen und ihm sogar ein Bündniß mit Timur in Aussicht stellten. Ehe er nun im Abendlande Mittel und Kriegsvolk zur Heimkehr zu= sammenbringen konnte, war Suleiman, der älteste der Söhne Bajazet's, in Adrianopel zum Nachfolger seines Vaters ausgerufen worden. Nichts zeigte deutlicher die Ohnmacht, die Zersplitterung und die engherzige Selbstsucht aller damaligen Staaten und Gebieter im Osten, als ihre Anerkennung der dominirenden Stellung des neuen Sul= tans selbst in dieser Stunde, wo die Kraft des türkischen Reichs gelähmt und durch innern Zwiespalt gebrochen war. Die griechischen Fürsten beeilten sich, ihr altes Vasallenver= hältniß zur hohen Pforte wieder herzustellen. Antonio Acciajoli suchte von Suleiman, an dessen Hof in Adria= nopel er sich persönlich begab, die Bestätigung als Herr Athen's zu erlangen, und sogar die Republik Venedig be= trachtete ohne Weiteres den türkischen Sultan als recht= mäßigen Oberherrn Attika's. Sie schämte sich nicht, ihn dringend aufzufordern, durch seine Autorität dahin zu wirken, daß ihr der Usurpator die euböotischen Gefangenen und die Stadt Athen herausgebe.

Als venetianischer Bevollmächtigter begab sich Pietro Zeno, der Herr von Andros, dessen geschickte Dienste die Signorie schon in der Angelegenheit der Argolis gebraucht hatte, nach Adrianopel, wo ihm am türkischen Hofe ein Ge= sandter Antonio's entgegenwirkte. Zeno setzte dann seine

Unterhandlungen in Gallipoli fort.[1] Seine eigene schwierige Lage in Europa wie in Kleinasien, wo der seldschukische Fürst von Karaman und andre Dynasten ihm feindlich waren, nötigte den Sultan, zunächst alle Verwicklungen mit den Levantemächten friedlich beizulegen. Wenn er auch keinen Kreuzzug von Frankreich, Italien, Deutschland und England zu fürchten hatte, so stand ihm doch eine keineswegs gering zu achtende Liga entgegen, welche die Venetianer und Genuesen, die Johanniter von Rhodus, der Herzog von Naxos aus dem Hause Crispi, und der Reichsverweser Johannes mit einander vereinbart hatten. Er gewährte diesen verbündeten Feinden den Erlaß bisher gezahlter Tribute, Handelserleichterungen und andere große Zugeständnisse. Dem griechischen Kaiser gab er sogar das wichtige Thessalonich mit Gebieten Macedonien's, die Inseln Stopelos, Skyathos, Skyros, ganz Thessalien, die Landschaften im Peloponnes und selbst die festen Städte am schwarzen Meer zurück. Den Rhodisern trat er Salona ab; der Republik Venedig versprach er den Wiederbesitz Athen's und eine Landschaft von fünf Millien Ausdehnung auf dem griechischen Festlande am Euripus, Negroponte gegenüber.[2]

[1] Copia aliquor. capitulor. insertor. in litteris D. Petri Geno domini Andrensis missorum ducali Dominio. Ein verwirrtes italien. Schriftstück ohne Datum, in Pacta IV. fol. 129.

[2] Hopf versteht darunter Lytonia. Die undatirte Urkunde aus dem Türkischen in's Venetian. übersetzt im Archiv Ven., Pacta VI, fol. 128 t. ist abgedruckt in Mél. Hist. III, 178 ff. n. XXII. Der Herausgeber setzt sie zwischen 9. März 1403 (Tod Bajazet's) und 1. April 1405 (Tod Timur's). Thomas und Hopf setzen sie in's J. 1403; Hammer II, 607 irrig in's Jahr 1408. Der Vertrag mit dem Sultan fällt sicher vor 31. März 1405, vor dem Frieden Venedig's mit Antonio, wovon weiter unten. Im § 17 heißt es, ehe io le debbia render e darli Setines.

So bedeutend war denn doch der Eindruck, welchen der Bund dieser Staaten auf den Sultan machte; und was wäre damals nicht erreicht worden, wenn sich das Abendland ent= schlossen hätte, ein Kriegsheer über die Donau in das Bal= kanland einbrechen zu lassen, um die Niederlage bei Niko= polis zu rächen!

Die in jenem Friedensvertrage bedingte Herausgabe Athen's konnte die venetianische Signorie von Antonio nicht erlangen. Sie mußte vielmehr eine gute Miene zum bösen Spiele machen, und schon seit dem Herbst 1402 hatte sie mit dem Usurpator wegen eines Abkommens unter= handelt.[1]

Der Papst Innocenz VII., der König Ladislaus von Neapel und der einflußreiche Cardinal Angelo Acciajoli ver= wendeten sich eifrig zu seinen Gunsten, während Antonio selbst dringende Gesuche an den Dogen richtete, ihn als Lehnsmann in den Staatsverband der Republik aufzunehmen. Indem diese die Kosten und Anstrengungen, welche ihr die gewaltsame Vertreibung Antonio's aus Athen verursachen mußte, mit dem wirklichen Nutzen ihres directen Dominiums dort abwog, kam sie zu dem Entschluß, auf den thatsäch= lichen Besitz Attika's zu verzichten und dies Land dem Sohne Nerio's als ihrem Vasallen zu überlassen. Der Vertrag wurde am 31. März 1405 zu Venedig abgeschlossen.[2] Die

---

[1] Am 30. Oct. 1402 bevollmächtigte der Doge Michel Steno den Provisor Negroponte's Tommaso Mocenigo, den Daniele Serendolo und Marco Polano ad tractandum cum egregio Antonio de Azzaiolis domino Thebarum pacem, concordiam vel treugam. Arch. Ven., Sindicati I. 439 t.

[2] Commem. vol. X. fol. 3—4 t. Bevollmächtigter Antonio's war

Republik nahm aus Rücksicht auf jene großen Fürsprecher Antonio zu Gnaden als ihren Sohn an; sie genehmigte, daß er Land, Burg und Stadt Athen, die in „moderner Zeit Sythines genannt werde", mit allen ihren Gerecht= samen und Zubehör als ihr Lehnsmann besitze.[1] Zu dessen Zeugniß, so ward festgesetzt, sollen er und seine Erben fortan der Kirche San Marco in Venedig jährlich am Weihnachts= tage ein seidenes Pallium darreichen, 1000 Ducaten an Wert. Er soll Freund der Freunde, Feind der Feinde Ve= nedig's sein; keinem Gegner der Republik Durchzug durch sein Land gestatten, solchen aber ihren Kriegsvölkern nebst dem Markt von Lebensmitteln gewähren. Wenn venetia= nische Besitzungen angegriffen werden, soll er Hülfe leisten. Der Handelsverkehr zwischen seinem Staate und Venedig wird durchaus freigegeben; eine wechselseitige Auslieferung flüchtiger Colonen wird festgestellt. Das Eigentum der wäh= rend des Krieges beschädigten venetianischen Untertanen hat Antonio zu ersetzen, wie auch alle Munition, die bei der Einnahme Athen's in seine Gewalt gekommen war. Die Güter des ehemaligen, schon verstorbenen Rectors Athen's, des tapfern Vetturi, hat er den Erben zurückzugeben. Aus=

Francesco Acciajoli, Bastard Donato's; dazu ernannt am 22. Juni 1404 durch Instrument, geschrieben zu Athen vom Kanzler Nicolaus Marori (richtig lautet der Name Makri). Procuratoren Venedig's: Marco Giustinian und Silvestro Morosini.

[1] De gratia consentientes dicto magnifico Antonio, quod ipse do- minetur, habeat et teneat et possideat terram, castrum et locum Athenarum, moderno tempore vocatum Sythines. Dieser Name stand nunmehr fest; so sagt auch Stefano Magni, Estratti degli Annali (Chron. Gréco-Rom. p. 204): antiqua e bella cittade de Greci Atene ... chiamata nel presente Setines.

drücklich verlangte die Republik von Antonio, daß er den Erzbischof Macaronus als Feind und Verräter der Christenheit aus allen seinen Landen verbanne und ihn nach Venedig ausliefere, wenn er seiner habhaft würde.[1] Alle früheren Verträge, wie sie seit alter Zeit zwischen dem Herzogtum Athen und Negroponte bestanden hatten, wurden durch diesen Frieden erneuert, und in denselben auch der Markgraf von Bodonitza als Bürger und Freund Venedig's eingeschlossen.

Es war im Grunde eine empfindliche Niederlage der Republik S. Marco, daß sie vor dem Glücke eines entschlossenen Abenteurers die Waffen niederlegte, diesen unter ihre Bürger aufnahm und als Gebieter Athen's anerkannte. Ihr Rückzug aus Attika geschah in einer Zeit, wo ihr Dominium in der Levante wieder im Steigen, und ihr maritimes Uebergewicht noch vollkommen unbestritten war. Sie gebot damals über Kreta und die ganze Insel Euböa: sie besaß im jonischen Meere Korfu, in Dalmatien und Albanien Durazzo und eine Reihe anderer Seeplätze und Inseln; sie erwarb die Stadt Lepanto im Jahre 1407, und bald darauf sogar Patras mit seinem Gebiet.[2] Im Peloponnes gehörten ihr Modon und Coron, Argos und Nauplia. Ihr Colonialbesitz war demnach so groß, daß sie unter der Regierung des Dogen Tommaso Mocenigo den Gipfel ihrer Herrschaft auf dem Meere und ihre größte Handelsblüte erreicht hatte, während die Seemacht ihrer Nebenbulerin Genua bereits

---

[1] Qui stetit in carceribus Venetiarum; demnach war Macaronus daraus entkommen.

[2] Sathas, Mon. H. H. I, 1408 28. Aug. und folgende Urkunden.

untergegangen war.[1] Dann ermattete Venedig in dem immer schwierigeren Kampfe gegen die unaufhaltsam vordringenden Osmanen, die alle bisherigen Machtverhältnisse in der Levante veränderten, und schon unter dem Dogen Francesco Foscari suchte die vorsichtige Republik in dem Erwerb der italienischen Terrafirma die festen Grundlagen ihres nationalen Staates zu gewinnen.

2. Die Kriege, welche die von Eifersucht und Haß gegen einander entbrannten vier Söhne Bajazet's um den Sultanstron führten, dauerten mit wechselndem Erfolge zehn Jahre lang. Es war ein Glück für das sich wiederherstellende Türkenreich, daß es nicht zu einer Teilung desselben unter die streitenden Brüder kam, sondern das Grundprincip des osmanischen Hauses, die dynastische Einheit, bestehen blieb. Suleiman wurde im Jahre 1410 durch seinen Bruder Musa in Adrianopel gestürzt und umgebracht; diesem nahm sodann Mohamed I., der dritte und glücklichste der feindlichen Brüder, im Jahre 1413 den Tron und das Leben. Er restaurirte das osmanische Reich, während die Folgen des Tronstreites Griechenland eine Ruhepause verstatteten.

Der Despot Theodor hatte nach Misithra zurückkehren können. Diese Stadt war von ihm den Rhodisern verkauft worden, aber der Landesbischof und die Bürger hatten die sich einfindenden Ritter mannhaft zurückgewiesen. Das beleidigte Volk der Lakonier bewahrte noch etwas von dem Männerstolz der Vorfahren; es wollte nicht unter das Joch der Jo-

---

[1] Canale, Storia del commercio . . . degli Italiani. Genova 1866, p. 169.

hanniter fallen. Nur unter demütigenden Bedingungen
nahm es den griechischen Despoten wieder als Herrscher auf.
Auch die Baronie Korinth hatte Theodor von den Rittern
zurückgekauft.[1]

Im fränkischen Morea waren in dieser Zeit wichtige
dynastische Veränderungen eingetreten. Vordo de Sanct
Superan starb im Jahre 1402, und ließ das sogenannte
Fürstentum Achaja seinen Kindern aus der Ehe mit Maria
vom Hause der Zaccaria zurück. Dieses berühmte genuesische
Geschlecht hatte in der zweiten Hälfte des 13. Jahrhunderts
durch Genie, Heldenkraft und Handelsspeculationen, erst vom
Kaiser Michael Paläologus und dann von Philipp von
Tarent begünstigt, Phokäa mit den unerschöpflichen Alaun=
gruben, die Insel Chios mit ihren Mastixwäldern, und andere
Eilande erlangt, und war dadurch zu Reichtum und fürst=
licher Größe emporgestiegen.[2] Im Jahre 1329 vom Kaiser
Andronikos III. aus Chios vertrieben, waren die Zaccaria
als Barone im Peloponnes aufgetreten, wo Martino durch
seine Heirat mit Jacqueline de la Roche Veligosti, Damala
und Chalandritza erworben hatte. Die Enkelin Martino's
aber war jene Maria, die Tochter des Centurione I. von
Damala und Chalandritza. Sie führte die Regentschaft für
ihre und Superan's unmündige Kinder, bis ihr Neffe, der
gewaltthätige Baron von Arkadia, Centurione II., der Sohn
ihres Bruders Andronico Asan, sie und ihre Kinder aus

---

[1] Am 14. Juni 1404, Chron. Breve.

[2] Den Martino Zaccaria hatten Philipp von Tarent und Catha=
rina am 26. Mai 1325 sogar zum Titularkönig von Kleinasien ernannt und
mit Chios, Tenedos, Samos, Nicaria, Lesbos u. s. w. beliehen. Act bei
Camillo Minieri Riccio, Saggio di Cod. dipl. suppl. 2, n. LX, p. 75.

dem Erbe verdrängte und sich selbst zum Fürsten Morea's
aufwarf. Der König Ladislaus anerkannte im Jahre 1404
auch diese Usurpation. Der Zerfall des letzten Restes des
Fürstentums Achaja war demnach so weit vorgeschritten, daß
den Byzantinern von Misithra aus die Eroberung des ganzen
noch fränkischen Morea möglich wurde. Sie hatten nach
diesem Ziele ein und ein halbes Jahrhundert lang gestrebt,
und sie erreichten dasselbe seltsamer Weise erst, als ihre
eigene letzte Stunde nahe war. Der Despot Theodor schickte
sich an, Centurione mit Waffengewalt aus Achaja hinaus-
zuwerfen, da starb er mitten in seinen Rüstungen im Jahre
1407 zu Misithra, ohne Erben zu hinterlassen; denn seine
Ehe mit Bartolommea Acciajoli war unfruchtbar geblieben.
Manuel II. ernannte hierauf seinen Sohn Theodor zum
Nachfolger jenes Despoten.

Schon seit langer Zeit hatte kein griechischer Kaiser ein
so friedliches Verhältniß zu seinem türkischen Erbfeinde gehabt. Von Manuel selbst war Mohamed I. in seinem Kriege
mit Musa gefördert worden, und das vergalt ihm jetzt der
Sultan. Wenn jener nach seiner Rückkehr aus dem Abendlande so günstige Umstände als ein Mann von Kraft und
politischem Genie auszunutzen verstanden hätte, so würde er
vielleicht in der Reihe der byzantinischen Herrscher als Wieder-
hersteller eines gesunkenen Reiches geglänzt haben. Allein
Manuel war thatenlos geblieben und hatte sich mit den Zu-
geständnissen erst des Sultans Suleiman und dann Mohamed's I. begnügt, der ihm und dem Despoten von Misithra
den Frieden bewilligte. Den Großherrn, einen von Natur
wolwollenden und gemäßigten Mann, zwang sein eigener
Vorteil, diesen Frieden ernstlich zu halten und jeden Zu-

sammenstoß mit den Mächten des Abendlandes zu vermeiden.
Gleichwol zeigte auch er, daß er auf die Fortsetzung der
Eroberungen seines Vaters nicht verzichtet habe. Im Juni
1414 ließ er Bodonitza besetzen. Diese alte, durch die
Nähe der Thermopylenpässe noch immer wichtige, fränkische
Markgrafschaft der Pallavicini war durch Guglielma, die
Erbtochter des Hauses, in ihrer zweiten Ehe an den edeln
Venetianer Niccolo Giorgi gekommen, und dessen Nach=
kommen entriß der Sultan Bodonitza, trotz der Proteste
Venedig's.[1]

Durch den Frieden mit dem Sultan gesichert, konnte
der griechische Kaiser die armseligen Trümmer des Reiches
Constantin's besuchen, ein ganzes Jahr in Thessalonich, dem
Besitztum seines Sohnes Andronikos, verweilen und dann
im Jahre 1415 für eben so lange nach Misithra gehen, wo
er seinem andern Sohne, dem Despoten Theodor II., die
widerstrebenden Toparchen des Peloponnes unterwerfen und
diese ganze Halbinsel ihm untertänig machen wollte. Er
betrieb zugleich mit Eifer den Aufbau des Hexamilion oder
der Isthmusmauer, welchen schon Theodor I. mit dem Bei=
stande der Venetianer begonnen hatte.[2] Denn die Griechen
bildeten sich ein, daß, wie zur Zeit der Perser, ein solcher
Wall den Peloponnes für ihre Feinde unnahbar machen
werde. Manuel bot Tausende von Arbeitern zu dem großen
Werke auf. Am 13. März 1415 war er nach Kenchräa
gekommen, wo ihn Gesandte der venetianischen Rectoren von

---

[1] Schon mehrmals von den Türken angegriffen und zeitweise
besetzt, fiel Bodonitza am 20. Juni 1414 und wurde gänzlich zerstört.
Hopf II, 75.

[2] Sathas, Mon. II. H. II, n. 241. p. 36.

Modon und Coron begrüßten; am 8. April wurde der Anfang gemacht und in 26 Tagen von Meer zu Meer eine
gewaltige Mauer mit tiefen Gräben aufgeführt, die zwei
große Castelle und 153 feste Türme erhielt. Der Kaiser
datirte am 26. Juni vom Hexamilion einen Brief an den
Dogen Tommaso Mocenigo, worin er ihm Kunde von
der Vollendung der Schanzen gab, und die Venetianer
beglückwünschten ihn.[1] Die Zeitgenossen staunten dies Bollwerk an, als wäre es den berühmten Wällen Hadrian's vergleichbar, doch sie sollten bald belehrt werden, daß es für
Janitscharen nicht unersteiglich war.[2]

Gerade in dieser Zeit, wo Nordhellas an die Türken
verloren ging, und die Wolke der Vernichtung über Byzanz schwebte, sammelte sich das letzte nationale Bewußtsein
der Griechen nicht in Attika, sondern im Peloponnes. Manuel II. vermochte seine kaiserliche Oberhoheit dort auch im
fränkischen Morea geltend zu machen, wo Centurione ihm
huldigte. So war der Schwerpunkt des griechischen Reichs,
nachdem dasselbe fast alle seine andern Glieder verloren hatte,
in seine ältesten Ursprünge, in das Land des Pelops verlegt worden, welches den Angriffen der Türken noch am
wenigsten ausgesetzt war. Misithra oder Sparta erschien zu
jener Zeit als die politische und geistige Hauptstadt des
Hellenentums. Dort lagen die Gräber der Despoten Manuel

---

[1] Misti LI, 48 v., 23. Juli 1415; darin der Brief Examilii 26. Juni
eingefügt ist.
[2] Phrantzes I, c. 33 ff. Chalkokond. IV, 184. Als großartiges
Werk und stärkste Schutzwehr preisen es die Zeitgenossen Gemisthos
Plethon (Ellissen, Anal. IV, 2. Abt., c. 5, p. 44) und Mazaris
(Todtengespräch; ibid. c. 23, p. 243). Phrantzes verfaßte auch ein
Schreiben an Manuel über diese Isthmusmauer (ibid. p. 137).

und seines Bruders Mathäus, ihres Vaters des Kaisers
Kantakuzenos und des Despoten Theodor I. Diesem seinem
ruhmlosen Bruder hielt jetzt Manuel II. eine Lobrede, die
wir noch besitzen. So überladen sie auch ist, so dient sie
doch als geschichtliche Urkunde der Zeit, und sie macht dem
Talent des merkwürdigen Kaisers Ehre, welcher durch seine
Bildung, Beredsamkeit und fürstliche Sitte die Höfe von
Paris und London bezaubert hatte.

Die Stadt Misithra, die Residenz des Despoten, drei
Millien weit von Lacedämon gelegen, verdunkelte damals
sowol Thessalonich als Athen. Sie verdient daher, daß ihr
in der mittelalterlichen Geschichte ihrer alten Nebenbulerin
ein paar Zeilen gewidmet werden. Das neue Sparta der
Paläologen war ein kleiner Ort, vom Weltverkehr abge-
schieden, und in steter Berührung mit den trotzigen Stämmen
des Taygetos. Ihren Unabhängigkeitssinn hatten die Lacedämonier eben erst durch die entschlossene Zurückweisung der Rhodiser Ritter dargethan. Den Byzantinern freilich galt die Bevölkerung Lakonien's als roh und barbarisch. Was einst
Michael Akominatos von Athen gesagt hatte, das sagte auch
Mazaris, der Verfasser eines satirischen Todtengesprächs,
von dem damaligen Sparta: daß hier zu leben der Gefahr
aussetze, zum Barbaren zu werden.[1] Der Rhetor Demetrius
Cydonis aus Thessalonich, welcher am byzantinischen Hofe
sein Glück fand, wunderte sich, daß der in jener Zeit gebildetste Grieche Plethon seinen Sitz in Sparta nehmen
konnte und schrieb ihm darüber: was du für die Insel der
Seligen hältst, ist nur der Schatten des alten Peloponnes;

---

[1] Mazaris a. a. O. S. 230 und Anmerk. Ellissen's S. 349.

dort find die Städte und die Gesetze verschwunden, und
die Tugend ist zum Spott geworden. Aber du, ein ein=
gefleischter Philhellene, bildest dir ein, daß der bloße An=
blick des Bodens von Sparta dir Lykurg wiederbringt,
wie er seine weisen Gesetze dictirt. Die Täuschung wird
bald verschwinden, und du wirst dem Manne gleich sein,
der, um den Uebeln des Krieges zu entrinnen, zu den
Massageten floh, welche die Waffen gegen ihre eigenen Ver=
wandten erheben.[1]

Die Ruinen des spartanischen Altertums gaben noch
eine schwache Kunde von den Zeiten des Lykurg und Leo=
nidas, des Pausanias, Lysander und Agesilaos. Der be=
rühmte Reisende Cyriacus von Ancona besuchte Sparta
später, im Jahre 1437; er fand ein Volk vor sich, dessen
physische Stärke an die Vorfahren erinnerte; er bewunderte
die herkulische Kraft eines spartanischen Jünglings, welcher
einen Eurotas=Eber lebend gefangen hatte. Die schönen Ge=
filde sah er mit großen Resten von Bauwerken, und mit
Bruchstücken von Statuen bedeckt. Der Anblick dieser me=
lancholischen Trümmerwelt begeisterte ihn dazu, griechische
Verse zu Ehren Sparta's in italienische zu verwandeln.[2]
Gerade in jener Zeit regte sich dort der lange entschlafene
Geist griechischer Wissenschaft. Der Fürstenhof, der sich in
Misithra gebildet hatte, seitdem daselbst ein Despotat als
byzantinisches Secundogenitur=Lehen entstanden war, blieb
im regsten Verkehr mit Constantinopel, von wo er die Be=

---

[1] Sathas, M. H. H. IV, p. XXXV.

[2]   Alma citta Laconica Spartana
        Gloria de Grecia già del mondo exemplo
        D'arme, e de castità . . .

dürfnisse des Luxus und der Bildung, wie auch die Talente bezog. Er wurde eine Filiale des byzantinischen Geistes selbst und ein Sammelplatz für gebildete Hellenen, für Ge=lehrte und Sophisten, Bureaukraten und Höflinge, welche daselbst ihr Glück zu machen suchten. Der Schmuck der Wissenschaften galt den dortigen Despoten für etwas so Unentbehrliches, als den byzantinischen Kaisern selbst. Es gibt schon im 14. Jahrhundert Beweise, daß in Sparta eine Schule von Abschreibern alter Handschriften bestand.[1]

Man könnte den Hof Misithra's dreist mit manchen Fürstenhöfen der italienischen Renaissance vergleichen, wie der Montefeltre Urbino's und der Gonzaga in Mantua. In der That erscheint er als der Heerd einer griechischen Renaissance, auf einem Boden, wo die Funken des classi=schen Heidentums im Glauben und Wähnen des lakonischen Volks wahrscheinlich noch immer heimlich fortglühten. Die dort entstehende akademische Richtung der Geister konnte demnach eine gewisse Originalität des Ursprunges bean=spruchen.

Am Hofe Theodor's II. lebte der berühmte Byzantiner Georgios Gemisthos (Plethon), ein wiedererstandener antiker Hellene, ein nachgeborener Neuplatoniker aus der Schule des Proklos, und ein schwärmerischer Verehrer der alten Götter, wie es bald nachher zum Teil die Humanisten Ita=lien's unter der Führung des Pomponius Lätus wurden. Es ist begreiflich, daß ein Grieche von glühendem Vater=

---

[1] Misithra war der Geburtsort des Copisten Nicolaus (a. 1311), und des namhafteren Hieronymus Charitonymus, welcher später (1467) nach Rom und Paris flüchtete und Lehrer des Reuchlin, des Eras=mus und Budeus wurde. Gardthausen, Griech. Paläographie S. 412. Egger, L'hellénisme en France, Paris 1869, I, 146.

landsgefühl, ein geistvoller Schüler der classischen Philosophie,
von der damaligen christlichen Kirche so gut Rom's wie des
orthodoxen Orients angewidert wurde, während ihn zugleich
die staatliche und nationale Verkommenheit seines Volkes
zur Verzweiflung brachte. Allein es grenzte doch an Wahn=
sinn, wenn er noch tausend Jahre nach Julianus Apostata
sich einbildete, den Zeiger der Weltenuhr zurückschieben zu
können, indem er den Cultus der Götter und Dämonen
in einem neu ausgeflügelten allegorischen Mysteriendienst
wieder auffrischte, und die christliche Religion mit einem
phantastischen Gemisch von Lehren des Zoroaster, der in=
dischen Brahmanen, des Plato, Porphyrius und Proklos
ersetzen zu können glaubte. Gemisthos scheint eine Akademie
oder Sekte dieses Sinnes gestiftet zu haben. Zu seinen
Schülern, wenn auch nicht Adepten seiner mystischen Re=
ligionsphilosophie, sollen übrigens als Platoniker große
Männer, wie Manuel Chrysoloras und Bessarion gehört
haben.

Später, zur Zeit des Unionsconcils in Florenz, trug
er das heilige Feuer des Heidentums in diese Stadt; er ver=
kündete wenigstens dort zuerst den Ruhm und die Größe
Plato's und wirkte, wie Ficinus behauptet hat, auf Cosimo
dei Medici und die italienischen Sophisten insofern ein,
als besonders seiner Anregung die Idee der Stiftung einer
platonischen Akademie in Florenz zu verdanken war. Die
Schrift Plethon's „über den Unterschied der platonischen
und aristotelischen Philosophie" gab das Zeichen zu einem
langen literarischen Streit um die Geltung dieser beiden
großen Denksysteme. Die Alleinherrschaft der auf dem
entstellten und falsch verstandenen Aristoteles im Mittel=

alter gegründeten Scholastik wurde dadurch zum Wanken gebracht.

In jenem Jahre 1415, wo der Kaiser Manuel II. die Oberhoheit über Achaja gewann, widmete Plethon ihm und seinem Sohne, dem Despoten Theodor, zwei patriotische Staatsschriften, in denen er diese Fürsten ermahnte, dem Peloponnes mit socialen Reformen ein neues Leben zu verleihen. Denn durch die entsetzliche Wirtschaft der Archonten und Latifundienbesitzer, durch die Leibeigenschaft, die Mönchsschwärme und die Sittenverderbniß war, nach seiner Ansicht, dies edle Mutterland der Hellenen so tief zerrüttet worden. [1]

In diesen theoretischen Abhandlungen, wonach der Peloponnes eine gründliche sociale Reform, etwa im Sinne der Gesetze des Lykurg erhalten sollte, warf Plethon merkwürdiger Weise zuerst die wichtige ethnographische Frage von der Abstammung der Neugriechen auf, indem er behauptete, daß der Peloponnes, das alte Stammhaus der edelsten Griechengeschlechter seit Menschengedenken, immer nur von Autochthonen, den reinen Hellenen, bewohnt gewesen sei. Hier nahm er keine Rücksicht auf Slaven und Franken; [2] aber sein Zeitgenosse und Gegner, der Byzantiner Mazaris, hob es hervor, daß im Peloponnes Völker mit verschiedener

---

[1] Beide Schriften edirte Ellissen a. a. O. Plethon's Hauptwerk war die Lehre vom Staat (Syngraphe der Gesetze), welches Buch sein Gegner, der Patriarch Gennadios verbrannte. Reste davon edirte als Traité des lois Alexandre in Paris 1858. — Ueber P. außer Ellissen's Einleitung zu den beiden genannten Tractaten, Fritz Schultze, Georgios Gemisthos Plethon und seine reformatorischen Bestrebungen, Gesch. der Phil. der Renaissance 1, Jena 1874.

[2] Cap. 2 und 3 der Denkschrift an Manuel.

Sprache wohnten, und von diesen bezeichnete er sieben Stämme als Lacedämonier, Italiener, Peloponnesier, Slavinen, Illyrier, Aegypter (Zigeuner) und Juden.[1]

---

[1] Λακεδαίμονες, Ἰταλοί, Πελοποννήσιοι, Σθλαβῖνοι, Ἰλλυριοί, Αἰγύπτιοι καὶ Ἰουδαῖοι. Todtengespräch n. 22. Fallmerayer hat dies als Urkunde für seine Slaventheorie benutzt. Ellissen versteht wie Hopf (II, 183) unter den Peloponnesiern die griechisch redenden Romäer als Hauptmasse der Bevölkerung der Halbinsel, unter den Sthlavinen die Slaven am Taygetos. Die Lacedämonier hält Hopf für die Byzantiner, die mit den Strategen und Despoten in den Peloponnes gezogen waren. Besser sind sie als Tschakonen erklärt von H. F. Tozer, „A Byzantine Reformer", Journal of Hell. Studies Vol. VII, 364. — Die Illyrier sind Albanesen und vielleicht auch Wlachen. In seiner Lobrede auf Theodor I. hat der Kaiser Manuel selbst gerühmt, daß derselbe 10000 Illyrier im veröbeten Peloponnes ansiedelte. Oratio Manuelis p. 1086.

Viertes Capitel.

1. Solche Gestalt hatten die Zustände Griechenlands
angenommen, als Antonio Acciajoli die Reste des Herzogtums Athen regierte, rings von drohenden Feinden, den
Türken und den Byzantinern im Peloponnes umgeben. Ein
ernsthaftes Unternehmen gegen Athen würde die Osmanen
so gut zu Herren dieser Stadt gemacht haben, wie sie das
von Neopaträ, Salona und Bodonitza geworden waren.
Denn Antonio hätte sich nicht mit seinem geringen Kriegsvolk erfolgreich verteidigen können. Seine wirksamsten Waffen
waren Geld und diplomatische Klugheit, die er in hohem
Maße besaß.[1] Sehr vorteilhaft war für ihn der Schutzver-
trag mit Venedig und der Friede, welchen die Pforte mit

---

[1] Von der Wirkung seines Goldes an der türk. Pforte Chalkokond.
IV, 215.

dieser Republik schließen mußte, nachdem der Admiral Lore=
dano die türkische Flotte im Jahre 1416 bei Gallipoli ver=
nichtet hatte. Er hatte sich freilich anfangs gesträubt, seinen
Verpflichtungen nachzukommen, so daß ihn die Signorie
daran mahnte. Vergebens hatte er versucht, das Stück Land
am Euripus zu behalten, welches von ihm nach dem Willen
des Sultans, an Venedig abgetreten worden war. Die
Signorie drohte, ihm den Besitz Athen's wieder zu entziehen;
sie schloß endlich mit ihm ein Abkommen, wonach alle Fe=
stungen in dem „Fünf=Millienlande" dem Antonio verbleiben
sollten, doch durfte er dort keine neuen bauen.[1]

Der Sultan duldete die griechischen Kleinfürsten in
einem Lande, welches durch seine Lage und Beschaffenheit
für ihn minder wichtig war, als die Insel Euböa oder der
Peloponnes es hätten sein müssen; aber er ließ doch im
Jahre 1416 Attika durch ein Heer verwüsten und zwang
Antonio, der zum Vasallen Venedig's geworden war, sich
wieder als seinen tributbaren Dienstmann zu bekennen.

Mohamed I. starb im Jahre 1421. Er vererbte sein
Reich seinem großen kriegerischen Sohne Murad II. Der
Kaiser Manuel war unklug genug, den falschen Mustafa,
der sich für einen Sohn Bajazet's ausgab, gegen den recht=
mäßigen Tronfolger als Prätendenten aufzustellen, und dies
hatte erst die Belagerung Constantinopel's, dann einen tür=
kischen Kriegszug nach dem Peloponnes zur Folge. Hier

---

[1] Cum dominium dicti terreni V milliariorum, libere sit do-
minationis nostre, vigore donationis nobis facte per Turchum, et
confirmate per dn. Antonium. Responsio facta ambasciatori d. Antonii
de Azajolis. Sathas II, n. 420. Antonio wurde von der venet. Signorie
niemals dominus Athenarum, sondern nur Thebarum genannt.

suchte der Despot Theodor den Schutz der Venetianer nach,
die er aufforderte, die Verteidigung des Heçamilion zu übernehmen. Sie erklärten sich dazu bereit, doch nur unter der
Bedingung, daß ihnen Korinth überliefert werde.[1]

So erstarkt war jetzt wieder das türkische Reich, daß
Murad beschloß, die Unternehmungen seiner Vorgänger zur
Unterwerfung Griechenlands fortzusetzen. Er schickte im
Mai 1423 den Pascha Turachan aus Thessalien mit einem
starken Heere ab, um Theodor II. und die Venetianer aus
ihren Besitzungen in Morea zu vertreiben. Als Vasall der
Pforte mußte Antonio den türkischen Fahnen auf diesem
Kriegszuge folgen. Das große Werk Manuel's, die Isthmusmauer, wurde von den Janitscharen im Sturm genommen
und dann zerstört.[2] Der Pascha drang hierauf in das Innere der Halbinsel; doch war auch dieser Krieg am Ende
nur ein Streifzug; nach schrecklichen Verwüstungen kehrten
die Türken über den Isthmus zurück.[3] Ein Friede mit dem
griechischen Kaiser folgte, wodurch der Despot von Mißithra
zum Tribut an den Sultan und zur Aufgabe des Heçamilion
verpflichtet wurde.

Athen war von diesen Stürmen nicht getroffen worden.
Hier konnte Antonio lange Jahre hindurch in verhältniß-
mäßiger Ruhe sein Land regieren. Als ein milder und
freigebiger Fürst wußte er sich sogar die Liebe des Volks
zu erwerben.[4] Er war mit einer schönen Thebanerin, der

---

[1] Sathas, Mon. H. H. I, 115. 126. 22. Febr. 1422.
[2] Am 22. Mai 1423, Chron. Breve.
[3] Phrantzes I, c. 40, p. 117 ff.
[4] τὴν χώραν ἄρχων ἀδεῶς τοῦ λοιποῦ διήρατο. λέγεται μὲν . . .
καὶ δοκεῖ γενέσθαι ἀνὴρ . . . εὐδόκιμον . . . So der Zeitgenosse und
Athener Chalkokondylas.

Tochter eines griechischen Priesters vermält, die er auf einem Hochzeitsfeste beim Tanze kennen gelernt und dann ihrem Manne entführt hatte. Nach ihrem Tode schloß er eine zweite Ehe, mit Maria, der Tochter des Sebastokrators Leon, des Herrn von Jthome und einem nicht geringen Teile Messenien's, der vom alten Hause der Melisseni abstammte, dessen Größe der Cäsar Alexius Melissenus, der Befreier Constantinopel's aus der Gewalt der Lateiner, begründet hatte. Sie brachte ihm viele Orte im Peloponnes als Mitgift.[1] Schon seine Verbindungen mit hellenischen Frauen zeigen, wie sehr damals das Griechentum neben der fränkischen Nationalität an Gewicht gewachsen war.

Familienunfruchtbarkeit war übrigens das Unglück der Acciajoli in Athen; sie vererbten ihre Herrschaft nicht auf legitime Söhne. Antonio adoptirte zwei Töchter eines ihm befreundeten oder verschwägerten Edeln Protimo in Euböa; von diesen vermälte er Benvenuta an Niccolo Giorgio, den Herrn von Karystos, der auch nach der Besitznahme Bodonitza's durch die Türken sich noch immer Markgraf dieses Landes nannte. Die andere, deren Taufname unbekannt ist, verheiratete er mit Antonello Caopena, dem Sohne Alioto's, des Herrn der Insel Aegina.[2]

Dies Eiland, von den Venetianern Leyena genannt, hatte das wie es scheint catalanische Geschlecht der Caopena vom Hause der Fabrique d'Aragona ererbt. Fortdauernde

---

[1] Phrantzes lib. II, c. 2, p. 132. c. 10, p. 159. Die Melisseni waren mit den Komnenen verwandt; Maria legte sich daher den Namen Komnena bei und diesen gibt Phrantzes sogar dem Antonio: τὸρ Ἀντώνιος Λαντζιόλης ὁ Κομνηνός.

[2] Chalkokond. IV, 215. — Origine della fam. Acciajoli p. 177.

Bedrängnisse durch die türkischen Meerpiraten bewogen aber
nach kurzer Zeit Alioto und seinen Bruder Arna, sich unter
die Hoheit Venedig's zu begeben. Am 3. März 1425 genehmigte der Senat ihr Gesuch: Aegina sollte den Caopena
für ihre Lebenszeit verbleiben, nach dem Aussterben des
Hauses aber in den Besitz Venedig's übergehen. Die frucht-
bare Insel der Aeakiden, vor Zeiten eine der blühendsten
Seemächte Griechenlands, mit einem herrlichen Hafen ausgestattet, mußte schon durch ihre Lage zwischen Attika und
der Argolis den Venetianern wichtig sein. Sie erzeugte
viel Getreide; in dem Vertrage mit der Republik verpflichteten sich die Caopena, den venetianischen Besitzungen Negroponte, Nauplia und Salonichi von Zeit zu Zeit zu billigem
Preise Korn zu liefern.[1] In den Schutz Venedig's wurde
auch Antonello, der Bastard Alioto's und Gemal der Protimo, aufgenommen. Fruchtlos protestirte der Herzog Antonio gegen diese venetianischen Erwerbungen.

Es ist selbstverständlich, daß weder Niccolo Giorgio,
noch Caopena aus ihrer Verschwägerung mit dem Herrn
Athen's irgend einen Anspruch auf die Nachfolge im Herzogtum herleiten konnten. Denn diese gehörte den nächsten
Verwandten Antonio's, den Söhnen seines Onkels Donato,
dem der König Ladislaus das Erbrecht übertragen hatte.
Donato selbst war im Jahre 1400 in Florenz gestorben
und hatte drei Töchter und fünf Söhne zurückgelassen. Unter
diesen wurde Francesco von Antonio bevorzugt; er kam
nach Athen, erhielt von ihm die Burg Sykaminon bei Oropos

---

[1] Teneantur ... de frumento Insule subvenire locis nostris ...
Beschluß des Senats, Misti LV. fol. 97.

und diente ihm in diplomatischen Geschäften.[1] Francesco
starb jedoch im Jahre 1419, und seine Kinder blieben mit
ihrer Mutter Margareta Malpigli unter dem Schutze An=
tonio's in Griechenland.[2]

Von den Brüdern Francesco's war der junge Nerio
di Donato schon 1413 nach Athen gekommen, ohne hier
seinen Wohnsitz zu nehmen.[3] Er war nach Florenz zurück=
gekehrt, blieb aber mit seinen griechischen Verwandten in
Verbindung. Im Jahre 1423 reiste er nach S. Maura
zum Besuche des Herzogs Carlo Tocco, dessen Gemalin
Francesca Acciajoli, eine ehrgeizige, kluge, mächtige Fürstin,
die hervorragendste Frauengestalt im damaligen Griechen=
land war. Der Herzog von Leukadia stand zu jener Zeit
auf dem Gipfel seiner Größe, denn er beherrschte außer
seinen Inseln auch Akarnanien, Aetolien und Epirus, welche
Länder er von den Slaven und Albanesen mit Kriegsgewalt
erobert hatte. Er nannte sich Despot von Romania, wie
seine Gemalin Königin oder Basilissa der Romäer. An
seinem glänzenden Hofe verkehrten die angesehensten Griechen
und Italiener.

Dringend wurde Nerio di Donato auch vom Herzoge
Antonio nach Athen eingeladen, wo das Propyläenschloß

---

[1] So in Venedig, Act vom 26. März 1416. Sathas, Mon. II.
II. 1, 52.

[2] Nach der Urkunde vom 21. Mai 1421 aus Negroponte (Buchon,
N. R. II, n. LXX, p. 292 ff.) machte Margareta zum Vormunde ihrer
Kinder Nerio und Antonio den Venetianer Giorgio Angeli.

[3] Buchon, n. LIII, p. 269. Lorenzo di Palla schreibt ihm aus
Arezzo am 17. Febr. 1413, da Nerio am Hofe Antonio's war, und
bittet ihn um Falken. Nerio hatte eine Tochter des Palla di Nofri
Strozzi geheiratet.

viele Gäste beherbergte. Es waren die letzten Stunden des
Glanzes auf der Akropolis und auch des Glückes, oder doch
eines ruhigen Zustandes für die Stadt Athen. Antonio
hatte sich der Pest wegen nach Megara begeben, von wo
er dem Nerio am 25. September 1423 meldete, daß Athen
von der Krankheit frei sei, die nur noch in Theben fort=
dauere.[1] Er riet ihm, diese Stadt nicht zu betreten, seine
Reise aber, des Kriegs mit Morea wegen, nur mit bewaff=
neter Bedeckung zu machen, in Livadostro zu landen und
von dort nach Athen zu kommen.[2] Demnach war der Her=
zog nicht mehr persönlich als türkischer Vasall auf dem
Kriegsschauplatz im Peloponnes anwesend; der Kriegszug
der Türken überhaupt mochte damals schon beendigt sein,
und es waren nur seine Nachwehen, welche sich weit und
breit fühlbar machten.

Nerio folgte der Einladung nach Athen um so bereit=
williger, als sein eigener Bruder Antonio dort lebte; im
Jahre 1427 erhielt derselbe durch die Gunst seiner Ver=
wandten das Bistum Kephalonia. Ein zweiter Bruder
Giovanni war in derselben Zeit Erzbischof von Theben.[3]

---

[1] Noch zur Zeit Spon's (1675) galt Athen als sehr gesund, während
Theben und Negroponte von der Pest heimgesucht wurden. Voyage
de Grèce II. 121. Dies hat Spon freilich fast wörtlich dem bekannten
Briefe Babin's entnommen. In seinem italienisch geschriebenen Brief
nennt Antonio Athen Setines, Theben Stivas, Megara Megra.

[2] Buchon, N. R. II, 271 ff. hat aus dem Archiv Ricasoli mehre
Briefe Antonio's an Nerio veröffentlicht.

[3] Antonio an Nerio, Athen 16. Dec. 1423 (Buchon n. LX); Giovanni
aus Negroponte (März 1424) an Nerio in Athen, gezeichnet frater Johannes
dei gr. archiep. Thebarum (n. LXI). Briefe des Tocco und seiner Gemalin
an Nerio seit Mai 1424 zeigen, daß dieser damals Athen verlassen hatte und
nach Rhodus gegangen war. Im Dec. war er wieder in Florenz. G. Müller,
Doc. sulle relaz. delle città Toscane … p. 154. Er starb 1430 (p. 155).

So blühte das Glück der Acciajoli vom Hause Donato's in dem vom Osmanenschwert schon getroffenen und
immer wieder bedrohten Griechenland. Die Stadt Athen
selbst mußte schon seit Nerio I. eine starke Einwanderung
von Italienern erfahren haben. Diese machten sich daselbst
heimisch, und manche überdauerten dort sogar den Fall der
Acciajoli, denn noch im 17. Jahrhundert wurden unter den
vornehmsten Familien der Stadt neben den griechischen der
Chalkokondylas und Paläologi ein paar italienische Geschlechter gezählt.[1] Besonders suchten Florentiner und Tos-
caner ihr Fortkommen am athenischen Hofe. Wir entdecken
unter diesen Italienern freilich keinen, der das Land der
Griechen mit der Begeisterung eines Pilgers für die classischen Stätten des Altertums betreten hätte. Ein Uberto
aus Arezzo bat jenen Nerio um seine Verwendung bei
Carlo Tocco oder beim Herzoge Athen's für eine Stelle als
Lehrer im Recht, in der Logik, der natürlichen und moralischen Philosophie oder in der Medicin, welche Wissenschaften sammt und sonders dieser Beneidenswerte sehr eifrig
betrieben hatte.[2] Ein Zweig der Medici war, wie wir bemerkt haben, schon seit längerer Zeit in Athen, wo er sich
Jatros nannte. Nun fand sich auch ein Machiavelli ein,
Niccolo, ein Verwandter desselben Nerio, da seine Mutter
Laudamia die Tochter des Donato Acciajoli war. Dieser
Florentiner, der einen hundert Jahre später berühmt gewordenen Namen trug, war an den athenischen Hof gekommen, und hatte von hier auch im Auftrage des Herzogs
dem Nerio di Donato nach Santa Maura geschrieben, ihn

---

[1] Fallmerayer, Welchen Einfluß ꝛc. p. 47.
[2] Buchon n. LVII, p 276.

zum Besuche Athen's einzuladen. Er schloß seinen Brief
mit den bemerkenswerten Worten: „Du hast noch nie ein
so schönes Land als dieses gesehen, und keine so schöne
Burg (die Akropolis)." [1]

Florenz war überhaupt niemals in so lebhaftem Ver=
kehre mit Athen und Griechenland als zur Zeit Antonio's.
Die schöne Guelfenstadt am Arno stand damals auf der
Höhe ihres Glücks; sie hatte im Jahre 1406 Pisa, ihre alte
Nebenbulerin um die Herrschaft in Toscana, bezwungen,
die Häfen Porto Venere und Livorno im Jahre 1421 an
sich gebracht, und noch in den letzten Stunden Griechen=
lands wollte sie neben Genua und Venedig zur See auf=
treten, ihre Schiffe nach Afrika, Syrien und Romanien aus=
senden, und die Colonien Pisa's als deren Erbin an sich
nehmen. Sie schmeichelte sich in der That mit der eiteln
Hoffnung eine Mittelmeer=Macht zu werden: sie richtete
einen Magistrat der consoli di mare ein, und schickte solche,
kraft eines Vertrages mit dem Sultan Aegypten's, nach Ale=
xandria, wie nach andern Levantestädten. [2] Das Aufstreben
der Stadt Florenz, deren Bankhäuser das Netz ihrer Filialen
über die ganze Handelswelt ausbreiteten, erregte noch am
Ende des 15. Jahrhunderts den eifersüchtigen Haß der
Venetianer. [3]

---

[1] Tu non vedesti mai el più belo paese che questo ne la più
bela forteza. Nicholo Machiavelli a Setina (16. Dec. 1423). Auf=
schrift: nobile e prudente giovine Nerio di messer Donato Accia=
joli a S. Maura. Buchon, n. LVIII, p. 278.

[2] Pagnini, Della Decima II, 45. Seit 1402 saß ein florentinischer
Consul in London.

[3] Siehe das giftige Libell des Florentiners Benedetto Dei gegen
einige venetianische Nobili. Ibid. II, 235 ff.

Auf die Einladung des Herzogs von Athen schloß die florentinische Signorie am 7. August 1422 durch ihren Gesandten Tommaso Alberotti mit jenem, „ihrem guten Freunde und Mitbürger, wie das immer seine Vorfahren gewesen waren", einen Vertrag, wonach den Florentinern freier Verkehr in allen seinen Häfen gestattet wurde. Antonio betrachtete sich so ganz als einen hellenischen Fürsten, daß er diese Urkunde in griechischer Sprache ausfertigen ließ.[1] So suchte er, da sein Zusammenhang mit dem verfallenen Hause Anjou keinen Wert mehr hatte, an dem aufsteigenden Florenz einen Rückhalt, und die ehemaligen Beziehungen der Acciajoli zu Neapel verwandelten sich in ein Bündniß mit ihrer Vaterstadt, aus welcher dies Geschlecht großer Bankiers seinen Ausgang genommen hatte.

2. Alle an den Verhältnissen Griechenlands beteiligten Mächte anerkannten den klugen Antonio, mit Ausnahme Alfonso's V. von Aragonien und Sicilien. Dieser großartige Fürst, der sich seit 1421 in Neapel befand, wo ihn die Königin Johanna II. adoptirt hatte, erinnerte sich mitten in seinen kühnen Entwürfen, das Königreich Neapel an sein Haus zu bringen und mit Sicilien wieder zu vereinigen, auch der Rechte Aragon's auf das Herzogtum Athen.[2] Entweder war

---

[1] Buchon, n. LXVIII, p. 289, und daraus bei Miklosich und Müller Vol. III, n. XI, p. 251. Ἡμεῖς Ἀντώνιος δὲ Ἀτζαϊόλης καὶ αὐθέντης Ἀθηνῶν, Θηβῶν, παντὸς δουκάμου καὶ τῶν ἑξῆς . . . ἐν τῇ ἡμετέρᾳ πόλει τῶν Ἀθηνῶν . . . ἐν μηνὶ Αὐγούστῳ ἑβδόμῃ, ἰνδικτιῶνι 15, ἔτῃ 6930. Es ist auffallend, daß in der Instruction der florent. Signorie für Tommaso Alberotti (n. LXVII) von Antonio nur als signore di Corinto in Romania geredet wird, was er damals nicht einmal war.

[2] Man vergaß diese nicht in Spanien, wo die Könige Aragon's

es ein bloßes Gerücht oder eine wirkliche Thatsache, was
dem Herzoge gemeldet wurde, daß Alfonso einen Catalanen
Thomas Beraldo mit Athen beliehen hatte. Dies machte
ihn ernstlich besorgt; er gab daher dem Erzbischof Johannes
von Theben, welcher gerade nach Rom reiste, den Auftrag
der venetianischen Signorie die Gefahren vorzustellen, die von
den Cataloniern drohten, und sie um Unterstützung durch
den Bailo Negroponte's zu bitten.[1] Die Signorie be-
ruhigte Antonio, indem sie ihn versicherte, daß die Catalanen,
wie allgemein bekannt sei, viel Lärmen um Nichts zu
machen pflegten.

Venedig blieb Antonio wolgesinnt, und sein Verhältniß zum Bailo Negroponte's war durchaus freundlicher Art.
Den durch die Natur gebotenen Wechselverkehr zwischen
Attika-Böotien und der benachbarten Insel hatten schon
ältere Handels- und Zollverträge noch in der Zeit der Catalanen, wenn nicht schon der La Roche, vielfach erleichtert.
Diese Verträge waren verbrieft und lagen in der Kanzelei
des Bailo zu Negroponte.[2] Auf das Weideland Euböa's

den Titel fortführten. In Versen des Diego del Castillo auf den Tod
Alfonso's V. heißt es unter anderm:

El tu Rosellon, la tu grande Atenas,
La tu Neopatria y tierras tan buenas,
Porque te non prestan salud nin clemencia?
Catalogo de los manoscr. espan. de la Bibl. Real de Paris, ed. Eug.
de Schoa, Paris 1844, p. 434.

[1] Illustr. regem Aragonum investisse quendam dn. Thomam
Beraldo Cathalanum de ducatu Athenarum cum dispositione po-
nendi eum cum suo favore in possess. ipsius ducatus. — Archiv
Venedig, Lib. Secret. Consilii VIII. fol. 62 t. 17. Juli 1422.

[2] Am 7. März 1415 befiehlt der Senat dem dortigen Bailo che
debbia far osservar queli pati antigi che son tra el ducame
de Thenes per una parte e la yxola de Negroponte per l'altra

durfte Antonio seine auserlesenen Raffepferde schicken, und oft flüchteten dorthin bei Türkengefahr Eingesessene des Herzogtums mit ihren Heerden und ihrer Habe.[1] So dauerte ein hergebrachter Zustand durch die Jahrhunderte fort; denn schon im Altertum war Euböa ein solcher Zufluchtsort gewesen: im peloponnesischen Kriege hatten die Athener ihre Heerden dort hinübergebracht, als Perikles sie bewog, aus ihren attischen Landgütern in die Stadt zu ziehen. Wie den Untertanen des Herzogs von Athen, hatte Venedig auch den Einwohnern der Markgrafschaft Bodonitza erlaubt, in Zeiten der Not mit Hab und Gut nach Negroponte zu flüchten.

Mit seinem Golde und seiner diplomatischen Kunst suchte sich Antonio vor allem die Freundschaft des türkischen Hofes zu erhalten. Er zahlte dem Sultan gewissenhaft Tribut, begab sich wiederholt in Person nach Adrianopel, und spielte den Vasallen des Großherrn wahrscheinlich aufrichtiger, als mancher andere Dynast. Er wußte wol, daß seine Erhaltung einzig von der Laune des Sultans abhing. Seit ihrem Kriegszuge in Achaja im Jahre 1423 blieben die Türken vorerst ruhige Zuschauer der dortigen Umwälzungen, des Sturzes des letzten fränkischen Fürsten Centurione und der Aufrichtung byzantinischer Despotenherrschaften durch die Brüder des Kaisers Johann VI., der nach dem Tode seines Vaters Manuel II. den morschen Tron Constantinopel's bestiegen hatte.

sora gabelle, comerchi, e franchisie; li qual pati son scripti in la cancellaria de Negroponte. Misti Ll. fol. 4 t.

[1] Venedig erlaubte Antonio am 26. Nov. 1425 ponere supra insula nostra ratias suorum equorum.

Von den Brüdern Johann's war Theodor II. Despot
in Misithra, Constantin Dragases Herr in Clarenza und
Messenien, Thomas mit Ländern in Arkadien ausgestattet.
Der kräftigste der sechs Söhne Manuel's war Constantin;
er strebte darnach, den ganzen Peloponnes, auch auf Kosten
seiner Brüder, zu beherrschen.[1] Im Mai 1429 eroberte er
Patras, dessen Erzbischof und geistlicher Fürst Pandolfo
Malatesta gerade im Abendlande abwesend war. So wurde
diese Metropole des fränkischen Achaja wieder byzantinisch.
Auch Centurione mußte aus allen seinen Besitzungen weichen.
Thomas zwang ihn in Calandritza seinem Fürstentum zu
entsagen und ihm seine Tochter Catharina zu vermälen.
Als Centurione im Jahre 1432 starb, erlosch mit ihm der
letzte Schatten des ehemaligen fränkischen Fürstentums der
Villehardouin. Der gesammte Peloponnes kehrte jetzt, mit
Ausnahme der Colonien der Venetianer in Messenien und
der Argolis, wieder unter die Herrschaft der Griechen zurück,
nachdem die Franken dort seit Champlitte 225 Jahre lang
Gebieter gewesen waren.

Während so der schwindende Lebensgeist des byzantinischen Reichs im Peloponnes noch einmal aufzuflammen
schien, ging Thessalonich an die Türken verloren. Diese
große Handelsstadt war zuletzt in den Händen der Venetianer gewesen, denen sie der geistesschwache Despot Andronikos, Manuel's Sohn, im Jahre 1423 für die geringe Summe

[1]
Quondam fuerat bellator et armis
Consiliisque potens: Teucros et fuderat hostes
Cum Pelopis regnum antiquum ditione tenebat.
So rühmt diesen nachmaligen letzten griechischen Kaiser Ubertinus
Pusculus, Constantinopolis lib. II, v. 52 ff. (ed. Ellissen, Anal. III, 1).

von 50000 Goldstücken verkauft hatte.[1] Auf jede Weise wollte der Sultan gerade diese Stadt, die übrigens schon früher vorübergehend von den Türken besetzt gewesen war, seinem Reiche einverleiben. Vergebens schickten die Venetianer Gesandte zu ihm, und boten ihm große Summen für den Verzicht auf dieselbe an.[2] Murad verachtete ihr Anerbieten; am 29. März 1430 bezwang er die alte Hauptstadt des Königreichs der Lombarden, von wo aus vor mehr als zweihundert Jahren Hellas von den Franken war erobert worden. Ihre schreckliche Katastrophe unter Blutströmen, Flammen und Trümmern vollendete die Knechtung des nördlichen Griechenlands.[3] Der verzweifelte Kaiser Johannes eilte in's Abendland, um seine Rettung in der Unterwerfung unter die römische Kirche durch die Glaubensunion zu suchen.

Nach dem Falle Thessalonich's schickte der Sultan seinen Pascha Sinan zur Unterjochung von Epirus aus. Dort war Antonio's Schwager, der berühmte Carlo Tocco, am 4. Juli 1429 zu Jannina ohne leibliche Erben gestorben. Sein schönes Reich, welches außer Albanien und Akarnanien die classischen Inseln Ithaka, Zakynthos, Kephalonia und Leukadia umfaßte, kam an seinen Neffen Carl II., den Sohn seines Bruders Leonardo.[4] Die Türken aber verbündeten

---

[1] Hierax, Chron. (Sathas, Bibl. gr. medii aevi, Paris 1872, I, 256). Andronikos wurde Mönch auf dem Athos. Phrantzes I, c. 40, p. 122. Am 27. Juli 1423 erhielten Ser Sancti Venerio und Niccolo Georgio den Auftrag, Thessalonich für Venedig anzunehmen. Sathas, Mon. II. II. I. 141.

[2] Romanin, Stor. Doc. di Ven. II, 233.

[3] Diesen Untergang hat Johannes Anagnostes beschrieben (hinter dem Phrantzes).

[4] Leonardo hatte Töchter: Maddalena (griech. Theodora genannt), welche a. 1428 Constantin, den Despoten Morea's und später letzten

sich mit Memnon, einem ehrgeizigen Bastard des verstorbenen
Despoten, und nach langer Belagerung zwangen sie Jan=
nina am 9. October 1430 zur Ergebung. Carl II. wurde
hierauf dem Sultan für Epirus und Akarnanien tributbar.[1]

Nach allen diesen Umwälzungen und solchen Fort=
schritten der Osmanen im westlichen Illyrien waren die
Zustände Griechenlands so beschaffen, daß Antonio Acciajoli
neben Venedig der einzige Frankenfürst war, der, obwol
Vasall des Sultans, noch einen eigenen aus der lateini=
schen Eroberung herstammenden Staat regierte. Wenn sich
dieser auch in keiner glänzenden Verfassung befand, so hatte
er doch durch Verheerungen des Kriegs weniger gelitten,
als andere hellenische Länder. Auf dem finstern Hinter=
grunde des Elends jener konnte Athen noch als eine Oase
in der Wüste erscheinen. Es bedurfte freilich für Antonio
keiner großen Anstrengung der Urteilskraft um einzusehen,
daß der Fall des Herzogtums Athen unter das osmanische
Schwert nur eine Frage kurzer Zeit sei. Allein er schloß
die Augen vor der Zukunft, und nutzte die Stunden aus.

Der griechische Geschichtschreiber Chalkokondylas, Athener
von Geburt, dessen einflußreicher Vater zum Hofe Antonio's
in engen Beziehungen gestanden hatte, hat diesen Acciajoli
für einen glücklichen Fürsten erklärt, und so über ihn geurteilt:
„er lebte in Wolfahrt, da er seine Regierung in allen innern
und äußern Verhältnissen vortrefflich einzurichten verstand.

Kaiser geheiratet hatte, und Kreusa, die Gemalin des Centurione. Buchon,
N. R. I. 318.

[1] Ueber die Eroberung Jannina's Spir. Lambros, Istorica Mele-
temata, Athen 1884, p. 167 ff. — An Carl II. Tocco schrieb Cyriacus
von Ancona a. 1436 einen Brief, worin er ihn inclytus Epirotarum
rex benennt. Buchon, N. R. II. 348.

Sein Vertrag mit den Venetianern sicherte ihm die Ruhe; seiner Besonnenheit verdankte er ein langes und glückliches Leben. Er erwarb Reichtümer, weil er seinen Staat weise verwaltete. Auch die Stadt Athen hat er auf das schönste ausgeschmückt."[1]

Dies Porträt, welches wahr sein muß, zeigt einen Fürsten von seltenen Eigenschaften, einen vollendeten Staatsmann und Regenten, der sich selbst unter den schwierigsten Verhältnissen der Zeit glücklich zu fühlen vermochte. Sein Vater Nerio hatte das nicht gekonnt; an der Fortdauer seines Staats in seinem Hause verzweifelnd, hatte er sterbend, und wie mit Geringschätzung, das weltberühmte Athen den Priestern der Parthenonkirche zum Geschenk gemacht. Aber der Sohn fand dies Besitztum noch edler Mühen wert; er erwarb es mit den Waffen und behauptete dasselbe mit diplomatischer Kunst.

Leider hat Chalkokondylas keinen Blick auf die innern Angelegenheiten der Stadt und Attika's geworfen und uns nicht gezeigt, ob auch die Athener unter der Regierung Antonio's mehr als das negative Glück eines friedlichen Zustandes empfunden haben. Dies dürfte doch zweifelhaft sein, da die Kluft zwischen Griechen und Franken trotz mancher an jene gemachten Zugeständnisse keineswegs geschlossen war. Nichts zeigt uns, daß die hellenische Bevölkerung der Stadt Athen unter der Regierung Antonio's einen wirklichen Fortschritt zu nationaler Entwicklung gemacht hatte.

Die Acciajoli waren aus der freiesten Demokratie Italien's hervorgegangen, aber sie hatten im Dienste der

[1] L. IV. p. 215. 216.

Anjou Neapel's ihren bürgerlichen Ursprung abgestreift, und
waren selbstsüchtige Geldspekulanten und dann Despoten geworden, wie alle andern fränkischen Tyrannen Griechenlands.
Auch sie waren Fremdlinge, deren Regiment im Grunde
dieselbe Unterdrückung des hellenischen Volkstums voraus-
setzte, wie zu den Zeiten der La Roche und der Catalanen,
wenn sie auch genötigt waren, den Griechen, zumal ihrer
nationalen Kirche mehr Rechte einzuräumen.

Die ländliche Bevölkerung des Herzogtums kann sich
fortdauernd nur in einer bedrückten Lage befunden haben.
Feindliche Ueberfälle hatten doch auch Böotien und Attika
mehrmals heimgesucht, Erdbeben und Seuchen die Landschaften entvölkert, aus denen viele Einwohner von den
Türken fortgeschleppt worden waren.[1] Manche Gegenden
veröbeten. In Attika und Böotien wanderten, wie im Peloponnes, albanesische und wlachische Hirten mit ihren Heerden umher. Sie wurden als Colonisten mit Freuden aufgenommen, auch von den Venetianern in Euböa. Als einst
300 albanesische Familien, mit ihren Sitzen im Lande Antonio's unzufrieden, nach jener Insel auswanderten, gestattete
dies der venetianische Senat, weil sich aber der Herzog darüber beschwerte, erlaubte jener ihre Rückkehr in seinen
Staat, doch würde dem Bailo Negroponte's befohlen, alle
solche Albanesen festzuhalten, welche schon früher aus dem
Gebiet Livadia's und aus Thessalien nach der Insel eingewandert waren und sich hier als nützlich erwiesen hatten.[2]

---

[1] Seit dem schwarzen Tode, der 1348 auch in Griechenland schrecklich
aufgeräumt hatte, war dort die Pest bis 1431 neunmal wiedergekehrt.
Chron. Breve.

[2] Cum certa capita Albanensium ducaminis et diversorum

Am Anfange des 15. Jahrhunderts drohte übrigens auch die Insel Euböa sich zu entvölkern. Viele Landgüter und Bauern kamen dort in den Besitz der Juden. Als einmal tausend Familien hinweggezogen waren, hob Venedig im Jahre 1401 die drückende Steuer von 50 Soldi für jede Feuerstelle auf, aber sie führte dieselbe bald wieder ein, weil mit ihr die Erhaltung des Wachtschiffs in Negroponte bestritten wurde.[1]

Die agrarischen Verhältnisse im Allgemeinen hatten nirgend eine Reform erfahren, aus der ein freier, oder doch besser gestellter Bauernstand hätte hervorgehen können. Die Leibeigenschaft blieb nach wie vor der Fluch des Land= volks. Die Servi bildeten damals überall in Griechenland, und überhaupt in Europa, das Hauptbesitztum der großen Landeigentümer, wie im Altertum. Als im Jahre 1358 die Einwohner Korinth's sich an den Kaiser Robert, den Fürsten Achaja's, um Schutz gegen den Türken wandten, sagten sie ausdrücklich, daß solche Korinther jetzt zur Dienst= barkeit herabgekommen seien, die bisher gewohnt gewesen waren, an Leibeigenen und Reichtümern Ueberfluß zu haben.[2]

---

locor. numero familiar. trecentarum intraverint insulam et illam volunt habitare. quor. adventus summe placere communitati nre Negropontis... Misti, LV, fol. 115, 12. Mai 1425. — LVI. fol. 70 t. 21. Jan. 1426, Befehl, dem Widerspruch Antonio's Folge zu leisten. Dazu Liber Secretor. IX, 48 t.

[1] Misti XLV, fol. 137 t. 10. Febr. 1401. Sathas, M. II. II. II, 79, 20. April 1402. II, 122. 30. Mai 1404: Angaria del Ca= pinico. Ueber die Juden ... cum possessiones, stabilia ac villani Insule nostre Negropontis sint pro majori parte pervente ad manus Judeorum, quae res certe deberent esse abbominabiles omnibus christianis ... II, p. 83 (April 1402).

[2] Qui consueverunt servis et diviciis habundare ... Buchon,

Die inventarischen Register des Grundherrn verzeichneten
mit Genauigkeit den Hausbestand eines jeden seiner Colonen,
wobei die Bauernfamilie einfach mit der Kopfzahl des Viehs
zusammengestellt wurde. Gerade aus den griechischen Land=
gütern der Acciajoli haben sich solche Inventare erhalten.[1]
Diese Dynasten wandten, wie alle anderen Großgrundbesitzer
jener Zeit, auf ihre Colonen nicht das humane Princip der
Republik Florenz an, die im Jahre 1284 die Sclaverei der
Scholle grundsätzlich abgeschafft hatte.

Neben der Leibeigenschaft der Landbauern bestand zu=
gleich das alte Institut der Hausclaverei fort. Der mo=
hamedanische Orient teilte das Bedürfniß derselben dem
Abendlande mit; denn die griechischen Kaiser und die
Frankenherrscher in der Levante mußten dem Sclavenbedarf
der Türken und Mongolen Rechnung tragen, und die lange
Berührung mit den Sitten des Orients stumpfte auch bei
den dort Handel treibenden Völkern Europa's das ohnehin
schwache Gefühl für Menschenwürde ab. Die großen Scla=
venmärkte in Caffa und Tana versorgten mit jungen Tar=
taren und Kaukasiern nicht nur die Mamelukensultane
Aegypten's und andre Mohamedaner, sondern auch das
Abendland. Kein Vornehmer in Constantinopel und Griechen=
land, und kein reicher Bürger einer italienischen Seestadt
fand es unchristlich, Hausclaven zu besitzen. Venetianische
und genuesische Schiffe brachten junge Sclavinnen massen=

N. R. II. 145. Diese Stelle bemerkte Finlay, Hist. of Greece
IV, 168.
    [1] In einem Kataster varie scritture, spettanti a. M. Angiolo.
M. Lorenzo etc. Acciajoli. im Archiv Florenz, finden sich oft Formeln,
wie N . . . habet uxorem, filium, filias duas, bovem unum, oves
tres, tenetur solvere . . .

haft auf den Markt ihrer Städte. Noch am Ende des
15. Jahrhunderts zählte man in Venedig allein 3000 Scla=
ven aus Nordafrika und der Tartarei. Auf 10000 Köpfe
berechnete man jährlich die Sclavenausfuhr Venedig's; sie
warf dem Staat zur Zeit des Dogen Tommaso Mocenigo
(1413—1423) eine Rente von 50000 Ducaten ab.[1] Selbst
die Republik Florenz erlaubte durch Beschluß ihres Rates
vom 8. März 1363 die Einführung von Sclaven und Scla=
vinnen, wenn solche nicht Christen waren.[2] Mit Sclaven
machte man einander Geschenke. So verehrte die Basilissa
Francesca, die Gemalin Tocco's, dem jungen Nerio di Donato
eine Sclavin Eudokia, was sie urkundlich verbriefte.[3] Zu
ihrem oder ihrer Vorfahren Seelenheil schenkten bisweilen
Eigentümer ihren Leibeigenen mit dem Frankenrecht die
Freiheit. Der Herzog Nerio II. von Athen bestätigte ein
Privilegium Antonio's für Georgios Chamaches und gab
zum Seelenheil seines Vaters Franco jenem Griechen und
seinen Nachkommen die Freiheit.[4]

[1] V. Lazzari, Del traffico e delle condizioni degli schiavi in
Venezia nei tempi di mezzo (Miscellan. di storia italiana I, 468).
Im Allgemeinen: Luigi Cibrario, Della schiavitù e del servaggio,
Milano 1868, 2. vol.

[2] A. Zanelli, Le schiave orientali a Firenze nei secoli XIV.
e XV., Flor. 1885.

[3] Im Dec. 1424. Buchon, N. R. II, LXVI.

[4] πριβελέγιον Φραγγιτάδες, Buchon, N. R. II, 296. Er soll frei
sein ἀπὸ πάσης ὑπαροικίας τε δουλοσύνης, ἀπό τε ἐγγραφίας κανισκίων,
μουστοφορίων, ἐλαιοπαροχίων καὶ ἑτέρων ἄλλων τοιούτης ὑπαροικίας.
Dieser Grieche war von Antonio zum Φράγγος ἐλεύθερος erklärt worden.
Er muß ein beliebter Mann gewesen sein, denn 1431 schenkte demselben
der Kanzler, Domherr und Cantor der heil. Metropole Athen's, Guil=
lelmus, ein Grundstück. Zeugen waren andere Canonici majoris eccl.
Joannes de Bonalma, Vernardus Hamusti ꝛc. Buchon, N. R. II.
LXIX. p. 290.

Durchaus wie zur Zeit der Catalanen lebten demnach auch unter den Acciajoli selbst angesehene Griechen außerhalb des Frankenrechts. Einen auffallenden Beweis dafür liefert die bemerkte Thatsache, daß Nerio I. seiner Geliebten Maria Rendi, der Mutter seines eigenen Sohnes Antonio, die Freiheit und das Recht der Verfügung über ihr Eigentum erst durch sein Testament zuerkannt hatte.[1] Und doch war der Vater dieser Athenerin der um die Franken hochverdiente Notar Demetrius gewesen, welcher noch während des Regiments der Catalanen das Privilegium erhalten hatte, seine Kinder an Lateiner zu verheiraten und frei über sein Gut zu verfügen. Es ist daher wahrscheinlich, daß Maria selbst nicht sein legitimes Kind war.

3. Antonio hielt Hof auf der Akropolis, denn Athen war wieder zur Hauptstadt des geschmälerten Herzogtums geworden.[2] Theben, welches unter der catalanischen Herrschaft der Regierungssitz gewesen war, hatte diesen Rang verloren; doch muß die Kadmea mit ihrem Schloß wieder im wohnlichen Zustande gewesen sein, so daß sie zeitweise zur Residenz der Acciajoli dienen konnte. Denn ausdrücklich erwähnte Cyriacus von Ancona im Jahre 1436 der aula regia Theben's, wo er alte Inschriften abschrieb.

Es würde von nicht geringem Interesse sein, zu wissen,

---

[1] Item volemo . . . che Maria figlia di Dimitri Rendi sia libera et habbia tutti li beni suoi mobili et stabili la dove si trovano.

[2] Dies lehren Urkunden, wie der Handelsvertrag mit Florenz (1422), und der Brief des Lorenzo di Palla an Nerio (1423) mit der Aufschrift Athenis, in curia nostri domini Antonii.

welches Leben der Hof des Fürsten auf der alten Stadtburg
führte, womit man sich dort, außer der Politik, beschäftigte,
und endlich, wie Athen selbst zu jener Zeit beschaffen war.
Allein kein reisender Beobachter hat eine Schilderung davon
zurückgelassen. Chalkokondylas hat besonders von Antonio
gerühmt, daß er Athen ausgeschmückt habe. Nach seiner
Versicherung war der Herzog im Besitze großer Reichtümer,
und deshalb konnte er während seiner langen Regierung
vollenden, was möglicher Weise schon sein Vater Nerio be=
gonnen hatte. Auch dieser soll in Athen schöne Gebäude
aufgeführt haben.[1]

Alle solche Angaben sind indeß wertlos, da wir keinen
Stadtplan Athen's aus dem 15. Jahrhundert, noch irgend
bestimmte Nachrichten über athenische Anlagen der Acciajoli
besitzen. Der vornehmste Gegenstand für ihre Baulust konnte
nur die Akropolis sein. Die Geschichte dieser stärksten Burg
Attika's, welche bis auf die Türkenzeit in Dunkel begraben
ist, würde für uns auch nur so weit Wichtigkeit haben, als
durch die mittelalterlichen Bauten die dortigen Altertümer
Veränderungen oder Zerstörungen erlitten. Sie war das
Castell Setines der Franken, und blieb immer eine Festung
bis zum Abzuge ihrer letzten griechischen Besatzung im Jahre
1836. Das Lob, welches ihr Niccolo Machiavelli erteilte,
daß sie die schönste Burg der Welt sei, enthält zwar kein
so entschieden ästhetisches Urteil, als es Pedro IV. von
Aragon ausgesprochen hatte, aber sicherlich dachte auch jener
Florentiner nicht an die Stärke der Mauern und Bastionen,

---

[1] Das bemerkt freilich erst Fanelli, Atene Attica III, § 588:
applicò l'animo suo ... ad accrescere le magnificenze di quella
capitale con sontuosi edificii e strade spaziose.

sondern eher an die herrliche Lage des Castells und seine prachtvollen antiken Denkmäler.

Daß die Acciajoli die Akropolis stärker befestigten und zu einem militärischen Platze ersten Ranges zu machen suchten, darf freilich nicht bezweifelt werden. Schon die La Roche und dann die Spanier mußten die Burg Athen's mit neuen Verschanzungen versehen haben. Fränkische Bastionen hielten bis 1821 die Wasseradern der Klepsydra beim Pancion verſteckt, welche also in die Festung hineingezogen waren.[1] Allein so dunkel sind für uns die Neubauten und Restaurationen der Stadtburg unter der Regierung aller Frankenherzoge, daß wir selbst den Ursprung des sogenannten Frankenturms ebensowenig kennen, als die Zeit der Aufführung jener „valerianischen Mauer", die ein kleines Stadtgebiet mit der Akropolis verband.

Der Frankenturm, welcher schwerlich ohne Grund vom Volk der Athener diesen Namen erhalten hatte, stand auf dem Stylobat des südlichen Flügels der Propyläen, dem Tempel der Nike Apteros gegenüber, ein roher, viereckiger, unverjüngter Bau mit einem einzigen Eingange im Westen, und einer hölzernen Treppe im Innern. Er war 26 m hoch, fast 8 m breit, und durchaus den Frankentürmen in Böotien ähnlich.[2] Quadern von Piräusstein und einzelne Blöcke von pentelischem Marmor bildeten sein Material. Bei seiner Errichtung hatte man den Niketempel unversehrt gelassen, aber einen Teil des Propyläenflügels zerstört oder ein-

---

[1] Curtius, Archäol. Zeitg. 1854, S. 203.
[2] Ulrichs, Reisen und Forschungen in Griechenl. I, 215 fand ihn vollkommen gleichend dem Turm in Tegyra. Seine Maße bei Burnouf, La ville et l'acropole d'Athènes p. 75.

gebaut, und Marmorsteine daraus verwendet. Seine Bau=
weise lehrte, daß er vor dem Gebrauch der Kanonen in
Griechenland aufgerichtet worden war.[1]

Der plumpe Turmcoloß, von dessen Plattform der Blick
des Wächters das Meer und die Straßen Attika's umfassen
konnte, blieb Jahrhunderte lang das fernhin sichtbare Wahr=
zeichen der mittelalterlichen Stadt Athen, deren barbarisches
Zeitalter er darstellte, wie ehedem der eherne Athenecoloß
des Phidias die classische Zeit dargestellt hatte. Er wurde
im Jahre 1874 abgetragen, und fiel so als Opfer des mo=
dernen Purismus der Athener, wie im Jahre 1887 der
schöne Turm Paul's III. auf dem Capitole Rom's gefallen
ist, um dem Nationaldenkmal des Gründers der italienischen
Einheit Platz zu machen. Wenn jenes Princip der Reini=
gung antiker Monumente von den als barbarisch angesehenen
Zuthaten des Mittelalters, welches in unseren Tagen eben
auch in Rom zur Anwendung kommt, irgendwo entschuldigt
werden kann, so darf dies in Hinsicht auf die Akropolis
Athen's der Fall sein. Freilich ist ein solches Verfahren an
sich stets mit Verlusten für die historische Kenntniß ver=
bunden; denn die Denkmäler einer geschichtlichen Epoche
werden dadurch zu Gunsten einer andern vernichtet, und die

---

[1] Dörpfeld, Die Propyläen der Akropolis Athen's, Mitteil. des
Deutsch. Arch. Inst. 1885, p. 38. Für fränkisch haben den Turm ge=
halten Finlay (Hist. of G. IV, 170), der ihn in die Zeit der La Roche
setzt, wie J. Lenormant, Voie Eleusinienne p. 454. Hopf (Monats=
berichte der k. Preuß. Akad. d. W. 1861, p. 213) hält ihn für cata=
lanisch, was unerweisbar ist. Leake, Topogr. Athen's, schreibt ihn dem
Nerio zu als einen der Wachttürme, die sich durch Attika, Böotien
und Phokis verfolgen lassen. Seiner Ansicht folgt A. Bötticher, Die
Akropolis von Athen S. 21. Auch Beulé und Burnouf halten ihn
für ein Werk der Acciajoli.

Verbindung der Zeiten und Schicksale, welche Städte ehr=
würdig macht, die Geschichte aber erst zum Bewußtsein des
Weltzusammenhanges erhebt, wird für immer zerstört. Die
Befreiung der Akropolis Athen's von allen ungriechischen
Zuthaten wurde schon im Jahre 1835, in der ersten Be=
geisterung für das wiedererstandene Hellenentum, begonnen.
Man brach damals auch den Palast der Acciajoli ab, nur
den Turm ließ man stehen.[1]

Mit völliger Sicherheit ist den beiden ersten Acciajoli
der Ausbau ihres Propyläen=Schlosses zuzuschreiben. Die
ursprüngliche Anlage eines Palasts auf der Stadtburg muß
freilich älter sein als die Frankenherrschaft: sie gehörte wahr=
scheinlich schon der byzantinischen Zeit an. So viel ist jetzt
urkundlich sicher, daß schon vor den Acciajoli, und bestimmt
während der catalanischen Herrschaft, der „Palast der Burg
Sethines" bestanden hat.[2] Dort zog demnach Nerio 1. ein,
als er sich der Akropolis bemächtigt hatte. Da nun die
Herzoge vom Hause der Acciajoli ihren bleibenden Sitz in
Athen nahmen, so erneuerten und vollendeten sie den von
ihnen vorgefundenen Burgpalast in solcher Weise, daß sie

---

[1] Auf Kosten Schliemann's wurde der Turm abgebrochen. Edward
Freeman tadelte diesen „Vandalismus" (Klio, Aug. 1877 und The
Academy 1885, p. 9). Der Architekt Lysandros Kavtanzoglos suchte
hierauf die Athener durch die Behauptung zu entschuldigen, daß der
Turm ein schlechtes türkisches Bauwerk gewesen sei (Athenaion VI,
1878, p. 287 ff.). Seiner Ansicht folgte Richard Bohn, Die Propyläen
der Akropolis in Athen, 1882, p. 7. Beim Abbruch kamen Sculpturfrag=
mente, Quadern aus den Propyläen und Inschriften an den Tag, unter
denen eine auf Publius Herennius Dexippus. S. A. Kumanudis im
Athenaion IV, 1875, p. 195 ff. Dieser ausgezeichnete Archäologe hat
die Zerstörung des Turms zuerst verteidigt.

[2] Capella de S. Barthomeu del palau del Castell de Cetines.
Angeführter Erlaß des Königs Pedro IV.

daraus ein florentinisches Schloß machten. Die Grund=
bestandteile und zugleich der architektonische Schmuck des=
selben gehörten den Propyläen an. Diese prachtvollen Co=
lonnaden aus pentelischem Marmor mit ihren fünf Ein=
gängen, den Giebelfronten, und der schönen gefelderten
Decke standen zum größten Teil noch unversehrt, denn erst
im Jahre 1656 hat sie eine Pulverexplosion aus einander
gesprengt, und auch dann verhinderte die Festigkeit des
Baues dessen gänzlichen Untergang.

Die Acciajoli, wenn nicht schon ihre Vorgänger, ver=
fuhren bei der Einrichtung des Schlosses mit diesem herr=
lichen Monument im Ganzen so glimpflich, wie die Athener
mit dem zur Kirche eingerichteten Parthenon verfahren waren.[1]
Sie gestalteten die Propyläen durch Einmauerung der west=
lichen Colonnaden zu einem länglichen Viereck um, aus dessen
Wänden auf beiden Außenseiten die dorischen Säulen heraus=
traten. Das Viereck war durch den mittleren Durchgang in
zwei Hälften geteilt, deren jede zwei herrliche Säle neben=
einander enthielt. Um noch mehr Wohnungsräume für den
herzoglichen Hof zu schaffen, wurde der Nordflügel erhöht,
und man führte den Neubau bis gegen das Erechtheum fort.

Die schöne, einst mit den Gemälden des Polygnot und
Zeuxis geschmückte Aula, die sogenannte Pinakothek, auf dem

---

[1] Beulé a. a. O. 1, 60 hat freilich den Herzog Nerio beschuldigt,
die Propyläen arg beschädigt zu haben, indem er in die Marmormauern
Thüren und Fenster einbrechen und Stockwerke aufsetzen ließ; dagegen
hat Burnouf a. a. O. p. 78 geurteilt, daß die Acciajoli nur die Inter=
columnien vermauerten und dort Fenster anlegten. Er hält diese Zwischen=
mauern, wie sie Wilkens a. 1816 und Leake 1821 gesehen haben, für
unzweifelhaft florentinisch. Siehe dazu Richard Bohn, Die Propyläen ...
p. 7 ff.

linken Vorsprunge der Propyläen, hatte zwei antike Fenster
und eine Vorhalle von drei Säulen. Ein Stockwerk wurde
ihr aufgesetzt; Zinnen krönten dieses; so schloßartig ist die
Pinakothek auf Abbildungen der Akropolis noch im Jahre
1831 dargestellt.[1] Die Aula selbst war zu einer Capelle
benutzt worden, deren Gewölbebogen auf einer Säule in der
Mitte ansetzten.[2] Es ist immerhin wahrscheinlich, daß diese
Capelle schon in byzantinischen Zeiten dort eingebaut worden ist. Urkundlich wird sie erst im Jahre 1380 erwähnt;
sie war damals dem hl. Bartholomäus geweiht. Elf Jahre
später vollzog in ihr der Herzog Nerio einen Vertrag mit
den Boten des Fürsten Amadeo von Savoyen, und in dieser
Urkunde heißt sie nur schlechtweg „Capelle des Palasts der
Stadt Athen".[3] Als würdiger Aufgang diente dem Schloß
der Acciajoli die große Marmortreppe, deren damaliger Zustand uns freilich unbekannt ist. Man hat sogar, doch ohne
Grund, behauptet, daß sie erst von Nerio angelegt worden sei.[4]

Die Verbindung des Modernen mit dem Antiken mußte
dem Palaste der Herzoge Athen's einen seltsamen Charakter

---

[1] W. Gell, Raccolta delle vedute della Grecia, Rom 1831.

[2] Erst 1837 wurden Säule und Bogen entfernt. Buchon, Grèce
continentale p. 127.

[3] Datum in civitate Athenarum in capella palacii ipsius
civitatis.

[4] Burnouf p. 83 ff. Beulé I, 128 ff. bezieht sich dagegen auf
die Inschrift (bei Roß, Demen Attika's p. 35) ἐφ' ὧν καὶ τὸ ἔργον
τῆς ἀναβάσεως ἐγένετο, welche in die Zeit zwischen Augustus und
Hadrian gehört, und er hält diese Anabasis für die von den Kaisern
erneuerte Treppe. Neuere Forscher halten die Treppenanlage für römisch,
etwa aus 38 n. Chr. Ivanoff, Sulla grande scalinata de' Propilei . . .
Annal. d. Inst. 1861. p. 275 ff. Richard Bohn a. a. O., Milchhöfer
(Denkm. des class. Altert. v. Baumeister, Artikel Athen, S. 201).

geben, welcher an das mittelalterliche Senatshaus der Römer
über dem Tabularium auf dem Capitol erinnern konnte.
Keine Urkunde hat uns die Namen der Architekten auf=
bewahrt, die es gewagt haben, die berühmtesten Werke des
Altertums zu einem Neubau umzugestalten. Wenn sie
Florentiner waren, so bauten sie das Herzogschloß in Athen
vielleicht in derselben Zeit, als Filippo Brunelleschi, der erste
Baumeister der Renaissance, die Kuppel des florentiner
Dom's und dann den Palast Pitti errichtete. Von den
Monumenten der Akropolis gelangte damals schwerlich eine
bestimmte Kunde zu Brunelleschi. Er und seine großen
Zeitgenossen, Michelozzo und Leon Battista Alberti, hatten
ihre Inspirationen zu dem neuitalienischen Baustil wesent=
lich aus den Ruinen Rom's und dem Vitruv geschöpft; viel=
leicht würde sich dieser florentinische Renaissancestil noch in
andern Formen ausgesprochen haben, wenn jene Meister
Griechenland gesehen hätten.

Schon die Hofhaltung des Herzogs mußte, neben den
Bedürfnissen der militärischen Besatzung und des Erzbistums,
die Bevölkerung auf der Stadtburg bedeutend vermehrt
haben. Man darf daher annehmen, daß sich die ganze
Felsfläche derselben, wo immer Platz dazu war, mit Häusern
bedeckte. Auf den Stadtplänen, die von den französischen
Capuzinern Athen's, von Spon und dem Ingenieur Verneda
im 17. Jahrhundert angefertigt worden sind, zeigt sich der
Raum zwischen dem Parthenon und den Burgmauern von
kleinen Häusern angefüllt. Obwol diese Pläne die Akropolis
als türkische Festung darstellen, so mußte der Anbau von
Wohnungen dort doch schon der Frankenzeit angehören.

Worin sonst die Neubauten und Verschönerungen Athen's

bestanden, welche Chalkokondylas dem Antonio Acciajoli zugeschrieben hat, entzieht sich unserer Kenntniß. Wahrscheinlich hat der Geschichtschreiber hier nur eine Phrase gebraucht,
oder wesentlich den Burgpalast im Sinne gehabt; denn wo
er von dem späteren Besuche des Eroberers Mohamed in
Athen erzählt, weiß er doch nur zu sagen, daß dieser Sultan die „alte Herrlichkeit" der Stadt bewundert habe. Die
letzten Herzoge Athen's benutzten Gartenanlagen in der
Unterstadt; namentlich scheinen sie an der Enneakrunos oder
der Kallirrhoe Bäder und eine Villa erbaut zu haben.[1] In
jenem Bezirk am Ilissos lag eine aus einem kleinen jonischen
Heratempel errichtete Kirche, welche den Titel der Panagia
vom Stein trug (εἰς τὴν Πέτραν), und eine andre Capelle
in der Nähe wurde vom Volk Hagios Phrankos genannt,
vielleicht weil sie von den Acciajoli erbaut worden war.[2]
Im Jahre 1674 sah man an der Ilissosbrücke eine zerstörte Kirche mit dem Wappen dieses Geschlechts.[3] Wegen
der lebhaft gewordenen Handelsverbindung mit Florenz darf
man wol den ersten Acciajoli auch die Ausbesserung des
Hafens Piräus zuschreiben, wenn auch die Ansicht, daß
Antonio dort die Marmorlöwen aufgestellt hatte, ein Irrtum ist.[4]

---

[1] Dies nach dem Wiener Anonymus (Abdruck bei E. Wachsmuth,
Stadt Athen S. 735).

[2] A. Mommsen p. 56 ff. Wachsmuth, Stadt Athen I, 22. Jule-
ville p. 490. — Den Heratempel sah und zeichnete noch Stuart. Die
Türken zerstörten ihn i. J. 1771.

[3] Cornelio Magni, Relaz. della città di Atene p. 49.

[4] Fece mettere in sulla bocca de Porto Pireo due lioni di
marmo: Origine degli Acciajoli p. 175.

Fünftes Capitel.

Tod des Antonio Acciajoli. Umwälzung in Athen. Die Herzogin-Wittwe und der Archont Chalkokondylas. Der athenische Geschicht-schreiber Chalkokondylas. Die Chroniken von Morea. Nerio II., Herzog von Athen. Er wird vertrieben und geht nach Florenz. Das florentiner Unionsconcil. Rückkehr Nerio's II. nach Athen.

1. Nach einer Regierung von 32 Jahren, der längsten, die ein Frankenherzog Athen's überhaupt erreicht hat, starb der kinderlose Antonio Acciajoli im Sommer 1435, plötz-lich durch einen Schlaganfall hinweggerafft.[1] Mit ihm endete die letzte Pause zweifelhafter Wolfahrt, welche die Athener genossen hatten. Attika konnte jetzt in die Gewalt der Türken oder der Byzantiner im Peloponnes fallen. Auch die Republik Venedig mußte sich daran erinnern, daß sie die Stadt Athen besessen und dann an Antonio verloren hatte; allein sie war mutlos geworden und wagte nichts mehr. Sie befahl dem Bailo Negroponte's, wenn die Türken, oder die Erben Antonio's Athen besetzen sollten, das nicht zu hindern, aber andre davon abzuhalten, und wo möglich die Stadt selbst in Besitz zu nehmen.[2]

[1] Chalkokond. L. VI, p. 321. Phrantzes lib. II, c. 10, p. 159 gibt das Datum an.

[2] Octob. 1435 ... quid scriptum fuit regimini Negropontis super locis Athenarum et castri que tenebat quond. Antonius de

Die nächsten berechtigten Erben des Verstorbenen waren die Söhne seines Vetters Franco, Nerio und Antonio Accia= joli, die er selbst mit den Töchtern des in Venedig hoch angesehenen Niccolo Giorgio, Herrn von Karystos, vermält hatte, und dieser war als Gemal der Benvenuta Protimo mit dem Herzog Antonio verschwägert gewesen. Nerio hatte Chiara, Antonio Maria geheiratet, der erste dieser Brüder aber war vom Herzoge zu seinem Nachfolger ausersehen worden. Jedoch diese Willensbestimmung wurde von seiner eigenen Wittwe Maria Melissena und einer mit ihr ver= bündeten Griechenpartei bestritten.

Erst gegen das Ende des Frankenregiments regte sich, wie wir bemerkt haben, eine solche Partei in Athen. Seit der Invasion der Lateiner, die den einheimischen Archonten= adel entweder ausgetilgt oder doch in ein geschichtloses Dunkel zurückgedrängt hatten, haben wir, und das erst im 14. Jahrhundert, nur in dem Stande der Notare wieder eingeborene Athener namhaft werden sehen.[1] Das griechische Nationalelement wuchs nach dem Sturze des Catalanen= staates in Attika zu immer größerer Kraft auf. Während die spanische Companie stets einen politischen und nationalen Zusammenhang mit Sicilien und Aragon gehabt hatte, ent= behrten die Acciajoli solches Rückhaltes; sie mußten daher dem Griechentum immer mehr Zugeständnisse machen. Dies

---

Azaiolis. vid. quod si Turci aut heredes dicti Antonii ipsa intro-
mittant, non se impediant, sed si alii illa acciperent, ipsi potius
ea possendo habere accipiant. Sathas, Mon. H. H. I, n. 131, p. 199.

[1] Es ist bedeutend, daß sich auch unter Antonio i. J. 1432 ein Grieche, wol Athener, als Kanzler der Stadt findet: Χαλκοματᾶς Νικόλαος, νοτάριος καὶ καντζηλιέρης πόλεως τῶν Ἀθηνῶν. Buchon, N. R. II, 290.

hatte in dem hergestellten Erzbistum Athen seinen festen
Halt gefunden; zugleich aber mußte auf dasselbe die Re=
stauration des Hellenismus in dem endlich wieder griechisch
gewordenen Peloponnes mächtig einwirken. Es ist auch
kaum gewagt zu behaupten, daß jene hellenistische Renaissance,
welche Plethon in Sparta unternahm, in Athen ein Echo
fand. Dieser Patriot, der das griechische Volk sittlich und
politisch reformiren wollte, konnte unmöglich ohne Verbindung
mit Athen und Hellas geblieben sein.

Das damalige Haupt der athenischen Nationalpartei
war Chalkokondylas, ein naher Verwandter der verwittweten
Herzogin, dessen Familienursprung sonst unbekannt ist. Der
Name seines Geschlechts wird auch zu Chalkondyles zu=
sammengezogen, und später findet sich in Athen die Form
Charkondyles.[1] Der Fürstin selbst, einer Griechin aus er=
lauchtem peloponnesischem Hause, widerstrebte es, die Herr=
schaft über die Länder ihres Gatten an ihr gleichgültige
Verwandte desselben gelangen zu sehen. Der löbliche Plan,
den sie mit ihrem Vetter machte, Athen den Franken zu
entziehen und endlich den Griechen zurückzugeben, konnte
freilich nicht ohne die Zustimmung des türkischen Oberlehns=
herrn, des allmächtigen Schiedsrichters Griechenlands, aus=
geführt werden. Sie schickte deshalb, gleich nach dem Tode
Antonio's, jenen Chalkokondylas mit großen Geldsummen
an den Hof in Adrianopel, um Murad zu bestimmen, ihr
und ihrem Vetter die Regierung des Herzogtums zu ver=
leihen.[2] Allein der Großherr verachtete das ihm gemachte

---

[1] Zesios im Deltion d. hist. u. ethnol. Gesell. II, 23.
Der Geschichtschreiber Chalkokond., Sohn jenes Mannes, schreibt:

Anerbieten von 30000 Goldstücken Tributs, weil er selbst nach seinem Gefallen über Attika verfügen wollte. Der athenische Archont wurde ins Gefängniß gesetzt, konnte aber nach Constantinopel entrinnen, wo er sich nach dem Pelo= ponnes einschiffte. Auf dieser Fahrt wurde er von grie= chischen Corsaren festgenommen, und in Ketten zum Sultan zurückgebracht, der ihm verzieh.

So scheiterte der Versuch eines athenischen Magnaten sich zum Tyrannen seiner Vaterstadt aufzuwerfen: er war, so viel wir wissen, der erste und letzte dieser Art, welchen die griechische Nationalpartei während des Bestandes des fränkischen Herzogtums gewagt hat. Wenn es demnach Chalkokondylas nicht gelang, seinen Namen in das Register der Kleinfürsten seines Vaterlandes einzutragen, so hat ihn wenigstens sein in Athen geborener und erzogener Sohn in der Geschichte der Literatur unsterblich gemacht. Ueber= haupt geschah es erst kurz vor dem Falle Griechenlands in die osmanische Knechtschaft, daß dort wieder einige nam= hafte Männer der Wissenschaft erschienen. Gemisthos Plethon erleuchtete mit seinem Talent das kleine Sparta; gleichzeitig machte sich Georg Phrantzes, ein Monembasiote, als Staats= mann bemerkbar, derselbe, welcher später im Exil zu Korfu zum Geschichtschreiber des Falles seines Vaterlandes unter die Gewalt der Türken geworden ist. In derselben Zeit brachte auch Athen einen Nachfolger des Dexippus hervor, Laonikos Chalkokondylas, den Sohn jenes Archonten.

Es ist eine sehr merkwürdige Thatsache, daß Anfang

ἥ τε γυνὴ αὐτοῦ ἔπεμπεν ἐς βασιλέα τὴν ἀρχὴν ἐπιτραπῆναι αὐτῇ τε καὶ τῷ τῆς πόλεως ἀμείνονι, ἑαυτῆς δὲ προσήκοντι, πατρὶ δὲ ἡμετέρῳ L. VI, p. 320 ff.

und Schluß der unvergleichlichen Geschichtschreibung der
Griechen durch dieselben nationalen Ursachen veranlaßt wor=
den sind. Wie einst die Perser den wesentlichen Anstoß zur
griechischen Historiographie gegeben hatten, so thaten dies
jetzt die Türken. Aber Chalkokondylas und Phrantzes, die
Nachahmer des Herodot und Xenophon, waren unglücklicher
Weise vom Schicksal dazu verurteilt, die Unterjochung ihres
Vaterlandes durch die neuen Perser darzustellen. Es be=
durfte für Laonikos einer nicht geringen Selbstverläugnung
um die Geschichte seiner Nation von 1297 bis 1463 zu
schreiben, da sie unter seinen Händen zu derjenigen der
aufsteigenden Größe und des blutigen Triumfs der Osmanen
werden mußte. Sein Werk ist das Erzeugniß einer wüsten
und ungeordneten Gelehrsamkeit, doch dient es, gleich an=
dern byzantinischen Geschichtsbüchern jener Zeit, als haupt=
sächliche Quelle für die Kenntniß des Todeskampfes Griechen=
landes.[1] Laonikos starb in Italien im Jahre 1490. Ein
zweiter Chalkokondylas, mit Namen Demetrius, welcher zu
Athen im Jahre 1424 geboren war, scheint ein leiblicher
Bruder des Geschichtschreibers gewesen zu sein.[2] Er nahm
in der Reihe der Griechenlehrer Italien's, neben Georg von
Trapezunt, Argyropulos, Theodor Gaza, Laskaris und Mu=
surus eine hohe Stelle ein; er lehrte in Perugia, Florenz
und Mailand, wo er im Jahre 1511 starb. Er hatte die

---

[1] Die Ausgabe der Historiae Laonici Chalcocondylae Atheniensis
des Imm. Becker in Niebuhr's Corpus Scriptor. Hist. Byz. ist bekanntlich
sehr fehlerhaft.

[2] Nach einer biograph. Notiz des Antonio Kalosynas, eines kre=
tischen Arzts aus saec. 16 (abgedr. von Hopf, Chron. Gréco-Rom.
p. 243) waren beide Männer Brüder; doch bezweifelt Legrand, Bibl.
Hellénique I, XCIV. die Glaubwürdigkeit des Kalosynas.

ersten Mailänder Drucke des Homer, Isokrates und Suidas besorgt, und eine griechische Grammatik, Erotemata genannt, verfaßt. Auch sein Sohn Basilius machte sich in Italien als Philologe berühmt.

Die Ursachen der moralischen Unfruchtbarkeit, zu welcher sonst die Stadt des Plato während des ganzen Mittelalters verdammt blieb, bedürfen übrigens kaum einer Erklärung. Die Quellen des Geistes sind nicht, wie Flüsse, an denselben Gebirgsstock desselben Landes für immer gebunden, sondern sie versiegen hier und brechen dort hervor, je nachdem sich die Elemente der Menschlichkeit auf einem Punkte erschöpfen oder sammeln. Wenn die Flamme der Wissenschaft in Athen nicht erloschen wäre, so würden Italien, Frankreich, Deutschland und England wahrscheinlich zu langer Finsterniß verurteilt geblieben sein. Man darf das schöne Gleich= niß von dem Fackellaufe in der athenischen Festprozession auf das Wandern der Wissenschaft anwenden. Schon im Mittelalter stellte man die Ansicht auf, daß es sich mit dieser ganz so verhalte, wie mit der politischen Weltmonarchie. Auch das Studium der Wissenschaften wurde als eine geistige Monarchie aufgefaßt, die von Nation zu Nation fortgewan= dert sei. Alberich von Trois Fontaines behauptete in seiner bis 1241 reichenden Chronik: „Wie die Weltmonarchie von den Assyrern durch verschiedene Reiche zu den Ostfranken, d. h. den Deutschen gelangt ist, so ist die Philosophie oder Weisheit von den Chaldäern durch mehre Völker zu den Galliern oder Westfranken gekommen, und zwar auf diese Weise: Abraham kam aus Chaldäa und lehrte zuerst in Aegypten Astrologie und Arithmetik; aus Aegypten kam die Weisheit zu den Griechen, besonders in der Zeit der Philo=

sophen; von dort wanderte sie zu den Römern unter den
Scipionen, wo sie Cato und Cicero besessen haben, und
unter den Cäsaren, wo Virgil, Horaz, Ovid, Seneca und
Lucanus in ihrem Besitze gewesen sind. Von Rom ist sie
nach Spanien, neuerdings aber nach Frankreich gekommen,
seit den Tagen der berühmten Männer Berengar, Lanfranc
und Anselmus.[1] Bei Vincenz von Beauvais ist es der gelehrte Alcuin, der das Studium von Rom nach Paris gebracht hat, nachdem es die Römer von den Griechen her-
übergenommen hatten. Im Livre de Clergie oder Imagène
del monde preist ein französischer Dichter die Einführung
der Wissenschaften in Frankreich, wo sie jetzt zu Paris in
Blüte stünden, wie vor Zeiten in Athen, einer Stadt von
großem Adel.[2] In einem Schauspiel von der Geburt des
Herrn tritt der König Aegypten's mit seinem Gefolge auf,
und dieses singt Verse zum Lobe der Philosophen, worin
es heißt, daß ihre Sekten von Athen aus ganz Griechenland mit der Quelle der Weisheit getränkt haben, welche
dann nach Hesperien hingeflossen sei.[3] Um die Mitte des
14. Jahrhunderts stellte der Philosoph und Geschichtschreiber
Nicephorus Gregoras dieselbe Ansicht vom Fortwandern der
Wissenschaft auf, die aus Aegypten nach Persien und Chaldäa, und weiter nach Athen gekommen sei; auch von dort
sei sie ausgewandert und jetzt einem Vogel gleich, der aus
seinem Nest vertrieben umherschweife.[4] Aehnlich hat sich

[1] Chron. Alb. Trium Fontium, Mon. Germ. XXIII, 793.

[2] Clergie regne ore à Paris, ensi comme elle fist jadis à
Athènes qui sied en Grèce, une citiez de grant noblesse. Hist.
Litt. de la France T. XXIII, 304.

[3] Carm. Burana, Bibl. des Lit. Vereins, Stuttg. 1847, XVI, 92.

[4] Hist. Byz. VIII, 7, p. 326.

noch am Ende des 16. Jahrhunderts Martin Crusius zu Tübingen in seiner Germano=Grācia über die Wanderung der Wissenschaft aus Aegypten nach Persien und Chaldäa, dann nach Athen und in das Abendland ausgesprochen.

Der Culturforscher, welcher aus Liebe zu Athen in dem barbarischen Zeitalter nach einigen fortglimmenden Licht= funken auf dem antiken Musenaltar sucht, muß sich schon begnügen, wenn er aus irgend einer versteckten Nachricht die Kunde gewinnt, daß es dort im 14. und 15. Jahr= hundert noch Menschen gab, welche wertvolle Handschriften besaßen oder copirten.[1]

Sehr empfindlich, aber begreiflicher als alles andere ist der völlige Mangel eingeborner städtischer Geschichtschreiber in Athen und in Hellas überhaupt. Da die byzantinischen Chronographen es verschmähten, sich mit dem geschichtlichen Fortleben der Hellenen zu beschäftigen, so hätte die Nach= welt solche Kunden nur von diesen selbst zu schöpfen ver= mocht. Man hat zwar behauptet, daß jede griechische Stadt im Mittelalter ihre Localchroniken besessen habe, in denen, wie in den Acten der Heiligen, die geschichtlichen Tradi= tionen niedergelegt worden seien, und daß diese Chroniken, die sich nur in Cypern erhalten haben, durch die Türken vernichtet worden seien.[2] Dies ist möglich, allein es ändert leider nicht die Thatsache, daß wir nichts von dem Dasein

---

[1] A. 1339 machte der Priester Kamelos in Athen Abschriften medi= cinischer Werke des Oribasios und Myrepsos. Hopf I, 434. A. 1435 schrieb ein Antonius aus Athen den laurentianischen Polybius. Gardt= hausen, Griech. Paläogr. p. 412.

[2] Einleit. zu Leontios Machaira, Publ. de l'école des langues orientales vivantes, II. Serie, vol. II.

solcher Geschichtswerke in Athen und andern Hellenenstädten
wissen.

Nur Morea zeichnete sich durch eine nationale Chronik
aus, die sich glücklicher Weise durch Abschriften in ein paar
Bibliotheken des Abendlandes hinübergerettet hat. Während
uns die Geschichte Athen's unter den fränkischen Herzogen
durch keine Schrift überliefert ist, besitzen wir die griechische
und französische Chronik der Eroberung des Peloponnes
durch die Franken: kostbare Denkmäler beider daselbst wäh=
rend des 14. Jahrhunderts geredeter Sprachen, und trotz
der Fabeln und Irrtümer, welche sie enthalten, auch von
historischem Wert; denn diese Chroniken sind wesentlich Ge=
schichtsbücher. Die griechische hat die Form eines vulgären
Heldengedichts, welches sich von der Prosa nur durch das
politische Versmaß unterscheidet. Da sie breiter und voller
angelegt und origineller ist, als die französische in Prosa,
so hat dies die Ansicht begründet, daß die letztere nur eine
ihrer Versionen sei. Sie wurde auch in's Italienische über=
setzt, und im Auftrage des berühmten Heredia selbst in
catalanischer Sprache bearbeitet.[1]

---

[1] Die Auffindung der franz. u. griech. Chronik war die glücklichste
That des verdienten Buchon. Er veröffentlichte den französischen Text
des Livre de la Conqueste nach dem von ihm 1845 in Brüssel ent=
deckten Mscr., den griechischen zuerst 1841 nach dem Pariser Mscr.,
welches schon Du Cange gekannt hatte, und dann nach der vollständigen
Kopenhag. Hdschr. Der Liv. d. l. Cq. entstand vor 1346. Während
die griech. Chronik mit 1292 endigt, schließt jener mit 1304, wozu noch
ein chronol. Abriß bis 1322 kommt. Buchon ist für die Priorität des
franz. Texts. Im folgt Tozer (The Franks in the Pelop., Journal
of Hell. Stud. IV. 1883). Schon Ellissen (Anal. II) bezweifelte die
Gründe Buchon's. Ein junger amerik. Gelehrter Dr. John Schmitt
hat dieser Streitfrage eine Dissertation gewidmet: Die Chronik von

Der glückliche Gedanke, die Eroberung Morea's durch die fränkischen Helden in einem volkstümlichen Werke dar= zustellen und ihre Thaten wie die Schicksale ihrer Abkommen während des ganzen 13. Jahrhunderts der Nachwelt zu überliefern, entstand naturgemäß in der Zeit, wo das Fürstentum der Franken im Peloponnes wenn auch noch nicht im Erlöschen, so doch schon im tiefen Sinken war. Der Plan zu einem solchen Buche konnte nur von einem Franken Morea's gefaßt werden; und vielleicht ist die An= regung dazu durch einen Fürsten oder großen Lehnsträger gegeben worden. Man hat hier an Bartolommeo Ghisi ge= dacht, weil auf der Handschrift der französischen Chronik verzeichnet steht, daß derselbe das Buch der Eroberung in seinem Schlosse zu Theben besessen habe. Allein obwol Ghisi mit der Würde des Connetable Achaja's bekleidet war, so war er doch nicht Moreote, sondern Venetianer von Stamm, und deshalb konnte er von keiner so lebhaften Be= geisterung für die Geschichte des Hauses Villehardouin und Morea's beseelt sein, als ein solcher Auftrag voraussetzt. Dies ist sicher, daß der Verfasser des griechischen Epos ein von fränkischem Nationalgefühl tief durchdrungener Mann gewesen ist; er verherrlicht nicht nur das Frankentum, son= dern er gibt seiner Geringschätzung der Griechen und ihrer Kirche den rücksichtslosesten Ausdruck. Sein Werk konnte daher kaum auf griechische Leser oder Zuhörer, vielmehr

Morea, eine Untersuchung über das Verhältniß ihrer Handschriften und Versionen zu einander, München 1889, und sich für den griech. Text als Original entschieden. — Die arag. Bearbeitung ist ein Abriß jener Chronik, doch mit Nachrichten aus andern Quellen und bis 1377 fort= geführt. Siehe die Einleitung des Herausgebers Alfred Morel=Fatio.

wesentlich nur auf Franken, und zwar nicht im Abendlande,
sondern in Griechenland selbst berechnet sein. Zugleich aber
zeigt sich der Chronist mit allen griechischen Verhältnissen
vollkommen vertraut; während er geschichtliche und geo=
graphische Namen Morea's, so weit sie französisch sind, ver=
stümmelt oder volkstümlich umformt, begeht er keinen Irr=
tum, wenn solche griechisch sind, und er schreibt in dem
Vulgär des Landes. Man hat daher in ihm einen Gräco=
Franken oder Gasmulen erkennen wollen.

Immerhin ist diese Verschronik eine bedeutende Er=
scheinung in der Culturgeschichte des fränkischen Griechen=
lands. Sie beweist das Ueberwiegen des hellenischen Sprach=
elements dort in solchem Grade, daß auch die Franken sich
dasselbe anzueignen genötigt waren. In demselben 14. Jahr=
hundert verließen die Normannen in England den ausschließ=
lichen literarischen Gebrauch des Französischen und Latei=
nischen, und nach dem Vorgange von Richard Rolle und
Laurence Minot trat Chaucer als der Schöpfer der eng=
lischen Dichtersprache auf. Da wir keine sprachlichen Seiten=
stücke zur griechischen Verschronik aus Theben, Athen und
Sparta besitzen, so berechtigt sie uns freilich nicht dazu, sie
als Beweis für einen ähnlichen Prozeß unter den Franken
in Griechenland geltend zu machen, wie er in der Literatur
Englands sich vollzogen hat.

Die Sprachverschmelzung ist in Britannien viel weiter
gegangen, als im fränkischen Hellas. Obwol das Englische
durchaus ein germanisches Idiom blieb, da es die angel=
sächsische Flexion festhielt, so wurde dasselbe doch durch die
massenhafte Aufnahme französischer Wörter zu jenem Gemisch
des Romanischen und Germanischen, welches auf dem

gesammten Sprachgebiete einzig dasteht. Diese Gegensätze hat
das Englische durch die germanische Umformung und Aus=
sprache der französischen Laute zu verwischen gesucht, aber
gerade dies hat dasselbe zu einer der lautlich häßlichsten
Sprachen gemacht, und doch schrieb in ihr der größeste
Dichter aller Zeiten seine unsterblichen Werke, während ihre
wunderbare Einfachheit sie mehr als jede andere zur inter=
nationalen Weltsprache befähigt.

Die Umbildung des Griechischen in's Neuhellenische
durch grammatischen Verfall, durch das Schwinden der Casus=
flexionen, den Verlust der Modi und des Infinitivs hat da=
gegen nichts mit der sprachlichen Einwirkung des Lateinischen
und Romanischen zu thun. Die Verbindung der Griechen
mit fremden, zumal über sie herrschenden Völkern ver=
anlaßte die Aufnahme von Fremdwörtern in den vater=
ländischen Sprachschatz; mit Ausdrücken aus der Sprache
des Gesetzes und der Verwaltung der Römer wurde schon
das amtliche und literarische Griechisch der Byzantiner durch=
setzt, und das Neugriechische der Frankenzeit ist angefüllt
mit französischen und italienischen Lehnwörtern nicht nur für
Begriffe feudaler und militärischer Eigenschaft. Dieselbe
Entlehnung ausländischer Wörter zeigt mehr oder weniger
jede lebende Sprache, in auffallender Weise die deutsche, be=
sonders in der Epoche ihrer Verwilderung nach dem dreißig=
jährigen Kriege; und selbst noch am heutigen Tage bedarf
es einer nicht geringen Anstrengung, sie von unnötigen fran=
zösischen Wörtern zu reinigen.[1]

---

[1] Man lese unsre kriegswissenschaftlichen Bücher. Wenn sich noch
in dem großen Werk des deutschen Generalstabes über den Krieg in
Frankreich, dem Deutschland seine nationale Wiedergeburt verdankt, zahl=

Im Ganzen war der Genius der hellenischen Cultur-
sprache, trotz ihres Verfalles, doch zu mächtig, als daß er
sich mehr hätte gefallen lassen, als das Eindringen von nicht
griechischen Worten in's Lexicon. Trotz der langen Herrschaft der Venetianer ist weder in Kreta, noch in Korfu,
noch in Negroponte, und in den Colonien des Peloponnes
ein gasmulischer Mischdialect entstanden. Nur ist die Ueber-
füllung der Sprache der Chronik von Morea mit Fremdwörtern immerhin sehr groß. Leider sind wir nicht im
Stande, hier einen Vergleich mit der attischen Volkssprache
des 14. Jahrhunderts anzustellen. Wir besitzen keine schrift-
lichen Ueberlieferungen von ihr, denn die wenigen griechisch
geschriebenen Acten, die aus der Kanzelei der Acciajoli zu
uns gelangt sind, zeigen, daß ihre Verfasser, herzogliche Notare, sich eines reineren Griechisch amtlich bedient haben.

2. Der nationalen Partei stand in Athen eine fränkische gegenüber, diejenige der Anhänger des Hauses Acciajoli. Zu ihr gehörten nicht nur die Italiener, Hofleute,
Beamte und Capitäne des verstorbenen Herzogs, sondern
auch manche eingeborene Griechen, die dem Hause des Chalkokondylas feindlich gesinnt waren.[1] Sie erhoben sich, sobald derselbe an den Hof des Sultans gegangen war. Mit
List entfernten sie die Herzogin aus dem Palast der Akro-

lose Ausdrücke finden, wie an der „Tete" marschiren, an der „Lisiere"
des Waldes u. s. w., so ist das ein sprachliches Kauderwelsch, wie es
ähnlich das Griechische des Machäras von Cypern und der Chronik von
Morea aufweist.

[1] Chalkokond. VI, 321 nennt diese Gegenpartei die Vorsteher des
Demos.

polis; wie es scheint, täuschten sie dieselbe durch das Ver=
sprechen, ihren Adoptivsohn Acciajoli mit einer ihrer Ver=
wandten zu vermälen. Dann aber verjagten sie das Ge=
schlecht der Chalkokondylas aus der Stadt, besetzten die Burg
und riefen Nerio II. zum Herrn Athen's aus.[1]

Durch seine Erhebung und das schnelle Erscheinen einer
türkischen Truppenmacht unter Turachan in Böotien wurden
die Absichten eines dritten Prätendenten auf Athen vereitelt.
Nichts war natürlicher, als daß der Paläologe Constantin,
der Despot von Sparta, die Gelegenheit wahrzunehmen
suchte, um Hellas endlich mit dem griechisch gewordenen
Peloponnes wieder zu vereinigen. Noch ehe der Herzog An=
tonio gestorben war, hatte er seinen vertrauten Rat Phrantzes,
den späteren Geschichtschreiber, nach Athen geschickt, um Maria
Melissena einen Vergleich anzubieten; sie sollte ihm Athen
und Theben abtreten und dafür Ländereien in Lakonien, in
der Nähe ihrer väterlichen Erbgüter erhalten.[2] Phrantzes
erzählt, daß er auf das ausdrückliche Ersuchen der Herzogin
diese Unterhandlungen mit ihr fortsetzte, und es ist wahr=
scheinlich, daß Maria in ihrer ersten Ratlosigkeit nach dem
Tode des Gemals die Vorschläge des Despoten annehmbar
fand. Der Abgesandte Constantin's machte sich, von einer
Truppenschar begleitet, zum zweiten Male auf, um mit der
besiegelten Vertragsurkunde in der Hand Athen und Theben

---

[1] So verstehe ich die dunkle Stelle bei Chalkokond. Die Gemalin
Nerio's II. war Chiara Giorgio, eine Tochter des Markgrafen Niccolo II.
von Bodonitza; ihre Schwester Maria heiratete Nerio's Bruder Antonio.
Hopf II, 91.

[2] Phrantzes lib. II, c. X, p. 158 ff. Ihre Mitgift umfaßte dort
Astron, Hagios Petros, Hagios Joannes, Platamona, Meligon, Pros=
astion, Leonidas, Hyparissia, Rheontas und Sitanas.

in Empfang zu nehmen. Jedoch nicht allein hatte sich
Nerio II. bereits der Gewalt bemächtigt, sondern Phrantzes
vernahm auch, daß Turachan in Böotien eingerückt sei und
Theben belagere, welches sich ihm nach einigen Tagen ergab.
Er kehrte deshalb am Isthmus um und zu seinem Fürsten
nach Stylaria zurück, welcher gerade venetianische Handelsschiffe erwartete, um mit ihnen nach Constantinopel zu
segeln.[1] Von Negroponte schickte jetzt Constantin seinen
Vertrauten nach Theben zu Turachan, um wegen Athen's
mit ihm zu unterhandeln, doch richtete derselbe nichts aus,
sondern er kehrte nach Euböa und von dort nach Constantinopel zurück.

Der türkische Sultan hätte schon damals ohne große
Anstrengung dem Frankenstaat in Athen ein Ende machen
können; aber er hielt es für besser, das Gesuch des jungen
Nerio zu genehmigen, indem er ihm die Regierung über
Attika und Böotien als seinem tributbaren Vasallen verlieh.
Hierauf zog Turachan aus Böotien ab.

Der neue Herzog von Athen war nach dem Zeugniß
des Chalkokondylas ein kraftloser und weichlicher Mann,
und deshalb unfähig, unter so schwierigen Verhältnissen
seinen Staat zu regieren. Derselbe Geschichtschreiber erzählt, daß Nerio II. von seinem eigenen Bruder Antonio
vertrieben wurde, nach Florenz ging, und erst nach dessen
Tode wieder nach Athen zurückkehrte.[2] Die Zeit seiner Ver-

---

[1] Phrantzes a. a. O.

[2] Lib. VI. p. 322. Die Origine della famil. Acciajoli p. 177
sagt nur von Antonio: sotto inganni gli tolse lo stato und schweigt
von Florenz. Ein Epigramm des Florentiners Jacobus Gabbi, freilich
aus dem 17. Jahrh. (Corollar. poetica p. 33, in Gabbi, Adlocutiones

treibung kann nicht genau festgestellt werden.[1] Sie fand
statt zwischen den Jahren 1437 und 1441. Denn in jenem
befand sich Nerio noch in Athen, während er im Februar
und März 1441 als Herr von Theben und Athen in Flo=
renz Urkunden erließ.[2]

Nerio II. ist der einzige unter den florentinischen Ge=
bietern Athen's gewesen, der seine Vaterstadt wieder ge=
sehen hat. Sie war zu jener Zeit von einem großen Ereigniß
aufgeregt. Der Papst Eugen IV. hatte seine heißen Kämpfe
mit dem Basler Concil siegreich durchgeführt, und dieses
am 10. Januar 1439 nach Florenz verlegt. Dorthin war
ihm der unglückliche griechische Kaiser Johannes VIII. ge=
folgt, welcher in's Abendland gekommen war, um den Papst
und die Fürsten Europa's zur Rettung Constantinopel's auf=
zurufen. Jetzt mußte er aus dem alten trügerischen Spiel

et Elogia, Flor. 1636), De Nerio II. et Antonio II. Acciaiolis fratribus ducibus Athenarum lautet so:
> Nobile par fratrum, Graecos Dux rexit uterque
>   Non simul, alterno tempore sceptra ferens.
> Gesserat haec Nerius, quo pulso Antonius ardens
>   Rursus at extincto fratre gerit Nerius.
> Nimium Pollux et Castor in urbe fuissent,
>   Si fratrum illis gratia sanctus amor.

[1] Hopf II, 113 gibt das Ende des Jahres 1439 an, ohne dies
Datum zu beurkunden.

[2] Am 6. Aug. 1437 bestätigte er zu Athen durch ein griech. Diplom
dem Georgios Kamachi das diesem vom Herzog Antonio erteilte Franken=
recht. Buchon, N. R. II, LXXI, p. 297. Sodann gibt es zwei lat.
Diplome Nerio's, Florenz 24. Febr. und 5. März 1441; er ernannte
darin Tommaso Pitti zu seinem Procurator und trat ihm als Schuldner
Güter ab. In beiden Urkunden nennt er sich Magnif. Dom. Nerius,
olim Franchi Domini Donati de Acciaiuolis de Florentia Dominus
Athenarum et Thebarum Der Herzogstitel fehlt. Im Griechischen
wird αὐθέντης Ἀθηνῶν καὶ Θηβῶν καὶ τῶν ἑξῆς gesagt.

seiner Vorgänger mit der Kirchenunion verzweifelten Ernst machen. Am 6. Juni 1439 legten der Kaiser und die ihn begleitenden byzantinischen Bischöfe im Dom zu Florenz das katholische Glaubensbekenntniß ab. Diese Union brachte dem bedrängten Constantinopel keinen Gewinn, sie beschleunigte vielmehr nur seinen Sturz, wie Phrantzes geurteilt hat.[1]

Wenn sich Nerio II. damals dort befand — und das ist sehr wahrscheinlich — so konnte er Zeuge dieser pomphaften Scene sein. Von den beiden Flüchtlingen aus Griechenland war Johannes VIII. der Repräsentant des untergehenden legitimen Reiches Constantin's, und Nerio Acciajoli der Vertreter des Restes jener fränkischen Feudalherrschaften auf dem griechischen Festlande, die aus dem verhängnißvollen lateinischen Kreuzzuge hervorgegangen waren. Die florentiner Republik erlangte damals von dem ohnmächtigen Kaiser der Romäer ein Privilegium, wodurch sie alle Rechte erhielt, die ehedem Pisa in Constantinopel und Romanien besessen hatte.[2]

Da Florenz von Griechen erfüllt war, begegnete der Herzog von Athen hier berühmten Männern dieser Nation, wie Gemisthos Plethon, Theodor Gaza, dem gelehrten Bischof Marcus von Ephesus, dem nachmals berühmten Bessarion von Nicäa und andern Byzantinern, die im Laufe der Zeit in Italien eine zweite Heimat fanden. Nachdem die Franken Griechenland gemißhandelt und ausgebeutet,

---

[1] Lib. II, c. 13, p. 178.

[2] Griech. Act, Florenz Aug. 1439 bei Giuf. Müller, Docum. sulle relaz. ... p. 175. Vittore Pisano machte in Florenz die Medaille Johann's VIII. Abgebildet in Herzberg's Gesch. der Byzantiner und des Osmanischen Reiches, Berlin 1883, S. 572.

kirchlich und politisch vernichtet hatten, um dasselbe zuletzt
der türkischen Barbarei zu überlassen, war der bleibende
Gewinn, den das Abendland aus dieser Gewaltthat zog, die
Besitznahme der griechischen Literatur als des unvergäng=
lichen Schatzes menschlicher Bildung.

Seit Boccaccio im Jahre 1360 den Calabresen Leontius
Pilatus am florentiner Studium als ersten griechischen Lehrer
angestellt hatte, war dort die Pflege der hellenischen Wissen=
schaft mit rühmlichem Eifer gefördert worden. Es gab jetzt
Florentiner, welche Plato, Aristoteles und Homer in der
Ursprache zu lesen im Stande waren. Manuel Chrysoloras
hatte in Florenz seit 1397 gelehrt und manche Schüler heran=
gebildet, wie Bruni, Nicoli, Manetti, Poggio und Traver=
sari. Die Strozzi und die Medici, vor allem Cosimo, waren
Philhellenen; sie unterstützten mit ihren Reichtümern nicht
den fallenden byzantinischen Tron, aber das Studium der
griechischen Literatur. In den Kreisen dieser Florentiner
mußte der flüchtige Herzog von Athen besonders deshalb
eine sehr anziehende Figur sein, weil er aus der Stadt des
Plato als ein Nachfolger des Theseus hergekommen war.
Bald faßte Cosimo den Plan, die platonische Akademie am
Arno wieder herzustellen.

Nerio II. traf in Florenz auch die dort heimischen Mit=
glieder des Hauses Acciajoli, unter andern einen Enkel
des Donato, den später berühmt gewordenen Staatsmann
Angelo. Die Achtherren der Balia hatten ihn im Jahre 1433
als Anhänger des verbannten Cosimo de' Medici erst ge=
foltert, dann nach Kephalonia verbannt, von wo er ein Jahr
darauf zurückgekehrt war, nachdem Cosimo in Folge des
Sturzes der Partei des Rinaldo Albizzi im Triumf nach

Florenz hatte heimkehren dürfen.[1] Ein Bruder dieses An=
gelo, Donato mit Namen, später Schüler des Argyropulos,
wurde ein ausgezeichneter Hellenist, und einer der größesten
Staatsmänner der florentiner Republik.[2]

Die Acciajoli gehörten durchaus zum Anhange der
Medici. Der Herzog von Athen mußte demnach bei Cosimo
die freundlichste Aufnahme finden, und er konnte wahrnehmen,
daß dies Bankhaus im Begriffe war, die Gewalt über Flo=
renz zu gewinnen, während die Herrlichkeit der Acciajoli im
fernen Griechenland zu Grunde ging.

Nerio II. scheint noch im Jahre 1441 nach Athen zurück=
gekehrt zu sein, nachdem dort sein Bruder gestorben war.[3]
Er ahmte also nicht das Beispiel Otto's de la Roche nach,
des Gründers des Frankenstaats Athen, noch dasjenige Cham=
plitte's, des Stifters des Fürstentums Achaja, die ihrem
hellenischen Dominium den bescheidenen Besitz der heimischen
Güter vorgezogen hatten. Kaum ist anderswo so klar ge=
zeigt worden, welchen Zauber das Herrschen auf Menschen
ausübt, als im damaligen Griechenland. Denn im unrett=
baren Zusammensturz der dortigen Staaten, unter den ge=
zückten Schwertern der Janitscharen, klammerten sich die
fränkischen und byzantinischen Dynasten an die letzten Fetzen
ihrer Macht. Einander nahe stehende Verwandte, selbst

---

[1] Commentatio della vita di Agnolo Acciajoli von Vesp. Bisticci
(Arch. Stor. Ital. vol. IV. 1843, p. 339 ff.). Die Acht schickten ihn
nach Kephalonia per esser terra di suoi parenti quella, et Atene
e Tebe e più terre di Grecia, le quali già aveva avute in governo
messer Donato. Der Verbannung Angelo's erwähnt Machiavelli, Stor.
Fior. IV. c. 30.

[2] Geb. 1428, † 1478. Vita di Donato Acciajoli von Angiolo
Segni, edirt von Tommaso Tonelli, Flor. 1841.

[3] Chalkokond. a. a. O.

Brüder, wie jene des Kaisers Johannes VIII., führten um
sie erbitterte Kriege. Sie erinnerten an jenes Wort des
griechischen Höflings Heloris, der einst den Tyrannen Dionys
bewogen hatte, von der Tronentsagung abzustehen, da doch
der Purpur ein schönes Sterbekleid sei.[1]

Als Vasall des Sultans vermochte Nerio II. seine Re=
gierung wenigstens ohne gewaltsame Katastrophe zu beschließen.
Er wird uns auf der Akropolis noch im Jahre 1447 sicht=
bar, neben seinem Gast Cyriacus von Ancona, dem ersten
Franken, der die Stadt Athen mit dem Blick des Alter=
tumsforschers betrachtet und, kurz vor dem Aufhören ihrer
politischen Verbindung mit Italien und Europa, ihre Ruinen=
welt in dauernden Bezug zur Wissenschaft des Abendlandes
gesetzt hat. Er verdient deshalb einen Ehrenplatz in der
Geschichte Athen's.

---

[1] Als Gegensatz dazu hat die Geschichte der Gegenwart die Ab=
dankung Milan's zu verzeichnen, des Königs von Serbien, dem in be=
scheidenen Verhältnissen wiedererstandenen Lande des Duschan.

Sechstes Capitel.

Cyriacus von Ancona. Die beginnende Altertumswissenschaft. Die Ruinenwelt Athen's. Sammlung von Inschriften, Berichte und Zeichnungen des Cyriacus. Mirabilienhafte Anschauungen von den antiken Monumenten. Fragmente athenischer Stadtbeschreibung.

1. Cyriacus be' Pizzicolli war um das Jahr 1391 in Ancona geboren, jener lebhaften Handelsstadt, die eine lange Verbindung mit dem byzantinischen Reiche besaß, und sich fortdauernd neben Venedig, Genua, Barcelona und Marseille am Levantehandel beteiligte. Ursprünglich zum Kaufmanne bestimmt, wurde er von der humanistischen Geistesströmung seiner Zeit erfaßt, und mit dem angeborenen Triebe die Welt zu sehen vereinigte sich in ihm die Begeisterung für das classische Altertum.

Seine Zeitgenossen unter den Führern der Renaissance, für deren Thätigkeit die Höfe Eugen's IV. und dann Nicolaus' V., des Federigo von Urbino, des Cosimo Medici und der Gonzaga in Mantua die Mittelpunkte bildeten, Männer wie Poggio, Traversari, Manetti, Nicoli, wie Leonardo Aretino, Guarino von Verona, Flavio Biondo, waren ihm an Wissenschaft überlegen. Aber während diese Philologen und Antiquare griechische Handschriften entdeckten, abschrieben und übersetzten, und vor allem die Grundlagen der römischen Altertumswissenschaft legten, während große Meister, wie Leon Battista Alberti, durch die Anschauung der Ruinen Rom's und die Kenntniß der Regeln des Vitruv die Principien der antiken Baukunst wieder einführten, er= schloß der enthusiastische Forscher Cyriacus der abendlän= dischen Wissenschaft auch die monumentalen Gebiete des Orients. Er besuchte wiederholt Griechenland und den Inselarchipel, Kleinasien und Syrien, selbst Aegypten.[1]

In diesem außerordentlichen Manne schien der Reisende Pausanias wieder erstanden zu sein, welcher im 2. Jahr= hundert die alten Culturländer aus wissenschaftlichem Triebe durchwandert hatte, und dem die Nachwelt ihre wesentliche Kunde von der Topographie, den Denkmälern und Kunst= schätzen der griechischen Städte verdankt. Ihm ähnlich an Leidenschaft, wenn auch ein Barbar an Wissen im Vergleich zu ihm, durchzog dreizehn Jahrhunderte später die längst verwüsteten Provinzen des hellenischen Ostens der Kaufmanns= sohn der Handelsstadt Ancona, der einzigen griechischen Co= lonie Mittelitalien's, die einst die Syrakuser gegründet hatten.

Man würde Cyriacus zu hoch stellen, wollte man glauben, daß es Enthusiasmus für das Land der Hellenen als die Heimat des Geistes und der Schönheit gewesen ist, was ihn dorthin getrieben hat. Es war vielmehr die Leidenschaft des Antiquars, die ihn erfüllte. Er sammelte Medaillen, Kunstwerke und Bücher, zeichnete Denkmäler ab, und scheute keine Mühe, antike Inschriften an ihrem Ort abzuschreiben.

---

[1] Francisc. Scalamontius, Vita Kyriaci Anconitani (Colucci, Delle Antichità Picene XV, 50 ff.). Kyriaci Anc. Itinerarium ... Flor. 1742. ed. Laur. Mehus, Einl. — Teraboschi VI, 1, 158. Mazzuchelli, Scrittori d'Italia I, p. 2, 685.

Dadurch wurde er der Begründer der epigraphischen Wissen=
schaft. Seine Sammlung von Epigrammen, welcher er den
Titel Commentaria des Altertums gab, war der hauptsäch=
liche Gewinn seines rastlosen Wanderlebens. Seine Reisen
umfaßten den Zeitraum von 25 Jahren, da er sie 1412 mit
Aegypten, Rhodus und Kleinasien begonnen hatte, und um
1447 mit Asien und Griechenland beschlossen zu haben scheint.[1]

Cyriacus hatte seinen Blick an den Monumenten Rom's
geübt, wohin er zum ersten Mal am 3. December 1424
gekommen war, und im Jahre 1432 zurückkehrte, nachdem
sein venetianischer Freund Gabriel Condulmer als Eugen IV.
den heiligen Stul bestiegen hatte. Am Ende des Jahres 1435
machte er sich zu neuen Reisen nach Griechenland auf. Er
war im December in Korfu, ging im Januar nach Epirus,
besuchte Dodona, dann Aetolien, kam am 26. Februar nach
Patras, am 21. März nach Delphi, der erste Abendländer,
der dort Epigramme abschrieb. Sodann durchzog er Böotien,
sammelte Inschriften in Lebadea, Orchomenos, Theben und
Euböa.

Athen erreichte er am 7. April 1436, als Nerio II.
dort regierte, und verweilte hier im Hause seines Gastfreundes
Antonio Balduino bis zum 22. April.[2] Er beschränkte seine
Forschungen auf das Stadtgebiet, ohne weiter vorzudringen,
als bis Eleusis, wo er nichts als große Trümmer, darunter
diejenigen einer Wasserleitung bemerkte. Den Piräus fand

---

[1] Corp. J. Latin. III, XXII ff.; VI, 1, p. XL ff. De Rossi, Insc.
Chr. Ur. Romae Vol. II, pars I, 1888, p. 356 ff., dazu Synopsis
Vitae et Itin. p. 385 ff.

[2] Epigrammata reperta per Illyricum a Cyriaco, Rom 1747,
p. XXXVII.   Corp. J. L. VI. I, p. 93.

er ganz verfallen, mit ungeheuern Fundamenten von Mauern, den Resten zweier Rundtürme, und dem großen Marmor=
löwen am Hafen.[1] Von Athen ging er weiter nach Megara, dann nach dem Isthmus, dessen vom Kaiser Manuel herge=
stellte Mauer er von den Türken zerstört fand, sodann nach Korinth, nach Sicyon, und über Patras zum Herzog Carlo II.
in Leukadia. Er besuchte Korfu, bereiste Epirus und Dal=
matien, und kehrte von dort nach Italien zurück.

Den Herzog Nerio traf er später nach dessen Vertrei=
bung aus Athen, wahrscheinlich in Florenz wieder, wohin er selbst im Jahre 1439 gekommen war, um mit den vielen bedeutenden Männern persönlich zu verkehren, die das Unionsconcil dort versammelte. Dann führten ihn seine Reisen noch einmal nach Athen zurück, im Jahre 1447. Er schrieb von diesem Besuche einem Freunde: „als ich mich zum Florentiner Nerio Acciajoli, dem gegenwärtigen Fürsten Athen's begab, in Gesellschaft seines leiblichen Vetters Nerio, fanden wir ihn auf der Akropolis, der hohen Burg der Stadt." So gebrauchte Cyriacus für das „Castell Setines" den antiken Begriff.[2] Da er in diesem Briefe Nerio mit keinem jener im Munde schmeichelnder Humanisten gewöhn=
lichen Fürstenprädicate geehrt hat, wie humanissimus, libe-
ralissimus, literarum cultor amantissimus und dergleichen, so mag er entweder von jenem Acciajoli nicht viel Auf=
merksamkeit erfahren, oder in ihm keinen hochgebildeten Mann gefunden haben.

---

[1] Et ad faucem ingens marmoreus Leo. Am Hafen stand eben nur dieser eine Löwe.

[2] Eum in Acropoli summa civitatis arce comperimus. Brief aus Chios, 29. März 1447, bei G. Targioni Tozzetti, Relazioni d'al-
cuni viaggi fatti in diverse parti della Toscana, Edit. 2. V, 439.

Die Acciajoli konnten übrigens als Herren der alten
Musenstadt Athen nicht ganz außer Zusammenhang mit der
humanistischen Richtung ihrer Zeit geblieben sein. Sie hatten
einen Vorzug vor den großen Mäcenen ihres Vaterlandes
Italien, nämlich diesen, der griechischen Sprache mächtig
und durch sie möglicher Weise mit manchen Resten der
hellenischen Literatur bekannt zu sein. Die Thatsache freilich, daß sich die italienischen Entdecker antiker Handschriften,
so viel uns bekannt ist, nicht nach Athen als einem Fund-
orte solcher gewendet haben, beweist, auch wenn manche
Beziehungen dieser Art verschwiegen geblieben sind, zum
mindesten, daß die Stadt der Philosophen im Abendlande
nicht als besonderer Büchermarkt gegolten hat. Viele Codices sind von andern Orten Griechenlands nach Europa
gebracht worden, wie aus dem Peloponnes, aus Modon,
Nauplia, Monembasia; vom Athos und von Constantinopel
nicht zu reden; und treffliche Kalligraphen hat die Insel
Kreta geliefert.[1] Als Janus Laskaris in den Jahren 1491
und 1492 für die florentiner Bibliothek der Medici in Griechenland und der Levante Forschungsreisen machte, erwarb
er Codices in Korfu, Arta, Thessalonich, auf Kreta und im
Peloponnes, in den Athosklöstern und in Constantinopel.[2]
Unter den von ihm nach Florenz gebrachten Handschriften
befand sich auch die einzige vom Commentar des Proklos

---

[1] Athenis paucos in Bibliothecas nostras occidentales trans-
latos codices vidimus ... Montfaucon, Palaeogr. Graeca p. 111.
P. 76 nennt er als Abschreiber eines florentiner Codex des Polybius
den in Siena beschäftigten Athener Antonius Logothetos im J. 1435.
[2] Legrand, Bibliogr. Hellén. I, CXXXIII. K. K. Müller, Neue
Mitteilungen über Janos Laskaris und die Mediceische Bibl. (Central-
blatt für Bibliothekwesen 1884, 333 ff.)

zur Republik Plato's, und dieser schöne Codex des 10. Jahr=
hunderts hatte nach einer Notiz auf seinem ersten Blatte
dem Athener Harmonios angehört. Ob die Handschrift des=
halb von Laskaris in Athen selbst erworben wurde, bleibt
indeß zweifelhaft.[1]

Wenn die Acciajoli in ihrem eigenen Palast auf der
Akropolis eine Sammlung seltner griechischer Bücher ange=
legt hätten, so würde ein solcher Schatz dem forschenden
Blicke des Cyriacus schwerlich entgangen sein, und er hätte
dann irgendwo eine Bemerkung darüber gemacht.[2] So ver=
säumte er nicht aufzuzeichnen, daß er in Kalabryta bei dem
classisch gebildeten Georg Kantakuzenos eine ansehnliche Bücher=
sammlung vorfand und aus ihr den Herodot und manche
andre Schriften erhielt.[3] Auch in Korfu brachte er Codices
an sich.[4]

Man darf sich immerhin vorstellen, daß schon die Accia=
joli in ihrem Propyläenpalast eine Sammlung von clas=
sischen Kunstwerken besaßen, wie Jahrhunderte später der
französische Consul Fauvel in seinem Hause zu Athen.[5]
Wenigstens läßt sich eine Leidenschaft solcher Art bei den
Herzogen Athen's zu einer Zeit voraussetzen, wo in Italien
die ersten Museen entstanden, wo Päpste und Cardinäle in

---

[1] Siehe Procli commentar. in Remp. Platonis partes ineditae,
ed. R. Schöll (Anecd. varia graeca et lat. II. Berol. 1886. p. 4).

[2] Von einer ehemaligen Bibliothek des Hauses Nerio Acciajoli hat
ein später Cyriacus, der Athener Pittatis, welcher diesen Taufnamen
trug, sicherlich nur gefabelt. Er versah daraus, wie er behauptete, Fall=
meraver mit dem bekannten, von ihm selbst falsch datirten Briefe der
Athener an den Patriarchen. Fallmeraver, Welchen Einfluß . . . p. 29.

[3] Epigrammata reperta p. XIX.

[4] Itinerarium p. 29.

[5] Pouqueville IV, 76.

Rom Statuen, Medaillen und Gemmen sammelten, wo die Medici und Rucellai in Florenz Antikencabinette anlegten, und man anfing in Griechenland nach Kunstwerken zu forschen. Wenn es sich auch nicht nachweisen läßt, daß in der Früh=renaissance Italien's, als der Ruhm der alten griechischen Autoren wieder auflebte, aber die Namen Phidias, Praxi=teles und Myron dort nur noch sagenhaft waren, plastische Bildwerke ersten Ranges aus Hellas nach dem Abendlande gebracht wurden, so mußte doch manche Antiquität durch die Vermittlung der Seefahrer und Kaufleute dort hingelangen. Mancher köstliche Marmor wird die Begierde der Venetianer und Genuesen gereizt haben.

Der Westphale Ludolf oder Ludwig von Sudheim, der von 1336 bis 1341 den Orient bereiste, bemerkte folgendes: „nicht weit von Patras liegt die Stadt Athen, wo einst das Studium der Griechen blühte. Sie war vor Zeiten die edelste aller Städte, doch jetzt ist sie fast verlassen. Denn es gibt in Genua keine Marmorsäule noch irgend ein gutes Werk aus bearbeitetem Stein, welches nicht von Athen her=gebracht worden wäre. Ganz Genua ist aus Athen aufge=baut, wie Venedig mit den Steinen Troja's erbaut ist.[1]

---

[1] Ludolfi de Itin. Terrae Sanctae Lib., ed. Deyks, Stuttg., Lit. Verein XXV. 1851, c. 17. Haec civitas quondam fuit nobi-lissima, sed nunc quasi deserta. Nam in civitate Januensi non est aliqua columna marmorea vel aliquod opus bonum lapideum sectum, nisi sit de Athenis ibid. deportatum, et totaliter ex Athenis civitas est constructa, sicut Venetia ex lapidibus Troiae est aedi-ficata. — Kürzer lautet die Stelle in der Ausgabe Ludolf's von Neu=mann nach der Redaction des Nicol. de Hude, Arch. de l'Orient Latin 1884, II, 331, wo der Zusatz Pergama zu Troya beweist, daß Ludolf hier nicht an Trau gedacht hat, sondern an das alte Troja. Indes auch Genua leitete sich von den Trojanern ab. La riche, noble et

Diese seltsame Ansicht Ludolf's von der Entstehung der
Prachtbauten Genua's und Venedig's stützt sich auf die
Gründungssagen der beiden herrlichen Städte; aber sie kann
auch versteckte Thatsachen andeuten, nämlich diese, daß jene
Seerepubliken während ihrer langen Herrschaft in den grie=
chischen Meeren Altertümer und köstliches Material massen=
haft in ihre Heimat fortgeschleppt haben. Was Athen
selbst betrifft, so haben die Venetianer solche Plünderungen
bis zum Jahre 1688 fortgesetzt.

Der Trieb der Italiener, Antiquitäten zu sammeln,
richtete sich naturgemäß nach Griechenland. Griechische
Medaillen bewunderte man in Venedig; den berühmten Tra=
versari entzückte dort eine Goldmünze der Berenike, und
Cyriacus zeigte demselben Humanisten im Jahre 1432
zu Bologna goldene und silberne Münzen des Lysimachus,
Philippus und Alexander.[1] Die Florentiner blieben in
diesem Eifer nicht zurück, und gerade sie standen durch ihre
eigenen Landsleute, die Acciajoli, in lebhaftem Verkehr mit
Athen. Doch wissen wir nicht, ob sie von dort her Kunst=
werke entführt haben. Poggio, der in seinem Landhause im
Valdarno Antiken sammelte, gab einem im Orient reisenden
Minoriten den Auftrag, ihm Bildsäulen der Minerva, der
Juno, des Dionysos, und ähnliches aus Chios mitzubringen,
wo in einer Grotte mehr als hundert Statuen entdeckt wor=
den seien.[2]

---

ancienne cité de Jennes, fondée jadis par Janus, descendu des
haultes lignées troyennes. Livre des Faits de Jean Bouciquaut
II. c. 2 am Ende der Chronik des Froissart, ed. Buchon, Paris 1835.

[1] Ambros. Camald. Ep. VIII. 35.
[2] Poggii Ep. 18. 19. Append. Hist. de Varietate Fortunae.

So waren die hellenischen Länder in den Ruf gekom=
men, Fundgruben schöner Werke des Altertums zu sein, und
das Abendland würde sie reichlich ausgebeutet haben, wenn
nicht mitten in derselben Zeit, wo die Leidenschaft und das
Verständnis für die antike Kunst in Italien lebhafter wur=
den, die Türken die Schatzkammern Griechenlands wieder
verschlossen hätten.

Athen war gleich Rom und fast jeder andern Stadt
antiken Ursprungs mit zahllosen Fragmenten des Altertums
überstreut, die entweder vernachlässigt im Staube lagen,
oder für das gemeine Bedürfnis verwendet wurden. Herr=
liche Vasen und Sarkophage dienten als Tröge oder Wasser=
behälter, Marmorplatten aus Theatern und Odeen als Thür=
schwellen oder als Werktische der Handwerker; Sculpturen
jeder Art waren von verständigen Priestern in Kirchen, oder
von Bürgern in ihre Wohnungen eingemauert. Als der
französische Forscher Spon im Jahre 1675 Athen besuchte,
sah er hier viele Häuser, über deren Thüren Statuetten
oder Bruchstücke von Reliefs eingefügt waren, und er be=
merkte, daß sich in den meisten Kirchen, wie auch in Privat=
wohnungen antike Inschriften befanden.[1] Die Sitte, Häuser
mit solchen Resten zu zieren, war sicher sowol in Athen,
wie in Rom so alt, wie der Untergang des Heidentums.
Der Jesuit Babin beschrieb in derselben Zeit Spon's Athen
als eine Stadt mit engen Straßen ohne Pflaster, mit ärm=
lichen Häusern, nicht von Holz wie die Constantinopel's,
sondern von Stein, und aus dem Material antiker Trüm=
mer erbaut.[2] Das Aussehen Athen's im 17. Jahrhundert

---

[1] Voyage de Grèce II, 219.
[2] Babin, p. 778 (Abdruck von Wachsmuth, Stadt Athen, Bd. I).

konnte aber von dem Bilde der Stadt im 15. nicht zu sehr
verschieden sein.

Zur Zeit der Acciajoli war dieselbe, die wenigen großen
Ruinen und die in Kirchen verwandelten Tempel abgerech=
net, mit ihren Kunstschätzen so gut unter die Oberfläche der
neuen Stadt herabgesunken, wie das alte Rom. Schutt=
massen und Gärten bedeckten die Agora, den Kerameikos,
die Ufergelände des Ilissos, die Südabhänge der Burg und
die Stätte des Olympium. Die bewundernswürdigen Grab=
mäler vor dem Dipylon und auf der Straße der Akademie,
welche erst zu unserer Zeit teilweise wieder an's Licht ge=
treten sind, lagen unter der Erde, denn da sich in der Reihe
der athenischen, von Cyriacus copirten Inschriften keine
von jenen Denkmälern vorfinden, so mußten dieselben schon
im Schutt verborgen gewesen sein. Zahllose Kunstwerke
waren auf der Akropolis begraben, wo Trümmer und Häuser
den alten Boden bedeckten. Der Zufall mußte hier oft
genug manches classische Bildwerk an den Tag bringen,
und jeder Spatenstich eines Nachgräbers würde auf der
Stadtburg wie im ganzen Gebiete Athen's zu kostbaren Ent=
deckungen geführt haben. Allein weder der künstlerische noch
der dilettantische Trieb dazu, noch die Altertumswissenschaft
waren schon so weit vorgeschritten, daß irgend ein halb=
wissender Antiquar unter den Athenern, oder einer der Her=
zoge selbst auf den Gedanken gekommen wäre, topographi=
sche Untersuchungen und Ausgrabungen zu machen. Denn
daß solche von dem baulustigen Antonio Acciajoli wirklich
angestellt worden seien, ist nur eine Vermutung, die sich
durch kein Zeugniß bestätigen läßt.[1] Das Aufhören der

---

[1] Von Antonio behauptet Hopf II, 90, daß er, wie aus den Reise=

periegetischen Wissenschaft in Athen selbst wird durch die lange Herrschaft der unwissenden Franken hinreichend erklärt, unter deren Fürsten kein einziger den Ehrentitel eines Mäcen erworben hat. Auch hat kein abendländischer Reisender, so viel uns bekannt ist, vor Cyriacus in Athen antiquarische Studien gemacht. Der Presbyter Cristoforo Buondelmonte, der seit 1413 die Küsten und Inseln Griechenlands besuchte und von 1417 bis 1421 sein Isolarium verfaßte, hielt es, obwol er selbst Florentiner war, doch nicht der Mühe wert, sich mit Athen zu beschäftigen.[1]

Erst Cyriacus brachte den Sinn der Renaissance dort hin. Wenn er auch neben seiner Kenntniß der griechischen Sprache, die er aus Liebe zum Homer in Constantinopel erlernt haben soll, nicht hinreichende Gelehrsamkeit besaß, so war doch sein Auge durch eifrige Forschung auf langen Reisen geübt, während er mit den Begründern der Altertumswissenschaft in Italien in persönlichem Verkehre stand.[2]

2. Den allgemeinen Eindruck, den Athen bei seinem ersten Besuche auf ihn machte, sprach Cyriacus in diesen Worten aus: „Am 7. April kam ich nach Athen. Hier erblickte ich zuerst die ungeheuren, überall vom Alter zerfallenen Mauern, und in der Stadt wie auf den Feldern

fragmenten des Cyriacus hervorgehe, die Künste mit lebendigem Sinn für das Altertum hegte und mannigfache Ausgrabungen veranstalten ließ. Wo aber steht das in den Reisefragmenten geschrieben?

[1] Er schickte seinen Liber Insularum Archipelagi im J. 1422 von Rhodus dem Cardinal Orsini nach Rom. Ausgabe von L. Sinner, Berlin 1824.

[2] In demselben Jahre 1417, wo er zum zweiten Mal in Athen war, überreichte Flavius Blondus dem Papst Eugen IV. seine Roma Instaurata.

unglaubliche Marmorbauten, Häuser und heilige Tempel,
vielerlei Bildwerke von Dingen, durch bewundernswerte
Kunst ausgezeichnet, aber all' dies zu großen Trümmermassen zerstört. Das Merkwürdigste ist oben auf der Stadtburg der großartige, staunenswürdige Marmortempel der
Göttin Pallas, das göttliche Werk des Phidias mit 58 herrlichen Säulen so groß, daß sie 7 Palm im Durchmesser
haben. Er ist überall mit den edelsten Sculpturen geschmückt,
welche die höchste Kunst des Bildhauers auf beiden Giebeln,
den Wänden, den Gesimsen und Epistilien ausgemeißelt
hat."[1] Leider ist Cyriacus nicht der Pausanias des zertrümmerten Athen im 15. Jahrhundert geworden. Er hat
keine Periegese der damaligen Stadt zusammengetragen,
noch seine dortigen Beobachtungen und Erlebnisse aufge-
zeichnet.[2]

Sein Zweck war, Monumente zu betrachten und vor
allem Epigramme abzuschreiben. So wurde er der Vor-
läufer des Spon und Wheler, des Chandler, Stuart und
Fourmont. Seine Sammlung athenischer Inschriften ist
als erste dieser Art eine bewundernswürdige Leistung. Wenn
diese Abschriften auch hie und da nicht vollkommen correct
sind, so ist doch ihre Treue im Ganzen von den Nachfolgern
bestätigt worden.[3] So oft er Inschriften in sein Notizbuch
eintrug, versah er sie mit den Angaben des Orts und Monuments, und fügte bisweilen noch kurze Reisedaten hinzu.
Doch lassen diese Notizen manche Locale dunkel. Wenn

---

[1] Epigr. rep. p. XXXVII.
[2] Andre seiner Briefe haben schon etwas von der Art des modernen
Touristen: so die von Tozzetti mitgeteilten: z. B. der über Sardes p. 451.
[3] Sie sind dem Corp. J. Gr. einverleibt.

Cyriacus mehrmals notirt: „am Tor der neuen Stadt",
oder „neben den neuen Stadtmauern", so darf man daraus
schließen, sowol daß ein neuer Mauerbau, und wahrschein=
lich von den Acciajoli, aufgeführt worden war, als daß ein
Bezirk die „Neustadt" genannt wurde. Allein es bleibt un=
gewiß, wo dieser lag, ob damit der Umfang der sogenannten
valerianischen Mauer, oder das Gebiet des Olympium be=
zeichnet wurde.[1]

Kein anderer Ort in Athen konnte dem Sammler von
Inschriften wie dem Zeichner von Monumenten eine größere
Ausbeute geben, als die Akropolis. Cyriacus schrieb von
ihrem Tor eine Inschrift ab, und eine andere von dem
Vorhof, in welchen man aus jenem eintrat.[2] Allein die
Zahl der von ihm aus der Stadtburg entnommenen Epi=
gramme ist keineswegs beträchtlich.

Er copirte ein paar Inschriften aus der nächsten Nähe
des Parthenon oder in diesem selbst. Am Vestibulum, dem
östlichen Eingange der Marienkirche, von welcher als solcher
er übrigens nicht die geringste Notiz nahm, schrieb er die
Inschrift des Architravs des Tempels der Roma und des

---

[1] Epigr. reperta n. 91. 110. 117: ad nova moenia. n. 124:
ad portam novae civitatis. Die Stadtmauern Athen's beschrieben
einen kleinen Umfang, da der Theseustempel in agro Athenarum lag,
n. 96. Moenia Athenar. antiquissima magnis condita lapidibus
(n. 74). Von Toren der Stadt Athen sind bezeichnet das westliche
(n. 75), das nördliche (n. 92) und die porta novae civitatis (n. 114).
Das westliche kann nur das piräische gewesen sein, wie zur Zeit
Spon's.

[2] n. 108: ad portam arcis. Nicht correcte Copie der Inschrift,
welche besagt, daß Flavius Sept. Marcellinus Pylonen errichtet habe.
Dazu die Erklärung in C. J. Gr. n. 521 und Wachsmuth, Stadt Athen
S. 704. — n. 113: ad vestibulum arcis.

Augustus ab.[1] Eine andre fand er an einer Säule, die in der Kirche neu errichtet war, also wol dem Zweck einer Restauration diente.[2]

Auch die vom Südabhange der Burg entnommenen Epigramme sind sehr spärlich; darunter befinden sich diejenigen der choregischen Denkmäler des Thrasyllos und seines Sohnes Thrasykles vor der Grotte der Panagia Chrysospeliotissa.[3] Cyriacus scheint dies Denkmal für einen Theatersitz gehalten zu haben, wie auch das Monument des Lysikrates.[4] Im Uebrigen konnte die Tradition vom Theater des Dionysos nicht erloschen sein, wenn auch dasselbe, gleich den von den Christen des 5. Jahrhunderts zerstörten Heiligtümern des Asklepios, größten Teils vom Schutte bedeckt war; denn ohne dies würde Cyriacus wol einige Inschriften von dort, namentlich von den Marmorsesseln abgeschrieben haben.[5] Auch die große Weihinschrift der Basis der Statue des Kaisers Hadrian, welche die Phylen Athen's

[1] Ad praefatae Palladis Templi vestibulum, n. 72.

[2] n. 73: ad columnam in praefata Palladis aede noviter positam .. Zwei andere Inschriften: n. 47: ad urnam in Palladis aede marmoream; n. 105: in alio lapide ante magnam Palladis aedem.

[3] n. 69: ad statuam Gorgonis sub arce ad marmoream et ornatissimam scenam prope incisam rupem et mira ope fabrefactum specus. Das Haupt der Gorgo an der südlichen Akropolismauer über dem Theater (Pausanias I, 21), welches ein König Antiochus als Apotropaion dort hatte befestigen lassen, beschäftigte vielleicht noch die Phantasie der Antiquare, und die Gorgosage lebte im Namen Gorgopiko fort, welchen die alte Metropolis führte. Die Notiz des Cyriacus aber zwingt, eine wirkliche, Gorgo getaufte Statue anzunehmen.

[4] n. 76: ad ornatissimas scenarum marmoreas cathedras.

[5] Manche Trümmer scheinen als Theater gegolten zu haben; so bezeichnet der Pariser Anonymus (abgedruckt von Wachsmuth, Stadt Athen p. 742) an der Kallirrhoe eine Scene des Aristophanes.

diesem Wolthäter der Stadt im Theater aufgerichtet hatten, ist ihm unsichtbar gewesen.

Andre von Cyriacus gesammelte Inschriften zu Ehren Hadrian's bilden einen so unverhältnißmäßig bedeutenden Teil seiner athenischen Sylloge, daß sie allein hinreichen würden, darzuthun, wie groß die Liebe des Kaisers zu Athen gewesen ist. Es ist merkwürdig, daß Cyriacus in den Trüm= mern des Olympium, von dem damals noch 21 Säulen mit ihrem Gebälke übrig geblieben waren, noch eine Reihe von Postamenten vorfand, auf denen einst im Peribolos des Heiligtums die Statuen standen, welche griechische Städte dem Olympier Hadrian bei Gelegenheit der Einweihung des von ihm vollendeten Prachttempels errichtet hatten. Er schrieb von manchen die Weihinschriften ab.[1]

Die Aufzeichnungen des Reisenden von Ancona haben für die Geschichte der Stadt Athen nur so weit Bedeutung, als sie eine Uebersicht über die damals noch vorhandenen antiken Denkmäler derselben möglich machen. Wenn wir zu den genannten inschriftlich durch ihn beglaubigten Monu= menten noch andere von ihm gesehene hinzufügen, wie den Areopag, den noch mit seinen 30 Säulen wolerhaltenen Theseustempel, welchen er nach Mars benannte, die Agora

---

[1] So von Pompejopolis, Anemurion, Keramos, Sebastopolis, Pales, Dia, Sestos, Milet, und ein paar von Privatpersonen. Auch an anderen Orten fand er solche vom Olympium verschleppte Basen. Die vom Hadrianscoloß ist nicht bemerkt. Später fanden Spon, Chandler und Fourmont noch andre hadrianische Weihinschriften in Athen auf. — Cyriacus copirte vom Propyläum der neuen Agora das Edict Hadrian's wegen des Oelverkaufs, die Inschrift vom Portal der hadrianischen Wasserleitung, das berühmte Epigramm vom Bogen des Eingangs zum Olympium. Alle auf Hadrian bezüglichen Epigramme umfassen die Nummern 78 bis 93.

(Forum), die von ihm als Tempel des Aeolus bezeichnete Sonnenuhr des Andronikos Kyrrhestes, das Philopappos-Denkmal, und ungenannte Gymnasien: so stellt dies ein monumentales Inventarium der Stadt dar, welches zwar geringer ist, als das unsrige der Gegenwart, aber doch alles Wesentliche der heutigen Ruinenwelt Athen's umfaßt.

Leider sind die Bemerkungen des Cyriacus sehr flüchtig; von seinem zweiten Besuche Athen's zumal sind keine Notizen vorhanden, als der aus Chios am 29. März 1447 ge-schriebene Brief, worin er mit etwas mehr Ausführlichkeit von den Wunderwerken der Akropolis, doch nicht von allen, gesprochen hat. Er sah die Stadtburg elf Jahre bevor sie die Türken besetzten; eine Schilderung ihres damaligen Zu-standes würde demnach heute von unschätzbarem Werte sein. In jenem Briefe sagt er kein Wort über die Mauern und Befestigungen der Akropolis, über den Aufgang zu ihr, über die auf der Fläche verteilten Häusergruppen, noch beschreibt er den herzoglichen Palast.

Er hat nur zwei antike Bauwerke dort hervorgehoben, die Propyläen und den Parthenontempel. Die ersteren hat er nicht mit ihrem Namen genannt, und eben so wenig findet sich in seinen Aufzeichnungen derjenige des Erech-theum und des Niketempels; aber da Leonardo Aretino in einem Briefe an ihn von seiner Zeichnung der „Propyläen" spricht, so muß auch Cyriacus diesen antiken Begriff ge-kannt haben. Er selbst nannte das große Bauwerk des Mnesi-kles „Aula", und beschrieb dasselbe als eine prachtvolle Halle, aus welcher zunächst ein viersäuliger Porticus hervortrat, während in ihr selbst zwei Reihen von sechs Säulen das glänzende antike Marmorgetäfel der Decke trugen. Der

Verlust seiner Abbildung der Propyläen ist bedauerlich, weil
dieses Blatt eine wenn auch entstellte Ansicht des Schlosses
der Acciajoli enthalten mußte.[1] Im Uebrigen verschmähte
Cyriacus falsche antiquarische Bezeichnungen, wie Arsenal
des Lykurg und Kanzelei.[2] Obwol er nicht mit baaren
Worten sagt, daß jene Aula ein Teil des herzoglichen Pa=
lasts geworden war, muß doch dieser darunter verstanden
werden.[3]

Daß die Marienkirche auf der Burg der alte Tempel
der Parthenos, die aedes Palladis, war, wußte Cyriacus
so gut, wie jedes Kind in Athen. Für ihn aber, den Alter=
tumsforscher im Zeitalter der heidnischen Renaissance, hatten
die dortigen Reliquien und Gemälde keinen Wert mehr.
Er erwähnte mit keinem Wort der Kirche, sondern bewun=
derte nur den edelsten Tempel der göttlichen Pallas, „von
dem Aristoteles dem Könige Alexander, unser Plinius und
viele andere vornehme Autoren bezeugt haben, daß er das
marmorne Wunderwerk des Phidias sei".

---

[1] Cum ... et Athenarum Propylaea descripsisses nobis: Leon.
Aretinus, Ep. V. lib. IX, ed. Mehus II. 149.

[2] Der Wiener Anon n. 10 sagt: πρὸς δὲ τὸ βόρειον κλεῖτος ὁπ-
ήργεν πᾶσα καγγελαρία ἐκ μαρμάρου καὶ κιόνων πεποιημένη λευκῶν.
Wachsmuth, Stadt Athen p. 738, glaubt deshalb, daß im nördlichen
Flügel der Propyläen (Pinakothek) die Kanzelei der Herzoge von Athen
eingerichtet war, und dieser Ansicht hat sich auch A. Bötticher ange=
schlossen. Allein das geht aus der Stelle doch nicht hervor. Der
Schreiber dachte hier offenbar an das Altertum und fabelte von irgend
einer antiken Kanzelei.

[3] Er bemerkt, daß er Nerio in Acropoli summa civitatis arce
gefunden habe und fährt fort: cum ejusdem praecellentis aulae
nobilissimum opus diligentius adspexissem. Hier könnte das ejusdem
syntaktisch auch auf die arx bezogen werden, doch ist es richtiger, das
Wort auf Nerius selbst zu beziehen. So nennt Cyriacus auch das
Schloß auf der Kadmea einmal aula mit dem Zusatz regia.

Er zählte die 58 Säulen des Tempels, 12 in jeder Fronte, und je 17 auf den Seiten; er bemerkte flüchtig die Sculpturen der Metopen und Giebelfelder, und hielt diejenigen des Cellafrieses für eine Darstellung der Siege Athen's zur Zeit des Perikles. Seinen Brief schloß er mit der Bemerkung, daß er die Gestalt des herrlichen Bauwerkes in den Commentaren zu seiner griechischen Reise niedergelegt habe.[1]

Diese Commentare sind nicht auf uns gekommen. Nach dem Zeugniß des Petrus Rassanus, eines Freundes des Cyriacus, hatte dieser seine Notizen, Zeichnungen und Inschriften in drei großen Bänden vereinigt.[2] Sie sind nach seinem Tode verloren gegangen, oder nur in Bruchstücken erhalten.[3] Solche Schätze erregten das Erstaunen der Humanisten Italien's, denn nie zuvor war von ihnen Aehnliches gesehen worden.

Ein Skizzenbuch des römischen Architekten San Gallo

---

[1] Diese Abbildungen sind phantastisch und unbrauchbar. Der Tempel hat Kuppelform: Copie aus dem Skizzenbuche des San Gallo in Laborde, Athènes I, 33. Facsimile (aus der Sammlung des Herzogs von Hamilton, im Berliner Museum) von Michaelis, Parthenonzeichnungen des Cyriacus, Arch. Zeit. 1882, p. 367 ff.

[2] Leandro Alberti, Descriptio totius Italiae, Colon. 1567, p. 432.

[3] Die wichtigste Ausgabe der Inscriptiones ließ der Cardinal Francesco Barberini von Carolus Moronus machen; dann die römische Edition von 1747: Inscriptiones seu epigrammata graeca et lat. reperta per Illyricum a Cyriaco Anconitano ... Nur diese Sammlung enthält die Athen betreffenden Inschriften und Notizen. In den Commentariorum Cyr. Anc. nova fragmenta notis illus. ed. Hannibal de Abatibus Oliverius, Pisauri 1763 befindet sich nichts von Athen, außer der Inschrift vom Bogen Hadrian's. Auch aus dem Leben des Cyriacus von Scalamontius erfahren wir so wenig etwas von Athen, wie im Itinerarium des Mehus.

des Aelteren aus dem Jahre 1465 enthält, nach Zeichnungen
des Cyriacus, eine Reihe willkürlicher Abbilder von Denk=
mälern, wie des Turms der Winde, des Monuments des
Thrasyllos, des Philopappos, des Portals der Wasserleitung
Hadrian's, eine Ansicht des Piräus mit dem Löwen und
zwei Rundtürmen, und des Parthenon.[1]

Selbst nach Deutschland verloren sich Bruchstücke der
Tagebücher des großen Reisenden. Dürer erhielt Zeich=
nungen athenischer Bauwerke durch Vermittlung des Nürn=
berger Arztes Hartmann Schedel, welcher solche aus einem
Exemplar der Commentare in Padua copirte.[2]

3. Bei seinen Forschungen in Athen war Cyriacus
ohne Zweifel von einheimischen, mit den Altertümern ver=
trauten Männern begleitet worden, denn ohne deren Hülfe
hätte er sich in den Trümmern der Stadt nicht zurecht ge=
funden. Solche Antiquare, vielleicht sogar Fremdenführer,
mußte es im Beginne des 15. Jahrhunderts dort wieder
geben, weil der Verkehr des Abendlandes mit Athen leb=
hafter geworden war, als er es zur Zeit der catalani=
schen Herrschaft hatte sein können. Die vielen gebildeten
Italiener zumal, die den Hof der Acciajoli besuchten, be=
durften der Ciceroni; das alte Institut der athenischen
Fremdenführer, welches noch zur Zeit des Pausanias in

---

[1] Bibl. Barberini. L. Roß, Das Zeichenbuch des röm. Architekten
Giuliano da S. Gallo, Hellenika I, 1. 72, hat zuerst die Herkunft
dieser Copien von Cyriacus dargethan. Siehe auch Michaelis, Par=
thenon S. 54. 95. 187. Wachsmuth, Stadt Athen I, 10 ff.
[2] De Rossi entdeckte die Copien Schedel's in dessen Münchner
Handschrift. — O. Jahn, Popul. Aufsätze aus der Altertumswissensch.
344 ff. — Bullettino dell' Inst. Arch. 1861.

Blüte stand, konnte daher in einer sehr bescheidenen Form
wieder aufgelebt sein.   Die Reste des classischen Altertums
machten den einzigen Stolz der Athener aus, und sie for=
derten diese immer wieder zum Kampf mit der Unwissen=
heit heraus, welche die Werke ihrer Vorfahren bedeckt hielt.
In den Schulen, die, so kümmerlich sie auch sein mochten,
nicht durchaus fehlen konnten, warf der Grammatikus noch
ein spärliches Licht der Erinnerung auf die Ruinen Athen's.
Weder die Namen der alten Götter, noch ihre mythologische
Fabel hatte die Kirche ganz aus dem Bewußtsein des Volkes
vertilgt; sie lebten in christlicher Verwandlung als Sage,
und selbst in volkstümlichen Gebräuchen fort.   Zugleich
war das Gedächtnis an die großen Menschen des Alter=
tums, wenn auch durch Jahrhunderte der Barbarei stark
getrübt, immer noch ein unveräußerlicher Schatz der Ueber=
lieferung.

Da nun im Laufe der Zeit die ursprüngliche Bestim=
mung der meisten antiken Bauwerke Athen's, so viele
deren sich noch in Ruinen erhalten hatten, größten Teils
vergessen worden war, so bemühte sich die Phantasie der
Antiquare und des Volks, sie mit hervorragenden Persön=
lichkeiten der Vergangenheit in Verbindung zu setzen.   Für
manche große Trümmermassen hatte sich in Athen der Begriff
„Königsburg" (βασίλεια, βασιλικά) oder Palation festgesetzt.
Wenn der erste an das römische und byzantinische Kaisertum
erinnerte und wesentlich griechisch war, so erscheint der letzte
von den Lateinern übertragen zu sein.   Man nannte in
Athen die Propyläen Palation megiston, die Reste des
Olympium ebenso Palation oder Basileia, denn daß die=
selben dem einst weltberühmten Tempel des olympischen

Zeus angehörten, wußte man nicht mehr. Schon Michael Akominatos hat seiner nicht mehr erwähnt; Cyriacus aber nannte diese noch gewaltigen Tempeltrümmer mit den riesigen Säulen das Haus oder den Palast Hadrian's, weil sie ihm so von den Athenern bezeichnet wurden. Die dortigen Weihinschriften der Statuen dieses Kaisers hatten diese Auffassung hervorgerufen, und sie mußten den Glauben daran bei dem Forscher bestärken, welcher sie copirte.[1] Noch im Jahre 1672 wußte Babin nicht, wo er den Zeustempel in Athen suchen sollte, denn er zweifelte, ob nicht der Palast des Themistokles (das sogenannte Gymnasium Hadrian's) jener weltberühmte Tempel gewesen sei. Ein paar Jahre nach ihm befand sich der gelehrte Reisende Spon in derselben Verlegenheit.[2]

Die Tradition weniger des Volks als der städtischen Antiquare heftete die Namen großer Athener an manche Ruinen: so sah man entweder in der Pyle der Agora oder in den Trümmern der Stoa Hadrian's die Paläste des Themistokles oder auch des Perikles; in den Mauern des Odeon des Herodes Atticus den Palast des Miltiades, in andern unbestimmbaren Ruinen die Häuser des Solon, Thukydides und Alkmäon. Noch im Jahre 1674 bezeichnete man dem französischen Marquis Nointel in Athen antike Trümmer

---

[1] Ad domos Hadriani Principis marmoreis et imanibus columnis, sed magna ex parte collapsis. Epigr. rep. n. 81. und n. 79 nennt er den Tempel Palatia. n. 87: Hadriani aedes. Der Wiener Anon. n. 6 bezeichnet das Olympium mit οἶκος βασιλικός. Im Brief des Kabasilas an Crusius (Turcograecia VII, 18) ebenso βασίλεια.

[2] Babin § 15 hielt den Tempel für den Palast Hadrian's. Erst der Deutsche Joh. Georg Transfeldt um 1674 erkannte richtig die Bestimmung der Reste des Olympium.

als den Palast des Perikles, und in ihrer Nähe galt der
Turm der Winde als Grab des Sokrates.[1] Die Erinnerung
an Demosthenes wurde an das Denkmal des Lysikrates ge=
heftet, jenen noch heute erhaltenen schönen Rundbau
von sechs korinthischen Säulen, dessen krönende Marmor=
blume einst den Dreifuß getragen hatte. Dies choregische
Monument, welches neben vielen andern gleicher Bestimmung
die Straße der Dreifüße geziert hatte, wurde schon im hohen
Mittelalter, wie Michael Akominatos gezeigt hat, die La=
terne des Demosthenes genannt. Man fabelte, daß der
große Redner daselbst gewohnt, oder sich zum Studiren zu=
rückgezogen, und seinen Göttern Lampen angezündet habe,
von deren Rauch dann der Marmor geschwärzt worden sei.[2]
Auch andere choregische Denkmäler in jener Straße wurden
von der Sage als Wohnungen dieses oder jenes berühmten
Atheners bezeichnet.[3]

Die alten Philosophen, welche den Ruhm der Stadt
der Weisheit selbst bei den Arabern und Türken lebendig
erhalten hatten, konnten niemals aus dem Bewußtsein des
athenischen Volkes verschwinden. Der Begriff ihrer Schulen
oder Didaskaleia dauerte fort, und wurde auf verschiedene
Trümmergruppen übertragen, nachdem, wie schon Akominatos

---

[1] Ayant passé sous les beaux restes du palais de Periclès et
auprès de la chapelle du tombeau de Socrate. Depesche Nointel's,
Athen 17. Dec. 1674, Laborde I, 122. Der Wiener Anon. § 2 be=
zeichnet als Didaskaleion des Sokrates den Turm der Winde. Auch
die vulgäre Benennung der Felskammern am östlichen Fuße des Mu=
seionhügels als Gefängniß des Sokrates ist sicher sehr alt.

[2] So noch Babin in seinem Brief an den Abbé Pécoil v. 8. Oct.
1672; Transfeldt gab dem Denkmal zuerst den richtigen Namen.

[3] πλησίον δὲ τούτου (Lysikratesdenkmal) ἦν τότε καὶ τοῦ Θουκυ-
δίδου οἴκημα καὶ Σόλωνος. Wien. Anon. 5.

geklagt hatte, die Akademie, das Lyceum, die Stoa und die
Gärten des Epicur spurlos geworden waren. Zur Zeit des
Cyriacus verlegte man die Akademie in eine für uns ört=
lich nicht mehr bestimmbare Gruppe von Basiliken oder
großen Ruinen.[1] Man zeigte auch ein Didaskaleion Plato's
im „Garten", womit ein Turm in den Gärten von Ampe=
lokipi, dem alten Alopeke, gemeint zu sein scheint. Man
versetzte dorthin übrigens auch eine Eleatische Schule, wäh=
rend auf dem Hymettos von Schulen eines Polyzelos und
Diodorus gefabelt wurde. Es ist möglich, daß man dar=
unter das Kloster Kaisariani auf jenem Berge verstanden
hat. Die griechischen Mönche überhaupt legten sich den
Titel „Pilosoph" bei.[2]

Das Lykeion oder Didaskaleion des Aristoteles suchte
man in Ruinen am Dionysostheater, unter den beiden
Säulen des choregischen Denkmals des Thrasyllos.[3] Cyriacus
schrieb von diesem die griechische Inschrift ab, ohne jenes
großen Philosophen zu erwähnen, vielmehr bemerkte er, daß
die Reste der Wasserleitung des Hadrian vom athenischen
Volk das „Studium des Aristoteles" genannt wurden.[4] Die
Stoa und die Schule des Epikur verlegte man sogar auf
die Akropolis in große Bauwerke, die einen Teil der

---

[1] πρῶτον ἡ Ἀκαδημία ἐν χωρίῳ τῶν βασιλικῶν. Wien. Anon. § 3.

[2] Nach Babin lag die Schule des Plato eine halbe Meile von
der Stadt, eine Viertelmeile vom Hymettos in einem Turm bei Ampe=
lokipi. Die dortigen Gärten haben allein eine Quelle; man fand da=
selbst Ruinen einer Kirche, die vielleicht auf einem Venustempel erbaut
war. Ahangabe versetzt den Kynosarges nach Ampelokipi: Bull. dell'
Inst. 1850, p. 132.

[3] Wien. Anon. 4.

[4] Ad fauces aquaeductus extra civitatem ad unum mill. quae
studia Aristotelis vulgus Atheniensium hodie vocat. n. 80.

Propyläen bilden mochten, und man sah, wie es scheint, in dem Niketempel die Musikschule des Pythagoras. Westlich von der Stadtburg zeigte man die Schule der Cyniker, neben welcher wunderbarer Weise auch die der Tragiker ihren Sitz bekommen hatte.[1] Eine Scene des Aristophanes wurde in gewisse Trümmer an der Kallirrhoe verlegt.[2]

Cyriacus war vermutlich der gebildetste oder doch wissensdurstigste Mann des Abendlandes, welchen irgend die Stadt Athen während der Frankenherrschaft in ihren Mauern beherbergt hatte; er war zum mindesten der Repräsentant der Renaissancebildung Italien's, der Günstling jenes Papsts Eugen IV., der die griechische Kirche mit der römischen wieder verbunden zu haben glaubte; außerdem war er der Freund vieler bedeutender Hellenen, wie der namhaftesten Fürsten und geistigen Größen unter den Italienern.[3] Daher mußte er auch in Athen mit denjenigen Griechen in Verbindung kommen, welche sich durch wissenschaftliche Kenntnisse auszeichneten. Wir kennen freilich die Namen solcher Athener nicht, und wissen auch nicht, ob sich einer der Chalkokondylas damals in der Stadt befand. Der unermüdliche Eifer, mit dem der Fremdling Denkmäler vermaß und zeichnete, und Inschriften von ihnen abschrieb, mußte auf die Athener selbst einen nachhaltigen Eindruck machen. Man darf zweifeln, ob vor Cyriacus irgend ein Grieche

---

[1] Wien. Anon. 3 ª.   Dazu das Didaskaleion des Sophokles 3 ᵇ.

[2] Pariser Anon. p. 742.

[3] Mit verzeihlicher Eitelkeit zählt er selbst alle seine Beziehungen dieser Art auf, im Briefe an Eugen (Itinerarium ed. Mehus), und führt ihre Lobeserhebungen in Gedichten und Briefen an.

daran gedacht hatte, eine Sammlung von städtischen Epi=
grammen anzulegen. Ein solcher Gedanke konnte eher in
der Stadt Rom entstehen, sowol wegen des lebhaften An=
teils, den das Abendland an dem Sitz der Kaiser und
Päpste nahm, als weil das politische Bewußtsein der
römischen Bürgerschaft gerade durch die Zeugnisse des Alter=
tums erhoben wurde. So gehört schon dem Zeitalter Carl's
des Großen die Sammlung von Inschriften des Anonymus
von Einsiedeln an. Vor der Mitte des 14. Jahrhunderts ent=
stand jene des Volkstribun Cola di Rienzo, während schon
früher die römische Stadtbeschreibung, die weitverbreitete
Schrift der Mirabilia Romae, verfaßt worden war. In
Athen hätte ein ähnliches Bedürfniß immerhin der Vater=
landsliebe entspringen können, aber es würde doch wesent=
lich aus der wissenschaftlichen Schule hervorgegangen sein.
Daß Männer, wie die Philhellenen Michael Psellus und
Akominatos athenische Inschriften gesammelt haben, ist uns
nicht bekannt.

Obwol nun der Besuch des Cyriacus in Athen nur ein
kurzer war, reichte er doch hin, hier eine geistige Spur
zurück zu lassen. Aus seiner Anregung können zwei grie=
chische Fragmente von Schriften athenischer Topographie
hervorgegangen sein. Man darf dieselben die freilich sehr
fragmentarischen Mirabilien Athen's nennen, da sie den
Charakter jener Rom's aus dem 12. Jahrhundert tragen,
welche noch in der Zeit des Cyriacus der antiquarische
Wegweiser für die ewige Stadt waren und das selbst noch
blieben, nachdem Flavius Blondus die ersten Versuche einer
wissenschaftlichen Stadtbeschreibung gemacht hatte. Es ist
die gleiche volkstümliche und sagenhafte Weise der An=

schauung des Altertums und seiner Denkmäler in den
dunkeln Jahrhunderten, die der antiquarischen Auffassung
in Rom und Athen eine verwandte Physiognomie aufge=
drückt hat.[1]

Jene dürftigen Fragmente sind wol eher von Athe=
nern als von andern Griechen verfaßt. Sie thun dar,
daß man sich seit der zweiten Hälfte des 15. Jahrhun=
derts mit solchen Studien in Athen abgab. Wenn denselben
auch kaum ein wissenschaftlicher Wert beigelegt werden
kann, so besitzen wir doch in ihnen die einzigen griechischen
Schriften dieser Natur seit dem Pausanias. Immerhin
sind sie als ein Inventar der damaligen classischen Ruinen=
welt der Stadt anzusehen; denn auf die christlichen Mo=
numente derselben haben die Verfasser keinen Blick ge=
worfen.[2]

Es würde eine zu starke Zumutung an die Griechen
und die Liebhaber des hellenischen Altertums in jenem Zeit=

---

[1] Siehe meine Abhandlung, „Mirabilien der Stadt Athen" (Kleine
Schriften zur Gesch. und Cultur, B. I, 1887).

[2] Die erste Schrift (τὰ θέατρα καὶ διδασκαλεῖα τῶν Ἀθηνῶν)
entdeckte Ottfried Müller, und veröffentlichte Ludwig Roß als Anonymi
Viennensis Descriptio urbis Athenarum; ein Beitrag zur Topographie
Athen's. Besonders abgedr. aus dem XI. B. der Jahrb. d. Lit., Wien
1840. Sodann in L. Roß, Archäol. Aufsätze I, 259; ferner in Laborde's
Athènes B. I. Wieder abgedruckt von C. Wachsmuth, Stadt Athen I.
— Das andre sehr geringe Fragment (περὶ τῆς Ἀττικῆς) fand Det=
lessen in Paris und druckte es ab in Gerhard's Arch. Zeitg., Jahrg.
1862. Zuletzt mit revidirtem Text von Rich. Förster in Mitteil. d.
Deutsch. Archäol. Inst. in Athen, 1883. Detlessen setzt die Handschrift
in's 15. Jahrh., andre setzen sie in's 16. (Mitteil. d. D. A. Inst. in
Athen VIII, 1883, p. 30). Jean Psichari verweist sie sogar in's Jahr
1671, wie aus fol. 10ᵃ und 6ᵃ hervorgehen soll. (Revue critique 1886,
nr. 27, p. 15. Note.)

alter sein, wenn man ihnen es zum Vorwurfe machen wollte,
daß sie die Nachwelt weder mit einer topographischen Karte
Attika's noch mit einem Stadtplan Athen's beschenkt haben.
Wenn solche schwierige Versuche überhaupt gemacht worden
sind, so sind sie für uns verloren gegangen, oder sie harren
noch des Entdeckers in irgend welchen Bibliotheken. Wir
haben die Möglichkeit angedeutet, daß eine Beschreibung,
vielleicht auch eine Zeichnung der Akropolis Athen's für
Innocenz III. gemacht worden, und daß auch an Pedro IV.
von Aragon Aehnliches gelangt sei; doch ist das nur Hypo=
these. Da wir von der Weltstadt Constantinopel im Mittel=
alter keine Karten und Panoramen besitzen, so ist es um
so begreiflicher, daß solche von dem kleinen Athen fehlen.
Selbst von der Stadt Rom jener Zeiten gibt es für uns
nur wenige Pläne und Ikonographien. Außer dem be=
kannten römischen Stadtplan aus der Epoche Innocenz' III.
und dem symbolischen Abbilde Rom's auf einer Goldbulle
des Kaisers Ludwig des Baiern, gehören sie der Früh=
renaissance an.[1]

In demselben 15. Jahrhundert zeigte sich im Abend=
lande auch der Sinn für ähnliche bildliche Vorstellungen
Athen's, wenn auch nur in ganz unwissenschaftlicher und
wertloser Form und zu dem Zwecke, Bücher, in denen von
Griechenland geredet wurde, mit Miniaturen und Zeich=
nungen zu verzieren. Handschriften der Kosmographie des
Ptolemäus, wie das Isolarium des Bondelmonte enthalten
symbolische Figuren Athen's, in der Gestalt einer Burg mit

---

[1] De Rossi, Piante Icnografiche e Prospettiche di Roma
anteriori al sec. XVI, mit Atlas, Rom 1879.

crenelirten Mauern und Türmen.[1] In der Chronik des
Jean de Courcy ist Athen in dem fantastischen Bilde einer
flandrischen Stadt, und in der bekannten Weltchronik des
Nürnbergers Hartmann Schedel mit deutscher Architektur
dargestellt.[2] Dies letztere Panorama trägt die Aufschrift
„Athene vel Minerva"; es stellt in ganz willkürlicher Weise
Gruppen von Häusern und eine Kirche mit gothischen Gie=
beln zusammen, nahe am Meer. Ein gewölbtes Burgtor
auf einer Höhe, mit Rundturm und Mauern, soll an die
Akropolis erinnern. Diesem Bilde liegt keine Anschauung
der Wirklichkeit, also auch keine Zeichnung des Cyriacus zu
Grunde, denn nirgend ist eine Ruine des Altertums auch
nur angedeutet. Es ist eine Schablone, die in derselben
Weltchronik sogar nochmals gebraucht wird, um Alexandria
vorzustellen, wie auch der mit Sophokles bezeichnete Holz=
schnitt dienen muß, um Xenokrates, sogar um den römischen
Geschichtschreiber Platina vorzustellen. Nichts zeigt den Ab=
stand der Zeiten und Ideale von einander so grell, als
ein Vergleich des lächerlichen Nürnberger Porträts mit der
Statue des Tragikers im Museum des Lateran. Gleichwol
sind in der Chronik Schedel's diese Holzschnitte als Werke
Wohlgemut's bezeichnet.[3] Auf der in schönen Miniaturbil=
dern ohne Text vom Mailänder Leonardo da Besozzo im
15. Jahrhundert gemalten Weltchronik ist Athen ganz

---

[1] Mit der Aufschrift Athene nunc Setines: Laborde I, 9 ff. Karte
am Ende der Schrift Bondelmonte's, ed. Sinner (1824).

[2] Laborde I, 39 f. Im Druck der Schedel'schen Chronik von 1493
fol. XXVI t.

[3] Das Panorama Rom's von Schedel beruht dagegen im Wesent=
lichen auf Wirklichkeit. In derselben Chronik hat fast jede namhafte
Stadt ihr Abbild erhalten.

übergangen, obwol in diesem merkwürdigen Bilderbuche
nicht nur Theseus und Kodrus, und die berühmtesten Philo=
sophen und Dichter Athen's, sondern auch ein paar alte
Städte, wie Troja, Karthago und Rom figürlich darge=
stellt sind.[1]

[1] Siehe meine Abhandl. „Eine Weltchronik in Bildern" (Kleine
Schriften II, 1888).

Siebentes Capitel.

Constantin ruft die Hellenen zur Freiheit auf. Murad erstürmt das Hexamilion. Die Despoten des Peloponnes unterwerfen sich. Constantin XI., letzter griechischer Kaiser. Mohamed II., Sultan. Tod Nerio's II. Die Herzogin-Wittwe und Contarini. Franco, Herzog von Athen. Fall Constantinopel's. Aufstand der Albanesen in Morea. Fall des Herzogtums Athen. Kriegszug Mohameds II. im Peloponnes. Unterwerfung dieses Landes. Der Sultan besucht Athen. Aufhören des christlichen Cultus im Parthenon. Ende der letzten Paläologen in Achaja. Zweiter Besuch Mohamed's in Athen. Tragisches Ende des letzten Herzogs von Athen und seines Hauses. Der Parthenon wird zur Moschee eingerichtet.

1. Nerio II. war nach Athen zurückgekehrt, nur um neuen Stürmen entgegen zu gehn. Denn Constantin, der älteste der Brüder des Kaisers Johannes, hatte sich zum Herrn des größesten Teiles des Peloponnes gemacht und seinen Sitz in Misithra genommen, dessen Fürstentum ihm von seinem Bruder Theodor II. im Jahre 1443 abgetreten worden war. In dem aufreibenden Kampf mit Verrat, Feigheit und allen Lastern der sinkenden Griechenwelt war er selbst von dieser Verderbniß nicht unberührt geblieben, aber es lebte doch in ihm ein höherer Sinn und das Bewußtsein der ehemaligen Größe seines Vaterlandes. Er war des Gedankens fähig, das untergehende Byzanz im Peloponnes wieder aufzurichten. Vielleicht wäre ihm das geglückt, wenn er nicht dort die

Herrschaft mit seinen elenden Brüdern hätte teilen müssen, was alsbald zu endlosem Hader führte.

Constantin benutzte die Zeit, wo der Sultan Murad in den Donauländern, zumal durch den gewaltigen Aufstand der Albanesen unter Georg Castriota beschäftigt war, um die Griechen auch in Hellas zur Freiheit aufzurufen, wo möglich dieses Land mit dem Peloponnes zu vereinigen, und so einen griechischen Nationalstaat zu erschaffen. Der Papst, Venedig und Ungarn forderten den kühnen Paläologen nicht vergebens auf, ihrem Bunde gegen die Osmanen beizu= treten, denn Eugen IV. hatte im Herbst 1443 die Polen und Ungarn zu einem Kreuzzuge in Bewegung gesetzt, dessen Führer der junge Polen= und Ungarnkönig Wladislaw III., der Sohn Jagello's, und der magyarische Held Hunyades waren. Im November 1443 wurde Murad bei Nissa ge= schlagen, und nur der strenge Winter in den Eisfeldern des Hämus nötigte die Sieger zum Rückzuge über die Donau.

Nachdem Constantin das Hexamilion auf dem Isthmus wiederhergestellt hatte, wendete er sich im Verein mit seinem Bruder Thomas zunächst gegen Nerio, den Vasallen der Türken. Er brach im Frühjahr 1444 in Böotien ein, be= setzte Theben und Livadia, bedrohte von dort aus selbst Athen und nötigte den Herzog seine Oberhoheit anzu= erkennen, sich zur Zahlung jährlichen Tributs zu verpflichten, und ihm Truppen zu stellen. Sodann zog er weiter nord= wärts nach dem Pindus, ermunterte die Wlachen und Al= banesen in den Landschaften Thessalien's, das Joch der Ungläubigen abzuwerfen, und besetzte Zeitun, Lidoriki und andre Orte.[1] Diese glücklichen Erfolge machte die augen=

---

[1] Chron. Breve zu 1444. Chalkokond. VI, 319.

blickliche Schwächung des Sultans möglich, welcher im
Sommer 1444 den Frieden zu Szegedin hatte schließen
müssen, wodurch er Serbien, die Herzegowina und die
Walachei verlor. Unglücklicher Weise ließ sich, in Folge
der Kunde eines Aufstandes des Emirs von Karaman in
Kleinasien, der König Wladislaw durch den Cardinal
Julian Cesarini zum Bruch des Friedens verleiten; seine
furchtbare Niederlage und sein Tod in der Schlacht bei
Varna am 10. November waren die Folge jener Treu=
losigkeit, und dieser Unglückstag entschied auch das Los
Griechenlands.

Nerio, welcher damals wenig mehr als Athen besaß,
hatte keinen Sinn für die Freiheitsbestrebungen der Griechen,
die ihn, wenn sie verwirklicht wurden, um sein Herzogtum
würden gebracht haben. Er war nur notgedrungen Verbün=
deter und Vasall Constantin's geworden; dies aber hatte
den Sultan so sehr aufgebracht, daß er dem Pascha Omar,
einem Sohne Turachan's befahl, mit der thessalischen Streit=
macht in Böotien und Attika einzufallen. Omar verwüstete
diese Landschaften und kehrte dann mit Beute beladen nach
dem Norden zurück. Nach der Schlacht bei Varna beeilte
sich Nerio, durch Gesandte die Verzeihung des Großherrn
zu erlangen; er gelobte ihm, in sein altes Lehnsverhältniß
zurückzukehren, und den hergebrachten Tribut zu zahlen,
worauf ihn der Sultan zu Gnaden annahm und ihn in
seinen Ländern wiederherzustellen versprach.

Den Abfall Nerio's von der Sache der Griechen be=
strafte jetzt Constantin durch einen Kriegszug gegen Athen,
welches er besetzte; doch zog er aus Attika ab, da die
drohende Bewegung Turachan's in Thessalien ihn dazu

nötigte.[1] Der Sultan forderte von ihm die Herausgabe
aller von ihm eingenommenen Städte; Constantin verweigerte
sie, und so blieben die Dinge unentschieden, bis im Früh=
jahr 1446 Murad Ernst machte.

Von Turachan und Nerio dringend zu einem Zuge nach
dem Peloponnes aufgefordert, vereinigte er bei Seres große
Heeresmassen zu dieser entscheidenden Unternehmung. Der
griechische Despot schickte zwar Friedensboten an ihn, aber
er hatte den Mut, den Isthmus und das nördlich davon
gelegene Hellas für sich zu beanspruchen, worauf der Sul=
tan die Abgesandten, unter denen sich auch der Geschicht=
schreiber Chalkokondylas befand, in's Gefängnis werfen ließ
und nach dem Süden aufbrach.[2] Kein Feind stellte sich ihm
an den Thermopylen entgegen, da sich die Griechen hinter
das befestigte Hexamilion zurückgezogen hatten. Er zog in
Theben ein, und hier stieß sein Lehusmann Nerio mit einer
Kriegerschar zu seinen Fahnen.

Mit gewaltigen Streitkräften und dem Troß seiner
Wagen und Kameele bewegte sich Murad nach dem Isthmus,
wo er bei Mingiä Halt machte. Die Wälle des Hexamilion
trennten die Lager der Osmanen von denen der Griechen,
welche Constantin und sein Bruder Thomas aus der ganzen
Halbinsel aufgeboten hatten.[3] Es war die letzte große
Kraftanstrengung der Hellenen, und es war das barbarische
Asien, welches, wie ehemals zur Zeit des Xerxes, im Be=
griffe stand sich auf den Peloponnes zu stürzen. Die Türken
hatten sich bereits die furchtbarste Erfindung des Abend=

---

[1] Chalkokond. VI, 320 ff.
[2] Chalkokond. VI, p. 343.
[3] Ducas c. 32 schätzt deren Masse auf 60000 Mann.

landes, die Artillerie, dienstbar gemacht, und diese war im
Jahre 1446 so vervollkommnet, daß die Mauern der griechischen Städte ihr keinen Widerstand mehr leisten konnten.

Drei Tage hindurch rissen Kanonen und Minen Breschen
in die Schanzen des Isthmus, worauf am 10. December
der Sturm begann. Das letzte Bollwerk der Freiheit
Griechenlands fiel nach einem verzweifelten Kampf am 14.
in die Gewalt der Janitscharen und Serben.[1] Der ver-
zweifelnde Constantin sah seine Scharen fliehen, versuchte sie
vergebens wieder zu sammeln, und warf sich dann, da
Korinth nicht hinreichend zum Widerstande gerüstet war, in
das Innere Lakonien's. Dreihundert Griechen, die auf einen
Hügel bei Kenchrää geflohen waren, ließ der Sultan nieder-
hauen; 600 Gefangene kaufte er von den Janitscharen los,
um sie dann den Manen seines Vaters als grausiges Schlacht-
opfer darzubringen. Dem flüchtigen Despoten schickte er
einen Heerhaufen unter Turachan nach, während er selbst
sich westwärts nach Achaja wandte.

Er nahm und verwüstete Korinth, verbrannte das von
den Einwohnern verlassene Sikyon (Basilika) und Vostitza,
und rückte dann vor Patras. Die Bürger dieser Handelsstadt hatten sich nach Lepanto und andern venetianischen
Plätzen auf der Küste Aetolien's geflüchtet, nur 4000 Männer und Frauen waren zurückgeblieben, welche alle von den
Türken zu Sclaven gemacht wurden.[2] Doch die feste Burg

---

[1] Chalkokond. VII, 345. Den 14. Dec. gibt an Joannicus Car-
tarus (Chron. Gréco-Rom. p. 267). Die Griechen beschuldigten die
Albanesen des Verrats. Ducas c. 32.

[2] Ἀφίκετο ἐπὶ Πάτρας τῆς Ἀχαΐας πόλιν εὐδαίμονα. Chalkokond.
VII, 349.

verteidigte sich mit so großem Heldenmut, daß der Sultan
ihre Belagerung aufzuheben beschloß. Da die Despoten
des Peloponnes, am fernern Widerstande verzweifelnd, mit
ihm um Frieden unterhandelten, zog er nach Theben zurück,
mit sich schleppend die Beute verheerter Städte und 60000
Kriegssclaven. Das von seinen flüchtigen Bewohnern fast
verlassene und ausgeplünderte Theben sah jetzt zum ersten
Mal das orientalische Gepränge des Sultanhofs, und unter
den siegestrunkenen Paschas und Würdenträgern der Pforte
auch die klägliche Gestalt des Herzogs von Athen, des
dienstbaren Schützlings des Großherrn.

Nach Theben, welches fortan als dem türkischen Reiche
zugehörig betrachtet wurde, schickten Constantin und Thomas
ihre Bevollmächtigten; sie erkauften den zweifelhaften Fort=
bestand ihrer peloponnesischen Herrschaft als türkische Va=
sallen durch die Verpflichtung einer von ihren Ländern zu
zahlenden Kopfsteuer. Seit diesem Augenblick wurde, so
urteilte der Geschichtschreiber Chalkokondylas, der Peloponnes,
ein Land, welches vorher frei gewesen war, dem Sultan
untertänig. Indeß schon lange zuvor hatten die dortigen
Dynasten dem Großherrn Tribut gezahlt.

Ein Jahr nach diesem Frieden starb, am 13. October
1448, der Kaiser Johannes VIII., nach einer unseligen Re=
gierung von dreiundzwanzig Jahren. Er hinterließ als
Erben seine drei Brüder Constantin, Thomas und De=
metrius. Schon am Rande des Abgrundes stehend, welcher
ganz Hellas verschlingen sollte, hatte Demetrius den Ehr=
geiz, seinem ältesten Bruder die Purpurschuhe des byzan=
tinischen Reiches streitig zu machen. Allein die Großen der
Hauptstadt schickten ihre Abgeordnete nach dem Peloponnes;

auf den Trümmern des alten Sparta wurde am 6. Januar
1449 Constantin XI., der letzte Nachfolger Constantin's des
Großen, zum Kaiser der Romäer ausgerufen und gekrönt.[1]

Dies geschah freilich mit der demütigenden Erlaubniß
des türkischen Sultans, zu welchem er am Anfange des
December seinen Rat Phrantzes als Unterhändler geschickt
hatte. Constantin segelte dann auf catalanischen Schiffen
am 12. März nach Byzanz. Murad II., dessen Siegen und
Staatsklugheit das Türkenreich ein neues glänzendes Zeit=
alter seiner Entwicklung zur ersten Macht auch in Europa
verdankte, starb am 5. Februar 1451, worauf sein gewaltiger
Sohn, der erst 21 Jahre alte Mohamed II., den Tron
der Osmanen bestieg.

In demselben Jahre starb auch Nerio II., der Herzog
von Athen.

Der Stamm der griechischen Acciajoli war damals auf
zwei Mitglieder herabgekommen, den kleinen Sohn Nerio's,
Francesco, und den Sohn des Herzogs Antonio, Franco mit
Namen, welcher am türkischen Hofe in Adrianopel als Geisel
und zugleich als Günstling des Sultans ein ehrloses Leben
führte. Die Wittwe Nerio's, Chiara, die Tochter des
Niccolo II. Giorgio, des Herrn von Karystos und titularen
Markgrafen von Bodonitza, schickte alsbald Gesandte an die
Pforte mit dem Gesuch, ihr als Vormünderin des Sohnes
das Herzogtum Athen zu überlassen, was sie auch durch
Zahlung großer Geldsummen erreichte. Sie würde fortan
als Schutzbefohlene des Sultans ihre Tage im Propyläen=
palast ruhig beschlossen haben, wenn sie nicht das Opfer

einer rasenden Leidenschaft geworden wäre, und an diese
hat sich dann der tragische Untergang des Hauses der
Acciajoli wie des Herzogtums Athen geknüpft.

Das schöne, noch junge Weib entbrannte in Liebe zu
einem edeln Venetianer, Bartolommeo vom Hause der Contarini, dessen Vater Priamo Castellan von Nauplia gewesen
war.[1] Er selbst war in Handelsgeschäften nach Athen gekommen, wo ihn die Herzogin kennen lernte. Da Contarini
bereits mit der Tochter eines venetianischen Senators vermält war, sannen die Liebenden auf Mittel, dies Hinderniß
ihrer Verbindung hinwegzuräumen; Chiara aber wollte den
Venetianer als ihren rechtmäßigen Gemal auf den Herzog-
stul Athen's erheben, und sie war es, die ihn zum Verbrechen verführte.[2] Der Verblendete eilte nach seiner Vaterstadt, wo seine Gattin zurückgeblieben war, tödtete diese
durch Gift, kehrte dann nach Athen zurück und vermälte
sich mit der Herzogin. Zur Ehre des lateinischen Metropoliten der Stadt wollen wir annehmen, daß derselbe über
die Frevelthat Contarini's nicht aufgeklärt war. Erzbischof
aber scheint damals Nicolaus Protimo gewesen zu sein, ein
Angehöriger des mit den Acciajoli verschwägerten Hauses
dieses Namens in Euböa. Er war in derselben Zeit an
der Redaction der Assisen Romania's beteiligt, welche die
Signorie Venedig's dem Bailo der Insel und einer Com-
mission von Euböoten im Jahre 1421 übertragen hatte.

---

[1] Priamo, Sohn des Antonio Nadalino; Capellari, Il Campidoglio Veneto, Mscr. in Bibl. Marciana vol. I. Von Bartolommeo
berichtet er nichts. Chalkokond. nennt den Vater Priamo (IX, 453).
Buchon, Nouv. Rech. I. 187 gibt ihm die Namen Piero Almerio; die
richtige Benennung bei Hopf II, 128.

[2] Chalkokond. IX, 453.

Aus der Vergleichung der dortigen und der venetianischen Handschriften der Assisen ging dann das vom Senat der Republik im Jahre 1452 anerkannte Gesetzbuch hervor.[1]

Das hochfahrende Wesen Contarini's beleidigte unterdeß die Athener, und die Anhänger des Hauses Acciajoli fürchteten mit Grund ein zweites Verbrechen, die Beseitigung des jungen Francesco, des Erben Nerio's, durch den frechen Eindringling. Als sie beim Sultan Klage erhoben, suchte der Usurpator diesen und jene zu besänftigen, indem er öffentlich erklärte, daß er nur die Vormundschaft über den rechtmäßigen Erben Athen's bis zu dessen Großjährigkeit zu führen beabsichtige. Da diese Beteuerung den Unwillen des athenischen Volkes nicht beschwichtigte, ging er selbst mit dem Knaben nach Adrianopel, um sich beim Sultan zu rechtfertigen, und, wie er hoffte, die Bestätigung der Vormundschaft zu erlangen. Er begegnete am türkischen Hofe jenem Sohne des Herzogs Antonio, Franco, welcher nur die Gelegenheit abwartete, um selbst zur Gewalt in Athen zu gelangen, und diese bot sich ihm jetzt dar. Mohamed II. war nicht gesonnen, Attika in die Hände der Venetianer kommen zu lassen, die im Sommer 1451 die Insel Aegina in Besitz genommen hatten, sowol gemäß des mit den Caopena gemachten Vertrages, als des Testaments Antonello's, welcher kinderlos gestorben war. Die Agineten selbst überlieferten ihre Insel mit Freuden der Republik.[2]

---

[1] Brief des Dogen Francesco Foscari an den Bailo Lorenzo Onorati v. J. 1453. Canciani, Lib. Consuet. Imp. Romanie, Barbaror. Leg. Antiquae III. 497.

[2] Homines et universitas terre et insule Leyene: Beschluß des Senats, 2. Aug. 1451. Senato I, Mar. IV, fol. 108 t. — Stefano Magno, Annali Veneti Bibl. Marciana) T. VI, a. 1451. Arnà, der

Der Sultan schickte Franco als Herzog nach Athen, wo er vom Volk mit allen Ehren aufgenommen wurde. Er bezog den Palast auf der Akropolis, nahm hier sofort die Fürstin Chiara fest und ließ sie in das Schloß Megara abführen. Dies geschah im Jahre 1455. Jenes erbärmliche Trauerspiel verbrecherischer Leidenschaften und des Kampfes nichtsbedeutender Menschen um eine Minute fürstlichen Daseins konnte noch in Athen aufgeführt werden, obwol sich eben erst das ungeheure Schicksal am Bosporus vollzogen hatte. Denn am 29. Mai 1453 war Constantinopel in die Gewalt Mohamed's II. gefallen, und der letzte der Constantine hatte auf den Trümmern des Reichs den Heldentod gefunden.

Die Eroberung der großen Weltstadt, die ein Jahrtausend lang der Geschichte des Ostens ihren Namen und Charakter gegeben, die antike Bildung mit dem Christentum verbunden und der griechischen Kirche Bestand und Einheit verliehen hatte, besiegelte die Knechtschaft der hellenischen Hälfte des alten Römerreichs. Diese versank jetzt, vom lateinisch-germanischen Europa abgerissen, in die Barbarei des Türkentums. Der gewaltsame Versuch, den das Abendland seit den Kreuzzügen gemacht hatte, den griechischen Orient mit dem Westen wieder zu vereinigen, hatte nur die Folge gehabt, das Reich Constantin's in Stücke zu zerschlagen und um so leichter zur Beute der Osmanen zu machen. Der Orient, einst blühend unter den Hellenen, den Römern, den Byzantinern, wurde unter der türkischen

Bruder Alioto's und Onkel Antonello's, war schon früher von diesem vertrieben worden. (Mar. I. fol. 86. 24. März 1442.) Venedig fand ihn mit Renten ab.

Herrschaft nur das Leichenfeld seiner ehemaligen Cultur.
Die Mächte Europa's, durch dynastische Kriege mit einander
beschäftigt, zertrennt und gelähmt, waren, wenige erfolglose
Anstrengungen abgerechnet, thatenlose Zuschauer erst des
planvollen Vorschreitens, dann des Triumfs der osmanischen
Eroberer geblieben. Der erschütternde Fall Constantinopel's
erweckte nur das eitle Klagegeschrei der abendländischen Hu=
manisten und die wirkungslosen Aufrufe des Papsts zu
einem neuen Kreuzzuge. Da jeder große und kleine Un=
glücksfall die darunter leidenden Menschen aufreizt, seine
Ursachen zu erforschen, die eigene Schuld zu läugnen und
auf andre Schultern abzuwälzen, so betrachteten die Griechen
die Eroberung der Hauptstadt des Reichs als ein Straf=
gericht, welches Gott über die Paläologen wegen der kirch=
lichen Union verhängt habe. Der Papst aber und das ganze
von Haß gegen die Byzantiner erfüllte Abendland be=
haupteten, daß die schreckliche Katastrophe die verdiente
Strafe für das kirchliche Schisma sei.[1] Der unglückliche
Geschichtschreiber Phrantzes hat diese Urteile in einer langen
Auseinandersetzung zu widerlegen gesucht und sich schließlich
mit einer prophetischen Ueberzeugung getröstet. Denn wie
das Reich der Assyrer von den Babyloniern, das babylonische
von den Persern, das persische von den Macedoniern, das
macedonische von den Römern, das römische von den Os=
manen zerstört worden sei, so werde auch dieses zur be=
stimmten Zeit untergehen. Seine Berechnung, oder viel=

---

[1] Die Ansicht der Priester war sicherlich nicht vernünftiger als die
der latein. Humanisten, die im Falle Constantinopel's die Strafe für
das von den Griechen zerstörte Troja zu sehen glaubten. Chalkokond.
VIII, 403.

mehr diejenige des Astrologen Stephanus von Alexandria,
daß das Reich der Sultane 365 Jahre bestehen werde, hat
sich freilich nicht als richtig erwiesen. Die Osmanenherr=
schaft in Constantinopel dauert schon 435 Jahre; sie be=
findet sich heute fast schon in demselben Zustande der Auf=
lösung, in welchem sich das griechische Reich unter den letzten
Paläologen befunden hatte, und die Stunde seines Sturzes
wird vielleicht der Anbruch einer neuen Epoche im Leben der
Menschheit sein.

2. Die Aufrichtung des Trones der Sultane in Con=
stantinopel wirkte niederschmetternd auf Venedig, und die
fränkischen wie griechischen Dynasten des hellenischen Fest=
landes und Archipels. Der beredte Doge Francesco Fos=
cari suchte vergebens den Rat der Pregadi zu dem heroischen
Entschluß zu entflammen, mit Waffengewalt die Ehre Vene=
dig's wieder herzustellen. Die niedergebeugten Kaufherren
eilten vielmehr durch Gesandte an den Sultan die vollendete
Thatsache anzuerkennen, und die Handelsprivilegien, die
Factoreien und Colonien der Republik durch einen demütigen
Vertrag mit Mohamed II. zu retten. Die Despoten im
Peloponnes, Thomas und Demetrius, von denen keiner es
wagte, nach dem Tode des Bruders den Kaisertitel anzu=
nehmen, erkauften vom Sultan eine letzte Frist ihrer Herr=
schaft in Patras und Misithra. Selbst jetzt noch spotteten
diese Tyrannen jenes Eides sich als Brüder zu lieben, wel=
chen sie einst in die Hände ihrer alten frommen Mutter
Irene, ihres kaiserlichen Bruders Constantin und des byzan=
tinischen Senats geschworen hatten; sie lagen vielmehr mit
einander im Krieg, und sie mißhandelten ihre Untertanen

mit schamlosem Uebermut. Phrantzes, der nach dem Untergange Constantinopel's Minister des Fürsten Thomas wurde,
hat ihre Bruderkriege ausführlich beschrieben; sie bilden das
trostloseste Capitel in der Geschichte des Peloponnes. Dort
erhoben sich im Jahre 1453 gegen jene Despoten die Albanesen, die einzigen Stämme Morea's, die noch die Waffen
und die Freiheit liebten. Dreißigtausend Krieger an Zahl
versuchten sie, erst unter der Führung des Peter Bua, dann
des ehrgeizigen griechischen Archonten Manuel Kantakuzenos,
was ihre heldenhaften Stammgenossen Georg Balsch, Johann
Spata, Arianites und der große Skanderbeg in Albanien
erreicht hatten, nämlich ein unabhängiges Skypetarenreich
in der Halbinsel aufzurichten. Sie bewarben sich um den
Schutz der Republik Venedig, deren Oberhoheit sie anerkennen
wollten. Für ihre Besitzungen Modon und Coron fürchtend
und argwöhnend, daß sich die Genuesen oder Catalanen
Morea's bemächtigen könnten, schickte die Signorie im Juli
1454 Vettore Capello zu den Despoten Thomas und Demetrius mit dem Auftrage, ihnen die Trauer Venedig's um
den Fall des Kaisers und Constantinopel's auszusprechen
und beide zum Frieden mit den Albanesen zu ermahnen.
Capello begab sich sodann auch zu den Häuptern der Auf-
ständischen.[1] Allein seine Vermittlung hatte keinen Erfolg.
Die in Patras und Sparta belagerten Paläologen riefen
vielmehr die Türken zu ihrer Rettung herbei, worauf es
dem Pascha Turachan nach blutigen Kämpfen gelang, die

---

[1] Commissio data Ser Victori Capello oratori ad partes Amo-
reae, 16. Juli 1454: Sathas, Mon. H. H. I. 149. Der Gesandte
sollte im Falle der Gefahr auch dahin wirken, daß Clarenza, Patras,
Korinth und Vostiza in den Besitz der Republik kämen.

Albanesen unter billigen Bedingungen zur Unterwerfung
zu nötigen.

In Athen herrschte zu dieser Zeit Franco als türkischer
Vasall. Haß und Furcht verleiteten ihn zu einer gewalt=
samen Handlung, die dann seinen Sturz zur Folge hatte.
Er ließ die Herzogin Chiara im Schloß Megara umbringen,
wie Chalkokondylas behauptet, wegen ihrer verbrecherischen
Verbindung mit jenem venetianischen Contarini. Da er
diesen als Prätendenten fürchtete, hoffte er ihn durch die
Ermordung seiner Gattin fortan unschädlich zu machen.
Contarini war mit dem kleinen Sohne Nerio's II. am Hofe
Mohamed's in Adrianopel geblieben oder dort festgehalten,
und jetzt trat er als Kläger gegen Franco auf, dem er durch
seine eigenen Frevel den Weg nach Athen gebahnt hatte.

Mohamed II., der Ränke dieser Abenteurer überdrüssig
geworden, befahl alsbald dem Sohne Turachan's, das Her=
zogtum Athen zu einer türkischen Provinz zu machen. Eine
schreckliche Hungersnot wütete in Hellas, und die Gemüter
des abergläubischen Volks erschreckte die Erscheinung eines
Kometen. Omar Pascha rückte in Attika ein, das Land ver=
heerend und viele Einwohner zu Sclaven machend. Im Ge=
biete Athen's wurde damals der Ort Sepolia zerstört. Dies
war der alte Demos Sypalettos, in der Nähe der Akademie
und des Turms des Timon.[1] Es gab unter den Athenern
eine Partei, die aus Haß gegen die Franken die Osmanen
als ihre Befreier willkommen hieß, zumal sie sich mit der
Hoffnung schmeichelte, von dem türkischen Regiment nicht

---

[1] Surmeliś, Attika p. 106. Noch Spon, Voyage II, 195 pries
Sepolia wegen seiner schönen Gärten. Ein Threnos auf den Fall
Athen's beklagt die Zerstörung des Fleckens.

nur die vollkommene Duldung, ſondern auch die Herſtellung
der griechiſchen Kirche in ihre alten Rechte und Beſißungen
zu erlangen.[1] Die Unterſtadt, die ſich ohne Kampf dem
Feinde ergab, erfuhr jedoch alle Gräuel barbariſcher Eroberung ſchon deshalb, weil der hartnäckige Widerſtand der
Akropolis die Janitſcharen in Wut verſeßte.[2]

Franco, der ſich in dieſe geworfen hatte, wies die
Stürme Omar's tapfer zurück; demnach mußte die Burg
durch neue Verteidigungswerke ſelbſt gegen die Geſchüße der
Türken haltbar gemacht worden ſein. Zwei Jahre lang
vermochten die leßten Franken und die Schar ihnen treu
gebliebener Athener die Akropolis gegen die Angriffe der
neuen „Perſer" zu behaupten. Ihr Mut war um ſo ehrenvoller, als ihnen nirgend Ausſicht auf Entſaß geboten wurde.
Das Schickſal der unbedeutenden Stadt Athen hatte für das
Abendland keine Wichtigkeit, ſeitdem Conſtantinopel gefallen
war. Die verzweifelten Rufe um Rettung, die aus der bedrängten Burg dorthin gelangten, wurden nicht beachtet.[3]

Vergebens beſchwor Franco den venetianiſchen Bailo
im nahen Negroponte, einen Entſaß zu wagen. Der Connetable Athen's und namhafte Bürger boten der Republik,
durch die Vermittlung des Ritters Francesco vom Hauſe der
Giorgi, die Akropolis an. Auch andre Dynaſten in Griechenland ermahnten den Dogen, dem Sultan zuvorzukommen,
und ſie eilten, ihre nicht mehr zu rettenden Beſißungen den

---

[1] Damals mag Iſidorus griechiſcher Metropolit geweſen ſein; nach
Phranßes lib. II, c. 19, p. 203.

[2] Der bezeichnete Threnos ſpricht von dieſen Gräueln: ἐνέπρησαν
τὰ ὁσπίτια μετὰ τοῦ πλούτου ὅλου . . .

[3] Franc. Sanſovino, Hist. univers. dell' origine et imperio de
Turchi. Ven. 1600, p. 120.

Venetianern für Geld anzutragen. Allein die vorsichtige
Signorie konnte nichts mehr thun, als den Rectoren Negro=
ponte's befehlen, alle Inseln und Häfen, die venetianisch
werden wollten, in diesem Vorsatz zu bestärken.[1] Da gerade
damals eine päpstliche Flotte unter dem Befehl des Cardi=
nals Scarampo im Archipel erscheinen sollte, so gebot der
argwöhnische Doge dem Bailo, bei der Landung dieses
Kriegsvolks in Euböa alle nötigen Vorsichtsmaßregeln zu
treffen.

Unterdeß suchte der Pascha Omar um jeden Preis Herr
der Akropolis zu werden und sich mit diesem Erfolge zu
schmücken, während der Sultan selbst seinen grausigen Triumf=
zug durch Morea hielt. Er bot Franco die mildesten Be=
dingungen. „Sohn des Antonio," so ließ ihm der türkische
General sagen, „du bist mit dem Hofe des Großherrn wol
bekannt, welcher dir die Herrschaft über diese Stadt für
einige Zeit verliehen hat; da er nun ihre Herausgabe ver=
langt, so weiß ich nicht, wie du dieselbe gegen seinen Willen
wirst behaupten können; dein Widerstand kann nur kurz sein.
Suche die Gnade des Sultans zu gewinnen, dann wird er
dir Theben und Böotien geben, und dir gestatten mit allen
deinen Schätzen ungekränkt aus der Stadtburg abzuziehen."[2]
Der hoffnungslose Franco überzeugte sich, daß ihm keine

[1] Befehl an die Rectoren Negroponte's 12. Oct. 1456 (Secreti
Vol. XX, fol. 105): significastis nobis ea que nobilis vir Franciscus
Georgio miles nobis nuntiavit . . . de oblatione facta sibi per
Chyr Dimitri Assani de loco Moeli, et de oblatione Johannis
Spagnoli de castro Damala, Ligurii et Fanari que sunt sita juxta
mare versus sinum Egine. Et de oblatione Contestabilis Athe-
narum et aliquorum civium deinde pro castro Athenarum . . .

[2] Chalkokond. IX, 455.

andere Wahl übrig bleibe; er nahm die Bedingungen Omar's
an, verlangte aber die feierliche Bestätigung seiner Zusagen
durch den Sultan selbst. Nachdem sie ihm eidlich verbürgt
worden waren, übergab er den Türken die Akropolis.

Der Fall der Stadtburg Athen's ereignete sich im
Juni 1458, als noch der Papst Calixt III. regierte, der am
6. August starb.[1] Dem Vertrage gemäß verließ der letzte
Acciajoli, begleitet von seiner griechischen Gemalin, einer
Tochter des moreotischen Dynasten Demetrius Asan, von
seinen drei Kindern und einem armseligen Gefolge von
Dienern, die Akropolis und zog nach Theben ab, dessen
Lehnsbesitz ihm Mohamed in Gnaden zugewiesen hatte.

Obwol der fränkische Staat in Attika zwei und ein halbes
Jahrhundert gedauert hatte, erweckt doch der traurige Abzug
des letzten Herzogs von Athen kaum eine Regung des Mit=
gefühls, während der Abzug des letzten Maurenkönigs aus
Granada, welcher 35 Jahre später erfolgte, noch heute ein
tragischer Gegenstand selbst für die Empfindung von Christen
ist. Die Frankenherrschaft in Athen erlosch in der Stille,
ohne daß ihr Fall das Gemüt der Mitlebenden erschütterte;
denn schon damals begann die in keiner Beziehung mehr
wichtige Stadt in Vergessenheit zurückzusinken. Und was
bedeutete ihr Los gegen den Untergang der Weltstadt Byzanz?
Das Abendland erscholl von den Elegien der Rhetoren,
welche Fürsten und Völker zum Kreuzzuge gegen die Türken
aufriefen; allein weder in den prunkvollen Reden und Bullen
Pius' II., noch in den hochtrabenden Declamationen der

---

[1] Phrantzes spricht von der Einnahme Athen's durch den Sultan
im Juni, und so auch das Chron. Breve.

Dichter und Gelehrten, selbst nicht in den Reden Bessarion's wird der unglücklichen Stadt gedacht. Auch die damaligen byzantinischen Geschichtschreiber bemerken ihren Untergang nur flüchtig und ohne ihm eine Klage zu weihen. Auf Phrantzes machte der Freiheitssinn, der Heldenmut und Unter= nehmungsgeist der Bürger Malvasia's solchen Eindruck, daß er dem Ruhme derselben ein paar Seiten widmete, doch von Athen spricht er kaum. Daß aber das Schicksal der ruhmvollsten aller Städte unter ihren griechischen Bürgern doch einen Weheruf erweckte, beweist die Elegie eines ungenannten Zeitgenossen dieses Ereignisses, welcher ein Athener gewesen sein muß. Sein Threnos reiht sich den vielen Klagestimmen um den Fall Constantinopel's an.[1] Er ist ein barbarisches Schmerzgeschrei nicht nur der als „Athena" personificirten Stadt, sondern auch der von Verzweiflung sinnlos gewordenen Muse der Hellenen. Der Abfall von den classischen Distichen des Michael Akominatos zu diesen unartikulirten Lauten erscheint so groß, daß man davor er= schrickt.[2] Dies Gedicht von 69 politischen Versen in ver= derbtester Volkssprache und schlechtestem Stil muß gleich nach der türkischen Einnahme Athen's verfaßt worden sein. Der Autor war sicher ein Geistlicher; er rühmt Athen nament= lich als Lehrerin der drei großen Kirchenväter Gregor von

---

[1] Θρῆνος τῆς Κωνσταντινοπόλεως, vom Rhodier Georgillas, (Ellissen, Anal. III, 1) und Legrand, Bibl. grecque vulgaire 1880, vol. X. Unter den Threni dieser Art hat den meisten historischen Wert die Constantinopolis des Brescianers Ubertinus Pusculus (Ellissen III, 2. Abt.).

[2] Περὶ τῆς ἀναλώσεως καὶ τῆς αἰχμαλωσίας ἡ γέγονεν ὑπὸ τῶν Πέρσων εἰς Ἀττικὴν Ἀθῆνα, von Gabriel Destouni in der Petersb. Bibl. gefunden und edirt, Petersb. 1881.

Nazianz, Basilius und Chrysostomus. Am Schluß wendet
er sich an die Jungfrau als künftige Retterin.[1]

3. Mohamed II. befand sich damals noch im Pelo=
ponnes, wohin er auf die Kunde, daß der Despot Thomas
den Tribut verweigert und die Waffen ergriffen habe, mit
großen Streitkräften gezogen war. Er wollte jetzt dem un=
sinnigen Treiben der feindlichen Brüder, wie der grenzen=
losen Verwirrung ein Ende machen, in welcher das Land
Morea durch den frevelvollen Ehrgeiz dieser Fürsten, durch
die Tyrannei der Archonten und die Raublust der Albanesen
fortdauernd festgehalten wurde.

Am 15. Mai 1458 lagerte der Sultan vor Korinth,
welches zu jener Zeit dem Despoten Demetrius Paläologus
zugehörte und eine unzureichende Besatzung unter dem Be=
fehle seines Schwagers Matheus Asan und des spartanischen
Stratioten Nicephorus Lukanes hatte.[2] Er ließ eine Be=
lagerungstruppe vor Hohen=Korinth, dann zog er selbst weiter
in den Peloponnes. Die Türken hatten bisher, unter ihren
ausgezeichneten Generalen Evrenos und Turachan, wieder=
holt mörderische Raubzüge durch dieses Land unternommen,
aber dessen völlige Unterwerfung nicht ernstlich versucht. Auch
jetzt noch mußte ihnen die Bezwingung desselben trotz der
Zersplitterung der griechischen Kräfte nicht geringe Schwierig=

---

[1] Sp. Lambros (Parnassos 1881, p. 251) glaubt das Gedicht ab=
gefaßt nach dem zweiten Erscheinen des Sultans in Athen a. 1460,
allein die darin erwähnten Grausamkeiten gehören eher der Zeit der
Belagerung der Akropolis durch Omar an. Destouni bemerkt, daß jenen
drei Kirchenvätern die neue Universität Athen im Jahre 1837 geweiht
worden ist.

[2] Phrantzes IV, c. 15, p. 387.

keiten verursachen, weil die Halbinsel noch manche feste
Städte und mehr als 150 fränkische Burgen besaß, während
ihre Gebirgsnatur den Bandenkrieg begünstigte. Wenn sich
unter den Peloponnesiern auch kein Held erhob, wie Georg
Kastriota von Kroja, der in dieser Zeit des Unterganges
der griechischen Nation sein eigenes Vaterland Albanien
gegen die Türkenhorden mit bewundernswerter Kraft ver=
teidigte, so wehrten sich doch die letzten Freiheitskämpfer
Morea's, Griechen wie Albanesen, mit dem Mute der Ver=
zweiflung.

Phlius, Akova, Aetos, viele andre Städte und ehemals
in der Geschichte der fränkischen Barone berühmt gewordene
Burgen in Arkadien und Messenien, wurden von den Os=
manen erstürmt, die Bewohner ausgemordet, oder in die
Sclaverei fortgeschleppt. Nach hartnäckiger Gegenwehr über=
gab Demetrius Asan, der Schwiegervater des Herzogs Franco,
seine Stadt Muchlion, das frühere aus der Zeit der Ville=
hardouin bekannte Nikli, im Lande der Tegeaten. Aber
Mohamed wagte es doch nicht, den Despoten Thomas in
dem festen Monembasia anzugreifen, noch in das unweg=
same von trotzigen Stämmen bewohnte Lakonien vorzudringen,
sondern er kehrte nach Korinth um. Die Pforten dieser
starken Festung, des Hauptes des Peloponnes, wie sie Phrantzes
noch damals nannte, öffneten ihm die feigen Befehlshaber
am 6. August 1458. Dies erschreckte den Despoten Thomas
so sehr, daß er Unterhändler an den Sultan schickte, und
dieser bewilligte ihm Frieden um den Preis der Auslieferung
von Aegion, Kalabrita, Patras und andern benachbarten
Landschaften, welche ihm auch wirklich übergeben wurden.[1]

---

[1] Phrantzes IV. c. 15, p. 387. Chalkokond. IX, 452.

Mohamed vereinigte die eroberten Gebiete Morea's mit Thessalien, übergab ihre Verwaltung dem Omar, und kehrte mit der Beute und den Gefangenen nach dem Norden zurück. Es war auf diesem Marsch, daß er der Einladung seines Paschas folgte, das ihm unterworfene Athen mit seinem Besuche zu ehren. Er kam über Megara mit tausend Reitern und seinem glänzenden Gefolge von Höflingen und Würdenträgern. Der Eroberer Constantinopel's, der Vernichter Griechenlands, noch bedeckt mit dem frischen Blut der hingeschlachteten Peloponnesier, hielt seinen Einzug in die unglückliche Stadt in der letzten Woche des August 1458.[1] Er brachte ihr eine Knechtschaft von fast vier Jahrhunderten.

So unmenschlich und erbarmungslos dieser furchtbare Kriegsfürst auch sein konnte, so war er doch, zum Glücke für Athen, kein Xerxes oder Mardonius, sondern einer der gebildetsten Herrscher des Orients, und selbst den Empfindungen für das Große und Schöne im Leben der Menschheit nicht unzugänglich. Er hatte Sinn für architektonische Pracht, wie er das in Constantinopel bewies, wo er die Verwüstung des Sophiendoms verhinderte, und später großartige Bauwerke aufführen ließ. Der Geschichtschreiber Phrantzes, der ihn persönlich kannte, hat von ihm gerühmt, daß er, außer seiner eigenen Sprache, griechisch, lateinisch, arabisch, chaldäisch und persisch verstand, die Lebensgeschichten Alexander's, Constantin's und des Theodosius las, und diese

---

[1] Das Datum ergibt sich aus dem Folgenden. Φθινοπώρου ἀρχομένου (τὸ γὰρ θέρος ἤδη τετελεύτηκει) sagt der Zeitgenosse Kritobulos, De reb. gestis Mechemetis II. ab a. 1451—67; bei C. Müller, Fragm. Hist. Graec. V. pars I, Paris 1870, p. 125.

großen Männer zu übertreffen bestrebt war.[1] Es ist daher
begreiflich, daß sogar ein solcher Völkerzermalmer einige
Ehrfurcht vor Athen empfand, welches auch türkische Geschicht=
schreiber als die Vaterstadt der Philosophen bezeichneten.[2]
Der Höfling und Lobredner Mohamed's II., Kritobulos, ein
Inselgrieche, der unter dem Regiment der Osmanen die
Verwaltung von Imbros erhielt, schrieb, von der Größe
dieses Sultans begeistert, dessen Geschichte. So unwichtig
war das politische Dasein der alten Metropole Griechen=
lands geworden, daß er in seinem Werk des Unterganges
des athenischen Herzogtums mit keiner Silbe Erwähnung
that. Aber er hat von dem Besuche Mohamed's in Athen
berichtet und bei dieser Gelegenheit den schrecklichen Barbaren
so dargestellt, als gehörte er in die Reihe jener römischen
Imperatoren, die einst den lebenden Athenern um der Todten
willen ihre Fehler verziehen hatten. Mohamed hegte, so be=
hauptet Kritobulos, eine große Liebe zu dieser Stadt und
ihren Sehenswürdigkeiten; weil er viel Schönes vernommen
hatte von der Weisheit und Tugend der alten Athener und
den staunenswürdigen Werken, womit sie sich ehemals vor
Griechen und Barbaren hervorgethan, wollte er die Stadt,
die Beschaffenheit ihres Landes, ihr Meer und ihre Häfen
kennen lernen. All' dies bewunderte er, zumal die Akro=
polis. Als ein Weiser und Philhellene und großer König
besichtigte er alles dasjenige, was dort von Altertümern er=
halten war.[3] Auch Chalkokondylas erzählt, daß Mohamed

---

[1] I, p. 93—95.

[2] La città di Atene, la qual è patria de' filosofi: Seadeddin,
übersetzt von Bratutti p. 192.

[3] ὡς σοφός τε καὶ φιλέλλην καὶ μέγας βασιλεὺς τὰ ἀρχαῖα καὶ
ἄρτια στοχαζόμενός τε καὶ τεκμαιρόμενος. p. 125.

den Piräus und die Häfen, die Stadt und die Burg durch=
wanderte, die alte Pracht Athen's mit Erstaunen betrachtete
und ausrief, daß er dem Omar Pascha für solchen Gewinn
zu großem Danke verpflichtet sei.[1] Wenn etwas von jenem
unwiderstehlichen Zauber, mit dem Athen im Altertum so
viele fremde Könige umstrickt hatte, noch zu so später Zeit
auch in die Seele des osmanischen Weltgebieters einzudringen
vermochte, so hat die Stadt der Pallas Athene gerade in
ihrem tiefsten Falle den größten Triumf gefeiert. In Folge
des Versiegens des Handels und aller anderen Erwerbs=
quellen während der Kriegszüge der Türken in Griechen=
land, namentlich durch die Verheerungen Omar's, war sie da=
mals an Einwohnerzahl stark verringert und in jenen Zu=
stand zurückgesunken, welchen Michael Akominatos am Ende
des 12. Jahrhunderts geschildert hatte. Pius II. Piccolo=
mini hat vielleicht mit einiger Uebertreibung, aber gewiß
nach Berichten von Augenzeugen geurteilt, daß Athen kaum
noch die Gestalt eines kleinen Castells besaß, und seinen
Ruhm in ganz Griechenland nur der festen Akropolis und
dem auf ihr stehenden großartigen Tempel der Minerva zu
verdanken hatte.[2] Schwerlich konnte die Stadt damals, wie
man behauptet hat, noch 50000 Einwohner zählen.[3]

---

[1] τὴν τε πόλιν ταύτην καὶ ἀκρόπολιν πυνθάνομαι βασιλεῖ μάλιστα τῶν
ἐν τῇ χώρᾳ αὐτοῦ πόλεων ἐν γνώμῃ γένεσθαι, καὶ τήν τε παλαιὰν τῆς
πόλεως μεγαλοπρέπειαν καὶ κατασκευὴν ἀγασθῆναι. ἐπείκοντα πόση δὴ
χάρις ὀφείλεται ἐν τῷ ἡμετέρῳ νόμῳ Ὁμάρῳ τῷ Τουραχάνεῳ. Lib. IX. 452.

[2] Asia et Europa c. 11.

[3] So viel gibt ihr Surmelis a. a. O. p. 43 und gleich viel rechnet
er für Attika. Im Jahre 1578 gab Kabasylas den Umfang Athen's
auf 6 oder 7 Millien mit 12000 E. an (Crusius, Turcograecia VII.
Ep. 18). Ebenso Cornelio Magni, a. 1674, Relazione della città di
Atene p. 22.

Der Sultan behandelte die Athener mit Güte, in=
dem er ihre Wünsche erfüllte.[1] Er bestätigte die Frei=
heiten, welche Omar Pascha ihnen bereits zugestanden hatte.
Die Stadtgemeinde behielt das Recht der Vertretung durch
eine Gerusia oder den Rat der Vecchiades unter der Auf=
sicht des türkischen Befehlshabers. Manche athenische Ge=
schlechter erlangten Patente, wodurch sie von der Kopf=
steuer, dem Karadsch, befreit wurden.

Mit besonderer Genugthuung erfüllte die griechische Be=
völkerung der Stadt der Zusammenbruch der bisher herr=
schenden lateinischen Kirche und Priesterschaft. Diese verlor
ihre bevorzugte Stellung in dem Augenblick, wo das Franken=
regiment überhaupt sein Ende nahm und der letzte Herzog
Athen's nach Theben verbannt wurde. Dorthin folgten ihm ohne
Zweifel nicht nur die meisten seiner Staatsbeamten, sondern
auch viele andre lateinische Bürger. Die orthodoxen Priester
beeilten sich die Verluste ihrer Kirche herzustellen und von
der Gnade des Sultans Privilegien zu erlangen. Bei seinem
Einzuge in Athen war es auch ein griechischer Abt gewesen,
der von Kaisariani, welcher ihm die Schlüssel der Stadt
überreicht hatte, wofür dann dies basilianische Kloster die
Befreiung vom Karadsch erhielt.[2]

Um die Athener für sich zu gewinnen, gewährte Mo=
hamed ihrem Cultus vollkommene Duldung, ohne diese jedoch
dem katholischen zu entziehen. Der lateinische Erzbischof
Nicolo Protimo durfte ruhig in der Stadt verbleiben und
seine Gemeinde verwalten, bis er im Jahre 1483 starb.[3]

---

[1] αἰδοῖ τῶν προγόνων, sagt hier wieder Kritobulos.
[2] Spon, Voyage de Grèce II, 225.
[3] Hopf II, 143.

Freilich hatte er nach dem Einzuge der Türken in die Akro=
polis die Parthenonkirche verlassen müssen, und mit seinem
Tode hörte auch das römisch=katholische Erzbistum auf, weil
die Zahl der Franken so zusammenschmolz, daß sie keine
Gemeinde mehr bilden konnten. Man hat geglaubt, daß
der Mariendom nach der Uebergabe der Stadtburg im Jahre
1458 von Omar Pascha zuerst dem orthodoxen Cultus der
Griechen zurückgegeben worden sei.[1] Dies wollte man aus
einer Stelle im größeren Fragment der athenischen Stadt=
beschreibung schließen, wo vom Herzoge Athen's im Imper=
fectum gesprochen und von der Parthenonkirche als vom
Tempel der Theotokos geredet wird.[2] Sie war also, so
scheint es, noch nicht zur türkischen Moschee eingerichtet, als
der unbekannte Schreiber seinen Tractat verfaßte, oder er
behandelte sie ohne Weiteres als die hergebrachte, uralte
Kathedrale der Atheniotissa. Er sagt indeß nichts davon,
daß dieselbe dem griechischen Gottesdienst von den türkischen
Eroberern zurückgegeben war, während er doch von einem
Heratempel an der Kallirrhoe, den der Herzog ehedem zur
Gebetcapelle zu benutzen pflegte, zu rühmen weiß, daß er
jetzt von den „Gottesfürchtigen", das heißt den orthodoxen
Griechen, wieder zur Kirche der allerheiligsten Theotokos ge=
macht worden sei.[3] Wäre die Metropole der Athener im

---

[1] L. Roß, Archäol. Aufsätze I, 245 ff. C. Wachsmuth, Stadt
Athen I, 13.

[2] περὶ δὲ γε τοῦ ναοῦ τῆς Θεομήτορος. Wien. Anon. n. 7. n. 8.

[3] Πρὸς δὲ νότον τούτων ἐστὶν οἶκος βασιλικὸς πλὴν ὡραῖος, εἰς
ὃν κατερχόμενος ὁ δοὺξ κατὰ καιρὸν εἰς εὐωχίαν ἐκινεῖτο· ἐκεῖ ἐστι
καὶ ἡ Ἐννεάκρουνος πηγή, ἡ Καλλιρρόη, εἰς ἣν λουόμενος ἀνήγετο
εἰς τέμενος τὸ τῆς Ἥρας λεγόμενον καὶ προσηύχετο· νῦν δὲ μετανοήθη
εἰς ναὸν τῆς ὑπεραγίας Θεοτόκου ὑπὸ τῶν εὐσεβῶν. n. 7. Der betreffende

Parthenon zur Zeit, als jener Unbekannte seine Abhandlung schrieb, dem griechischen Erzbischof wirklich übergeben gewesen, so würde wol der Schreiber des Fragments ein so bedeutendes Ereigniß mit um so größerer Genugthuung bemerkt haben. Nichts war indeß natürlicher, als daß die Türken, sobald sie im Jahre 1458 in die Akropolis eingezogen waren, sowol den Griechen wie den Lateinern den Zutritt in diese Festung nicht mehr gestatteten. Die dortigen christlichen Cultusstätten wurden ohne Zweifel geschlossen, und konnten als solche in keiner Weise mehr fortbestehen.

Omar hatte seinen Sitz im Propyläenschloß der Acciajoli genommen, der Sultan jedoch mochte es vorgezogen haben, seine purpurnen Zelte im Olivenhain, an der Akademie, oder an den Ufern des Ilyssos aufzuschlagen. Eine Tradition erzählt, daß er bei seinem Besuche Athen's in den Gärten verweilte, wo heute der schöne Ort Patisia liegt, und daß dieser von ihm, dem Padischah, den Namen erhielt.[1] Mohamed II. war übrigens der einzige Sultan, den die Stadt Athen beherbergt hat. Vier Tage blieb er daselbst.[2] Dann zog er fort nach Böotien, wo er als Freund der Geschichte das alte Platää und Theben besuchte. In der Kadmea empfing ihn demutsvoll als sein dort exilirter und noch in Gnaden geduldeter Dienstmann Franco Acciajoli, der letzte Herzog von Athen. Mohamed war neugierig, das nahe Euböa zu sehen, dessen Besitz er den Venetianern

Tempel am Ilissos war entweder jener der Hera oder der Demeter (Panagia 'ς τὴν πέτραν); August Mommsen, Athenae Christianae p. 57. Wachsmuth I, 736, Note.

[1] Surmelis p. 43.

[2] Die Zeit gibt Kritobulos an.

im Friedensschluß des April 1454 zugesichert hatte. Die
vielumkämpfte Insel, auf welcher fast zwei Jahrhunderte
lang die lombardischen Dreiherren in ihren Schlössern ge=
herrscht hatten, war seit geraumer Zeit das ausschließliche
Eigentum der Republik San Marco, und zumal seit dem
Falle Constantinopel's ihr Kleinod in dem griechischen Meer,
und noch ihre bedeutendste Handelsstation. Der Großherr
kündigte dem Bailo Paolo Barberigo seinen Besuch an.
Die Eubööten waren anfangs erschreckt, dann kamen sie dem
Sultan mit Palmenzweigen und Geschenken entgegen, als
er am 2. September mit tausend Reitern über die Brücke
des Euripus zog. Er sprach freundlich zu den Bürgern,
durchritt sogar die Stadt Negroponte und betrachtete sie
als Kundschafter mit forschendem Blick von der sie über=
ragenden Höhe. Es sollten noch zwölf Jahre verfließen,
ehe er mit 120 000 Kriegern und mehr als 100 Galeeren
am Euripus wieder erschien, und dann über den Leichen der
heldenmütigen Venetianer in das zertrümmerte Negroponte
seinen Einzug halten konnte. Nach jenem kurzen Besuch
kehrte Mohamed II. nach Theben zurück, um weiter nord=
wärts fortzuziehn.[1]

4. Der Herzog Franco blieb zunächst unangefochten in
seinem Lehn Theben, während auch den beiden Paläologen
Thomas und Demetrius noch ein Rest ihrer Besitzungen in

---

[1] Kritobulos. — Estratti degli Annali di Stefano Magno p. 200.
Victor Capella bemerkte in seiner Rede an den venetian. Senat (bei
Chalkokond. l. X. p. 547) die Absicht des Sultans, die Lage Negro=
ponte's zum Zweck späterer Eroberung zu erforschen, und das war
natürlich genug.

Morea gelassen war. Ihr alter wahnsinniger Haß entzweite
sie auf's neue; denn kaum hatte sich der Sultan entfernt,
so fiel der Eine über des Andern Städte her, und der
Bruderkrieg dieser kleinen Tyrannen regte wieder das un=
glückliche Land auf. In Thomas lebte das stolze byzan=
tinische Bewußtsein seiner Abkunft von Kaisern; er ver=
schmerzte es nicht, fortan von der Gnade des barbarischen
Sultans abhängig zu sein. Seine eiteln Hoffnungen das
eiserne Joch dieser Knechtschaft abzuwerfen, wurden durch
den rhetorischen Enthusiasmus des Papsts Pius II. genährt,
welcher die Machthaber Europa's zum Kreuzzuge wider den
Erbfeind der Christenheit aufrief, während der kühne Georg
Kastriota, der einzige Held in dem Untergange des gesammten
Griechenlands, den Türken in Albanien empfindliche Nieder=
lagen beibrachte. Die feindlichen Brüder versöhnten sich
sogar mit einander und wagten es, nochmals zu den Waffen
zu greifen. Diese letzte, verzweifelte Erhebung des Pelo=
ponnes ehrte den Freiheitssinn der Skypetaren und der
Griechen, aber sie endete mit schrecklichem Verderben.

Nachdem der Sultan, noch im Jahre 1459, seine Ge=
nerale Hamsa und Saganos Pascha mit Kriegsvölkern in
Morea hatte einrücken lassen, und dort der Vernichtungs=
kampf entbrannt war, zog er selbst im folgenden Jahre über
Korinth noch einmal nach dem beklagenswerten Lande, um
dieses dann in einen rauchenden Schutthaufen zu verwandeln.
Städte und Burgen wurden erstürmt, die Einwohner zu
Tausenden niedergemetzelt. Der entmutigte Despot De=
metrius, welchen sein Bruder Thomas treulos verlassen hatte,
ergab sich zuerst in Misithra, im Mai 1460. Er lieferte
seine Gattin und Tochter in den Harem des Sultans ab,

um fortan seine Tage als Pensionar der Pforte zu beschließen. Die Städte des Peloponnes, die alten Lehnburgen
der ausgestorbenen Frankengeschlechter, fielen eine nach der
andern in die Gewalt der unmenschlichen Sieger, bis auch
der letzte Paläologe, Thomas, sein Land für immer verließ.
Im Juli 1460 schiffte er sich im Hafen von Pylos nach
Korfu ein.[1]

So war der ganze Peloponnes den türkischen Waffen
unterworfen, bis auf die venetianischen Colonien Coron und
Modon, und das durch seine feste Lage geschützte Monembasia (Napoli di Malvasia). Diese berühmte Stadt hatte
noch unter dem Regiment der byzantinischen Despoten ihre
durch kaiserliche Freibriefe gesicherte Autonomie bewahrt; sie
suchte ihre Unabhängigkeit selbst noch in dieser Stunde zu
retten, allein der Untergang Morea's erschütterte auch ihren
Heldenmut. Erst nahm sie einen catalanischen Corsaren,
Lupo de Bertagne, als Tyrannen auf, verjagte ihn jedoch
bald wieder; sodann landete dort ein Abenteurer Zanoni
mit einer Schar ursprünglich päpstlicher Kreuzzugssöldner.
Auf seinen Rat stellten sich die Monembasioten unter die
Schutzherrschaft des Papstes, der ihnen einen Commandanten
mit einer kleinen Kriegerschar schickte.[2]

<hr>

[1] Das Haus der Paläologen verkam auf klägliche Weise. Demetrius starb als Mönch zu Adrianopel 1470; Thomas starb zu Rom
1465. Von seinen Söhnen ging Manuel nach Constantinopel, wo seine
Nachkommen Türken wurden, Andreas nach Rom, wo er in Verkommenheit 1502 starb. Von seinen Töchtern starb Helena, die Wittwe des
Serbenkönigs Lazarus, als Nonne in Leukadia, und vermälte sich Zoe
im Jahre 1472 mit dem Großfürsten Iwan III. von Rußland. Hertzberg, Gesch. Griechenlands II, 578.
[2] G. Voigt, Enea Silvio Piccolomini III, 650. Bald darauf,

Mohamed II. konnte den zermalmten Peloponnes wieder
verlassen, wo er den illyrischen Renegaten Saganos Pascha
zum Befehlshaber einsetzte und ihm befahl, auch die letzten
noch glimmenden Funken des griechischen Lebens auszutreten.[1]
Er nahm seinen Rückweg wiederum über Athen. Da diese
Stadt von seiner Heerstraße weit abgelegen war, er selbst
aber seine Neugierde sie zu sehen, bereits befriedigt hatte,
so mußten es dringende Ursachen sein, die ihn zu einem
zweiten Besuch bewogen. Von seinem Befehlshaber auf der
Akropolis war ihm gemeldet worden, daß auch Franco in
Theben während des Kampfes in Achaja auf Abfall gesonnen
habe. Es ist ungewiß, ob die Verschwörung mit Anhängern
des alten Regiments der Florentiner in Athen, deren der
Herzog beschuldigt wurde, thatsächlich begründet, oder nur
von den Türken erdichtet war, um auch diesem letzten Ueber=
rest der Frankenherrschaft für immer ein Ende zu machen.[2]
Wenn die Athener in den Augen des Großherrn wirklich
für schuldig galten, mit ihrem ehemaligen Gebieter die
Ueberrumpelung der Akropolis geplant zu haben, so hätte er
sich doch wol nicht damit begnügt, zehn angesehene Bürger
der Stadt nach Constantinopel abführen zu lassen. Franco
diente damals im türkischen Heer mit böotischer Reiterei,

1462, übergab sich Monembasia der Republik Venedig. Annali di
Stef. Magno p. 204.

    [1]   Zaganus qui patribus ortus
      Illyriis Christi cultoribus. et puer olim
      Moratto turpi Ganymedes junctus amore . . .
Ubert. Pusculus, Constant. lib. III, v. 95 ff.

    [2] Den Zusammenhang der athenischen Ereignisse mit den Unab=
hängigkeitsversuchen Serbien's, Albanien's und des Peloponnes deutet
sehr dunkel an die Cronica di Benedetto Dei bei Pagnini, Della
Decima III, 251.

und sollte gerade gegen Leonardo Tocco in's Feld ziehen.[1] Es scheint, daß er sich nach Athen begeben hatte, um dem Sultan persönlich zu huldigen und seine Befehle zu em= pfangen. Mohamed schickte ihn nach Theben zurück, wo damals Sagan mit Kriegsvölkern stand, und diesem gab er den Befehl, Franco zu tödten. Der Pascha lud den Herzog in sein Zelt; freundlich unterredete er sich mit ihm bis zur Nacht; nachdem er ihn entlassen hatte, umringten den Arglosen die türkischen Leibwächter, und der letzte Herzog Athen's vom Hause der Acciajoli erbat sich als eine letzte Gunst, den Todesstreich in seinem eignen Zelte empfangen zu dürfen.[2]

Franco's drei kleine Kinder Matteo, Jacopo und Gabriele schickte der Pascha mit ihrer Mutter nach Constantinopel, wo sie als Türken erzogen wurden und unter den Janit= scharen verschwanden. Seine Wittwe, noch jung und von hoher Schönheit, entflammte in Stambul die Begierde des ehemaligen Protovestiarius Georg Amoirußis, des Verräters an dem Kaiser von Trapezunt David, welcher im Jahre 1461 sein kleines Reich an Mohamed verloren hatte. Die letzte Herzogin Athen's wurde durch Ränke des Serails gezwungen, die Gattin jenes niedrigen Menschen zu werden.[3] Der übrigens durch Bildung und Talent ausgezeichnete Trape= zuntiner kann zum Typus des verknechteten heuchlerischen Rajah dienen. In einem Briefe an Bessarion hatte er den

---

[1] Origine della famiglia ... p. 178.
[2] Chalkokond. l. IX. p. 483.
[3] Eine romanhafte Geschichte, erzählt in Hist. Patriarchica post Constantin. a Turcis expugnatam (Turcograecia des Crusius lib. II, 121 ff.).

Fall Trapezunt's bitter beklagt, aber er selbst schwor seinen
Glauben ab; er verherrlichte den Sultan als neuen Achill
und Alexander, als Sohn der griechischen Muse, und rich=
tete an ihn Gedichte im Stil der christlichen Marienhymnen.[1]

So tragisch endeten in Griechenland die Acciajoli vom
Geschlecht des berühmten Großseneschalls. Vielleicht ist es
nur eine Sage, daß sich verkommene Nachkommen dieses
Herzogshauses noch lange in Athen erhalten haben. Der
französische Consul Fauvel zeigte dort dem Reisenden Pouque=
ville einen Eseltreiber als Abkömmling Nerio's.[2]

Wenn die Parthenonkirche nicht schon im Jahre 1458
zur Hauptmoschee des türkisch gewordenen Athen eingerichtet
worden war, so wird der erzürnte Sultan im Jahre 1460
den Befehl dazu gegeben haben.[3] Der Prachttempel der
Pallas Athene erlitt demnach seine zweite geschichtliche Ver=
wandlung. Wie vor neun Jahrhunderten die Christen dort
den Altar der Parthenos und ihr heiliges Cultusbild ver=
nichtet hatten, so stürzten jetzt den Altar der Jungfrau
Maria die Bekenner jener zweiten semitischen Religion um,
welche die Fahne Mohamed's schon längst auf der Tempel=
kirche in Jerusalem, und eben erst auf der Kuppel der hei=
ligen Sophia aufgepflanzt hatten. Der Mariendom Athen's

---

[1] Spir. Lambros hat solche abgedr. im Deltion der hist. u. ethnol.
Gesellschaft Griechenlands B. II, p. 275 ff.
[2] Voyage dans la Grèce IV, p. 70. In Florenz erlosch das
Geschlecht der Acciajoli erst 1834.
[3] Hopf II, 128 setzt diese Verwandlung der Marienkirche schon in's
J. 1458, ohne bestimmte Gründe dafür anzugeben. Für 1460 sind mit
mehr Recht Laborde I, 5; A. Mommsen, Athenae Christ. p. 40, wo
aber 1459 in 1460 zu verbessern ist; Hertzberg, Gesch. Griech. II, 380;
Wachsmuth u. Michaelis (Parthenon p. 35).

wurde zur Moschee.[1] Der Altar, die Ikonostasis verschwanden, die christlichen Malereien wurden mit Tünche zugedeckt. Im innern Raum der Kirche wurde der Mirbar, die mohamedanische Kanzel aufgestellt, und die nach dem heiligen Mekka gekehrte Gebetnische Mihrab eingerichtet. Bald erhob sich auch in der südwestlichen Ecke des Tempels, in der ehemaligen Schatzhalle der Pallas Athene, ein schlanker Minaret, welcher höher als die eherne Pallas in alter Zeit, und als der Frankenturm, das weit hin sichtbare Wahrzeichen der Türkenherrschaft war. Auf einem aus antiken Werkstücken erbauten Treppenhause stieg seither der Muezzin zu den Gallerien dieses Minarets empor, um über die in das dumpfe Schweigen der Knechtschaft versunkene Stadt des Solon und Plato hinzurufen, daß Allah der alleinige Gott und Mohamed sein wahrer Prophet sei.

Der Parthenon war erst das Heiligtum der heidnischen Religion in ihrer geistig am höchsten entwickelten hellenischen Gestalt; dann nach einander die schöne Kathedrale für jede der beiden großen Cultusformen, in die sich das Christentum auseinandergelegt hatte; endlich eine Moschee der über Länder und Völker Asien's, Afrika's und des Ostrandes Europa's verbreiteten Religion Mohamed's. Weder in der Basilika S. Peter's in Rom, noch in der Hagia Sophia, welche beide Dome nicht aus Heidentempeln entstanden sind, noch in irgend welchem Heiligtum der Erde haben Menschen so vieler Jahrhunderte, und so verschieden von einander durch Sprachen, Sitten, Culturen, Volksstämme, Zeitalter, ihre Gebete dem vielnamigen, doch ewig

---

[1] τὸ ἱερόν (d. h. ἱερατεῖον oder τσαμί) nennt ihn bereits der Parifer Anonymus.

gleichen, unbekannten Gott dargebracht, als in dieser Zelle
der Pallas Athene. Dies fügt zum Zauber der Kunst und
der Ehrwürdigkeit des Alters, die auf dem herrlichen Bau=
werk ruhen, noch eine culturgeschichtliche Weihe hinzu. So
nahm dies prachtvolle Tempelgefäß die wechselnden Gebilde
des sich ewig erneuernden Erdenlebens in sich auf, und der
Parthenon wurde zu einem Sinnbilde der Metamorphosen
nicht nur der Stadt Athen und Griechenlands, sondern
eines großen Teils der Menschenwelt.

Achtes Capitel.

Die Mächte Europa's und das osmanische Reich. Athen unter der
türkischen Herrschaft. Kämpfe Venedig's mit den Türken. Untergang
seiner griechischen Colonien. Größeste Machtentfaltung der Sultane.
Das Abendland gibt Griechenland auf. Athen sinkt in Geschichtlosigkeit
und Vergessenheit zurück. Die humanistische Wissenschaft und Athen.
Die französischen Jesuiten und Kapuziner als Begründer der topo=
graphischen Erforschung der Stadt. Babin, Guillet, Spon und Wheler.
Die Venetianer unter Morosini erobern Athen. Zerstörung des Par=
thenon. Erforschung der athenischen Altertümer durch die Engländer.
Der Philhellenismus des Abendlandes. Die Befreiung Griechenlands.
Athen, Hauptstadt des Königreichs der Hellenen.

1. Der Leser dieser Bücher würde von der Geschichte
Athen's wahrscheinlich in sehr pessimistischer Stimmung Ab=
schied nehmen, wenn er mit seinen melancholischen Betrach=
tungen an dem Punkte Halt machte, wo die erlauchte Stadt
in die Knechtschaft der Osmanen fiel, und die sie nicht ent=
ehrende Fremdherrschaft der Franken mit dem denkbar nied=
rigsten Zustande ihres historischen Daseins vertauschte. Glück=
licher Weise hat sie, obwol mehrmals mit Vernichtung be=
droht, auch diese Katastrophe überdauert, und die edelste
aller Städte der Menschheit ist nicht von der Erde ver=
schwunden. Statt eine von Ginster und Asphodelen bedeckte
Wildniß, gleich jenen Stätten, aufzusuchen, wo ehemals Ephesus
und Milet in Herrlichkeit geprangt hatten, statt sich ein paar

Säulenstümpfe auf der Akropolis, und einige Trümmer am Jlissos als Ueberreste Athen's zeigen zu lassen, kann der Leser heute die Stadt des Perikles als aufblühende Metropole des Königreichs der freien Hellenen bewundern. Daher wird ihm zum Schluß eine kurze Uebersicht ihrer Schicksale von der türkischen Besitznahme bis zu ihrer Erlösung willkommen sein.

Nach der Eroberung Constantinopel's und Griechenlands durch Mohamed II., wodurch der Untergang der antiken Welt in Europa vollzogen wurde, nahm der feindliche Gegensatz des Orients zum Occident die furchtbarste Gestalt an, die er überhaupt in der Geschichte gehabt hat. Die moderne orientalische Frage trat zuerst in der Form einer erdrückenden Thatsache auf, nämlich der Ueberwältigung Osteuropa's durch die Waffenkraft eines mohamedanischen Volks, welches nicht wie die Mongolen nur vorüberstürmte, sondern fähig war, einen großen politischen Reichskörper für die Dauer aufzurichten. Der türkische Sultan gründete auf den Trümmern des byzantinischen Staats und über den Gräbern einst blühender Culturvölker ein neues islamitisches Weltreich. Da dieses durch kriegerische Eroberung entstanden war und nur durch fortwährenden Krieg lebensfähig blieb, so mußte es dem Triebe weiterer Ausdehnung nach dem Westen folgen. Nicht nur der politische Bestand Europa's, sondern das Christentum selbst und die abendländische Bildung kamen in die äußerste Gefahr. Im Besitze einer militärischen Macht ersten Ranges konnte Constantinopel wieder zum Schlüssel der Herrschaft über drei Weltteile werden, und dies zu verhindern war fortan die wichtigste Aufgabe des christlichen Abendlandes. Das praktischer gewordene Zeit-

alter zeigte sich für den religiösen Enthusiasmus der Kreuzzüge unempfindlich; diese konnten sich nur in Türkenkriege
verwandeln, aber die Zustände der moralisch erschöpften
römischen Kirche wie der Staaten des für hohe Entschlüsse
unfähig gewordenen, von dynastischen Interessen zersplitterten Abendlandes erschwerten die dazu nötigen Mächte-
bündnisse.

Der Papst zunächst mußte, als Oberhaupt der christlichen Republik, die unermeßlichen Folgen erwägen, mit
denen die Katastrophe Constantinopel's die Kirche bedrohte.
Die Jahrhunderte langen Bemühungen der römischen Curie,
den hellenischen Orient ihren Geboten zu unterwerfen, hatten
jetzt dies Ende mit Schrecken genommen; der Halbmond
konnte aber noch weiter in das Herz Europa's, selbst nach
Italien getragen werden. Die verzweifelte Lage des Papst-
tums dem orientalischen oder türkischen Problem gegenüber
wird durch drei Acte im Leben Pius' II. gekennzeichnet:
durch seine gefühlselige Mahnung an den Sultan Mohamed,
zum Christentum überzutreten, um dann als legitimirter Nachfolger Constantin's das Ostreich zu beherrschen; durch seinen
fruchtlosen Congreß in Mantua, und endlich durch seinen
Tod in Ancona, mitten unter kläglichen Enttäuschungen in
Bezug auf sein höchstes Streben, den Kreuzzug zur Wiedereroberung Griechenlands.

Seit dem Untergange von Hellas gab es eine zwie-
fache Geschichte der Griechen: im Exil, und in ihrer geknechteten Heimat. Wie die Juden nach dem Falle Jerusalem's, wanderten sie massenhaft in die Fremde. Sie
fanden gastliche Aufnahme im Abendlande; ihre waffen-
fähigen Männer dienten fortan in den Heeren Europa's als

Stradioten.[1] Ihre geistige Aristokratie flüchtete in die Haupt=
städte und an die Gymnasien zunächst Italien's. Sie brachte
die Literatur Griechenlands zum zweiten Mal dorthin.
Durchaus wie ihre Vorfahren in altrömischer Zeit, erzeugten
diese wandernden Griechen in der gebildeten Gesellschaft des
Westens eine neue Epoche des Philhellenismus, und dieser
wurde zu einer wichtigen moralischen Voraussetzung für die
spätere Befreiung von Hellas. Die Bessarion, Chalkokon=
dylas, Laskaris, Argyropulos, Gaza und hundert andere
Missionare des Griechentums wirkten ihres Teiles dazu,
die großen Werkstätten in Italien aufzurichten, aus denen
die moderne Bildung Europa's hervorging. Die Einwirkung
der hellenischen Literatur auf den Geist des Abendlandes
hat unleugbar stattgefunden, aber sie war eine späte und
keineswegs so eindringende, als die heutigen Griechen be=
haupten. Der italienische Humanismus und die gesammte
geistige Revolution des Westens entsprang aus heimischen
eigenen Quellen, aus der lateinischen Literatur und der
Arbeit des Gedankens innerhalb der abendländischen Kirche
und Schule. Dante, Petrarca und Boccaccio verdankten
ihre Größe nicht erst ihrer flüchtigen Berührung mit dem
Griechentum, und Pomponius Lätus verstand kein griechi=
sches Wort. Die beiden großen Culturwelten, die hellenische
und die lateinische, hatten sich im Lauf der Jahrhunderte
viel zu weit von einander getrennt, als daß ihre Vermittlung
über Nacht geschehen konnte.

---

[1] Das merkwürdige Institut der Stradioten hat Sathas im B. VII
und VIII seiner Monum. II. Hell. dargestellt. In ihren Liedern lebten
die Traditionen des Altertums, die Vaterlandsliebe und die Freiheits=
glut der Griechen fort.

Während sich der schwierige Prozeß der Aufnahme der antiken Wissenschaft in Europa entwickelte, legte sich das Joch der türkischen Barbarei als vollzogenes Schicksal auf das verödete Griechenland. Wenn die Austilgung des raub=süchtigen Archontenadels durch die Osmanen augenblicklich eher eine Wolthat, als ein Verlust für die hellenische Nation war, so wurde diese doch durch die Zerstörung der höheren Gesellschaftsklassen überhaupt, durch die Auswanderung ihrer Männerkraft und ihrer Intelligenz um alle die Elemente gebracht, aus denen das edlere Nationalbewußtsein ent=springt. In dem nivellirten Griechenland blieb nur eine gleichförmige Masse von Sclaven zurück.

Wenigstens der Anarchie dort hatte das Schwert der Janitscharen ein Ziel gesetzt. Das unglückliche Land em=pfand die Befreiung von seinen großen und kleinen Tyrannen zunächst als eine Erlösung. Es war Jahrhunderte hindurch der Schauplatz mörderischer Raubzüge, dynastischer Ränke und Kriege gewesen, und dadurch so tief erschöpft, daß es die Grabesstille jenen Leiden vorzog. Im Ganzen zeigte sich auch das Regiment der Türken für die Hellenen minder hart, als diese es erwartet hatten. Mit der mohamedani=schen Eroberung verband sich keine Einwanderung asiatischer Horden. Das neue Weltreich der Nachkommen Osman's, für dessen Entstehung ein Nomadenzelt am Oxus die Zelle gewesen war, ist schon deshalb so merkwürdig, weil es nicht auf der elementaren Kraft einer großen Nation, sondern auf einer Dynastie gewaltiger Herrscher, auf einer Krieger=kaste, auf dem von den Seldschuken entliehenen militärisch=feudalen System, auf der Sclaverei, und endlich auf dem religiösen Gesetzbuch beruhte. Die Grundlage der furcht=

baren Türkenmacht war, ähnlich wie jene Rom's unter den
alleinherrschenden Cäsaren, die Verschmelzung des Staats
mit dem Palast des Großherrn, dessen Untertanen alle seine
Sclaven waren, und die Organisation der Militärkraft in
dem stehenden Janitscharenheer.

Der Sultan beherrschte das Erbe des ersten und letzten
Constantin, indem er die ungleichartigen Provinzen gleich-
förmig durch Paschas oder Statthalter verwalten ließ, die
ihre Tribute einzogen, und die verachteten Rajahs durch
Strenge und Grausamkeit an den Gehorsam gewöhnten.
Aber selbst der wildeste Tyrann wird genötigt, geknechteten
Völkern, wenn er sie nicht ausrotten kann, noch einige Rechte
zu lassen, an denen sich, wie an dem Eigentum, der Familie,
der Gemeinde und Religion, das persönliche und volkstümliche Dasein festgeklammert hält. Die Türken mußten die
Hellenen um so mehr schonen, als diese ein ihnen über-
legenes Volk alter Cultur waren, sie selbst aber sich ihnen
gegenüber in der Minderzahl befanden. Zwar hörten alle
politischen Rechte der Griechen auf; ihr Staatswesen verschwand, doch die Gemeinden blieben. Wenn sich der Großherr auch als Eigentümer alles Grundes und Bodens betrachtete, und die besten Landgüter überall an den türkischen
erblosen Militäradel, die Timarioten, vergab, so blieb doch
den vom Kriegsdienst ausgeschlossenen Griechen, neben manchem
Besitztum an Ländereien, das Meer und sein Geschäft, der
Handel. Den Städten in Hellas blieb ein Rest der Selbst-
verwaltung, dem Volk die Freiheit des Cultus, der Kirche
ihre hergebrachte Verfassung.

Nicht wie die lateinischen Eroberer und der Papst haben
Mohamed II. und seine Nachfolger die griechische National-

kirche gewaltsam unterdrückt. Die Sultane waren duldsam
in Hinsicht der Religion; sie begünstigten aus Klugheit den
Patriarchen und den Clerus, um sie von der kirchlichen
Vereinigung mit Rom abzuhalten, und zugleich als Werk=
zeuge des knechtischen Gehorsams der Griechen zu gebrauchen.
Die Religion Mohamed's machte freilich durch die Trieb=
federn des Schreckens und Eigennutzes massenhafte Prose=
lyten in Kleinasien, den slavischen Balkanländern und Al=
banien. Der türkische Staat setzte in Constantinopel mit
geringeren Mitteln und weniger Erfolg denselben Prozeß
der Völkerumwandlung fort, welchen Byzanz durchgeführt
hatte; er suchte die Christen zu Mohamedanern zu machen.
Ganze Clans in Epirus fielen von der Kirche ab. In Kreta
und Euböa nahmen später nicht wenige Griechen den Koran
an; selbst unter den letzten Paläologen hatte man Manuel als
Renegaten in Byzanz gesehen. Diesem schimpflichen Beispiele
ist unter den Griechen im alten Hellas doch nur ein sehr ge=
ringer Bruchteil und vereinzelt gefolgt. Das Bestreben der
türkischen Regierung, die Hellenen zum Islam zu bekehren,
mißlang; die Kirche schützte mit dem Christentum auch die
Nation. Die niemals zu vermittelnde Kluft der Rasse, des
Glaubens und der Gesittung rettete das Dasein des griechi=
schen Volks. Seine Sprache erhielt sich. Man darf sogar
behaupten, daß gerade die türkische Eroberung dazu beitrug,
denn erst sie machte dem Prozeß der Romanisirung des
Neugriechischen ein Ende.

Was Athen betrifft, so waltete über dieser Stadt auch
damals ein schirmender Genius. Mohamed II. kam nicht
auf den Gedanken, auch dorthin, wie nach dem veröbeten
Byzanz, neue Ansiedler hinüberzuführen. Die Akropolis

nahm eine osmanische Besatzung auf, während in der Unter=
stadt auch in der Folgezeit die Türken so gering an Zahl
blieben, daß sich aus ihnen niemals ein wolhabender Bürger=
stand neben den Athenern gebildet hat. Ein türkischer Oberst
(Disdar) befehligte auf der Burg, ein Woiwod verwaltete
die städtischen Angelegenheiten, ein Kadi sprach das Recht.
Doch behielt die griechische Bürgerschaft einen Municipal=
rat von Geronten, die zugleich, mit dem Bischofe Athen's,
in Streitigkeiten der Eingeborenen ein Friedensgericht bil=
deten. Die Kopfsteuer, der Karadsch, war von mäßigem
Betrage.

Solche bescheidene Vorteile, verbunden mit der un=
schätzbaren Freiheit des Glaubens, haben neugriechische Ge=
schichtschreiber zu dem Urteil bewogen, daß die Lage der
Athener in der türkischen Knechtschaft jener unter der Re=
gierung der christlichen Franken vorzuziehen war. Allein
die kühne Behauptung wird schon durch diese eine Thatsache
widerlegt, daß dem türkischen Regiment jeder sittliche Be=
griff des Rechts gefehlt hat; statt seiner gab es nur die
schrankenlose Laune des Despoten. Der grausame Knaben=
tribut, welcher den Athenern, wie allen andern geknechteten
Christen im Reich der Sultane auferlegt wurde, genügt,
um die unmenschliche Tyrannei zu kennzeichnen, die ihr Los
geworden war. In jedem fünften Jahre hielten türkische
Agas Musterung über die griechische Jugend, von der sie
den fünften Teil, die schönsten und tüchtigsten Knaben, ihren
Familien entrissen, um sie nach Stambul abzuführen. Dort
wurden dieselben in den Sclaveninstituten des Serail zu
fanatischen Osmanen erzogen. Aus dieser christlichen Jugend
der eroberten Provinzen gingen nicht nur die Janitscharen,

sondern oftmals die besten Diener und höchsten Minister des
Sultans hervor. Ein berühmter englischer Philhellene hat
voll edlen Unwillens bemerkt, daß in der langen Erniedri=
gung der griechischen Nation nichts so schrecklich sei, als die
Apathie, mit der sich dieselbe jenem Tribut unterworfen hat.[1]
In dem unglücklichen Athen fand sich freilich kein Theseus
mehr, der den Minotauros zu erlegen im Stande war.
Erst im letzten Drittel des 17. Jahrhunderts hat der Kinder=
tribut für immer aufgehört.

So schwer wiegt in den Schalen, in denen das Wol
der Einzelnen und Völker gewogen wird, der materielle
Vorteil, daß selbst die tiefste Entwürdigung Athen's nach
diesem beurteilt worden ist. Es kam die Zeit, wo die Vater=
stadt der Marathonkämpfer es für eine besondere Auszeich=
nung und ein hohes Glück ansehen mußte, die Domäne des
Oberhaupts der schwarzen Eunuchen im Serail zu Stambul
geworden zu sein. Dieser mächtige Kislar=Aga nahm jetzt
die Stelle der großen Philhellenen Athen's im Altertum
ein; er empfing huldvoll die Beschwerden der Stadt, er=
leichterte ihre Lasten, und schützte sie vor den Mißhand=
lungen der türkischen Befehlshaber.[2] In dieses widerliche
Zerrbild hatte sich der Cultus Athen's unter den Osmanen
verwandelt.

---

[1] Finlay, Greece under Othoman and Venetian dominat.
p. 38. 55.

[2] Es scheint, daß sich die Athener dieses Verhältniß zum Serail
als Gunst vom Sultan ausgebeten haben. Spon II, 242. Heutige
Griechen fassen das ohne Weiteres von der praktischen Seite auf.
Nicolaus Moschobaki, Τὸ ἐν Ἑλλάδι δημόσιον δίκαιον ἐπὶ Τουρκο-
κρατίας. Athen 1882, p. 115.

2. Im Allgemeinen hat der Geschichtschreiber Athen's
und Griechenlands während der Türkenherrschaft eine so
schwierige, wie unerfreuliche Aufgabe zu lösen.[1] Er sieht
vor sich eine Wüste, in welcher er nach Gestalten und Zeichen
des Lebens späht, an denen sein Auge noch hoffnungsvoll
haften kann. Sein Ziel ist immer auf die endliche Befreiung des edeln Landes gerichtet, und er lauscht auf jedes
Lied eines Klephten und Palikaren, um sich zu überzeugen,
daß sich noch die Muse von Hellas in ihrem Sarkophage
regt, und der Freiheitsgedanke noch das Herz des entwür-
digten Griechen klopfen macht. Die Stadt Athen selbst
gleicht einer in der Barbarei verkauften Sclavin, die verschwunden oder verschollen ist. Aus ihrer lethargisch gewordenen Versunkenheit, aus der abstumpfenden Gewöhnung
an Elend und Niedrigkeit wurde sie bisweilen durch Kriegs-
lärm in den Meeren Griechenlands aufgerüttelt, und so
hoffnungslos war ihr Zustand, daß sie von der Annäherung
der Feinde ihres Zwingherrn eher Verschlimmerung ihres
Loses, als Errettung erwartete.

Den Kampf mit den Türken haben wesentlich zunächst
Ungarn, Polen und Oesterreich auf der Landseite, und
Venedig auf dem Meere übernehmen müssen. Die glanz-
volle Republik stieg in dem Augenblicke abwärts, wo der
Sultan in Byzanz einzog, und zu ihrem Sinken vereinigten

---

[1] Ich nenne außer Surmelis vor allem Constantin Sathas (Τουρκο-
κρατουμένη Ἑλλάς 1453—1821), Athen 1869; und den Schotten Finlay.
Eben erst hat Demetrios Kampuroglu eine Geschichte der Athener unter
der Türkenherrschaft zu veröffentlichen begonnen, welche viel Neues zu
bringen verspricht.

sich bald andere Weltverhältnisse. Ihre Größe war wesent=
lich durch Griechenland, die Colonien und den Handel im
Ostmeer bedingt. Die Quellen ihres Reichtums und ihrer
Macht strömten dort. In ihrem Niedergange hat sie viel=
leicht heroischer geglänzt, als in ihrem Aufsteigen seit dem
13. Jahrhundert. Die Türken hat sie doch von der Adria
abgewehrt, und die Propyläen der Levante, die jonischen
Inseln, zu verteidigen vermocht. Der Löwe von San Marco
schützte drei Jahrhunderte lang Europa vor dem Einbruch
der asiatischen Barbarei.

Die Venetianer erhoben sich wiederholt zum Kampfe
gegen den Sultan. Sie drangen sogar im Juli 1464 unter
ihrem Generalcapitän Vettore Capello in Athen ein, welches
sie ehedem, zur Zeit der Acciajoli regiert hatten. Leider
schändeten damals ihre Söldner die Ehre des venetianischen
Namens durch die rücksichtlose Mißhandlung der Stadt, die
sie überfielen, plünderten und schnell verließen, ohne einen
Versuch gegen die wolbefestigte Akropolis zu wagen. In
demselben Jahre wurde auch Sparta von den Venetianern
für einige Tage besetzt. Ihr Condottiere Sismondo Mala=
tasta ließ die Reste Plethon's, welcher dort um 1450 ge=
storben war, nach Rimini hinüberbringen und in dem be=
rühmten Dom bestatten.[1]

Die griechischen Colonien Venedig's wie Genua's ge=
rieten eine nach der andern in die türkische Gewalt. Die
Insel Euböa fiel nach heroischer Gegenwehr der Vene=
tianer; am 12. Juli 1470 zog Mohamed II. in den

---

[1] Spandugino, Comment. dell' orig. dei principi Turchi,
Flor. 1551, p. 50.

rauchenden Trümmerhaufen Negroponte ein. So verlor
Venedig sein lange gehütetes Besitztum im ägäischen Meer.
Dreißig Jahre später eroberten die Türken auch die moreotischen Colonien Modon und Coron, dann Aegina, im Jahre
1522 das den Johannitern gehörende Rhodus, 1540 Napoli
di Romania und Monembasia.

Das osmanische Reich erlangte unter Soliman I.
(1519—1566), einem Herrscher, welcher an Genie und Kraft
keinem andern im großen Zeitalter Carl's V. nachstand,
seine höchste Machtentfaltung; es umfaßte den Südosten
Europa's, die schönsten Länder Vorderasien's, den Norden
Afrika's vom roten Meer bis nach Algier. Es dehnte sich
auch jenseits der Donau aus. Da der Sultan die Hälfte
Ungarn's an sich riß und bereits Wien bedrohte, wurde
der Schauplatz des Kampfs zwischen Asien und Europa
von der Balkanhalbinsel in das mittlere Donaugebiet verlegt. Gerade in dieser Zeit beschäftigten die wichtigsten
Aufgaben und innere Krisen das Abendland. Die Renaissance
der Bildung, die Reformation der veralteten Kirche, die
Entstehung der Monarchie Carl's V., eines neuen Weltreichs,
welches zur rechten Stunde dem osmanischen sich entgegen-
stellte, die Kämpfe zwischen Spanien-Oesterreich und Frankreich um die Hegemonie in Europa, alle diese Vorgänge
zogen die Teilnahme des Westens von den Schicksalen
Griechenlands ab.

Nachdem die Fahne des Propheten auf der Hagia
Sophia Constantinopel's und dem Parthenon Athen's aufgepflanzt worden war, erhob sich das Kreuz der Christen
auf der Alhambra Granada's. Die Verluste Europa's im
Osten an die Mohamedaner wurden durch die Vernichtung

der Maurenherrschaft in Spanien wenn nicht ersetzt, so doch gemindert. Die Entdeckung und Colonisirung Amerika's eröffnete der Menschheit unermeßliche Perspectiven in eine neue Welt und Zukunft jenseits des Oceans, während die Auffindung des Seewegs nach Indien den alten Handels= straßen des Mittelmeers zum Orient ihre ausschließliche Be= deutung nahm: eine Ursache mehr zum Sinken Venedig's, aber auch zu dem des osmanischen Reichs. In der ge= sammten Geschichte der Erde ist kein Punkt sichtbar, auf welchem sich, wie damals, thatsächlich so viele und so große Lebensströme vereinigt hätten, um die Völker mit neuem Geist zu erfüllen, sie aus den engen Schranken der dyna= stischen Interessenpolitik und des banalen Pfahlbürgertums zum Bewußtsein des Weltganzen zu erheben. Das veraltete System der Griechen vom Stillstande des Erdkörpers hatte Copernikus zerstört.

Man durfte im 15. Jahrhundert Europa anklagen, daß es in mattherziger Ohnmacht, nur von den kleinlichsten Trieben der Politik beherrscht, nicht die Stunde wahrnahm, um sich zum gemeinsamen Kampf gegen den Coloß des Türkenreichs zu erheben, sondern Griechenland ruhig preisgab, aber im 16. war es begreiflich, wenn das Abendland sich mit der vollendeten Thatsache abfand, Hellas als verloren betrachtete und so gut wie vergaß. Athen verschwand aus dem Ge= sichtskreise Europa's. Schon im Jahre 1493 begnügte sich ein deutscher Humanist in seiner Chronik zu verzeichnen: „die Stadt Athen war die herrlichste im Gebiet Attika; von ihr sind noch einige wenige Spuren übrig."[1] Wir sahen

---

[1] Athene civitas fuit praeclarissima in attica regione. Cujus

bereits, daß Schedel Athen in dem Bilde einer deutschen
Stadt darstellte.

Laborde hat die vereinzelten Kunden des Abendlandes
von dem Schicksal Athen's im 16. Jahrhundert zusammen=
gesucht und gezeigt, wie dürftig sie gewesen sind. Jehan
de Vega, der auf einer französischen Flotte im Jahre 1537
nach der Levante kam, bemerkte in seinem Reisebericht, daß
er in Porto Leone, dem Hafen Athen's, einen großen Löwen
von Stein gesehen habe; die Stadt aber betrat er nicht.
Am Cap Sunion ließ er sich von dem Piloten erzählen,
daß über den Säulen des Tempels dort ein Gebäude stand,
worin Aristoteles Philosophie gelehrt habe, wie es auch in
Athen noch Säulen gebe, auf denen das Rathaus des Areo=
pags erbaut gewesen sei. Wilhelm Postel, welcher zwi=
schen 1537 und 1549 Griechenland, Constantinopel und
Kleinasien bereiste, und ein gelehrtes Werk über die Re=
publik der Athener schrieb, scheint es nicht der Mühe für
wert gehalten zu haben, Athen zu sehen. Der Franzose André
Thevet, der Verfasser einer Kosmographie der Levante, be=
hauptete im Jahre 1550 dort gewesen zu sein, aber sein
Bericht von Athen enthält nichts mehr als diese Lächerlich=
keiten: im Hause eines Renegaten habe er eine schöne Statue
von Marmor, sonst nichts Merkwürdiges in der Stadt gesehen.
„Es ist freilich wahr, daß es dort einige Säulen und Obelisken
gibt, doch fallen sie alle in Trümmer; so gibt es auch einige
Spuren von Collegien, wo, nach dem allgemeinen Glauben
der Einwohner, Plato Vorlesungen gehalten hat. Sie haben

pauca vestigia quedam manent. Hartmann Schedel hat das und
anderes der Europa des Aeneas Sylvius entnommen.

die Form des römischen Colisäums. Jetzt ist diese vor=
mals so berühmte Stadt von Türken, Griechen und Juden
bewohnt, die wenig Achtung für solche merkwürdige Alter=
tümer haben."[1]

Die lange und heroische Verteidigung Famagosta's, ihr
und Cypern's grausiger Fall, dann der am 7. October des=
selben Jahres 1571 bei Lepanto gewonnene große Seesieg
der vereinigten Mächte Spanien, Oesterreich und Rom unter
Don Juan d'Austria, wendeten aber doch die Aufmerksam=
keit des Abendlandes wieder dem eigentlichen Hellas zu.
Athen selbst wurde mit dem gebildeten Europa durch den
von der Renaissance gesponnenen Faden der classischen
Wissenschaft verknüpft. Das gelehrte Bedürfniß, eine be=
stimmte Kenntniß von dem Schicksal der ruhmvollen Stadt
zu erlangen, machte sich in der Frage geltend, ob dieselbe
überhaupt noch fortbestehe. Ein deutscher Philhellene, Mar=
tin Kraus, Professor der classischen Literatur in Tübingen,
hat diese Frage gestellt. Sie machte ihn unsterblich, wie
die Auffindung der Laokoongruppe einem namenlosen Römer
den Nachruhm gesichert hat. Martin Crusius entdeckte gleich=
sam Athen wieder.

Im Jahre 1573 wandte er sich mit einem Briefe an
Theodosius Zygomalas, den Kanzler des Patriarchen in Con=
stantinopel, um von ihm zu erfahren, ob es wahr sei, was
die deutschen Geschichtschreiber behaupteten, daß die Mutter
aller Wissenschaft nicht mehr bestehe, daß sie bis auf einige
Fischerhütten vom Erdboden verschwunden sei. Die Ant=

---

[1] Laborde I, 49 ff. Die Juden in Athen hat sich Thevet er=
funden.

wort des gebildeten Byzantiners, und ein späterer Brief des Akarnanen Symeon Kabasylas, eines Geistlichen an demselben Patriarchat, brachten dem deutschen Gelehrten die erste sichere Kunde von der Fortdauer der Stadt, und sie warfen zuerst wieder einen leisen Lichtschein auf den Zustand ihrer Monumente und ihres fortvegetirenden Volks.[1]

So hatte es gerade mitten in der hellsten Aufklärung und der genialsten Kunstproduction Europa's eine Zeit ge= geben, wo des Fortleben der Stadt Athen thatsächlich un= bekannter und zweifelhafter war, als während jener Epoche ihrer byzantinischen Geschichtlosigkeit, die einen deutschen Gelehrten noch im Jahre 1835 zu der Ansicht verleiten konnte, daß sie nach Justinian vier Jahrhunderte lang eine unbewohnte Waldwildniß gewesen sei. Es war zunächst die Wissenschaft, welche Athen für das Bewußtsein des gebildeten Abendlandes wiedereroberte, und diese Eroberung wurde noch im 16. Jahrhundert durch die Türkenkriege und die Unsicherheit des Reisens nach dem verschlossenen Attika sehr erschwert.

Im Verhältniß zur Erforschung der Stadt Rom ver= spätete sich die Altertumskunde Athen's um ein paar Jahr= hunderte. Denn der erste große Fortschritt von den Mira= bilien Rom's im Mittelalter zur wirklichen Stadtbeschreibung wurde schon im 15. Jahrhundert durch Blondus Flavius gemacht, worauf sich im folgenden die römische Altertums= wissenschaft mächtig entwickelte. Von den Athenern selbst konnte keine Thätigkeit dieser Art in Bezug auf ihre Stadt erwartet werden. Die Griechen in Kreta und Korfu, jene andern gelehrten Hellenisten die sich um Aldus Manutius in Venedig sammelten, die an den griechischen Gymnasien Mantua's, Padua's, Rom's, in Paris, Genf, Heidelberg und anderswo thätig waren, widmeten ihre Kräfte der philologischen Kritik.

Seit dem Beginne des 17. Jahrhunderts legte der Holländer Jean de Meurs durch seine zahlreichen Studien von ehernem Fleiß und staunenswerter Belesenheit den Grund zur athenischen Altertumskunde. Dieser Sammlung in zwölf Folianten gehört auch eine Schrift an, welche die Geschichte Athen's bis zum Falle unter die Türken übersichtlich darstellt. [1]

Wie gering im Abendlande selbst damals die Kenntniß vom Zustande der Stadt war, zeigt das lateinische Werk des Rostockers Lauremberg: „Genaue und sorgsame Beschreibung des alten und neuen Griechenlands." Hier wiederholte der Verfasser noch die alte Fabel, indem er behauptete: von Athen, welches die Wohnung der Musen genannt wurde, ist heute nichts mehr übrig, als geringe elende Hütten und Weiler, und es wird jetzt Setine genannt. [2] Gleichwol kannte Lauremberg die Turcogräcia des Crusius, denn in seiner geschichtlichen Uebersicht Attika's bezog er sich auf den Brief des Kabasylas. Auf seiner attischen Karte

---

[1] Fortuna Attica, sive de Athenar. origine, incremento, magnitudine, potentia, gloria, vario statu, decremento et occasu liber singularis. Lugd. Batav. 1622.

[2] Description exacte et curieuse de l'ancienne et nouvelle Grèce composée en Latin par J. Lauremberg et traduite en Français, Amsterd. 1677, p. 99.

hat er Athen in Miniatur als eine kreisrunde Stadt be=
zeichnet, in deren Mitte sich ein hoher kegelförmiger Berg
erhebt, mit zwei gothisch zugespitzten Türmen gekrönt.

3. Nur wirkliche Anschauung konnte die hartnäckig fort=
dauernde Meinung, daß Athen zerstört sei, beseitigen, und
dies war das Verdienst französischer Jesuiten und Kapuziner.
Jene hatten im Jahre 1645 Aufnahme in Athen gefunden;
als sie von hier nach Negroponte fortzogen, nahmen die an=
dern ihre Stelle ein. Die Kapuziner kauften von den Türken
im Jahre 1658 das Denkmal des Lysikrates, die soge=
nannte Laterne des Demosthenes, und bauten daneben ihr
Kloster. Dies anmutige Monument des theatralischen Cul=
tus der alten Athener wurde der Ausgangspunkt für die
Wissenschaft von der Topographie und den Altertümern
Athen's. Die französischen Mönche entwarfen die ersten
Pläne der Stadt. So leisteten jetzt Franzosen der Wissen=
schaft Dienste, welche ihre Stammgenossen zur Zeit der
burgundischen Herzoge ihr schuldig geblieben waren. Sogar
Gesandte Frankreichs besuchten Athen von Constantinopel
aus. Wenn der dortige Botschafter Ludwig's XIII., Louis
de Hayes, bei seinem Besuche im Jahre 1630 nur einen
flüchtigen Blick der Neugierde auf die wunderbare Stadt
warf, so hatte der Aufenthalt des Marquis de Nointel im
Winter von 1674 zu 1675 wichtige Folgen. Jacques Carrey
zeichnete für ihn die Sculpturen des Parthenon, und der
Italiener Cornelio Magni verfaßte einen Reisebericht. Noch
vor dem Besuche Nointel's veröffentlichte in demselben Jahre
1674 der gelehrte Arzt Spon zu Lyon eine Schilderung
Athen's, die vom Jesuiten Babin, der dort lange gelebt hatte,

für den Abbé Pécoil, den Hausgenossen des Marquis in Con=
stantinopel, aufgesetzt worden war. Sein aus Smyrna am
8. October 1672 datirter Bericht gab den wesentlichen An=
stoß zur genaueren Erforschung der Stadt. Im Jahre
1675 erschien Guillet's Buch über das alte und neue Athen.
Dieser Franzose war niemals dort gewesen, aber er hatte
Babin's Brief benutzt und andre Mitteilungen, wie auch
den Stadtplan von den Kapuzinern erhalten, was sein Werk
höchst wertvoll machte.[1] Sodann trat Spon selbst auf.
Von dem Engländer Sir Georg Wheler begleitet, kam er
nach Athen im Januar 1676. Seine Forschungen be=
gründeten die moderne Wissenschaft der athenischen Alter=
tumskunde.

Es ist der Bemerkung wert, daß die Reisenden jener
Zeit keine Franken mehr in Athen vorfanden. Cornelio
Magni sah daselbst von solchen nur den französischen Con=
sul Chataignier und den englischen Consul Giraud, gebildete
Männer, die allen wißbegierigen Besuchern als Führer
dienten. Unter den städtischen Familien ersten Ranges
zeichnete er die Chalkondoli, Paläologi, Beninzeli, Lim=
bona, Preuli und Cavalari aus, von denen einige lateinischen
Klanges sind.[2] Die Beninzeli scheinen italienischer Abkunft

---

[1] Athènes anciennes et nouvelles et l'état présent de l'empire
des Turcs. Avec le plan de la ville d'Athènes. Ed. 3. Paris
1676 in 12.

[2] Relaz. della città d'Athene colle provincie dell' Attica, Focia,
Beozia e Negroponte von 1674. Parma 1688, p. 36. — Dazu Spon
II, 130. Zur Zeit Nointel's befand sich in Athen ein deutscher Aben=
teurer vielbewegten Lebens, Georg Transfeldt aus Straßburg in West=
preußen. Fragmente seiner latein. Selbstbiographie hat Adolf Michaelis
veröffentlicht: Examen reliquarum antiquitatum Atheniensium (Mit=
teil. d. D. Arch. Inst. in Athen, 1876).

gewesen zu sein. Aus ihrem Hause stammte Johannes, ein
gelehrter Athener des 18. Jahrhunderts. Die Chalkokondyli
gehörten der geschichtlich bekannten Familie an; ihr Name
aber hatte sich in der Aussprache des Volks zu Charkondyli
verändert. In der Stoa des Gymnasiums Hadrian's, wo
die Kirche der Tariarchen stand, bezeichnen Graffitinschriften
des 16. Jahrhunderts eine Louize und einen Michael
Charkondyle. Aus der Frankenzeit erhielten sich überhaupt
noch manche Taufnamen in Athen, wie Guliermos, Phin=
terikos, Benardes, Linardis, Nerutzos (Nerio). [1]

In demselben letzten Drittel des 17. Jahrhunderts,
wo gelehrte Reisende, Franzosen und Engländer, das Abend=
land über die noch vorhandenen antiken Reste Athen's auf=
klärten, ereignete es sich auch, daß die ehrwürdige Stadt
durch Kriegsgewalt den Türken plötzlich entrissen wurde.
Das Reich der Sultane, so lange der Schrecken Europa's,
begann sich dem Verfalle zuzuneigen. Das Grundgesetz des
Koran, wonach es nur zwei Menschenclassen gab, Mohame=
daner und Ungläubige, wie es für die antiken Griechen nur
Hellenen und Barbaren, für die Juden nur Anhänger Jeho=
vah's und Heiden gegeben hatte, dies mit den modernen
Weltverhältnissen unvereinbare Dogma war das Todesurteil
des osmanischen Sclavenstaats. Er verdammte sich dadurch
zu ewiger Barbarei. Er vermochte nicht über den Zustand
roher Unterdrückung der unterjochten Völker hinauszukommen.
Aus den herrlichsten Ländern der Erde, aus denen die

---

[1] Zesios im Deltion der histor. Gesellschaft II, 26 ff. Jene Kirche
scheint von Michael Chalkokond. erbaut oder hergestellt gewesen zu sein.
Auch während der Türkenzeit bauten fromme Athener noch Kirchen.
Das Geschlecht der Chalkokondyli dauert dort noch heute fort.

türkische Herrschaft durch Eroberung zusammengesetzt war,
konnte dieselbe kein Culturreich gestalten, wie es ehemals
jenes Alexander's und dann das byzantinische gewesen war.
Der Staat der Asiaten blieb eine feindliche Anomalie in
Europa, in dessen System er sich nicht einfügte, an dessen
volkswirtschaftlicher und geistiger Entwicklung die Türkei
aus Stumpfsinn und religiösem Fanatismus keinen Anteil
nahm. Sie war nur furchtbar, so lange als der stürmische
Eroberungstrieb in den Osmanen vorhielt, durch die politische
Beschaffenheit des Occidents Nahrung fand und von den
militärischen Einrichtungen Orchan's, Mohamed's und Soliman's getragen wurde. Sie verdankte schließlich ihre Fortdauer nur dem Umstande, daß der Besitz Constantinopel's
zu einer unlösbaren Frage wurde, die den unermeßlich
wichtigen Gegenstand für die Furcht und die Eifersucht der
christlichen Mächte abgab. Die Lösung zu vertagen blieb
daher deren ängstliches Bemühen, und noch in unserer
Zeit durfte ein Alexander dem Namen nach, dessen siegreiche Heere zu S. Stefano an den Toren von Byzanz
lagerten, nicht den Mut fassen, diesen gordischen Knoten
der modernen Politik mit dem Schwert zu durchhauen,
wie das ehemals [der kühne Doge Dandolo gewagt und
gethan hatte.

Durch den dreißigjährigen Krieg und seine Wirkungen
waren den Sultanen die letzten Eroberungen möglich geworden. Wallenstein's kühner Plan der Teilung der europäischen Türkei konnte nicht ausgeführt werden. Die christlichen Mächte ließen es zu, daß der Großvezier Achmed
Köprili im Jahre 1669 den Venetianern die Insel Kreta
entriß. Erst das Jahr 1683 brachte mit dem Entsatze

Wien's eine Wendung herbei: die Rückflut der Türkenmacht
nach dem Süden. Nicht nur mußte der Sultan Ungarn
aufgeben, er verlor auch Morea. Die vom Mittelmeer aus=
geschlossene Republik Venedig machte, im Verein mit dem
Mächtebunde, eine verzweifelte Anstrengung, ihre alte Stel=
lung in der Levante wieder zu gewinnen. Die Befreiung
Griechenlands, der unabläſſige platoniſche Traum der Phil=
hellenen Europa's, und die Sehnſucht der geknechteten
Griechen, war ſeit dem Falle Conſtantinopel's und Athen's
der Verwirklichung niemals ſo nahe gekommen, als in dem
Türkenkriege Venedig's ſeit 1685.

Nach dem Siege bei Patras riefen Abgeſandte der
Athener den Generalcapitän Francesco Moroſini zur Be=
freiung ihrer Vaterſtadt herbei. Die Flotte der Republik
lief am 21. September 1687 in den Piräus ein. Zum
dritten Male beſetzten die Venetianer Athen. Königsmark
belagerte die Akropolis. Am 26. zertrümmerte der unglück=
liche Wurf einer Bombe die Hälfte des Parthenon, der bisher
die Stürme von mehr als zweitauſend Jahren überdauert
hatte. Die türkiſche Beſatzung der Burg ergab ſich, und zog,
nebſt 2500 mohamedaniſchen Einwohnern der Stadt, nach
Kleinaſien ab. Allein der Freiheitsrauſch der Athener währte
nur bis zum 9. April 1688, wo Moroſini, eben erſt zum
Dogen ernannt, das unhaltbare Athen wieder aufgab. Die
Aushebung der Bildſäulen vom Weſtgiebel des Parthenon,
die er als Trofäen mit ſich nehmen wollte, mißlang; die
Figur des Neptun, der Wagen der Siegesgöttin mit beiden
Roſſen und andere Gebilde von Marmor ſtürzten herab und
zerſtäubten. Moroſini entführte nur unverſehrt die atheniſchen
Löwen, die noch heute vor dem Arſenal Venedig's ſtehen,

Denkmäler der verunglückten Befreiung Griechenlands und der Plünderung der Kunstwerke Athen's, Seitenstücke zu den bronzenen Rossen über dem Portal S. Marco, den Denk= mälern der Plünderung Constantinopel's im Jahre 1204. Die um ihre Hoffnungen betrogenen Athener retteten sich auf venetianischen Schiffen vor dem Grimm der wieder= kehrenden Türken, indem sie in Salamis, Aegina und auf den Cykladen, welche die Republik erobert hatte, Zuflucht fanden. Drei Jahre lang blieb die Stadt verlassen, bis der Sultan, in Folge der Verwendung des byzantinischen Patriarchen, im Jahre 1690 den Athenern Amnestie gab und ihnen die Rückkehr in ihre verbrannte und halbzer= störte Heimat gestattete.[1]

Der Friede von Karlowitz am 26. Januar 1699 sicherte der Republik Venedig den Besitz Morea's, doch nur kurze Zeit konnte sie die Halbinsel behaupten. Das zwar innerlich zerrüttete, aber noch immer kriegstüchtige Türken= reich zog aus den Umwälzungen Europa's im Beginne des 18. Jahrhunderts neue Frist und sogar neuen Gewinn. Achmed III., der Ueberwinder Peter's des Großen, entriß den Venetianern Morea wieder im Jahre 1715, und obwol durch die Siege des Prinzen Eugen zu großen Verlusten an Oesterreich genötigt, behielt er doch im Frieden zu Passaro= witz am 21. Juli 1718 den Peloponnes. Die Artikel dieses Friedens gewährten den Griechen die persönliche Freiheit.

---

[1] Flehentliches Bittgesuch der exilirten, vom Patriarchen aus unbe= kannten Gründen vorher excommunicirten Athener an diesen: Surmelis, Katastasis p. 71 ff. Aus dieser dreijährigen Verlassenheit Athen's hat bekanntlich Fallmerayer, durch die sogenannten Fragmente aus dem Kloster der Anargyri verführt, eine vierhundertjährige gemacht und sie in die Zeit vom 6. bis 10. Jahrh. verlegt.

Die flüchtige Besitznahme Athen's durch die Venetianer
hatte den Altertümern der Stadt unersetzliche Beschädigung
zugefügt, und dem Volke neues Elend gebracht. Nur die
Wissenschaft verdankte dem Kriegszuge Morosini's man=
chen Vorteil. Die venetianischen Ingenieure Verneda und
San Felice entwarfen damals einen genaueren Plan der
Akropolis und der Stadt; Fanelli veröffentlichte ihn in
seinem Buche „Das attische Athen". In diesem behan=
delte er auch mit einigen Zügen die Zeit der fränkischen
Herzoge.[1]

Die Schicksale Griechenlands während der Frankenherr=
schaft hatte schon im Jahre 1657 Du Cange, der unsterb=
liche Begründer unserer Kenntniß vom byzantinischen Mittel=
alter, durch seine „Geschichte des Reichs von Constantinopel
unter den französischen Kaisern" aufgeklärt. Es ist merk=
würdig, daß die Franzosen hierauf das Feld dieser Studien,
und besonders die Erforschung Athen's, für geraume Zeit
andern Nationen, zunächst den Engländern überließen. Seit
den Tagen Buckingham's und Arundel's war in England
der Enthusiasmus für Sammlungen hellenischer Kunstwerke
lebhaft geworden; eine Leidenschaft, die noch in den ersten
Jahren des 19. Jahrhunderts die Plünderungen Elgin's ver=
schuldete. Reiche Lords schickten ihre Agenten nach Griechen=
land und dem Orient, oder sie unternahmen selbst dorthin
Reisen, wie Lord Claremont, für den Richard Dalton im
Jahre 1749 Zeichnungen von athenischen Monumenten und
Bildwerken machte.

---

[1] Atene Attica descritta da suoi principii sino all' acquisto
fatto dall' armi venete nel 1687 con varietà di medaglie, ritratti
et disegni. Venezia 1707. 4.

Die Frucht der Mühen ausgezeichneter Künstler, Stuart's und Revett's, die seit 1751 die Stadt durchforschten, war ihr großartiges Werk „Die Altertümer Athen's". Es schlossen sich daran andre durch die seit 1734 zu London gegründete Gesellschaft der Dilettanten veranlaßte Untersuchungen, die im Jahre 1776 in Chandler's „Reisen in Griechenland" niedergelegt wurden. Die Forschungen der Engländer setzten sich dann bis in's 19. Jahrhundert eifrig fort. Griechen= land, welches dem Genius Lord Byron's einen dankbaren Cultus widmet, wird auch die Verdienste von Männern wie Martin Leake und Georg Finlay nicht so bald ver= gessen.

So erwachte die Liebe des Menschengeschlechts zu Athen wieder durch die zur Macht gewordene Wissenschaft. Diese enthüllte vor den Blicken aller für das Ideale Empfäng= lichen das Gemälde der ehemaligen Herrlichkeit der Stadt, welcher die Welt ihre feinste Bildung zu verdanken hatte; und sie verbreitete in allen gesitteten Ländern eine zweite Renaissance des Hellenismus, die der wirklichen Befreiung Griechenlands wie eine Morgenröte vorausging.

4. Seit der Rückkehr der Athener aus ihrer Zer= streuung im Jahre 1690 verging aber noch eine lange Zeit, ehe die ersehnte Stunde der Erlösung schlug. Die Stadt war auf die Zahl von acht= bis neuntausend Ein= wohnern herabgekommen, doch bemerken die neugriechischen Geschichtschreiber, daß sie sich allmälig erholte und an der geistigen Wiedergeburt der Hellenen ihren lebhaften An= teil nahm.

In den Stürmen, die seit 1770 der Versuch Rußlands

zur Befreiung Morea's über Griechenland brachte, und wo die von den Türken herbeigerufenen Albanesen Hellas und den Peloponnes auf unmenschliche Weise verwüsteten, wurde Athen glücklich verschont. Das Reich Peter's des Großen, ein neu entstehender Coloß byzantinischen Cäsarentums in slavischer Form, begann unter Catharina II. sein Gewicht in die Weltverhältnisse zu legen und seine Stellung zur orientalischen Frage zu nehmen. Sie konnte seither nicht mehr ohne Rußland gelöst werden. Die Hoffnungen der Hellenen wandten sich dieser Macht zu, der Todfeindin der Türkei, und der Beschützerin der griechischen Nationalität schon aus Grund der gleichen Religion. Rußland gewann in jenem Kriege Teile der Krim und die freie Schifffahrt in den türkischen Meeren, aber es überlieferte doch im Frieden zu Kutschuk-Kainardschi im Jahre 1774 die Griechen wieder dem Joche der osmanischen Barbaren. Nur ward dieses in dem Maße leichter, als die Staatskraft der Pforte schwächer wurde. Die Hellenen bereicherten sich durch Handel; die Segel der Kauffahrerschiffe, die ihre Inseln aussandten, bedeckten das Mittelmeer.

Im 18. Jahrhundert erwachte der Nationalgeist Griechenlands. Zahlreiche Schulen im In- und Auslande nährten sein einheitliches Bewußtsein. In Athen selbst entstand im Jahre 1812 die patriotische Gesellschaft der Musenfreunde, von den Türken geduldet, die ihre Bedeutung nicht verstanden. So widerlegten die Athener, ohne es selbst zu wissen, die Vorstellung Beethoven's, der in demselben Jahre in seinem Festspiel „Die Ruinen von Athen" die vom zweitausendjährigen Schlaf erwachte Minerva aus ihrer zertrümmerten, von den Türken geknechteten Stadt mit Entsetzen entfliehen ließ, um die ausgewanderten Musen in Ungarn, Germanien und Gallien aufzusuchen.[1]

Die Freiheitsideen der amerikanischen Unabhängigkeit und der französischen Revolution, dann die Umwälzung der veralteten despotischen Verfassung Europa's durch Napoleon, die Reaction der von diesem Eroberer bezwungenen, seinem cäsarischen Weltreich einverleibten Nationen, endlich der patriotische Geheimbund der Hetärie rüsteten die Elemente zur Erhebung Griechenlands im Frühjahr 1821.

Welches Urteil immer man über die unausbleib= lichen Wirkungen fällen mag, welche die Erniedrigung durch lange Knechtschaft auf den moralischen Charakter eines Volkes ausüben muß, so wird man doch anerkennen, daß der Befreiungskampf der Hellenen der überraschten Welt ein Schauspiel von wahrhaftem Heroismus darge= boten hat. Mit Opfern und Thaten der Vaterlandsliebe, gleich groß wie jene antiken im Kampf gegen die Perser, eroberten sich die Griechen die Achtung Europa's und das Recht zurück, als freies Volk die Geschichte von Hellas fortzusetzen.

In diesen heißen Kämpfen schützte nochmals ein guter Stern Athen, obwol die Stadt gerade damals der Gefahr am nächsten kam, von der Erde zu verschwinden. Am 10. Juni 1822 hatten die empörten Athener die Türken zur Ergebung gezwungen. Nach 366 Jahren kam die Burg des Kekrops wieder in die Gewalt der Griechen. Doch die Türken kehrten in dem verhängnißvollen Jahre 1827 zurück,

---

[1] Mit diesem Festspiel wurde das Theater in Pest eröffnet; der barocke Text ist von Kotzebue.

nachdem auch Missolunghi gefallen war, und die griechische Besatzung ergab sich ihnen am 5. Juni. Athen war zu jener Zeit so verlassen, wie nach dem Abzuge der Venetianer Morosini's. Als sodann der blutgierige Aegypter Ibrahim Pascha durch die Mächte gezwungen wurde, aus dem verwüsteten Griechenland zu weichen, und die zerstreuten Athener seit 1830 wieder heimkehrten, war ihre Stadt fast vernichtet. Erst am 31. März 1833 verließ die türkische Besatzung für immer die Akropolis.

Es leben heute noch Männer in Athen, welche Zeugen dieses geschichtlichen Ereignisses gewesen sind. Der Anblick des damals noch erhaltenen Propyläenschlosses der Acciajoli hätte sie, oder jeden mit der Vergangenheit vertrauten Griechen dazu anregen können, sich den Abzug des letzten Frankenherzogs von der Akropolis zu vergegenwärtigen, jenen mit diesem letzten Abzuge der Türken zu vergleichen und ein Urteil über die eine und die andre Fremdherrschaft auszusprechen. Im Jahre 1833, wo die Athener ihre Vaterstadt aus dem Besitz der Mohamedaner nur als Schutthaufen zurücknahmen, würde ihr Urteil ohne Zweifel zu Gunsten der Franken ausgefallen sein. Später hat sich die Ansicht geändert.

Die heutigen Hellenen dürfen es beklagen, daß ihrem Vaterlande die beiden Fremdherrschaften auferlegt gewesen sind, und gerne würden sie jede Erinnerung daran auslöschen. Allein die fränkische wie die türkische Occupation sind Daseinsformen im Leben Griechenlands, deren historische Thatsache sich nicht mehr aus der Geschichte von Hellas austilgen läßt, wie der Frankenturm, das Schloß der Acciajoli und das Minaret auf der Akropolis.

Jeder besonnene Richter wird urteilen, daß den poli=
tischen Schöpfungen der Franken in Hellas kein großer
Culturwert zugemessen werden kann, aber auch, daß die
heutigen Griechen ungerecht sind, wenn sie in den Lateinern
nur ihre Tyrannen sehen. Sie vergessen, daß die Franken
Athen und Hellas einer langen Geschichtlosigkeit entrissen
und teilweise wieder zum Wolstande gebracht hatten; viel=
leicht waren gerade sie es, die Griechenland davor schützten,
zur Provinz eines Barbarenreiches sei es der Bulgaren, oder
der Albanesen herab zu sinken. In jedem Falle brachten
sie dasselbe in Bezug und Verkehr mit dem Abendlande,
und die griechische Herrschaft der Franzosen und Italiener
im Mittelalter darf zum mindesten als eine Voraussetzung
des Wiedereintritts der Hellenen in das europäische Cultur=
system betrachtet werden.

Dies ist wahr, daß die Franken Griechenland zer=
stückelten und die Schwächung des hellenischen Gesammt=
bewußtseins verschuldeten. Die Neugriechen sind daher im
Recht, wenn sie behaupten, daß dagegen die Herrschaft der
Türken trotz ihrer Barbarei für die Hellenen von einem
wirklichen nationalen Gewinn begleitet war. Denn erst
sie gab ihnen, wenn auch unter allgemeiner Knechtschaft,
die Einheit zurück, und machte deshalb ihre spätere Wieder=
geburt als Nation möglich.

Die neugriechischen Geschichtschreiber blicken aus diesem
Grunde auf die türkische Epoche mit minderem Haß zurück,
als auf die Zeit der Lateiner. Während diese, ihre Ver=
wandten durch Stamm, Religion und Bildung, in das innerste
Leben ihrer Gesellschaft und Kirche hemmend und zerstörend
eingegriffen hatten, war den Hellenen von den fremden

Asiaten nur das gemeine Unglück wehrloser Völker zu Teil geworden: die Unterwerfung durch das Schwert. Wenn die Osmanen in Griechenland Denkmäler einer eigenartigen orientalischen Bildung erschaffen hätten, wie die Araber in Spanien, so würden sie die Geschichte von Hellas um ein anziehendes Culturgemälde reicher gemacht haben, und die Türkenzeit dort hätte sympathische Darsteller gefunden, wie die Herrschaft der Mauren in jenem Lande sie gefunden hat. Da sie als ein geistloses, jeder höheren Entwicklung unfähiges Volk keine andre Erinnerungen in Hellas, als die der Sclaverei zurückgelassen haben, so darf das mildeste Urteil über sie als Gebieter Griechenlands, nur im eingeschränkten und negativen Sinne, etwa in die Sentenz zusammengefaßt werden, welche Cassiodorus den Gothen in Italien als Nachruf gewidmet hat.[1]

Ein Verdienst wird den Türken, so gut wie den Franken, in Athen bleiben: sie haben die Denkmäler des Altertums verschont. Ihre gewaltsamsten Veränderungen dort beschränkten sich auf die Umformung der Parthenonkirche zur Moschee, auf den Bau von Bastionen der Burg, welchem im Jahre 1687 der Niketempel zum Opfer fiel;[2] auf die Ummauerung der Stadt durch den Woiwoden Chaseke im Jahre 1778, die das Abtragen einiger Altertümer, wie des Portals der Wasserleitung Hadrian's und der Ilissosbrücke veranlaßte. Vorher hatte Athen keine Stadtmauern

---

[1] Gothorum laus est civilitas custodita. — Turcorum laus est Graecitas custodita.

[2] Im J. 1835 wurde diese türkische Bastion entfernt, und der Tempel durch Roß und Schaubert aus seinen Bruchstücken glücklich wieder zusammengesetzt.

gehabt; die Reisenden Wheler und Spon fanden keine solche vor.

Schon Mohamed II. hatte die Denkmäler Athen's in den Schutz seiner eigenen Empfindung, wenn auch nicht für den Wert der hellenischen Culturwelt, so doch für schöne Architektur überhaupt gestellt. Wenn ein solcher Sinn bei seinen Nachfolgern, welche die erlauchte Stadt niemals besuchten und kaum von ihrem Dasein Kenntniß nahmen, nicht vorausgesetzt werden kann, so wurden doch ihre Monumente durch andere Verhältnisse geschützt. Die osmanischen Türken in Athen hatten als ein Barbarenvolk keine Beziehung zur Geschichte Griechenlands, und kein Verständniß für die Denkmäler der edelsten Blüte der Menschheit; allein die Schönheit der noch erhaltenen Tempel und Ruinen nötigte immerhin auch sie zur Achtung und Schonung. Weder die geringe Zahl der mohamedanischen Bewohner, noch die schnell wechselnden Agas konnten das Bedürfniß haben, große neue Bauwerke in Athen aufzuführen, und deshalb die alten als Material für solche zu verwenden. Nicht einmal um die Verbesserung ihres bürgerlichen Zustandes haben sie sich ernstlich bemüht. Lamartine hat gesagt: „die Osmanen in Griechenland haben nichts zerstört, nichts wiederhergestellt, nichts gebaut". Diese Thatsache, ein Glück für die Monumente Athen's, kann wesentlich aus der indolenten Natur der Türken erklärt werden, welche sie so sehr von den Arabern unterscheidet. Linné hat unter den Merkmalen des asiatischen Türken dieses entweder übersehen, oder in dem Begriff des melancholischen Temperaments zusammengefaßt.[1]

[1] Homo asiaticus: luridus, melancholicus, rigidus, pelis nigri-

Am 18. September 1834 wurde Athen zum Sitz der griechischen Regierung erklärt. Die Wahl hatte auch zwischen Nauplia und Korinth geschwankt. Man hat die Entscheidung für Athen getadelt, sogar als antiquarische Laune verspottet; jedoch sie war so wenig ein Zufall, als dies in unserer Zeit die Wahl Rom's zur Hauptstadt des ersten Königs der geeinigten Italiener gewesen ist. Der geheiligte Name und Begriff Athen's machte sie notwendig, trotzdem daß sich die alte hellenische Welt vollkommen ausgelebt hatte. Die Erinnerungen, die Ruinen, die antike Götterburg der Akropolis forderten sie selbst von dem neuen Geschlecht. Man darf sagen: Pallas Athene hat ihre Stadt zur Metropole des neuen Griechenlands gemacht. Nur weil ihr Parthenon erhalten war, weil so viele andere und mehr Denkmäler als in jeder andern Stadt Griechenlands, noch als Zeugen der großen Vergangenheit die Jahrhunderte überdauerten, konnte sie zu neuer geschichtlicher Bedeutung auferstehn. Es ist das Verdienst des letzten großen Philhellenen Ludwigs von Baiern, eines neuen Hadrian, daß er die Stimme des Genius Athen's verstanden hat.[1]

Sechs Jahrhunderte waren hingegangen, seit der erste Frankenherzog seinen Einzug in Athen gehalten hatte; jetzt hielt, am 1. Januar 1835, den seinen ein deutscher Fürst,

---

cantibus, oculis fuscis, severus, fastuosus, avarus, tegitur indumentis laxis, regitur opinionibus. Bei J. W. Sieber, Reise nach Kreta, 1817, I, 268. Zu dieser etwas heiteren Charakteristik von Linné würde Profesch-Osten sicherlich noch die Prädikate dignitosus, religiosus et sincerus hinzugefügt haben.

[1] Dies Verdienst hat Surmelis gefeiert: Ἱστορία τῶν Ἀθηνῶν κατὰ τὸν ὑπὲρ ἐλευθερίας ἀγῶνα. Widmung an den König.

welcher denselben Namen Otto trug.[1] Er kam nicht als Er=
oberer, sondern als erwählter erster König der Hellenen.
Die Stadt fand er in Trümmern. Niemals zuvor, weder zur
Zeit des Synesius, noch des Michael Akominatos, nicht
einmal im Jahre 1690, war sie so tief herabgesunken. Ein
armes Volk, aus dem Exil heimgekehrte Bürger und andre
Griechen wohnten dort, zwischen den Schutthaufen von Kirchen,
Häusern und Straßen, und den Ruinen des Altertums, in
Hütten von Lehm.[2]

Die Auferstehung des Griechenvolks aus seinem ge=
schichtlichen Grabe war ein Schauspiel ohne Beispiel im
Leben der Nationen. Die Hellenen glichen den plötzlich
erwachten Schläfern von Ephesus, die sich in der ver=
änderten Culturwelt nicht mehr zurecht fanden.[3] Das
Abendland wurde ihr Lehrer und Führer in diesem neuen
Dasein.

Im Verhältniß zu der grenzenlosen Erschöpfung Grie=
chenlands war der Prozeß seiner Civilisirung ein überraschend
schneller. Das hat vor allem Athen dargethan, neben Rom
heute die älteste und in ihrer Regeneration zugleich die
jüngste Hauptstadt, die ein Volk besitzt. Nur 53 Jahre sind
seit dem Einzuge des Königs Otto verflossen, und schon

---

[1] In der neuen Pinakothek München's befindet sich das Gemälde
von Peter Heß, welches diesen Einzug darstellt. Im Hintergrund sieht
man den Tempel des Theseus.

[2] Die Schilderungen der Reisenden vom damaligen Zustande der
Stadt hat A. Meliarakis zusammengestellt in dem Aufsatz: Die großen
Häuser Athen's vor 50 Jahren (Hestia vol. 19, 1885, Januar).

[3] In der Stunde der Wiedergeburt stand das griech. Volk einer
Welt von Objecten, Kenntnissen und Begriffen stumm gegenüber. Krum=
bacher, Griech. Reise 1886, p. XXVIII.

gegenwärtig ist Athen, was es niemals mehr seit den Römer=
zeiten war, eine Stadt von 100000 Einwohnern, die größeste
und schönste Griechenlands, welche zwar weder Sophokles
noch Pindar, aber sicherlich jeder Byzantiner als glücklich
und volkreich (εὐδαίμονα καὶ πολυάνθρωπον) würde ge=
priesen haben. Sie dehnt sich mit weiten Plätzen, Straßen
und manchen Palästen aus pentelischem Marmor bis zum
Fuß des Lykabettos und über den Ilissos und Kephissos
aus, während ihr Hafen zu einer zweiten, lebhaften Piräus=
stadt geworden ist.

An die Stelle asiatischer Barbarei sind die Gesetze,
die Sitten und Kenntnisse Europa's auf den alten mütter=
lichen Boden der Bildung wieder verpflanzt worden. In
den Museen Athen's sammeln sich, wie in denen Rom's,
die kostbaren Ueberreste der antiken Kunst. Die heimi=
schen Gelehrten durchforschen das Altertum und lehren
in öffentlichen Schulen, den Stiftungen des Staats und
der opferbereiten Vaterlandsliebe von Privatpersonen, jede
wissenschaftliche Disciplin. Das Abendland gab Athen und
den Hellenen reichlich zurück, was es dem antiken Lande
zu verdanken gehabt hatte. Auf den Universitäten Eu=
ropa's sind die Neugriechen in die Mysterien der mo=
dernen Wissenschaft eingeweiht und zu dem Berufe aus=
gerüstet worden, ihr Vaterland von der Barbarei zu
reinigen, und auf immer höhere Stufen der Gesittung zu
erheben.

Die Scheidewand zwischen Hellenen und Franken ist
gefallen; diese sind Bundesgenossen und Freunde des Landes,
welches ihre ritterlichen Vorfahren im Mittelalter erobert
und beherrscht hatten. Athen ist ein internationales Cen=

trum für das antiquarische Studium der griechischen Welt
geworden, wie Rom es für dasjenige der Lateinerwelt ist.
Wenn noch im 18. Jahrhundert und bis auf die Befreiung Griechenlands Forscher nur mit Mühe die Erlaubniß eines flüchtigen Besuchs der Stadt und ihrer Burg
erhielten, so haben jetzt fremde Regierungen gelehrte In-
stitute in Athen eingerichtet. Die Franzosen setzen dort ihre
großen wissenschaftlichen Traditionen eifrig fort; die Deutschen, sogar die Amerikaner seit 1882, besitzen daselbst ähnliche Anstalten.

Der Einfluß der deutschen, für das Verständniß der
antiken Idealwelt mit innerstem Sinn begabten Nation auf
die Geschichte Neugriechenlands ist erst ein halbes Jahrhundert alt, da er wesentlich eine Folge der Berufung Otto's
von Baiern auf den hellenischen Tron war.

Das moderne Griechenland hat seine erste bürger-
liche Gesetzgebung, und die Stadt Athen die Gründung
der Universität den Deutschen zu verdanken. Wenn sich
diese, von Martin Crusius abgesehen, später als die Franzosen, die Italiener und Engländer an der wissenschaftlichen Erforschung von Athen und Hellas beteiligen konnten, so erreichen doch auch ihre Arbeiten auf diesem
Gebiet schon den Umfang einer Bibliothek. Die Griechen
haben schließlich durch eine nationale Reaction das deutsche
Element aus ihrem Staate wieder ausgeschieden, aber ein
seltsamer Zufall hat es gefügt, daß auch ihr zweiter
König einem germanischen Volke und jenem Lande der
Waräger angehört, dessen meerdurchfahrende Helden einst
ihre Anwesenheit in Athen mit Runenschrift auf dem Piräuslöwen verewigt hatten.

Die Stadt Athen würde schon glücklich zu preisen sein,
wenn sie aus den Jahrhunderten des Verfalles und der
Sclaverei nur als die Schatzkammer heimischer Wissenschaft
hervorgekommen wäre. Allein sie hat noch eine ehrenvollere
Stellung und eine größere Aufgabe erhalten, als diese, das
Museum Griechenlands zu sein. Sie ist das politische, na=
tionale und geistige Haupt aller Hellenen geworden, die sich
zum ersten Mal, so lange ihre Geschichte dauert, in einem
Königreiche vereinigt haben. Dies Reich wurde zwar durch
die Mißgunst der Mächte geographisch karg bemessen, und
doch ist sein Umfang im Verhältniß zu den Staaten des
antiken Griechenlands groß zu nennen. Die Regierung
Athen's umfaßt als ein einiges Gebiet beinahe das ge=
sammte europäische Hellas. In die Grenzen des Natio=
nalstaats sind erst vor wenigen Jahren Thessalien, ein
Teil von Epirus und die jonischen Inseln eingeschlossen
worden. Andere Erweiterungen können nur eine Frage der
Zeit sein.

Hellas hat sich demnach die ehemaligen griechischen Co=
lonien Venedig's zum größten Teile einverleibt. Die un=
sterbliche Republik der Venetianer, die einst das Romäer=
reich gestürzt und ihren Namen auf jedem Blatte der
mittelalterlichen Geschichte der Griechen eingezeichnet hatte,
ist vom Schauplatz der Weltbegebenheiten abgetreten. Nach
der Vollendung ihrer letzten großen Mission, der Abwehr
des vorschreitenden Türkenreichs, ist sie in Italien auf=
gegangen. Zwei andere italienische Staaten, welche ehe=
dem in die Geschicke Griechenlands tief eingegriffen hatten,
Neapel und Sicilien, sind gleichfalls als Provinzen in ihr
Gesammtvaterland zurückgetreten. Neue Mächte, die wäh=

rend des Mittelalters in den Beziehungen des Occidents
zum Orient kaum oder gar nicht sichtbar waren, sind im
Lauf der letzten Jahrhunderte dort gewaltig aufgetreten.
Rußland hat sich vom Norden her in die türkischen Ge=
biete eingeschoben und umfaßt beinahe schon den Pontus
Euxinus. England ist zu einem maritimen Weltreich von
nie gesehener Größe emporgestiegen. Es besitzt im Mittel=
meer Malta und Cypern, das ehemalige Königreich der
Lusignan; es hat seine Hand auf Aegypten gelegt, wo
der Suezcanal, die späteste und wichtigste Schöpfung der
Franken im Osten, die Meerengen des Bosporus und
Hellespont bis nach Indien fortsetzt. Oesterreich ist der
Erbe der südwestlichen Slavenländer Illyrien's; zum Be=
sitze Kroatien's, Slavonien's und Dalmatien's hat es Bos=
nien hinzugefügt.

Die sich vollziehende Neugestaltung der Balkan= und
Donauvölker, deren tumultuarische Nationalstaaten man ihrem
Ursprunge nach den geschichtlichen Niederschlag der großen
slavischen Völkerwanderung nennen kann, gehört zu den be=
deutendsten Schöpfungen unserer Zeit. Das türkische Reich
ist dadurch um große europäische Gebiete verringert und
dem Zustande von Ohnmacht nahe gebracht worden, in dem
sich Byzanz unter den letzten Paläologen befunden hatte.
Jene Völkermauer der Slaven und Wlachen, welche die
Sultane im 14. und 15. Jahrhundert erst unter gewaltigen
Kämpfen durchbrechen mußten, um zur Donau zu gelangen,
hat sich vor unsern Augen wieder aufgerichtet. Die Ru=
mänier, die Bulgaren und Serben, einst dem griechischen
Reiche so furchtbar, haben sich von der türkischen Vasallen=
schaft befreit, und sie versuchen sich zu selbständigen Staaten

herauszubilden, die mit den Interessen und der Bildung
des Abendlandes enge verbunden sind. Sie versperren heute
das untere Donaugebiet nicht nur gegen die Türkei, sondern
sie bilden für den ganzen illyrisch-griechischen Continent und
selbst für Constantinopel einen Verteidigungsgürtel zum
Schutze gegen das Vordringen Rußlands. Sie sind aber zugleich ein Wall, an dem die mögliche Ausdehnung des neugriechischen Staats nach dem Norden eine Schranke findet.
Die Thatsache, daß es den Byzantinern nicht gelungen
war, die Balkan- und Donauslaven, ferner Macedonien
und Thracien zu hellenisiren, ist heute auf die Fortentwicklung des griechischen Nationalstaates insofern von Einfluß, als sein Verhältniß zu Constantinopel dadurch bedingt wird.

Seit der Entstehung des Reiches der Romäer war
Griechenland eine byzantinische Provinz gewesen. Erst die
Franken hatten dasselbe von Byzanz abgetrennt. Es war
sodann unter den Paläologen mit Constantinopel wieder
politisch verbunden worden, das eigentliche Hellas ausgenommen, wo der fränkische Staat Athen und einige andre
Länder bis auf die türkische Eroberung außer dem Zusammenhange mit Byzanz blieben. Die Türken stellten diesen wieder
her. Durch die Befreiung Griechenlands wurde endlich die
alte staatliche Verbindung der Hellenen mit der Hauptstadt
am Bosporus nochmals gelöst.

Es entsteht die Frage, ob diese Trennung eine bleibende
sein wird, oder mit klaren Worten, ob die Wiederherstellung
des byzantinischen Reichs durch die Griechen jemals möglich ist. Diese Frage kann Theoretiker beschäftigen, aber
sie liegt außer dem Bereich der historischen Thatsachen, und

sie hat auch für uns nur Wert, so weit sie dazu dient, die gegenwärtige Bedeutung Athen's in dem neuen Prozeß der Geschichte der Hellenen festzustellen.

Wie Rom in der Gegenwart als die vaterländische Hauptstadt der Italiener das Zurückweichen der großen kosmopolitischen Ideen vor den nationalen bezeichnet, so ist auch die Stadt Athen das Haupt und die Seele des eigentlichen Landes der Hellenen. Ihr Schicksal hat diese natürliche Lösung gefunden, während dasjenige Constan= tinopel's noch ungelöst ist. In der byzantinischen Zeit, selbst noch unter der Herrschaft der Sultane, pulsirte das Leben der großen griechischen Familie wesentlich in den Adern der Weltstadt Constantin's. Jetzt ist dasselbe von dort hinweggeströmt, um sich wesentlich in Athen zu sammeln, dem alten legitimen Gefäß der griechischen Cul= tur. Die Stadt der Pallas und der Musen wird dies wol geraume Zeit bleiben, und in dem Maße als Hellas wieder zu neuer Kraft gelangt, eine immer reichere Ent= wicklung haben.

Allein es droht ihr nochmals eine Gefahr von Byzanz her, derjenigen Stadt, die sich nicht in nationale Schranken verweisen läßt. Der am Horizont der Geschichte neu auf= steigende Stern Athen's kann wiederum durch Constantinopel verdunkelt werden, wenn nach dem Abzuge der Osmanen vom Bosporus das griechische Kreuz auf der Hagia Sophia wieder erscheint, und ein neues hellenistisches Culturreich mit dem Mittelpunkt Byzanz entsteht, welcher dann die Lebens= geister Griechenlands mit magnetischer Zugkraft an sich ziehen würde.

So gibt es heute keine Frage, die mehr anregt, als

diese nach der Zukunft Constantinopel's, der gegenwärtig
geheimnißvollsten und wichtigsten aller Städte der Erde, von
deren dämonischem Fatum nicht nur das Schicksal Athen's
und Griechenlands, sondern vielleicht die künftige Gestaltung
zweier Welttheile abhängig ist.

Anhang.

Byzantinische Kaiser.

Arcadius 395—408.

Theodosius II. 408—450.

Marcianus 450—457.

Leo I. 457—474. (Mitkaiser Leo II. 473—474.)

Zeno 474—491.

Anastasius I. 491—518.

Justinus I. 518—527.

Justinianus 527—565.

Justinus II. 565—578.

Tiberius II. 578—582.

Mauricius 582—602.

Phokas 602—610.

Heraclius 610—641.

Heraclius II. Constantin 641.

Constans II. 642—668.

Constantinus IV. Pogonatus 668—685.

Justinianus II. 685—695.

Leontius II. 695—698.

Tiberius III. Apsimar 698—705.

Justinianus II. nochmals 705—711.

Philippicus Bardanes 711—713.

Anastasius II. 713—716.

Theodosius III. 716—717.

Leo III. der Isaurier 717—741.

Constantinus V. Kopronymus 741—775.

Leo IV. 775—780.

Constantinus VI. 780—797.

Irene von Athen 797—802.

Nicephorus 802—811.

Staurakius 811.

Michael I. Rhangabe 811—813.

Leo V. der Armenier 813—820.

Michael II. der Stammler 820—829.

Theophilus 829—842.

Michael III. 842—867.

Basilius I. der Macedonier 867—886.

Leo VI. der Philosoph 886—912.

Alexander 912—913.

Constantinus VII. Porphyrogenetus 913—959.

Romanus II. 959—963.

Nicephorus II. Phokas 963—969.

Joannes I. Tzimiskes 969—976.

Basilius II. Bulgaroktonus 976—1025.

Constantinus VIII. 1025—1028.

Romanus III. Argyrus 1028—1034.

Michael IV. der Paphlagonier 1034—1041.

Michael V. Kalaphates 1041—1042.

Constantinus IX. Monomachus 1042—1054.

Theodora 1054—1056.

Michael VI. Stratioticus 1056—1057.

Isaak I. Komnenus 1057—1059.

Constantinus X. Ducas 1059—1067.

Romanus IV. Diogenes 1067—1071.

Michael VII. Ducas Parapinakes 1071—1078.

Nicephorus III. Botoniates 1078—1081.

Alexius I. Komnenus 1081—1118.

Joannes II. 1118—1143.

Manuel I. 1143—1180.

Alexius II. 1180—1183.

Andronicus I. 1183—1185.

Isaak II. Angelus 1185—1195.

Alexius III. 1195—1203.

Isaak II. nochmals 1203—1204. (Alexius IV., sein Sohn, Mitkaiser.)

Alexius V. Ducas Murtzuphlos 1204.

Theodor I. Laskaris (in Nicäa) 1204—1222.

Joannes III. Ducas Batazes 1222—1254.

Theodor II. Laskaris 1254—1258.

Joannes IV. 1258—1259.

Michael VIII. Paläologus 1259—1282.

Andronicus II. 1282—1328.

Andronicus III. 1328—1341.

Joannes V. 1341—1376.

Joannes VI. Kantakuzenus, Gegenkaiser und Mitkaiser, 1341 bis 1355.

Andronicus IV. 1376—1379.

Joannes V. nochmals 1379—1391. (Joannes VII. Gegen=kaiser 1390.)

Manuel II. 1391—1425.

Joannes VIII. 1425—1448.

Constantinus XI. Dragases 1448—1453.

Lateinische Kaiser von Constantinopel.

Balduin I. von Flandern 1204—1205.

Heinrich von Flandern 1206—1216.

Peter von Courtenay 1217.

Robert II. 1221—1228.

Johann von Brienne, Regent und Titularkaiser, † 1237.

Balduin II. 1228—1261.

Philipp I. von Courtenay, Titularkaiser, 1273—1283.

Catharina von Courtenay, dessen Tochter, Gemalin Carl's
von Valois, Titularkaiserin, 1283—1308.

Catharina II. von Valois, deren Tochter, Gemalin Philipps II.
von Anjou-Tarent, Titularkaiserin, 1308—1346.

Philipp II. von Anjou Tarent, Titularkaiser, 1313—1331.

Robert II., deren Sohn, Gemal der Maria von Bourbon,
Titularkaiser, 1346—1364.

Philipp III., dessen Bruder, Titularkaiser, 1364—1373.

Jacob von Baur, Titularkaiser, 1373—1383.

Dogen von Venedig.

Domenico Selvo 1071—1084.

Vitale Faliero 1084—1096.

Vitale I. Micheli 1096—1102.

Ordelafo Faliero 1102—1117.

Domenico Micheli 1117—1130.

Pietro Polani 1130—1148.

Domenico Morosini 1148—1156.

Vitale II. Micheli 1156—1172.

Sebastiano Ziani 1172—1178.

Orio Malipiero 1178—1192.

Enrico Dandolo 1192—1205.

Pietro Ziani 1205—1229.

Jacopo Tiepolo 1229—1249.

Marino Morosini 1249—1252.

Raniero Zeno 1252—1268.

Lorenzo Tiepolo 1268—1275.

Jacopo Contarini 1275—1280.

Giovanni Dandolo 1280—1289.

Pietro Gradenigo 1289—1310.

Marino Giorgi 1310—1312.

Giovanni Soranzo 1312—1328.

Francesco Dandolo 1328—1339.

Bartolommeo Gradenigo 1339—1343.

Andrea Dandolo 1343—1354.

Marino Falieri 1354—1355.

Giovanni Gradenigo 1355—1356.

Giovanni Dolfin 1356—1361.

Lorenzo Celfi 1361—1365.

Marco Cornaro 1365—1367.

Andrea Contarini 1367—1382.

Michele Morofini 1382.

Antonio Venier 1382—1400.

Michele Steno 1400—1413.

Tommafo Mocenigo 1413—1423.

Francesco Foscari 1423—1457.

Pasquale Malipiero 1457—1462.

Criftoforo Moro 1462—1471.

Herzoge von Athen

vom französischen Hause La Roche, und von Brienne.

Otto de la Roche, Herr von Athen, 1205—1225.

Guido I. 1225—1263, seit 1260 Herzog von Athen.

Johann I. 1263—1280.

Wilhelm I. 1280—1287.

Guido II. 1287—1308.

Walter I., Graf von Brienne und von Lecce, 1308—1311.

Titularherzoge und Prätendenten, aus den Häusern Brienne und Enghien.

Walter II. von Brienne 1311—1356, Herr von Argos
und Nauplia.

Sohier von Enghien 1356—1367.

Walter III. von Enghien 1367—1381.

Louis von Enghien, Graf von Conversano, 1381—1394.

Herzoge von Athen aus dem Hause Aragon.

Manfred, Infant von Sicilien, 1312—1317.

Wilhelm, Infant von Sicilien, 1317—1338.

Johann von Randazzo 1338—1348.

Friedrich von Randazzo, Infant, 1348—1355.

Friedrich III. (König von Sicilien) 1355—1377.

Maria, dessen Erbtochter, Herzogin von Athen und Neo=
  paträ, 1377—1381.

Don Pedro IV. el Ceremonioso, König von Aragon, 1381
  bis 1387.

_____

Herzoge von Athen aus dem Hause der Acciajoli.

Nerio I., Castellan von Korinth, Herr von Athen 1385,
  Herzog von Athen 1394.

Antonio I., Herr von Theben, seit 1402 Herr von Athen,
  Herzog 1405—1435.

Nerio II. 1435—1439.

Antonio II. 1439—1441.

Nerio II., nochmals, 1441—1451.

Francesco 1451—1454.

Franco 1455—1458.

_____

Generalvicare des Herzogtums Athen (und Neopaträ) zur Zeit der Herrschaft der Catalanen.

Roger Deslaur aus Roussillon 1311.

Don Berengar Estañol von Ampurias 1312—1316.

Guillelm Tomas, Capitän, 1316.

Don Alfonso Fadrique von Aragona 1317—1330.

Nicola Lancia seit 1330—(?).

Ramondo Bernardi bis 1356.

Don Jayme Fadrique von Aragona 1356—1359.

Gonsalvo Ximenes de Arenos (?).

Don Matteo Moncada (Montecateno), Graf von Adorno und Agosta in Sicilien, 1359—1361.

Roger de Lauria, Marschall des Herzogtums Athen, und Generalvicar, bis 1363.

Matteo Moncada, nochmals, seit August 1363—1367.

Pedro de Puig, Herr von Karditza und Kalandri, Stellvertreter, 1365—1367.

Roger de Lauria, nochmals, 1367—1371.

Don Matteo de Peralta, Graf von Caltabellota in Sicilien, 1371—1375.

Don Luis Fabrique von Aragona, Graf von Salona, 1375 bis 1381.

Don Felipe Delmau, Visconde de Rocaberti, seit 1380 zum Generalvicar ernannt, 1381—1385.

Ramondo de Vilanova, dessen Stellvertreter seit 1382.

Bernardo de Corella 1385.

Felipe Delmau, nochmals, 1387.

Die beiden letzten waren nicht mehr thatsächlich im Amt.

Weder die Reihenfolge der griechischen noch diejenige der lateinischen Bischöfe und Erzbischöfe Athen's läßt sich im Zusammenhange und mit sichern chronologischen Daten feststellen.

Fürsten von Achaja.

Wilhelm von Champlitte 1205—1209.

Gottfried I. von Villehardouin 1210—1218.

Gottfried II. 1218—1245.

Wilhelm II. 1245—1278.

Carl I. von Anjou, König von Neapel, 1278—1285.

Carl II. von Neapel 1285—1289.

Florenz von Hennegau 1289—1297.

Isabella von Villehardouin 1289—1301.

Philipp von Savoyen, ihr Gemal, 1301—1307.

Philipp II. von Tarent, Titularkaiser, 1307—1313.

Louis von Burgund 1313—1316.

Ferdinand, Infant von Majorca, 1315—1316.

Mathilde von Hennegau 1313—1318.

Johann von Gravina 1318—1333.

Catharina von Valois (Titularkaiserin) 1333—1346.

Robert II. (ihr Sohn, Titularkaiser) 1346—1364.

Maria von Bourbon, dessen Gemalin, 1364—1370.

Philipp III., Titularkaiser, Bruder Robert's II., 1370 bis
		1373.

Johanna I., Königin von Neapel, 1373—1381.

Otto von Braunschweig, ihr Gemal, 1376—1381.

Jacob von Baux, Titularkaiser, 1380—1383.

Carl III., König von Neapel, 1381—1386.

Ladislaus, König von Neapel, dessen Sohn, 1386—1396.

Peter Bordo von Sanct Superan 1396—1402.

Maria Zaccaria, dessen Gemalin, 1402—1404.

Centurione II., Baron von Arkadia, 1404—1429.

Thomas Paläologus bis 1460.

Register

zur

Geschichte der Stadt Athen

von

Ferdinand Gregorovius.

Band I und II.

———

B.